民國文化與文學 研究文叢

五 編

李 怡 主編

第 **14** 冊

《新聞報》副刊研究（1928～1937）
——以文學／文化的商業運作爲中心

石 娟 著

國家圖書館出版品預行編目資料

《新聞報》副刊研究（1928～1937）——以文學／文化的商業
運作為中心／石娟 著 -- 初版 -- 新北市：花木蘭文化出版社，
2015〔民 104〕
序 4+ 目 4+280 面；19×26 公分
（民國文化與文學研究文叢 五編：第 14 冊）
ISBN 978-986-404-256-2（精裝）
1. 報紙副刊 2. 通俗文學 3. 文學評論
541.26208   104012150

ISBN- 978-986-404-256-2

民國文化與文學研究文叢
五 編　第十四冊　　　　　　　ISBN：978-986-404-256-2

《新聞報》副刊研究（1928～1937）
——以文學／文化的商業運作為中心

作　　者　石娟
主　　編　李怡
企　　劃　四川大學現代中國文化與文學研究中心
　　　　　北京師範大學民國歷史文化與文學研究中心
總 編 輯　杜潔祥
副總編輯　楊嘉樂
編　　輯　許郁翎
出　　版　花木蘭文化出版社
社　　長　高小娟
聯絡地址　235 新北市中和區中安街七二號十三樓
　　　　　電話：02-2923-1455／傳真：02-2923-1452
網　　址　http://www.huamulan.tw 信箱 hml 810518@gmail.com
印　　刷　普羅文化出版廣告事業
初　　版　2015 年 9 月
全書字數　244898 字

定　　價　五編 24 冊（精裝）新台幣 45,000 元

《新聞報》副刊研究（1928～1937）
——以文學／文化的商業運作爲中心

石　娟　著

作者簡介

石娟（1978～），女，黑龍江哈爾濱人，蘇州市職業大學教育與人文學院副教授，副院長，蘇州大學文學院文學博士，華東師範大學中國語言文學系博士後，研究方向為20世紀中國通俗文學與大眾文化。在《中國現代文學研究叢刊》、《新文學史料》、《現代中文學刊》、《編輯之友》、《電影新作》、《作家雜誌》、《名作欣賞》等刊物上發表論文二十餘篇。主持並參與了多項國家級、省部級和市廳級課題。

提　　要

　　20世紀30年代，通俗文學的繁榮與其全面走向市場、充分開展商業運作的選擇密不可分。通俗文學的商業運作行為依託報館、書局以及電影公司等媒介全面展開，在大報上展現得最為充分。本文以20世紀30年代上海發行量最大的商業報紙《新聞報》副刊《快活林》（1932年後改名為《新園林》）、《本埠附刊》、《茶話》、《藝海》為研究對象，圍繞這幾個副刊在1928年到1937年之間的文學活動以及文學／文化形態，以田野調查、整體研究為手段，抓住各個副刊的特點，關注幾個副刊之間的聯繫與區別，展開對文學尤其是通俗文學／文化商業運作行為及其文學史意義的思考。《快活林》／《新園林》傾向於為通俗文學作家提供發表平臺，《本埠附刊》主要發表讀者的文字，《茶話》則作家和讀者文字兼而有之，《藝海》關注商業電影，這就使本課題可以思考在商業運作行為中作家、編輯、讀者之間的作用機制以及報紙與電影之間跨媒體商業運作行為如何展開。

　　本書分為四章對如上問題予以具體探討：第一章對《新聞報》四個副刊（1928～1937）進行了系統梳理，第二章以《啼笑因緣》為個案，討論了報紙副刊對通俗文學作品的商業運作行為如何影響文學文本的生產。第三章關注商業運作視角下的新文學呈現，同時關注讀者在通俗文學轉型過程中發揮的作用，反思雅俗關係。第四章從商業運作的視角重點關注電影領域中，新舊、雅俗之間差異性背後的同一性呈現。

基金項目

2013 年國家社科基金重大項目「百年中國通俗文學價值評估、閱讀調查及資料庫建設」（13&ZD120）

2012 年國家社科基金「中國現代通俗文學評估價值體系建構與文獻資料的整理研究」（12BZW107）

2014 年江蘇省教育廳高校哲學社會科學指導項目「現代通俗文學閱讀調查及市場策略研究」（2014SJD554）

民國文學：闡釋優先，史著緩行
——第五輯引言

李　怡

　　中國學界提出「民國文學」的概念已經超過十五年了，〔註1〕在新一波的文學史寫作的潮流之中，人們對民國文學的研究也出現了一種期待，就是希望盡快見到一部《民國文學史》，似乎只有完整的文學通史才足以證明「民國文學」研究的合理性，或者說在當前林林總總的文學史寫作意見裏，證明自己作爲新的學術範式的存在。在我看來，受各種主客觀條件的限制，目前最需要開展的工作還不是撰寫一部體大慮深的文學史著，而是努力從不同的角度深入勘探、考察，對這一段歷史提出新的解釋。

一

　　眾所周知，中國文化具有悠久漫長的「治史」傳統。在一個宗教裁決權並沒有獲得普遍認可的國度，人們傾向於相信，通過歷史框架的確立可以達到某種裁決與審判的高度，所謂「名刊史冊，自古攸難，事列春秋，哲人所重。」〔註2〕中國最早的史官除了司職記事，還負責主持祭祀，占卜吉凶，溝通神靈。史不僅可以成爲「資治通鑒」，甚至還具有某種道德的高度，所謂「孔子成《春秋》，亂臣賊子懼」，〔註3〕史家如司馬遷等也是以「究天人之際，通古今之變」自我期許。

〔註1〕　中國大陸最早的「民國文學」設想出現在 1997 年（陳福康），最早的理論倡導出現在 2000 年代早期（張福貴）。
〔註2〕　劉知幾撰，浦起龍釋：《史通通釋‧人物》第 240 頁，上海：上海古籍出版社 1978 年版。
〔註3〕　《孟子‧滕文公章句下》，見楊伯峻《孟子譯注》上冊 155 頁，中華書局 1960 年版。

文學史的出現原本是現代的事物，它顯然不同於古代的史官治史，這種來自西方的學術方式更屬於學院派知識份子的個體行為。但是，歷史的因襲依然存在，尤其是在一些世代交替的時節，無論是政治家還是知識份子本身，都自覺不自覺地認定「著史」可以樹立某種新的「標準」，完成對過往事物的「清算」。於是，如下一些史著的意義是可以被我們津津樂道的：

奠定中國現代文學學科的基礎是王瑤先生的《中國新文學史稿》。集中代表了撥亂反正過渡時期的文學史觀的是唐弢、嚴家炎先生主編的《中國現代文學史》。

體現了新時期的現代文學視野、集中展示研究新成果的是錢理群、陳平原、溫儒敏等人的《中國現代文學三十年》。

生動體現著「重寫文學史」意義的是陳思和的《中國當代文學史》。

展示 1990 年代以降學術研究的「歷史化」傾向的是洪子誠的《中國當代文學史》。

揭示「文學周邊」豐富景觀的是吳福輝獨撰的插圖本《中國現代文學史》。

錢理群主編的最新三卷本《中國現代文學編年史》展示了以「廣告為中心」的文學生產、流通、接受及其他社會文化環節，讓文學敘述的圖景再一次豐富而生動。

今天，隨著「民國文學」研究的呼聲漸起，在一系列命名和概念的討論之後，應該展示更多的文學史研究實績，只有充分的實績才能說明「民國社會歷史框架」的確具有特殊的文學視野價值，如何集中展示這些實績呢？目前容易想到的似乎就是編寫一部紮實厚重的《民國文學史》。

但是，在我看來，文學史編寫的工作固然重要卻又不可操之過急。因為，今天所倡導的「民國文學」，並不僅僅是一個名稱的改變（以「民國」替代「現代」），更重要的是一些研究視角和方法的調整。這些重要的改變至少包括：

正視民國歷史的特殊性，而不是簡單流於「半封建半殖民地」等等的簡略判斷。據史學界的知識考古，「半封建」一詞曾經出現在馬克思、恩格斯筆下，列寧第一次分別以「半封建」「半殖民地」指稱中國，以後共產國際以此描述中國現實，「半殖民地」一說並先後為中國國民黨人與中國共產黨人所接受，又經過蘇聯內部的理論爭鳴及共產國際的理論演繹，「半

封建半殖民地」的並稱出現在 1926 年以後，〔註4〕又經過 1930 年代初的「中國社會性質問題論戰」，逐步成為中共領導的馬克思主義史學的基本概括。到延安時期，毛澤東最為完整清晰地論述了這一學說，從此形成了對中國知識份子歷史認知的主導性影響，直到今天應該說都有其獨到的深刻的一面。但是作為一種總體的社會性質的認定，是不是就完全揭示了民國歷史的特點呢？就不需要我們具體的歷史問題的研究了呢？當然不是。例如對「封建」一詞的定義在史學界一直爭議不已，民國時代的經濟已經明顯走上了資本主義的發展道路，忽略這一現實就無法解釋中國近現代工商業文化對於文學市場的重要作用，辛亥革命之後的中國儘管軍閥混戰，也難掩其專制獨裁的性質，但是卻也不是「帝國主義買辦與走狗」這樣的情感宣洩就能「一言以蔽之」的。對於民國史，國外史學界同樣多有研究，有自己的性質認定，這也需要我們加以研讀和借鑒。之所以強調這一點，乃是因為在此之前的《中國現代文學史》，幾乎都是以主流史學界的社會性質概括作為文學發展的前提，從舊民主主義革命到新民主主義革命就是中國現代文學發生發展的基礎，文學的偉大和深刻就在於如何更加深刻地反映了這一歷史過程，1980 年代以後，為了急於從這些政治判斷中脫身，我們的文學史又試圖在「回到文學自身」的訴求中另闢蹊徑，所謂「審美的文學史」成為了口號，但是關於中國現代文學在民國時代的諸多歷史基礎的辨析卻被擱置了起來，今天，如果不能正視民國歷史的特殊性，也就不能在文學的歷史前提方面有真正的突破。

發掘民國社會的若干細節，揭示中國現代文學生存發展的具體語境。無論是政治、經濟、社會文化等方面，民國社會的種種特徵都直接影響了現代中國文學的生產、傳播和接受，決定著文學的根本生存環境。關於這方面的研究，最近幾年已經在「文化研究」的推動下頗有收穫，不過，鑒於文化研究在來源上的異質性，實際上我們的考察也還較多地襲用外來的文化

〔註4〕一般認為，1926 年上半年，蔡和森在莫斯科中共旅俄支部會上作《中國共產黨的發展（提綱）》，已經提到「半殖民地和半封建的中國」和「半封建半殖民地的國家」（《聯共（布）、共產國際與中國國民革命運動（1926～1927）》，下冊第 408 頁，北京圖書館出版社，1998 年），另據李洪岩考證，最早的「半殖民地半封建」字樣，則是 1926 年 9 月 23 日莫斯科中山大學國際評論社編譯出版的中文周刊《國際評論》創刊號上的發刊詞，見《半殖民地半封建理論的來龍去脈》（《中國社會科學院近代史研究所青年學術論壇 2003 年卷》，社會科學文獻出版社，2005 年）。

理論，沒有更充分地回到民國自己的歷史環境。例如性別研究、後殖民批判、大眾文化理論等等的運用，迄今仍有生吞活剝之嫌。要真正揭示這些歷史細節，就還需要完成大量紮實的工作，例如民國經濟在各階段的發展與營運情況，各階層的經濟收入及其演變，社會分化與社會矛盾的基本情形，經濟與政治權利的區域差異問題，法制的發展及對私人權利（包括著作、言論權利）的保護與限制，軍閥政治對輿論及思想的控制方式，國民黨政權對輿論及思想的控制方式，國民政府時期的「黨政關係」及其內在的間隙，國民黨內部各派系的矛盾及其對思想控制的影響，民國各時期書報檢查制度的制定與實施情況，民國時期出版人、新聞人、著作人各自對抗言論控制的方式及效果，主流倫理的演變及民間道德文化的基本特點，文學出版機構的經營情況與文學傳播情況，民國時期作家結社及其他社會交往的細節等等，所有這些龐雜的內容倉促之間，也很難為「文學史」所容納，在一個相當長的時間裏都將成為文學研究的具體話題。

　　解剖民國精神的獨特性、民國文本的獨特性，凸顯而不是模糊這一段文學歷史的的形態。文學史究竟是什麼史？這個問題討論過很多年，至今也可能存在不同的意見，在我看來，儘管我們今天一再強調歷史研究與文化研究的重要性，但是所有這些討論最終還都應該落實到對於文學作品的解釋中來，否則文學學科的獨立性就不復存在了。最近幾年，民國文學研究的倡導與質疑並存，但更多的時候還都停留在口號的辨析和概念的爭論當中，就文學研究本身而論，這樣並不是對學術發展的真正推進。如果民國文學研究的提倡不能以大量的具體文學作品的闡釋為基礎，或者說民國文學的理念不能落實為一系列新的文學闡釋的出現，那麼這一文學史框架的價值就是相當可疑的；如果我們尚不能對若干文學作品的獨特性提出新的認識，那麼又何以能夠撰寫一部全新的《民國文學史》呢？

　　以上幾個方面的工作都是一部新的文學史寫作的必須的前提。我們的文學史的新著，從大的歷史框架的設立與理解到局部事件的認定和把握，乃至作為歷史事件呈現的文本的闡釋都與應該此前我們熟悉的一套方式——革命史話語、現代性話語——有所不同，如果只是抓住名稱大做文章，幾乎可以肯定的是，其結果必然很快陷入到業已成熟的那一套知識和語言中去，所謂「民國文學史」也就名不副實了。早在 1994 年，人民出版社就出版過《中國民國文學史》，這個奇特的書名——不是「中華民國文學史」而是「中國民國

文學史」——顯然反映出了當時的某種政治禁忌，平心而論，在 10 年前，能夠涉及「民國」二字，已屬不易，對於其中所承受的禁忌，我們深表理解；但是也的確因為這一禁忌的存在，所謂「民國」的諸多歷史細節都未能成為文學史觀察和分析的對象，所以最終的成果還是普遍性的「現代化」歷史框架，「中國民國文學史」的主體還是不折不扣的「現代文學三十年」，對歷史性質、文學意義的描述都依然如故，對作家的認定、作品的解釋一如既往，只不過增加了一點補充：民國建立到五四新文化運動發生的幾年。這樣的文學史著，自然還不是我們理想中的「民國文學史」。

二

當然，能夠標舉「民國」概念的文學史論已經出現了，這就是臺灣學者尹雪曼主編的《中華民國文藝史》及周錦主編的《中國現代文學研究叢刊》系列叢書，也包括最近兩岸學者的最新努力。

尹雪曼（1918～2008），本名尹光榮，河南汲縣（今衛輝市）人。抗戰時期西北聯合大學畢業，美國密西里大學新聞學院文學碩士。曾主編重慶《新蜀夜報》副刊，在上海、天津、西安等地擔任報社記者，1949 年去臺灣。曾任臺灣中國作家藝術家聯盟會長，《中華文藝》月刊社社長，在成功大學、中國文化大學等校任教。自 1934 年起，創作發表了小說、散文及文學評論多種。是很有代表性的遷臺作家。周錦（1928～1992），江蘇東臺人，1949年赴臺，曾經就讀於臺灣師範大學、淡江大學等，後創辦燕智出版社，擔任臺北中國現代文學研究中心主任。兩人的最大貢獻便是撰寫、主編或者參與編撰了一系列的中國現代文學研究論著，在新文學記憶幾近中斷的臺灣，第一次系統地總結了五四以來的中國文學發展歷史，尹雪曼撰寫有《現代文學與新存在主義》、《五四時代的小說作家和作品》、《鼎盛時期的新小說》、《抗戰時期的現代小說》、《中國新文學史論》、《現代文學的桃花源》，總纂了《中華民國文藝史》。〔註 5〕其中，《中華民國文藝史》大約是第一部以「民國」命名的大規模的系統化的文學史著作，民國歷史第一次成為文學史「正視」的對象；周錦著有《中國新文學史》、《朱自清作品評述》、《朱自清研究》、《〈圍城〉研究》、《論呼蘭河傳》、《中國新文學大事記》、《中國現代小說編目》、《中國現代文學作家本名筆名索引》、《中國現代文學作品書名大辭典》、《中國現

〔註 5〕《中華民國文藝史》由臺北正中書局 1975 年初版。

代文學鄉土語彙大辭典》等，此外還主編了《中國現代文學研究叢刊》三輯共 30 本，於 1980 年由成文出版社有限公司印行出版。《中國現代文學研究叢刊》的史論也具有比較鮮明的「民國意識」。《中國現代文學研究叢刊編印緣起》這樣表達了他的「民國意識」：

> 中國新文學運動，是隨著中華民國的誕生而來。儘管後來有各
> 種文藝思潮的激盪以及少數作家思想的變遷，但中國現代文學卻都
> 是在國民政府的呵護下成長茁壯的……〔註6〕

這樣的表述，固然洋溢著大陸文學史少有的「民國意識」，不過，認真品讀，卻又明顯充滿了對國民黨政權形態的皈依和維護，這種主動向黨派意識傾斜，視「民國」為「黨國」的立場並不是我們所追求的學術客觀，也不利於真正的「民國」的發現，因為，眾所周知的事實是，疲於內政外交的「國民政府」似乎在「呵護」民國文學方面並無傑出的築造之功，嚴苛的書報檢查制度與思想輿論控制也絕不是現代文學「成長茁壯」的理由。民國文學的真實境遇難以在這樣的意識形態偏好中得以呈現。

同樣基於這樣的偏好，民國文學的優劣也難以在文學史的書寫中獲得准確的評判，例如尹雪曼《中華民國文藝史·導論》作出了這樣概括：「中華民國的文藝發展，雖然波瀾壯闊，變幻無常；但始終有民族主義和人文主義作主流；因而，才有今日輝煌的成就。」「至於所謂『三十年代』文藝，則不過是中華民國文藝發展史中的一個小小的浪花。當時間的巨輪向前邁進，千百年後，再看這股小小的浪花，只覺得它是一滴泡沫而已。其不值得重視，是很顯然的。」〔註7〕

民國時期的現代文學是不是以「民族主義」為主流，這個問題本身就值得討論，至少肯定不會以國民政府支持下的「民族主義文藝運動」為主導，這是顯而易見的；至於所謂的「三十年代文藝」當指 1930 年代的左翼文學，事實上，無論就左翼文學所彰顯的反叛精神還是就當時的社會影響而言，這一類文學選擇都不可能是「一個小小的浪花」、「是一滴泡沫而已」，漠視和掩蓋左翼文學的存在，也就很難講述完整的民國文學了。

由此看來，20 世紀下半葉的冷戰不僅影響了大陸中國的學術視野，同樣扭曲了海峽對岸的學術認知。受制於此的文學史家，雖然不忘「民國」，但他

〔註6〕周錦：《中國新文學簡史》1 頁，臺北成文出版社 1980 年。
〔註7〕尹雪曼總纂：《中華民國文藝史》1 頁，臺北正中書局 1975 年。

們自覺不自覺地要維護的中華民國依然是以國民黨統治爲唯一合法性的「黨國」，民國社會歷史的眞正的豐富與複雜並不是「黨國」意識關心的對象。以民國歷史的豐富性爲基礎構建現代中國的文學敘述，始終是一個難題，對大陸如此，對臺灣也是如此。

當然，考慮到臺灣歷史與文學的種種情形，《民國文學史》的寫作可能還會再添一個難度：如何描述海峽對岸當今的文學狀況，是排除於我們的「民國文學史」還是繼續延伸囊括，[註8] 排除於現實不符，從「民國」敘述轉向「臺灣」敘述，恐怕也正是「獨派」的願望，相反，努力將「臺灣」敘述納入「民國」敘述才能體現中華統一的「政治正確」；不過，納入卻也同樣問題重重，「民國」與「人民共和國」並行，不僅有悖於「一個中國」的基本政治理念，就是在當下的臺灣也糾纏不清。我們知道，在今日，繼續奉「民國」之名的臺灣目前正大張旗鼓地推進「臺灣文學」甚至「臺語文學」，所謂「民國文學」至少也不再是他們天然認同的一個概念，學術考察如何才能反映出研究對象本身的思想追求，這個問題也必須面對。也就是說，在今日臺灣，「民國」之說反倒曖昧而混沌。

2011 年，臺灣學者陳芳明、林惺嶽等著的《中華民國發展史・文學與藝術》出版，較之於此前冷戰時期的文學史，這一著作終於跳出了「黨國」意識的束縛，體現出了開闊的學術視野，[註9] 但是由於歷史的阻隔，關於民國文學的豐富細節都未能在這一史著中獲得挖掘，我們看到的章節就是：百年來文學批評的開展與轉折，百年女性文學，百年現代詩發展與自我身份的探求，故事萬花筒——百年小說圖志，美學與時代的交鋒——中華民國散文史的視野，百年翻譯文學史，從啓蒙救亡開始：中華民國現代戲劇百年發展史等等。從根本上說，《中華民國發展史・文學與藝術》由多位學者合作，各自綜述一個獨立的文學藝術領域，在整體上更像是一部各種文學藝術現象的概觀彙集，而不是完整的連續的歷史敘述。

也是在 2011 年，大陸學者湯溢澤、廖廣莉出版了《民國文學史研究》

〔註8〕丁帆先生試圖繼續延伸民國文學的概念，他區分了政治意義的「民國」和作爲文化遺產的「民國」，試圖以此作爲破解難題的基礎，不過這一延伸也不得不面對與臺灣作家及臺灣學者對話、溝通的問題（見《關於建構民國文學史過程中難以迴避的幾個問題》，《當代作家評論》2012 年 5 期）。

〔註9〕陳芳明、林惺嶽等著：《中華民國發展史・文學與藝術》，臺灣政治大學、聯經出版公司 2011 年。

（1912-1949）。〔註10〕湯先生是中國大陸較早呼籲「民國文學史」研究的學者，在這一部近40萬字的著作中，他較好地體現了先前的文學史設想：回歸政治形態命名的歷史記事，上溯民國建立的文學發端意義，恢復民國時期文學發展的多元生態。可以說這都觸及到了「民國文學史」的若干關鍵性環節，《民國文學史研究》由「史觀建設」與「編史嘗試」兩大部分組成，前者討論了民國文學史寫作的必要性，後者草擬了「民國文學史綱」，嚴格說來，「史綱」更像是民國時期文學的「大事記」，似乎是湯先生進一步研究的材料準備，尚不能全面體現他的「民國文學史」面貌。

　　海峽兩岸的學者都開始彙集到「民國文學」的概念下追述歷史，這令人鼓舞，但目前的成果也再次說明，書寫一部完整的《民國文學史》，無論是史觀還是史料，都還有相當的欠缺，時機尚未成熟，同志仍需努力。

三

　　民國文學史，在沒有解決自己的史觀與史料的時候，實在不必匆忙上陣。在我看來，民國文學研究在今天的主要任務還是對民國社會歷史中影響文學的因素展開詳盡的梳理和分析，對現代文學歷史演變中的一些關鍵環節與民國社會各方面的關係加以解剖，如民國建立與新文學出現的關係、民國社群的出現與現代文學流派的形成、民國政黨文化影響下的思想控制與文學控制、民國戰爭狀態下的區域分割與文學資源再分配等等，至於文學自身力量也不能解決的文學史寫作難題當然更可以暫時擱置（如當代臺灣文學進入民國文學史的問題）。只要我們並不急於完成一部完整系統的民國文學史，就完全可以將更多的精力放在民國文學一個一個的具體問題之上，可供我們研究範圍也完全可以集中於民國建立至人民共和國建立這一段，我想，海峽兩岸的學者都可以認定這就是「民國歷史」的「典型」時期，這同樣可以為我們的雙邊交流營造共同的基礎。在民國文學史誕生之前，我們應該著力於歷史更多更豐富的細節，對細節的了悟有助於我們歷史智慧的增長，而歷史智慧則可以幫助我們最終解決這樣或那樣的歷史書寫的難題。

　　那麼，在一部成熟的《民國文學史》誕生之前，還有哪些課題需要我們清理和辨析呢？

〔註10〕湯溢澤、廖廣莉：《民國文學史研究》（1912～1949），吉林大學出版社 2011年。

　　我覺得在下列幾個方面，還有必要進一步研討。

　　一是「民國文學」研究究竟能夠做什麼。隨著近幾年來學界的倡導，對於「民國文學」研究的優勢大約已經獲得了基本的認識，但是也有學者提出了自己的疑慮：研討民國文學，對於那些反抗民國政府的文學該如何敘述？例如左翼文學、延安文學。或者說，民國文學是不是就是國統區追求民主、自由這類「普世價值」的文學，「民國機制」是不是與「延安道路」分道揚鑣？在我看來，「民國文學」就是一種近現代中國進入「民國時期」以後所有文學現象的總稱，既包括國統區的文學，也包括解放區的文學，因為「民國」不等於「黨國」，也代表了某種「革命者」共同的「新中國」的夢想，左翼文化、解放區反抗的是一黨專制的「黨國」，而不是民主自由均富的「新中國」，尤其在抗戰時期，當解放區轉型為民國的特區之後，更是恰到好處地利用了民國的憲政理想為自己開闢生存空間，為自己贏得道義與精神上的優勢，只有在作為「新中國」的「民國」場域中，左翼文學與延安文學才體現出了自己空前的力量，「延安道路」才得以實現。「民國文學」也不是歌頌民國的文學，相反，反思、批判才是民國時期知識份子的主流價值取向，所以，我們可以發現，「民國批判」往往是民國文學中引人矚目的主題，左翼文學精神恰恰是民國時代一道奪目的風景，儘管它的文學成就需要實事求是地估價。在這個意義上，民國文學史的研究肯定是中國近現代史學的組成部分，而不是大眾時尚潮流（如所謂「民國熱」）的結果。

　　民國文學研究更深入的理論問題還在於，這樣一種新的文學史研究範式的出現究竟有什麼深刻的學術意義？對整個文學史研究的進行有何啟發？我認為，相對於過去強調「現代性」時間意義的「中國現代文學史」而言，「民國文學史」更側重提醒我們一種「空間」的獨特性，也就是說，從過去的關注世界性共同歷史進程的「時間的文學史」轉向挖掘不同地域與空間獨特涵義的「空間的文學史」，以空間中人的獨特體驗補充時間流變中的人類共同追求，這就賦予了所謂「民族性」問題、「本土性」問題與「中國性」問題更切實的內涵，從此出發，中國文學研究的新範式也許可以誕生？

　　二是「民國文學」研究當以大量的具體文學現象的剖析為基礎。這一方面是繼續考察各類民國文化現象對於文學發展的重要影響，包括經濟、政治、法律、教育、宗教之於文學發展的動力與阻力，也包括各區域文化現象對於文學生長的有形無形的影響，包括民國時期一些重要的歷史事件對於文學的

特殊作用，例如國民革命。過去我們梳理中國現代的「革命文學」，一般都從 1927 年大革命失敗之後的無產階級文學倡導開始，其實「革命」是晚清以來就一直影響思想與現實的重要理念，中國現代文學的「革命意識」受到了多重社會事件的推動，從晚清種族革命到國民革命再到無產階級革命等等都在各自增添新的內容，仔細追溯起來，「革命文學」一說早在國民革命之中就產生了，國民革命也裹挾了一大批的中國現代作家，爲他們打上了深刻的「革命」意識，不清理這一民國的重要現象，就無法辨析文學發展的內在脈絡。大量現代文學現象（特別是文學作品）的再發現、再闡釋是民國新視野得以確立的根據。如果我們無法借助新的視野發現文學文本的新價值，或者新的文學細節，就無法證明「民國視野」的確是過去的「現代文學視野」能夠代替的。所幸的是，最近幾年，一些年輕的學者已經在「民國機制」的視野下，發掘了中國現代文學的新的內涵。這裡僅以《文學評論》雜誌爲例：顏同林從「法外權勢的失落與村落秩序的重建」這一角度提出對趙樹理小說的嶄新認識〔註 11〕，周維東結合延安文化，剖析了解放區文學「窮人樂」主題的意味〔註 12〕，李哲發現了茅盾小說中沉澱的民國經濟體驗〔註 13〕，鄔冬梅結合 1930 年代的民國經濟危機重新解讀了左翼文學〔註 14〕，羅維斯發現了民國士紳文化對茅盾小說的影響〔註 15〕，張武軍透過「民國結社機制」挖掘了從南社到新青年同仁的作家群體聚散規律，賦予社團流派研究全新的方向〔註 16〕。在重新研討新文學發生過程的時候，李哲發現了北京大學教育「分科」的特殊意義〔註 17〕，王永祥則解剖了民國初年的國家文化所形成的語境與氛圍〔註 18〕。這樣的研究都在很大程度上突破了過去的「現代文學」研究視域，通過自覺引入民國歷史視角而推動了文學史研究的發展。

〔註 11〕 顏同林：《法外權勢的失落與村落秩序的重建——以趙樹理四十年代小說爲例》，《文學評論》2012 年 6 期。

〔註 12〕 周維東：《解放區的天是明朗的天——延安時期的移民運動與「窮人樂」敘事》，《文學評論》2013 年 4 期。

〔註 13〕 李哲：《經濟・文學・歷史——〈春蠶〉文本的三個維度》，《文學評論》2012 年 3 期。

〔註 14〕 鄔冬梅：《民國經濟危機與 30 年代經濟題材小說》，《文學評論》2012 年 3 期。

〔註 15〕 羅維斯：《「紳」的嬗變——《動搖》的一種解讀》，《文學評論》2014 年 2 期。

〔註 16〕 張武軍：《民國結社機制與文學的演進》，《文學評論》2014 年 1 期。

〔註 17〕 李哲：《分科視域中的北京大學與「新文化運動」》，《文學評論》2013 年 3 期。

〔註 18〕 王永祥：《《新青年》前期國家文化的建構與新文學的發生》，《文學評論》2013 年 5 期。

　　當然，類似的文本再解釋、歷史再發現工作還遠遠不夠，我們期待更多的研究者加入。

　　三是對於從歷史文化的角度闡釋現代文學的這一思路本身也要不斷反思和調整。在相當多的情況下，民國文學研究與現代文學研究都擁有相似的研究對象，相近的研究方法，不過，相對而言，「民國」一詞突出的國家歷史的具體情態，「現代」一詞連接的則是世界歷史的共同進程。所以，所謂的民國文學研究理所當然就更加突出民國歷史文化的視角，更自覺地從歷史文化的角度來分析解剖文學的現象，倡導文學與歷史的對話。鑒於民國歷史至今仍然存在諸多的晦暗不明之處，對於歷史的澄清和發現往往就意味著主體精神的某種解放，所以澄清外在歷史真相總是能夠讓我們比較方便地進入到人的內在精神世界之中，因而作為精神現象組成部分的文學也就得到了全新的認識。最近幾年，中國現代文學研究中較有收穫的一部分就是善於從民國史研究中汲取養分，詩史互證，為學術另闢蹊徑，文學研究主動與歷史研究對話，歷史研究的啟發能夠激活文學研究的靈感，「民國文學」的概念賦予「現代文學」研究以新機。雖然如此，我們也應該不斷反思和調整，因為，隨著歷史研究、文化研究在文學考察中的廣泛運用，新的問題也已經出現，那就是，我們的文學闡述因此而不時滑入到了純粹的歷史學、社會學之中，「忘情」的歷史考察有時竟令我們在遠離文學的他鄉流連忘返，遺忘了文學學科的根本其實還是文學作品的解釋。捨棄了這一根本，模糊了學科的界限，我們其實就面臨著巨大的自我挑戰：面向文學的聽眾談歷史是容易的，就像面對歷史的聽眾談文學一樣；但是，如果真的成了面對歷史的聽眾談歷史，那麼無疑就是學科的冒險！對此，每一位文學學科出身的學人都應該反覆提醒自己：我準備好了嗎？

　　在這個意義上，我們應該始終牢記，從歷史文化的角度研究文學，最終也需要回到「大文學本身」，民國文學研究對民國時期文學現象的研究，而不是以文學為材料的民國研究。將來我們可能要完成的也不是信馬由繮的《民國史》而是不折不扣的《民國文學史》。

　　沒有對這些研究前提、研究方法的反思，就不會有紮實的研究，當然最終的文學史是什麼樣子，也就難以預期了。闡釋優先，史著緩行，民國文學史的寫作，當穩步推進。

序

湯哲聲

　　自 20 世紀 80 年代初開始，蘇州大學現當代文學學科在范伯群先生的帶領下開始了中國現當代通俗文學研究。到 21 世紀初，蘇州大學現當代通俗文學研究取得了顯著的成就，很多著述受到國內外學界的好評。但是我們自己知道，中國現當代通俗文學的研究已經進入了瓶頸階段，要想進一步推動，很多問題必須深入地廓清和分析，中國現當代通俗文學的市場策略和運行機制就是要思考的問題之一。這個時期，石娟進入了博士論文的選題階段。於是，我與她商量能否將這個題目作為博士論文的選題。她思考一段時間後，接受了我的建議。經過數年艱辛努力，她交出了一份出色的答卷。答辯時論文獲得了答辯委員會高度評價，評為優秀等級。論文也被評為蘇州大學 2011 年度優秀博士論文。經過修訂，現在這部論文要出版了，令人高興。

　　這部著作以 1928 年到 1937 年的《新聞報》副刊為中心，重點論述了以下幾個很值得思考的問題。首先是認定通俗文學創作過程中市場的地位和作用。著作認為市場是通俗文學的創作的動力和活力，是通俗文學的基本性質。這個問題的明確對中國現代通俗文學乃至中國現代文學的研究具有重要的意義。中國現代通俗文學與新文學是現代中國文學的兩條發展脈絡，它們有著不同的歷史淵源、美學傳統和表現方式。我們一直強調中國現代通俗文學的批評要有通俗文學的標準。通俗文學批評標準的設定首先是現代通俗文學性質的確定。通俗文學是市場的文學，沒有市場也就沒有了通俗文學，這部著作作出了明確的性質界定，並對此作了歷史、美學等學理的分析。與新文學的人文主義和左翼的文化思潮不一樣，中國現代通俗文學是現代中國大

眾文化的文學表現。在這個問題上，這部著作也作出了深入地分析。著作側重論述了三個問題，一是現代城市的發展而形成的現代市民階層對現代通俗文學的發生和發展產生的影響。現代市民的價值觀念和審美標準直接決定了現代通俗文學的特色。二是大眾媒體，特別是電影，對現當代通俗文學產生的作用以及它們之間的互動。現代通俗文學是現代電影劇本的重要源泉，現代電影的放映也是現代通俗文學產生影響的推動力。三是副刊對中國現代通俗文學的傳播產生的作用。副刊是現代大眾文化的重要載體，利用副刊特點推動作品的傳播，中國現代通俗文學表現得尤其突出。爲了說明這些論點，這部著作重點分析了四份副刊——《新聞報》的「四大副刊」《快活林》／《新園林》、《本埠附刊》、《茶話》、《藝海》；三個編輯——嚴獨鶴、嚴諤聲、吳承達，其中嚴獨鶴掌管《新聞報》副刊近 30 年；四個作家——張恨水、丁玲、魯迅、曹聚仁；一次文學事件——「被遺忘的文藝大眾化討論」；一部作品——張恨水《啼笑因緣》的不同版本和市場運作。這些都是中國現代通俗文學乃至中國現代文學研究中的深層次問題，作者在論述中將之貫穿在商業運作如何進行的思路中展開，因此，著作既有很強的問題意識，又有發展的動態；既有多層面的思考，主幹又相當分明。由於選題的開拓性要求很高，又沒有現成的資料，據我所知，作者直接閱讀了數十年的《新聞報》，輔以部分小報和期刊，獲取了大量的原始資料。很多資料在這部著作中得到第一次披露和學理分析，如張恨水《啼笑因緣》在上海的《新聞報》和北京的《世界日報》連載時的不同版本、丁玲關於文學大眾化的意見、《火燒紅蓮寺》放映前後的文化背景以及運作方式，等等。這些材料不僅給著作的論點帶來了有力的支撐，也給讀者耳目一新的感覺。從性質上分析通俗文學的本質，這就是深入；將研究領域向前推進了一步，這就是拓展；論述前人沒有論述的學理，這就是創新；運用第一手資料論述，這就是紮實。這部著作作出了貢獻。

對學術研究熱愛並全身心投入是石娟給人最深刻的印象，也是她取得較好學術成績的根本原因。將《新聞報》副刊研究作爲博士論文選題，這部著作在國內外大概是第一部。爲了獲取資料，她奔波於蘇州和上海，早晨踏著晨露上火車，趕在上海圖書館開門前到達，就是要「搶」到一臺閱讀機，晚上披星戴月回到蘇州，就是要在上海圖書館關門前多查一點資料，相當辛苦，

但是她說，樂在其中。值得說一下的是她的丈夫虞傑，默默奉獻，盡責盡力。獲取材料後，她勤於思考，經常與我討論一些問題，也使我很有收穫。學術研究需要智慧，更需要勤奮，在她身上體現得比較鮮明。現在這部根據博士論文修訂的著作出版了，這是她的一個學術的小結，也是她的一個新的起點，相信她在前行中將獲得更多成績。成果總是伴隨著勤奮者的腳步產生，這是被一個個鮮活的實例所證明的真理。

2014 年 11 月於蘇州大學北小區教工宿舍

目

次

附表目錄

緒　論

　　副刊是報紙發展過程中的產物，從第一張具有副刊意義的「附張」——
《消閒報》〔註1〕1897年11月24日〔註2〕出現起，從最初的「報屁股」〔註3〕
到後來「小說與報紙的銷路大有關係」〔註4〕，副刊在報紙中的地位逐漸提高，

〔註1〕　《消閒報》爲《字林滬報》的副刊，當時被稱爲「附張」。《字林滬報》前身
　　　　爲《滬報》，創刊於1882年5月18日，由《字林西報》主筆巴爾福（Balfour.F.H）
　　　　發起，由戴譜生、蔡爾康等爲主筆，自73號（1882年8月10日）起改名《字
　　　　林滬報》，1900年售與日人東亞同文會，又改名《同文滬報》，由田野橋次任
　　　　經理。自清光緒三十四年二月七日（1908年3月9日）起改回本名，出改良
　　　　1號。見上海圖書館編輯出版：《上海圖書館館藏中文報紙目錄（1862～
　　　　1949)》，1982年12月版，第203頁。
〔註2〕　關於這一時間，有兩種意見。羅賢梁先生在《報紙副刊學》中稱《消閒報》
　　　　出版於「1897年11月20日」（百花洲文藝出版社，1991年2月版，10頁），
　　　　而方漢奇先生在《中國近代報刊史》中稱出版於「1897年11月24日」（山西
　　　　人民出版社，1981年6月版），洪煜《近代上海小報與市民文化研究（1897
　　　　～1937)》一書依據阿英的《晚清文藝報刊述略》的劃分將其列入小報研究範
　　　　疇，在附錄《近代上海小報一覽表（1897～1937)》中也稱出版時間爲「1897
　　　　年11月24日」。據阿英《晚清文藝報刊述略》中「創刊於光緒二十三年（一
　　　　八九七）十一月朔」的說法，「朔」爲農曆每月初一，因此，《消閒報》創刊
　　　　的時間應爲光緒二十三年（1897）十一月初一，即1897年11月24日。
〔註3〕　包天笑：《釧影樓回憶錄》，香港：大華出版社，1971年6月版，第350頁。
〔註4〕　包天笑：《釧影樓回憶錄》，香港：大華出版社，1971年6月版，第318頁。
　　　　早在19世紀70年代前後，中國早期的報紙上就已經出現了「副刊性文字」，
　　　　它們始自外國人主辦的報刊，如《察世俗每月統計傳》上刊載過外國傳教士
　　　　創作的中文小說，《六合叢談》對荷馬史詩、希臘幾大悲劇家和亞里士多芬
　　　　的喜劇作過片斷介紹，英文的《中國叢報》和《中國雜誌》上刊有《紅樓夢》
　　　　前八回的譯文和評介文章，《上海新報》也刊有「西人」和「華友」們投寄
　　　　的隨筆、雜談、寓言、遊記、詩詞、對聯、短篇小說和科學小品等短文。只

日益受到重視。英國倫敦艦隊街那句經典的報界名言「新聞招客，副刊留客」，生動地描繪了副刊之於報紙的地位之重要。自誕生之日起，文藝副刊就以不可小覷的勢力，參與了中國近現代文學與文化的多元建構。它以短小精悍的形式、文學理念相同或相似的編輯作者群體、高密度的信息、龐大的讀者群體，動態地呈現了無數動人的歷史場景。然而，由於副刊涉及的內容龐雜，範圍面廣量大，歷時漫長，類型眾多，時效性強，不像期刊那樣有明確的風格與歸屬，可以就一個問題用大量的篇幅展開具有深度的陳述，也不像圖書那樣有恒久穩定的留存價值，因此，常常會帶來研究和闡釋上的困難。在專業研究領域，以往副刊大多被列入傳播學研究範疇予以探討，著重闡釋副刊的功能和特色。近年來，開始有論者開展文學與副刊關係的專題研究，如《「批評空間」的開創──從〈申報・自由談〉談起》（見《二十一世紀》第 19 期（1993 年 10 月）），《共和憲政與家國想像──周瘦鵑與〈申報・自由談〉，1921～1926》《〈申報・自由談話會〉──民初政治與文學的批評功能》（見陳建華《從革命到共和：清末至民國時期文學、電影與文化的轉型》，廣西師範大學出版社，2009 年 10 月版），《〈大公報〉與中國現代文學》（劉淑玲著，河北教育出版社 2004 年 11 月版），《報紙副刊與中國知識分子的現代轉型──以〈晨報副刊〉爲例》（張濤甫著，廣西師範大學出版社 2007 年 7 月版），《沈從文與〈大公報〉》（杜素娟著，山東畫報出版社 2006 年 3 月版），等等。但是，從一份報紙各個副刊之間的關係深入對文學及文化活動的思考，相關研究所見不多。對一段時期一份報紙的各個副刊展開系統研究，就是在還原彼時的歷史現場和文學、文化生態。正如李歐梵先生所言：「怎樣描述都市現代性和

是當時這些文字往往和新聞混雜在一起，沒有獨立和固定的版面。1872 年《申報》創刊後，公開徵求「騷人韻士」們的「短什長篇」和「天下各名區竹枝詞及長歌紀事之類」的文字，雖然仍沒有闢出專欄，但是大體上已經有了固定的位置，初具副刊型式。後由於同類文字越來越多，「所積計不下三千首」，有些翻譯作品又篇幅過長，於是出現了月刊《瀛寰瑣記》、《四溟瑣記》、《寰宇瑣記》之類附屬刊物，但仍不是現代意義上的附張或「副刊」。1882 年起，《字林滬報》在每日的新聞後面開始刊登「詩詞雜作」，不久又特闢一欄名「花團錦簇樓詩集」，專刊詩詞小品，並把清初人寫的《野叟曝言》排成書版格式，每天隨報附送一頁，類似後來的長篇小說連載。1897年 8 月 25 日《遊戲報》創刊之後，直至 1897 年 11 月 24 日《字林滬報》附出的《消閒報》創刊，每日一張，隨報附送，現代意義上的「附張」才正式誕生。見方漢奇：《中國近代報刊史》，太原：山西人民出版社，1981 年 6 月版，第 56～57 頁。

都市文化的形象？這牽涉一個很重要的問題即報紙的功能。」〔註5〕從這個意義上而言，關於副刊文學的研究，可以幫助我們釐清一些歷史事實，比如還原文學發生的歷史現場，比如版本考證，尤其是報紙連載與單行本的關係，揭示作家在小說連載結束後出版單行本時不同的動機與心態，審視通俗文學與新文學在歷史現場中複雜、敏感而微妙的關係，等等。可以說，由於副刊文學的片斷性與豐富性，與之相關的文學活動可以得到非常充分的展示，在梳理史料、還原歷史現場的過程中，我們才有可能填補歷史的縫隙，甚至會發現歷史的真實面目與已有的文學史結論的差異、悖論乃至謬誤。可以說，現代文學獨有的現代性之複雜面相，在報紙上，可以得到最為原始與酣暢的表達。

　　自 1843 年開埠以後，上海以其特有的地緣優勢、商業形態及文化特質在不到百年的時間內由東南的一個漁村迅速成長為世界排名第六的國際化大都市，至 1930 年代，「上海模式」已經成為全國城市的模範〔註6〕，商業資本大量湧入〔註7〕，人口迅速膨脹，〔註8〕商業全面繁榮，商品化城市形態已經形成。大量移民的湧入，使得上海的市民「空間距離縮小，心理距離拉大，導致了城裏人尋找彼此共同關心、共同感興趣的話題，也就是對大眾文化的渴求」〔註9〕。這種渴求直接刺激了印刷資本（報館、書局）的迅速增長，並成為商業資本重要的組成部分〔註10〕。20 世紀 20 年代後期至 30 年代，上海已

〔註5〕　李歐梵，羅崗：《視覺文化・歷史記憶・中國經驗》，見羅崗，顧錚主編：《視覺文化讀本》，桂林：廣西師範大學出版社，2003 年 12 月版，第 14 頁。

〔註6〕　所謂的「上海模式」，主要指衡量上海城市現代化發展程度的若干城市物化環境的現代性指針，是一個抽象的概念。一般而言，「上海模式」具備了同時代中國城市所有物化環境指針，如高樓大廈、電影院、咖啡館、西餐館、跑馬場、汽車、路燈，以及新興公用事業，如照明、電話、自來水、電報等。（見張瑾：《二十世紀二三十年代「上海模式」對重慶城市的衝擊》，《史學月刊》，2000 年第 3 期。）

〔註7〕　自 1843 年上海開埠以來，外國資本大量注入上海。據統計，1931 年外國人對上海的投資達到 11.1 億美元。外資的大量湧入同時也刺激了中國民族工商業的發展，從 1914 年到 1928 年間的十四年中就開設了 1229 家工廠。白吉爾認為 1911～1937 年是中國民族工業發展的黃金時期。（〔法〕白吉爾著；張富強，許世芬譯：《中國資產階級的黃金時代（1911～1937 年）》，上海：上海人民出版社，1994 年 1 月版。）

〔註8〕　1929 年，上海人口已經達到 270 餘萬，在當時，城市人口總數居全世界同類城市的第六位。（徐國禎：《上海生活》，上海：世界書局，1929 年版。）

〔註9〕　張仲禮：《近代上海城市研究（1840～1949 年）》，上海：上海文藝出版社，2008 年 8 月版，第 856 頁。

〔註10〕　關於上海印刷資本的產生及發展，王韜《瀛壖雜誌》、姚公鶴的《上海閒話》、

經取代北京成爲全國最重要的文化出版中心，文化出版空前繁榮。「這種繁榮是全面和多元的，既包括了西學、國學這類具有全國性文化意義的方面，也包括了上海城市地域文化的方面。二三十年代的上海文化建設成就同時也是深入的，無論從整體的文化思索還是就具體的新文學創作，都產生了具有相當水準的成就。」〔註11〕其中，通俗文學的繁榮是非常重要的組成部分。自誕生之日起，通俗文學就與媒體、市場存在著異常密切的關係，而到了20世紀二三十年代，從期刊雜誌到大報副刊、小報、圖書、電影，通俗文學遍佈「十里洋場」的各個角落。翻開史料，呈現的是一個五光十色的異常成熟的商業社會以及在其影響下特有的文學及文化形態，以至於海外有學者直接稱此時的通俗文學爲「報刊文學」。〔註12〕而媒介對文學的生產性和互動性以及文學自身作爲一種傳播媒介兩個層面的探討〔註13〕，均已有豐富的史料足以證明。可以說，媒體的繁榮與文學的繁榮，二者之間是你中有我、我中有你的，這種互動，主觀上，給媒體擁有者帶來了極爲豐厚的利潤，與此同時，通俗文學在此時儘管備受「文壇」指責，卻也憑藉一系列標誌性作品走向成熟，這中間，必然有著某種聯繫。應該說，媒體的繁榮擴大了文學的影響，使文學走向大眾，更爲重要的是它改變了文學存在與活動的方式。近年來，小報、期刊、書局與文學生產、文學商業化之間的關係以及文學活動方式的系統研究，已多有開展。但大報副刊關於這一問題的深入探討，就筆者所接觸的研究資料看來，似乎尚未系統展開。實際上，由於大報副刊有豐厚的稿酬、充裕的時間和充足的稿源做保證，可以對一部作品反覆推敲、擇選、策

　　　胡道靜《上海新聞事業之史的發展》、秦紹德《上海近代報刊史論》、包天笑《釧影樓回憶錄》、戈公振《中國報學史》等史料中均有較詳細的論述，這裡不贅述。

〔註11〕張仲禮主編：《近代上海城市研究（1840～1949年）》，上海：上海文藝出版社，2008年8月版，第844頁。

〔註12〕王德威：《想像中國的方法：歷史・小說・敘事》，北京：生活・讀書・新知三聯書店，1998年9月版。

〔註13〕華東師範大學李音博士在《文學傳媒研究的新視野及方法》中對吳俊教授在課程講義中將文學與傳媒的結合基本定位爲「傳播中的文學與文學的傳播」的理念加以延伸，認爲，文學與傳媒的研究可以粗略地分爲兩個層面，一個層面是文學與媒介的研究，這一層面的研究偏重於從外圍入手對文學進行研究，以文學爲主體，關注其互動性、生產性。另一個層面的研究是文學傳媒研究，在這個層面上，文學本身就是社會中一種重要的媒介，文學本身的生產消費就已經構成了一種傳播。（李音：《文學傳媒研究的新視野及方法》，《上海文化》，2008年第6期，第13～20頁。）

劃甚至引導作品的走向，在報紙版面上，它常常呈現出獨特的出版活動——對刊載於其上的文學作品尤其是長篇連載進行商業運作。這一以贏利爲旨歸的文學活動其實涵蓋了作者在個人的文學趣味、文學追求與副刊特徵和目標讀者的閱讀口味間作出的種種調適與努力，同樣也涵蓋了讀者對文學活動的參與以及編輯在其中基於市場考量而發揮的雙向溝通的中介作用。從這一視角出發，編輯／主筆、讀者便有機會浮出水面，展示出他們在文學現代化過程中參與建構的力量，改變他們在既有文學史中的失語地位。那麼，問題在於：哪一份報紙的副刊最適合展開與商業運作行爲有關的討論？

　　經過仔細比對與考察，《新聞報》的四個副刊《快活林》（後改名《新園林》）、《本埠附刊》、《茶話》、《藝海》進入了筆者的研究視野。《新聞報》創刊於清光緒十九年癸巳元旦（1893 年 1 月 1 日，見圖 1），起步比彼時上海的第一大商業性報紙——《申報》——晚二十一年，初創時由華盛紡織廠主西人丹福士擔任總董，至清光緒二十五年（1899），丹福士因事破產，《新聞報》資產由時任南洋工學監督的福開森購得。時汪漢溪在南洋工學任庶務，因辦事勤慎，在財務出入上一絲不苟而受福開森賞識，遂任命他爲《新聞報》總理（總經理）。〔註14〕福開森在清末便參與了中國的政治活動，深諳中國官場與輿論的利害關係。《新聞報》創刊於清末，生存並繁榮於北洋軍閥時期，當時各系軍閥都在收買新聞事業，爲躲開派系鬥爭，福開森提出了「無黨無偏」的辦報方針，這一方針，在總經理汪漢溪這裡得到了進一步貫徹，發展爲「無黨無偏、完全中立、經濟自主」的辦報方針〔註15〕。爲了和《申報》競爭，汪漢溪採用「輕政重商」的經營策略〔註16〕，將追求經濟獨立作爲辦報的宗旨。他認爲，只有經濟獨立，才能不仰人鼻息，不受任何方面的牽掣，貫徹始終，卒底於成。〔註17〕針對這一定位，《新聞報》專門開闢了「經濟新聞」，不嫌瑣細，竭力把市場情況、商貨行情，翔實地刊之報端。後來，經濟新聞和行情表刊登兩版，不僅上海的工商界，上至工廠、公司、洋行，小至澡堂、

〔註14〕《〈新聞報〉三十年之事實》，見《新聞報館三十週年紀念增刊冊　一八九三～一九二三》，上海：新聞報館，1923 年版。

〔註15〕嚴獨鶴：《福開森與〈新聞報〉》，《文史資料選輯（第四輯）》，北京：中華書局，1960 年 5 月版，第 152 頁。

〔註16〕需要說明的是，「輕政重商」並不是不談政治，而是對於政治要多報導，少評論。見鄭逸梅：《書報話舊》，《鄭逸梅選集（第一卷）》，哈爾濱：黑龍江人民出版社，1991 年 5 月版，第 912 頁。

〔註17〕潘競堯：《二十年來之〈新聞報〉》，見 1946 年 11 月 5 日《今報》。

理髮店，都訂閱一份。江南各縣鎮較大的商號，需要向上海批發，需要隨時瞭解上海行情的，也都要訂閱《新聞報》。〔註 18〕可見，《新聞報》的目標讀者是工商界人士和市民階層。《新聞報》初創時報紙日發行量只有幾百份，由於總經理汪漢溪的悉心經營和準確定位，至 1920 年，日發行量達到了 5 萬份，以 2 萬份的優勢，超過了彼時上海的第一大報——《申報》。而據胡道靜《新聞報四十年史（一八九三～一九三三）》對《新聞報》1920～1930 年日發行量統計數據顯示，在 1920～1930 年間，《新聞報》每年的日發行量都超過了《申報》，至 1928 年，《新聞報》日發行量已超過了 15 萬份，比當年《申報》的發行量要高出近 1 萬份左右，成爲上海名副其實的第一大報。〔註 19〕儘管後來《申報》在 20 世紀 30 年代之後偶有超越〔註 20〕，但《新聞報》整體上仍然穩穩保持著日發行量 15 萬份左右的紀錄。這穩居上海第一的發行量給《新聞報》帶來了豐厚的廣告收入，也實現了汪漢溪所追求的「經濟獨立」的目標。因而，《新聞報》被時人稱爲報界「老爺」，因爲它「一直那麼牛步化」〔註 21〕。

圖1　1893 年 1 月 1 日《新聞報》1 號，報頭上寫著「不取分文」

〔註 18〕徐鑄成：《報海舊聞》，上海：上海人民出版社，1981 年版，第 37 頁。

〔註 19〕胡道靜：《新聞報四十年史（一八九三～一九三三）》，《報學雜誌》第 1 卷第 2 期，1948 年 9 月 16 日，第 11 頁。

〔註 20〕1935 年，《新聞報》日發行量爲 150,028 份，而《申報》日發行量爲 155,900 份。見劉覺民：《報業管理概論》，上海：商務印書館，1936 年版，第 261 頁。

〔註 21〕曹聚仁：《上海春秋》，北京：生活・讀書・新知三聯書店，2007 年版，第 144 頁。

圖 2　《新聞報》董事長福開森　圖 3　《新聞報》總經理汪漢溪

圖 4　《新聞報》編輯部同人合影，一排右三為嚴獨鶴

圖 5　蔡元培 1923 年為《新聞報》紀念三十週年題詞「無黨無偏」

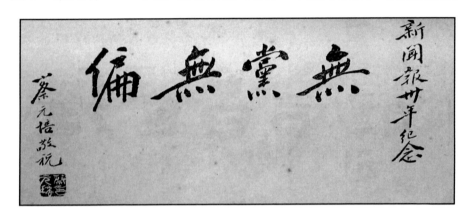

　　與《申報》最初將報紙定位於服務士紳階層不同，《新聞報》一開始即定位於爲商界服務。由於《新聞報》「太注重在中下級社會，不肯分一部分的精神……來提倡新文化，因此青年學界不喜歡牠……」〔註 22〕。20 世紀20 年代，新文學廣告一直都是刊登在《申報》上，幾乎從不問津《新聞報》。這一情況，到 20 世紀 30 年代已經發生了很大變化，但是報紙定位並沒有發生根本性的轉變，這一定位直接影響到《新聞報》副刊的辦刊理念。《新聞報》副刊《快活林》自 1914 年 8 月 15 日由張丹斧任主筆的《莊諧叢錄》改版，1932 年「一‧二八」事變後於 4 月 1 日更名爲《新園林》，直至太平洋戰爭爆發後停刊，又於 1945 年 12 月 1 日復刊，直至 1949 年 5 月停刊，同一副刊，前後近三十年均由嚴獨鶴一人任主編，這在中國近現代報刊史上非常罕見，幾乎絕無僅有。同時，又由於嚴獨鶴本人的文學立場，《快活林》／《新園林》始終是中國通俗文學最重要的發表平臺，儘管隨時代變遷風格幾度變化，但堅持發表通俗文學作家作品的立場始終未變。《本埠附刊》於1926 年 4 月 1 日創刊，主編嚴諤聲。創刊之初的功能就是商業宣傳，1929年開始向文藝副刊轉向，讀者對象主要是上海本埠的婦女、兒童和青年，而《茶話》則是脫胎於《本埠附刊》的另一讀者、編輯及作者對話的文藝園地，以刊載雜文、隨筆爲主。此外，《藝海》創刊於 1925 年 5 月 16 日，一年後便停刊，於 1932 年復刊，整體面貌發生了非常大的變化──從最初的藝術副刊完全變爲商業味道很濃的電影副刊。這幾個副刊各有側重，但有一個原

〔註 22〕張靜廬：《中國的新聞紙》，上海：光華書局，中華民國十七年（1928）十月版，第 76 頁。

則是相同的，那就是「不事攻訐」〔註23〕，這一原則完全是從保證《新聞報》商業信譽的角度出發而制定的辦刊標準，與《新聞報》「無黨無偏，完全中立」的宗旨有著內在聯繫。與之相比，《申報》的《自由談》雖然在王鈍根、陳蝶仙、陳冷血以及周瘦鵑的努力下也曾風行一時，但由於 1932 年由黎烈文、張梓生接編，轉而成為新文學最重要的發表陣地，後又幾易其主，讀者群的更易，可以用翻天覆地來形容，所以，就穩定性而言，如果要研究中國現代通俗文學商業運作行為下的文學活動及文學流變形態，《新聞報》的副刊不能缺席。

　　然而，當我們準備探討如上問題的時候，選擇哪一個時間段則不得不予以考量。經過系統翻閱，筆者以為，就《新聞報》這份報紙的各個副刊而言，將時間界定於 1928 年到 1937 年之間最為合適。1928 年，《火燒紅蓮寺》橫空出世，一下子點燃了商業電影的熊熊大火，在《本埠附刊》上的各類電影廣告中多有呈現；1929 年，顧明道《荒江女俠》在《新聞報》副刊《快活林》連載；緊接著，張恨水的《啼笑因緣》1930 年一經刊出便產生了轟動效應，令文學界始料未及。張恨水從此成為蜚聲南北的通俗文學作家，也成為新文學詬病的焦點。之後一直到《新聞報》停刊，張恨水始終是《新聞報》副刊《快活林》／《新園林》連載小說的唯一作者，與此同時，顧明道的連載小說則轉移到《本埠附刊》上，始終在其上連載，這些都與副刊編輯有意識的運作行為密不可分。至 1937 年「八一三」事變，上海淪陷，救亡成為時代主題，此時若討論商業運作問題，時代話語已然轉變。因此，將時間界定於1928～1937 年，是因為在這一時間段，《新聞報》副刊上的商業運作行為最為豐富，儘管此時「九一八」和「一・二八」已經發生，但是與 1937 年上海淪陷之後相比，商業運作的環境要好得多，仍可以正常開展，並未動搖根本。

　　但是，要討論如上問題，有兩個貫穿全書的關鍵概念必須加以界定和說明。

─────────

〔註23〕汪仲韋稱，為保持報紙信譽，副刊「只鼓勵進步，不潑冷水，但也反對以黑為白，把壞的硬說成好的，欺騙觀眾。這一保本報信譽的立場是始終不變的。『藝海』如此，『快活林』、『茶話』也大都如此。」（汪仲韋：《新聞報發展過程拾零》，中國社會科學院新聞研究所《新聞研究資料》編輯部編：《新聞研究資料（總二十三輯）》，北京：中國社會科學出版社，1984 年版，第 200 頁。）

（一）《新聞報》副刊

臺灣學者陳石安先生早在 1968 年就對「副刊」進行了界定，他認爲：

> 報紙的「副刊」，有兩種説法：一種是廣義的説法，即是指除
> 了新聞、評論以外，其他的文字，都屬於副刊，因爲其刊載的篇幅
> 多在第二張以次，所以又稱副張。……一種是狹義的説法，指有固
> 定名稱，在固定的版位，有固定的範圍，固定的欄數，稱爲××副刊，
> 如文藝副刊、綜合副刊、詩詞副刊、家庭與婦女、兒童周刊等。照
> 這種説法，副刊是指報紙内容屬於比較輕鬆，提供欣賞與消遣的部
> 份。評論性以外的其他專欄，也屬於副刊範圍。〔註24〕

近年來，復旦大學的姚福申先生和管志華先生在徵引陳説的基礎上，對其中
「廣義」的説法持否定態度，認爲當下廣告版面在報紙上越來越多，「不加
區別地將廣告歸諸副刊顯然是不合適的。」同時認爲狹義的説法沒有點出副
刊的本質屬性。在此基礎上，他們進行了進一步辨析與考證，通過比較，他
們認爲對「副刊」這一概念界定得最爲準確的著作應該是修訂版《辭海》，
其中認爲：

> 副刊　一般指報紙上刊登文藝作品或理論文章的固定版面。每
> 天或定期出版，多數有專名。

同時指出，就内容組合而言，副刊應該分爲兩大類：綜合性副刊和專門性副
刊（專刊）。所謂綜合性副刊，「一般由雜文、文藝創作、知識小品、劇評、
書評等組成。内容雖然多元化，但總體上看，它仍具有獨立的文化色彩。這
種獨立的文化色彩，在一段時間内保持不變，形成這一副刊不同於其他副刊
的風格，即獨立的個性。」〔註25〕

這樣看來，本書所考察的「副刊」，均屬於綜合性文藝副刊範疇──《快
活林》／《新園林》、《本埠附刊》、《茶話》、《藝海》在内容上不僅有「雜文、
文藝創作、知識小品、劇評、書評」，而且還有漫畫、「與新聞連繫」的時評、
來信、通訊等等，内容多元，但多偏重於文藝，只是文藝類別具有「獨立的
文化色彩」；從形式上看有固定版面，每天或定期出版，全部有專名；從功
能上看，主要是爲了「提供欣賞與消遣」〔註26〕，同時都非常注重「趣味

〔註24〕陳石安：《報學概論》，臺北：壬寅出版社，1968 年 3 月版，第 72 頁。
〔註25〕姚福申，管志華：《中國報紙副刊學》，上海：上海人民出版社，2007 年 6 月
　　　版，第 17～18 頁。
〔註26〕陳石安：《報學概論》，臺北：壬寅出版社，1968 年 3 月版，第 75 頁。

化」〔註 27〕。但是，本書的「副刊」範疇與姚、管兩位先生的界定仍有不同，那就是對於廣告歸屬的界定。由於本書的研究文本處於 20 世紀 20 年代末到 30 年代中後期，此時的報紙副刊具有一定的特殊性——文化類廣告尤其是電影、戲劇、戲曲廣告一般都刊於專爲上海市民設立的副刊中，如《申報》的《本埠增刊》、《新聞報》的《本埠附刊》都是如此，因此，在 20 世紀 30 年代的《新聞報》副刊中，電影／戲劇／戲曲廣告不僅不應該被剔除，反而應該列入副刊非常重要的組成部分之一予以討論，不可偏廢。從這個角度而言，結合《新聞報》副刊 20 世紀 30 年代的獨特面貌，綜合臺灣陳石安先生和復旦大學的姚福申先生、管志華先生對「副刊」的界定，本文認爲《新聞報》的四個副刊均爲綜合性文藝副刊，而且囊括了包括漫畫、文化廣告在內的圖象文本。

（二）商業運作

文化出版機構的商業運作行爲並非始於近現代，它隨著印刷技術的發展和商品經濟及文化事業的繁榮而出現，早期幾乎完全體現於圖書的生產與流通領域，且多以「廣告」形式爲主。現有資料表明，唐代便已有爲招徠客人前往購買而刊出的書業廣告的雛形〔註 28〕。至宋代，隨著印刷術的普及和商品經濟的發展，爲了招徠客人，書業廣告從形式到內容都有了重大突破，形式及位置都非常靈活，或印在扉頁，或印在序後卷末，字體也多粗大醒目，周圍飾以種種花邊欄框，用以吸引讀者。內容上廣告文字大量增加，用語也更加講究，已經具有了吸引讀者購書欲望的功能。〔註 29〕到了明代，除了在封面設計、字體、裝訂等方面大幅改進外，已經有書商爲了吸引顧客而找人在書前寫作大量序跋，顧炎武就曾專門批評過不學無術者的這種行爲：

　　……世之君子不學而好多言也。

　　凡書有所發明，序可也；無所發明，但紀成書之歲月可也。人

〔註 27〕陳石安：《報學概論》，臺北：壬寅出版社，1968 年 3 月版，第 72 頁。

〔註 28〕唐至德二年（757）後，成都卞家印本《陀羅尼經咒》首行印有「唐成都府成都縣龍池坊卞家印賣咒本」字樣。唐咸通二年（861）前，長安李家刻本《新集備急灸經》書前有「京中李家於東市印」字樣等。見蕭東發：《中國編輯出版史》，瀋陽：遼寧教育出版社，1996 年 12 月版，第 270 頁。

〔註 29〕宋刻《誠齋先生四六發遣膏馥》目錄後的牌記云：「江西四六，前有誠齋，後有梅亭，二公語奇對的，妙天下，膾眾口，孰不爭先先睹之。今採二先生遺稿灼於急用者繡木一新，便於同志披覽，以續膏馥，出售幸鑒。」見蕭東發：《中國編輯出版史》，瀋陽：遼寧教育出版社，1996 年 12 月版，第 272 頁。

之患在好爲人序。〔註30〕

書商爲了贏利而急於採取功利手段由此可見一斑。而就在晚明，也有書商專門針對圖書流通領域中的混亂狀況，以凸顯自己刊本的「品質」之「精良」作爲推介圖書的策略，如余象斗雙峰堂本《京本增補校正全像忠義水滸志傳評林》端首眉批載：

> 《水滸》一書，坊間梓者紛紛，偏像者十餘副，全像者止一家。前像板字中差訛，其板蒙舊，惟三槐堂一副，省詩去詞，不便觀誦。今雙峰堂余子改正增評，有不便覽者芟之，有漏者刪之，內有失韻詩詞欲削去，恐觀者言其省漏，皆記上層，前後廿餘卷，一畫一句，並無差錯。士子買者，可認「雙峰堂」爲記。〔註31〕

由此可見，至晚明，已有書商爲贏得讀者的青睞而關注圖書的推銷方式，爲此投入大量精力，煞費苦心。〔註32〕

筆者認爲，現代意義上的文學／文化商業運作行爲主要有如下三方面標誌性變革：1. 現代意義上的文學／文化商業運作行爲主要是基於近代西方印刷技術傳入之後因載體變化而產生，以企業爲單位，商業運作的內涵與古代私人刻書有本質不同。2. 文學作品尤其是小說的出版多以在報刊上連載爲開始，經過讀者閱讀檢驗之後再修訂出版單行本。無論從創作模式還是文本內容，都與古代直接出版單行本的單一形態有根本差異。3. 現代意義上的文學／文化運作行爲是全方位、立體而多角度的，涵蓋了報紙、期刊、圖書、電影、戲劇等各種媒介，形式更爲豐富，不僅依託於圖書，更主要是依託於報紙和期刊予以宣傳和推廣，推廣的介質更爲多樣。

基於以上考察，本文所用的「商業運作」概念，專指基於報紙這一印刷媒體上的，由編輯／主筆／出版商發起的，以報紙贏利爲目的的各種文學／文化生產活動，既包括編輯／主筆／出版商的策劃、組織、編輯、推介行爲，也包括讀者與作者、編輯，讀者與讀者，作者與編輯之間的對話與互動以及

〔註30〕〔清〕顧炎武著，〔清〕黃汝成集釋，欒保群、呂宗力校點：《日知錄集釋》，石家莊：花山文藝出版社，1990年8月版，第690頁。
〔註31〕余象鬥：《〈水滸〉辨》，見〔明〕羅道本編集、余象鬥評點：《京本增補校正全像忠義水滸志傳評林》（影印本），北京：文學古籍刊行社，1956年6月版，第1～3頁。
〔註32〕參見傅湘龍：《晚明、晚清商業運作與小說刊印形態之變遷——以晚明建陽書坊和晚清上海書局爲中心》，《中國文學研究》，2009年第4期，第88～91、96頁。

在商業運作過程中出現的一系列文學現象和發生的一系列文學事件。應該說明的是，「商業運作」這一文學／文化生產領域的概念，不僅限於報紙一種媒介。無論是紙質載體（如圖書、期刊）還是視覺圖象載體（如電影、戲劇），以及聲音載體（如廣播），只要是以贏利爲目的的，由出版商、媒體人發起的文學／文化組織、生產、出版、推介及互動等，一般都屬於商業運作範疇。載體的不同，決定了商業運作模式、參與方式以及結果的不同。但由於報紙具有刊期短、密集度高、信息面廣量大、內容豐富的特點，因此，基於史料而開展的文學／文化商業運作行爲及其相關問題的考察，報紙，尤其是商業大報副刊，在所有的媒體中，是相對理想的考察介質。

在圍繞文學／文化商業問題梳理資料、還原歷史現場的過程中，得以思考如下一些問題：

（一）副刊連載形式對長篇小說產生了本質影響，同時與小報連載小說具有鮮明的創作差異

通俗文學中的經典作品，多會首先表現爲在讀者中引起「轟動」。然而，許多研究者在解讀文本時，卻常常依循著已經被作家和編輯改寫或改動得面目全非的單行本爲依據，這一現象不僅在現代文學研究中大量存在，當代文學研究中也比比皆是，比如對金庸作品的解讀。這裡面就出現了一個「因」、「果」相悖的問題。也就是說，客觀存在的「果」，與研究者所依據的「因」，實際是差異非常大甚至是完全沒有關係的。近年來，臺灣葉雅玲女士對《皇冠》雜誌進行研究時指出：「學界對於文學作品的研究，通常自已經出版集結成書者入手，忽略『文藝雜誌』這個可能是作品刊載、發表、率先面世的傳媒，該文藝雜誌的特質與作家作品發表當時的情形……交織呈現更豐富更眞實的作品生產歷史現場，重回（建）此現場，實有助於對作家、作品的研究詮釋。」〔註33〕文藝副刊中的經典文學作品，尤其是長篇連載小說，研究狀況也與此相類似。所以，在回答同類問題時，必須回到歷史語境中，也就是一部引起轟動的小說在第一次與讀者見面時的形態中去分析其中的緣由。爲了解決這一問題，本書從發生學的角度，梳理了《啼笑因緣》文本生產的全過程。經過還原歷史現場發現，《啼笑因緣》其實是一個典型的經過商業運作而誕生的成功文本。之所以如此轟動，是由於出版商（編者）、作者和讀者在

〔註33〕葉雅玲：《流行文化與文學傳播——〈皇冠〉研究》（博士論文），（臺灣）私立東海大學中國文學系，2009年6月，第20頁。

《新聞報》上共同發揮了作用，也就是說，在《啼笑因緣》的創作過程中，文本呈現出開放狀態，編者和讀者的意見得到了作家的認可和接納，而編者對作者已經成型的作品在連載形式上又結合了副刊讀者的閱讀習慣予以進一步加工，從而使其成爲一部多聲部共同發聲的文本。當然，這其中絕對不能排除張恨水、嚴獨鶴個人的因素，即他們二人此時均有豐富而成熟的創作和副刊編輯經驗。韋勒克和沃倫在《文學理論》一書中將文學研究分爲「內部研究」和「外部研究」，儘管該書特別強調作品「內部研究」的重要，但是，韋勒克並沒有忽略「外部研究」之於文學作品的必要性，只是對「內部研究」有所側重而已。在「外部研究」中，他列舉了大量事例證明，「在研究文學的經濟基礎和作家的社會地位時，勢必要研究作家與讀者的密切關係，研究他在經濟上對這些讀者的依賴問題」〔註34〕。弄清楚這些問題，才能明白作家創作出的文本爲何呈現出這樣的面目，他在創作中遭遇了哪些問題，又是如何解決，最終如何呈現。這樣，我們才有可能將外部的文學生產問題轉化成爲內部的文本分析問題，使文學研究成爲「『絕對』文學的」。

據此，我們可以明白，實際上，連載形式對以《啼笑因緣》爲代表的報刊長篇連載小說結構和內容最直接的影響，就是它將創作過程直接對讀者開放，這種模式與古代長篇小說創作的最大差異就是創作過程不再密不透風，而是作者用既有的故事框架通過編輯的中介作用不斷與讀者對話，衝擊，整合，再衝擊，再整合，最終在報紙上呈現出作品的完整面目。從這個角度而言，現代作家的藝術能力不再僅僅表現爲個人小說創作的水準，還表現爲在創作過程中來自各方的意見和聲音在作品中進行選擇、處理和整合的能力，這一點，恰恰是他們與古代長篇小說作家創作的本質區別之一，同時也是長篇小說與報紙結合之後具有的重要現代性特質之一。

那麼，這樣一種討論結果是不是在所有報紙連載中都具有普適性呢？爲此，筆者選擇了《亭子間嫂嫂》這部小報連載小說與之比較。從外表看來，二者相似程度如此之高，比如均發表於 20 世紀 30 年代，連載過程中都取得了「轟動」效應，每天都連載幾百字，連載結束後都出版了單行本，都出現了「續書」，等等。但是，經過對連載過程的比對我們發現，兩種「轟動」產生的原因是完全不同的。李楠教授的《晚清、民國時期上海小報》（插圖本）

〔註34〕〔美〕勒內·韋勒克，奧斯汀·沃倫著；劉象愚，邢培明，陳聖生，李哲明譯：《文學理論》，南京：江蘇教育出版社，2005 年 8 月版，第 107 頁。

一書在系統梳理大量史料的基礎上，對小報連載小說的文本形態進行了界定，認為小報連載小說具有未完成時態、片段化、章回體化等特點。〔註 35〕當我們從商業運作的視角介入分析時可以發現，由於小報與大報之間如稿酬、內容安排以及稿源等諸多差異，因此，在討論商業運作這一問題時，以大報副刊作為研究文本更為合適。在同一天的小報上，常常會連載多部小說，而《新聞報》副刊《快活林》／《新園林》、《本埠附刊》上則始終堅持每天只連載一部小說，從每天連載小說的數量上看，小報比大報副刊上要多得多，卻少有大報那樣因大量廣告而帶來的豐厚稿酬、充足的稿源和一呼百應的影響力，這就使得小報上的連載小說時常給人以倉促之感，難以像《新聞報》那樣可以對小說反覆斟酌擇選，決定採用之後，再利用各個副刊的特點在連載過程中發起多種活動，吸引讀者的關注。嚴獨鶴就曾對小說投稿者致歉，稱「乃有明明佳作，而或為篇幅所限（如長篇小說投稿者常有佳構，然《快活林》中既載涵秋之作，限於篇幅，後來者遂不得不婉辭謝絕……），或為宗旨所限，亦竟割捨」〔註 36〕，而張恨水的《啼笑因緣》儘管是約稿，稿子寄給報社後即拿到了一部分稿費，也因為顧明道的《荒江女俠》以及之後幾位名家的小說未連載完相隔五個月之後才與上海的讀者見面〔註 37〕。這一情況，小報是非常罕見的。像《亭子間嫂嫂》的驕人實績，在小報中可以算是特例，卻並非經過了精心策劃、擇選以及運作，從報紙版面上呈現出的內容看來，連載過程中幾乎沒有讀者的聲音和編輯有意識的運作行為，基本靠著作家周天籟一支筆而為之。〔註 38〕兩個文本比較下來，《啼笑因緣》的「轟動」似乎更在意料之中。

（二）讀者是通俗文學轉型的直接動力

　　如上所述，在揭示《啼笑因緣》在《快活林》上的連載事實時，有一個非常引人注目的現象，那就是在文本創作及連載的歷史現場中，我們看到了

〔註35〕李楠：《晚清民國時期上海小報（插圖本）》，北京：人民文學出版社，2006年 9 月版，第 297 頁。

〔註36〕嚴獨鶴：《十年之感想》，見《新聞報館三十週年紀念增刊冊　一八九三～一九二三》，上海：新聞報館，1923 年版。

〔註37〕張恨水：《寫作生涯回憶》，見張占國、魏守忠編《張恨水研究資料》，天津：天津人民出版社，1986 年版，第 42～43 頁。

〔註38〕詳見本書第二章第三節《不同的「轟動」：副刊與小報連載小說創作差異比較——以〈啼笑因緣〉和〈亭子間嫂嫂〉為中心》。

讀者的身影。實際上，這僅是一個小小的側面。在《新聞報》的四個副刊中，讀者在其上發出了大量的聲音，或參與文本的創作討論，或對小說的內容予以批評，或表達自己的經歷、感受和需要。這些意見之所以被刊登出來，表面上看來，的確是出於一種吸引讀者的副刊編輯策略〔註 39〕，但是，這種以市場爲導向的運作行爲，卻將我們導向對另一個問題的思考——讀者對於報紙既然如此重要，那麼，20 世紀 30 年代通俗文學的流變過程中，讀者是否參與其中？如果答案是肯定的，他們又採取了何種姿態和何種方式予以呈現？

幾乎所有的通俗文學研究者都承認這樣一個事實，在 20 世紀 30 年代，通俗文學無論從語言、文字還是內容，都呈現出轉型的態勢。在探討這類問題時，以往多數觀點堅持認爲是新文學作家此時已掌握了文壇的話語權，是他們對通俗文學進行了鋪天蓋地的批評和新文學作品的影響所致，論述中難免有通俗文學「被招安」的味道。而從《新聞報》副刊上呈現的讀者活動來反思這個問題，我們發現事實卻並非如此，可以肯定地說，通俗文學轉型的直接動力，是來自讀者。〔註 40〕

與 20 世紀初的讀者相比，20 世紀 30 年代讀者的教育背景、文化背景發生了很大變化。茅盾在 1932 年就曾說過：「現在專讀『新文言』的白話小學教科書的小學二三年生……勉強可以『聽得懂』《兒童世界》以及《小朋友》雜誌裏的『新文言』作品，或甚至於葉紹鈞的《稻草人》，然而十分聽不懂舊小說裏的說白。你說是他們年紀還小，不懂得舊小說裏的人情世故的描寫，所以聽不懂麼？不然！你把《封神演義》，《西遊記》之類講給他們聽，他們聽得簡直不想喫東西！」在這個基礎上茅盾得出結論，「如果現在一個小學三年生中途輟學而做工人，只要他常有接近文字的機會，那麼，他的聽得懂小說的『分野』一定和他的未嘗讀過『新文言』小學教科書的父親完全相反；

〔註 39〕嚴獨鶴認爲，投稿者也必然就是讀者，應與他們取得精神上的聯繫，而編輯的文字工作可以在文字上予新作者以無形的鼓勵。這主要是由於很多讀者在投稿之時，見到自己一篇新作登出來，「較勝於他的原作，往往感到特殊興趣，倒並不是一定在乎博取稿酬」，所以，在擇選稿件時，除寶貴名家的作品外，他對於「文字幼稚甚至於欠通的」，但題材和用意「很具深思，很有佳趣，很適合於副刊資料」的讀者的作品，也要耐心加以改造。儘管這個改造的工夫，比「國文教師改課卷，還來得苦累」，「比自己另寫一篇，更耗心力，傷腦筋」。見嚴獨鶴：《編輯副刊的體驗與感想》，《報學雜誌》，1948 年第 1 卷第 6 期，第 3～4 頁。

〔註 40〕當然我們並不否認新文學對通俗文學的直接影響，問題的關鍵在於轉型的動力。

在他，一定是『新文言』的小說比較的接近。——自然，這所謂『新文言』
小說，當然是指文字最『通俗』的」〔註41〕。這樣一種事實，決定了 20 世紀
30 年代讀者的文學選擇，與 20 世紀初相比，發生了非常大的變化。不同年齡、
具有不同教育背景和文化背景的讀者面對類型各異的文學作品，就會產生不
同的分流。無論是新文學作品還是通俗文學作品，都會有自己的目標讀者群。
但對於一份商業報紙而言，如果對文學類型加以明確界定，便意味著放棄另
一個層面的讀者，無疑將限制報紙的話語空間，縮減報紙的受眾，最終直接
影響到報館的利潤。這種結果，絕對是報紙的投資人非常不願意看到的事實。
既然「所有的報紙流通和報業競爭，都需要直接經受市民讀者用手中的鈔票
對它們進行評判和選擇」〔註 42〕，那麼，副刊的主筆、總編輯必須適度擱置
個人的文學趣味，對讀者的意見作出某種程度上的讓步，在這種情況下，讀
者的不同文學選擇就作用於報紙副刊的編輯理念，進而影響到作家的創作和
文學的走向。由於目標讀者結構的複雜性，讀者對同一作品的批評或肯定也
必然基於不同立場，這樣，讀者的反饋，或者影響副刊主筆或總編，由他們
將讀者意見反饋給作者，從而影響作者的創作；或者由作者直接面對讀者，
將接受到的反饋消化吸收，從而在不同時期在作家的創作文本上呈現出不同
的創作面貌。當然，這種影響，既有積極的一面，也有消極的一面。它使 20
世紀 30 年代的張恨水自《啼笑因緣》開始有了「趕上時代」的念頭，而在創
作《太平花》時，面對讀者的指責，又不得不向讀者解釋「非戰」的思想根
由，並轉而將李守白送到抗日的戰場上。如果我們將《太平花》連載於《新
聞報》的原始文本依次讀來，它實在是一個異常粗糙甚至失敗的長篇小說，
殊不知這恰恰是緣於副刊連載小說自身的開放性特徵，使得它的自衛系統異
常脆弱。

　　從《新聞報》各個副刊版面之間的關係來看，讀者也起到了中介和橋梁
的作用。《本埠附刊》〔註43〕1929 年向文藝副刊轉向時，起初只是爲讀者提供
一個發表的平臺，然而，隨著時間的推移，讀者在《本埠附刊》中所佔版面
呈日益增多的趨勢，至 1932 年前後，反映底層生活苦況，與「左翼文學」相

〔註41〕止敬：《問題中的大眾文藝》，《文學月報》第 1 卷第 2 期，1932 年 7 月，第
　　　　52 頁。
〔註42〕徐蛙民：《上海市民社會史論》，上海：文匯出版社，2007 年 1 月版，第 316 頁。
〔註43〕1926 年 4 月 1 日創刊。

呼應的充滿時代情緒的文字驟然增多，幾乎成爲一種風潮。很快，《茶話》應運而生。時隔不久，曹聚仁的《啁啾雜筆》開始連載，就是由於曹聚仁將《茶話》與《自由談》視爲同道。之後的陳子展、周楞伽等人，也莫不是因此而加入進來。在《本埠附刊》和《茶話》上，那些新文學關鍵詞如「文藝大眾化」、「娜拉」等等問題的討論，絕大多數都是不知名讀者的自然來稿，它們佔據了相當的版面。當然，這一現象與嚴諤聲的文藝傾向不無關係，然而，在一向秉持「無黨無偏，完全中立」辦刊理念的《新聞報》上能夠出現《茶話》的本身，就是讀者文學史地位和建構力量的呈現。

由此看來，在文學史上，讀者並沒有「隱形」或退居到了幕後，他們不僅是文學現場的親歷者，同時也以積極的姿態參與著文學史的建構，呈現出姚斯所說的「文學史就是文學作品的消費史，即消費主體的歷史」〔註44〕的闊大景象。

（三）20 世紀 30 年代新文學與通俗文學之間的共生與共榮

《茶話》的創刊，不僅爲我們展示了讀者話語之於商業報紙的巨大力量，同時《茶話》新舊間雜的特徵以及《茶話》與《新園林》的共存，又使我們不得不反思 20 世紀 30 年代歷史現場中的新文學與通俗文學之間的關係是否真如文學史所呈現出來的那樣劍拔弩張？它們之間的關係應該如何解釋與看待？這就涉及到了文學史觀該如何確立的問題。

新文學與通俗文學關係之複雜，表現在作家、文體、語言、文本、讀者、翻譯、電影等方方面面，是立體的、多角度的、全方位的。然而，在不同的場域中，所呈現的面相各有不同，從不同的角度和方法進入這些場域，得出的結論差異也非常之大。如果我們把《自由談》被黎烈文接編理解爲新文學對通俗文學的一次「戰勝」，從這個意義上去理解《春秋》的創刊，是不是該用通俗文學再次「戰勝」來歡呼雀躍？那麼，30 年代如《真美善》、《珊瑚》上的「新」「舊」混雜景觀，又該何處安身？是它們不合理還是我們闡釋的方法和角度出了問題？當翻閱《新聞報》30 年代的各個副刊，從商業運作的視角進入該問題時，我們又遭遇了相似的困境：即便是一份與商業關係如此密切的報紙，即便在《茶話》副刊上范煙橋、徐卓呆、戚飯牛、陶在東等人紛紛發言，新文學作家以及那些無名讀者「偏左」「泛左」的文字依然屢見不鮮，

〔註44〕〔聯邦德國〕H・R・姚斯，〔美〕R・C・霍拉勃著；周寧，金元浦譯：《接受美學與接受理論》，瀋陽：遼寧人民出版社，1987 年版 9 月版，第 6 頁。

甚至漸成主流。用「爭奪」來解釋合適嗎？

　　其實，20世紀30年代歷史現場中的新文學與通俗文學之間的關係應該是共生共榮的。正如《新聞報》上的《新園林》、《本埠附刊》與《茶話》的共存，《茶話》中的「新」「舊」並存等等，二者之間並非水火不相容，並非一個終將被另一個取代，而是你中有我，我中有你。每一種文學樣態，都是不能被替代，也是無法被「消滅」的，而20世紀30年代相對穩健而成熟的文化市場機制更爲它們的共存與共榮提供了可能性與合理性。於是，在《新聞報》副刊《新園林》和《茶話》之外，我們看到了《申報》的《自由談》與《春秋》的並存，看到了《立報》的《言林》、《小茶館》、《花果山》彼此映照，看到了《社會日報》的新舊間雜，也理解了《眞美善》與《珊瑚》的多元景象。《茶話》主編嚴諤聲認爲，傳統與現代之間，一個是時間、一個是空間，偏重於任何一方都屬於「過猶不及」〔註45〕，討論的雖然是社會問題，但用它來內省文學史上新文學與通俗文學之間的關係，也同樣適用。其實，關於這一點，當代學者已多有論述，臺灣學者李瑞騰就曾明確指出，「從文化生產的角度看，文學只能在雅俗之間徘徊，有宏願的作者則嘗試去整合，走雅俗共賞的道路，如果還堅持極雅，只能孤芳自賞；極俗也不行，最後只是製造了一堆文化垃圾而已。」〔註46〕而徐斯年先生在梳理新文學界與通俗文學界對愛倫‧坡的翻譯時也指出：「通俗文學作家與新文學作家在選擇愛倫‧坡時表現出的共同價值觀就是『同一性』」，他認爲翻譯界大概是「『同一性』最強，『對立—對抗性』最弱的一個場域」，而「同樣起著穩定作用，而且功效更大的則是出版界和出版業」，這種「『同一性』屬於『多元共生』文化生態中的穩定因素」。〔註47〕其實，不獨翻譯界和出版界，電影界也同樣如此。如果不是夏衍、阿英、鄭伯奇這些左聯同人與張石川、鄭正秋等具有豐富市場經驗的商業電影人摒棄「新」「舊」樊籬通力合作，左翼電影能否一逞時代風流，還未爲可知。問題的關鍵不在於是否應該存在，而在於我們應該如何

〔註45〕小記者：《改良社會》，《新聞報》副刊《茶話》，1932年11月11日十六版。關於此部分內容，詳見本書第一章第二節《嚴諤聲與〈本埠附刊〉、〈茶話〉》。

〔註46〕李瑞騰：《文藝雜誌學導論》，《文訊》第213期（臺北：文訊雜誌社，2003年7月），第6～7頁。轉引自葉雅玲：《流行文化與文學傳播——〈皇冠〉研究》（博士論文），（臺灣）私立東海大學中國文學系，2009年6月，第1頁。

〔註47〕徐斯年：《「對立」和「同一」——從「雅」、「俗」翻譯界的一個個案說起》，本文尚未發表，爲「建構中國現代文學史多元共生新體系暨《中國現代通俗文學史（插圖本）》學術研討會」會議論文。

看待。

　　商業文化運作之下產生的《新聞報》及其副刊，恰恰給我們提供了關於通俗文學與新文學聯絡、共存、互動的一個「節點」，從這個「節點」中，我們可以進入新文學與通俗文學關係的考量，並進而窺見，以市場爲旨歸的商業性文化載體，不僅可以促成通俗文學／文化的繁榮，同樣可以也應該促成新文學／文化乃至先鋒文學／文化的繁榮。當我們從文學生產的角度再來回望 20 世紀 30 年代的上海灘，便不難理解 30 年代的上海文化爲何會如此眩目——從左翼小說、京派小說、海派小說到通俗小說，從新月派到現代派，從無產階級戲劇、紅色戲劇、國防戲劇到農民戲劇，從商業電影到左翼電影；又爲何如此生機盎然——無論喜歡上海還是憎恨上海，魯迅、胡適、丁玲、沈從文、瞿秋白、廬隱、郁達夫、徐志摩等人，都帶著各種複雜的心情，紛紛來到上海尋求棲身之所；顧明道、張恨水、巴金、茅盾、老舍、張資平、葉靈鳳、林語堂、施蟄存等人，或生活於上海，或生活於外地，文化背景不同，文藝傾向不同，卻都憑藉一枝生花妙筆，紛紛在上海這方造在「地獄上面的天堂」〔註48〕中展現出絕代風華。然而，離開了上海這一現代文化消費環境，這一切，極有可能將重新書寫。「新」與「舊」、「雅」與「俗」、「現代」與「傳統」並非只有單純的、冰冷的「對立」，它們還有更爲複雜的、溫暖的「同一」：具有兼容性的文化市場可以也應該成爲新文化與市俗文化以及其他文化共存、共榮的場域。就是這些看似對立、矛盾、相反卻又彼此相承的方方面面，構成了 20 世紀 30 年代複雜、多元而豐富的文學及文化生態。而恰恰是這種多元、健康而豐富的文學及文化生態，拉開了 20 世紀 40 年代文學領域內雅俗合流的大幕。

　　本書旨在通過梳理《新聞報》副刊對通俗文學的商業運作行爲，在試圖還原歷史現場的過程中，解釋、回答通俗文學中一些以往被人們忽略的事實。梳理商業運作行爲的過程是在努力還原歷史現場，更重要的目的在於在還原歷史現場的過程中闡釋一些問題產生的原因和不被理解的文學現象存在的合理性。因此，通俗文學的商業運作過程並不是本書呈現的重點，重心在於討論基於副刊的商業運作行爲帶來的一系列結果和如何理解這些行爲的文學及社會意義。這就是爲什麼本書並沒有將商業運作行爲體現得最爲淋漓的通俗

〔註48〕穆時英：《上海的狐步舞（一個斷片）》，載《公墓》，上海：現代書局，1933
　　　年版。

文學及商業電影廣告單列一章予以闡釋，而是將其作爲梳理商業運作行爲的
背景資料分佈到我們討論的各個專題之中。

　　書中提及「左翼電影」以及專列一章表達新文學上報紙商業運作視角下
的呈現，並不是爲了表達新文學對通俗文學陣地的「佔領」，而是要在還原歷
史現場的過程中藉此分析基於《新聞報》副刊上的新文學與以往文學史中敘
述的差異性，從而呈現出新文學在商業運作行爲中的獨特面貌。通俗文學在
20 世紀 30 年代轉型的原因，學界說法各異。但通過梳理大量原始資料我們發
現，即便像《新聞報》這樣一份幾乎沒有新文學作家主動參與其中的商業報
紙，無論在文學廣告還是副刊中，都呈現出了新文學面目，刊載於其上的通
俗文學作品恰也在這一階段發生了轉型。在這一過程中，讀者和編輯成爲新
文學與通俗文學相互作用的動力機制和溝通媒介。所有基於新文學的問題思
考，如魯迅在《新聞報》中的角色、大眾文藝和大眾語的討論，都是在讀者
層面開展起來的，而曹聚仁在《茶話》上的連載，更是新文學作家開始接受
並主動走近《新聞報》的標誌性行爲。當然，這也是嚴諤聲有意識運作的結
果。因此，讀者層面與新文學相關問題的探討，電影領域的成功合作以及讀
者層面的文學反饋，都成爲思考通俗文學轉型原因以及重新審視新文學與通
俗文學在 20 世紀 30 年代彼此關係的切入點。對於文學史，作家的參與固然
重要，讀者的參與同樣重要，而在與媒體互相依存的現代文學史中，讀者常
常成爲左右文學走向的決定力量。只是因爲讀者的面目模糊，數量龐大，難
於把握，所以才會在既有的研究中處於「失語」狀態或者成爲陪襯。近年來
文化學、史學研究領域取得的豐碩成果，爲我們突破這一難題提供了豐富的
研究經驗和有效的研究方法，完全可以作爲借鑒的根據。同時，新文學與通
俗文學在不同媒體上的共存本來就是不爭的事實，然而由於《新聞報》充滿
商業氣息的運作行爲，使得二者之間的關係沒有像其他載體之間的關係那樣
壁壘分明，得以和諧共存，這種現象本身就值得人們去反思。既然還原歷史
現場，就應該在尊重史實的基礎上確立自己的論題，並在此基礎上作出取捨，
從而建構自己的理論體系。文學史研究，不該爲了建構而建構，而應該爲了
建構而「解構」，具體來說，就是在資料與結論方面，翔實的資料，永遠是得
出確論的根本前提。

　　在本課題理論建構過程中，受眾（包括讀者與觀眾）始終不曾缺席，無
論是關於副刊的整體研究、《啼笑因緣》相關問題的思考，還是新文學話語的

討論，以及關於電影商業運作行為的分析，因此本書整體看來關涉四方面內容，一為副刊，二為文學，三為讀者，四為電影。通過對《新聞報》的各個副刊的整體分析，發現前後幾個副刊恰恰對文學、讀者、電影各有側重。《快活林》／《新園林》側重於通俗文學，《藝海》側重於電影，而《本埠附刊》和《茶話》則傾向於讀者。因此，在結構安排上，本書分為四章，第一章著重討論《新聞報》四個副刊各自的特點；第二章對《新聞報》上商業運作的經典個案——《啼笑因緣》進行分析，著重於從商業運作角度解釋它的發生過程和與其他連載文本的差異；第三章關注商業運作視角下的新文學呈現，重點關注讀者的新文學呈現和討論，同時也關注新文學中的知名作家在《新聞報》上的出場方式和相關活動；第四章從副刊、文學轉向電影，著重強調商業電影與左翼電影在時代背景、題材、類型差異背後的「同一性」——都是明星公司險中求勝的策略，均基於明星公司的市場經驗，他們的市場經驗與左翼電影人在題材選擇、編劇經驗方面的合作，使雙方取得了「共贏」。

　　本課題借鑒了傳播學、文化學、歷史學以及文學發生學的研究方法。接受美學和文學社會學的理念始終貫穿文本始終。西方接受美學理論的提出乃至崛起，是 20 世紀 60 年代以後的事情，而這一思想，在中國 20 世紀 30 年代，已經圍繞文學生產和消費開放地呈現在商業報紙上。也就是說，因了上海商業社會形態的成熟，在該理論提出的三十年前，就已經在實踐層面得到了明證。不同的是，中國的接受美學實踐在報刊上呈現得異常活躍與清晰，與姚斯、伊瑟爾等西方接受美學代表人物從純學理層面或具體作品層面展開的預設與思考相比，實證性更強。從這個意義上而言，對《新聞報》副刊文學／文化的商業運作及其相關問題進行探討，將參與文學活動的各方——作者、副刊編輯（包括主筆、經理）、讀者——在文學活動中的功能和作用一一呈現出來，我們能夠看到文學究竟如何成為文學。現代文學不僅僅只有文本中呈現的世界，它還包括其賴以存在的特有的生產機制和消費機制，在一系列機制的參與下，現代文學的本質和內涵才能得以確立，文學研究也才能從靜態走向動態。

　　商業行為是一把雙刃劍，本課題的研究無意將商業行為在現代文學中的作用擡高到無以復加的地步，因為它給文學帶來的負面影響，自文學進入現代時空的那一天起，就令所有熱愛文學的人們敏感。但是，人們對它的敏感是否客觀，值得我們理性思考。過猶不及，對世間萬物，都是不二法則，學

術研究更是如此。本研究試圖努力呈現一種事實，讓我們從豐富、細膩、深刻而又不乏擁擠的文學內部研究中，轉一個身，看到在文學豐富敏感的精神層面之外，還有其賴以存在的龐大的外部世界，而這個外部世界無時無刻不在對文學施加影響，有些影響竟是決定性的。對現代文學而言，商業行爲在文學外部世界建構中的作用不容忽視，對於通俗文學尤其如此。但由於各種原因，目前對這方面的關注還遠遠不夠。思考商業行爲之於文學的積極意義，這一論題在國外早有開展，20 世紀五六十年代法國著名的文學社會學家埃斯卡皮在《文學社會學的原則與方法》一文中就曾提及：「吉爾貝・穆里先生〔註49〕非常及時地提醒我們商人在繆斯神廟中的位置：由於文學離不開爲宗教所不屑一顧的經濟問題，因而就更應當面向社會學。」〔註50〕有鑒於此，筆者認爲盡早開展以文學事實爲基本立足點的文學的商業運作行爲及其影響研究非常必要。客觀理解二者之間的關係，梳理其中的種種認識偏差，直接關係到人們對通俗文學的認識和評價標準的確立。這也是本論題建立和討論的根本目的所在。

〔註49〕法國家庭補助金保管局全國聯合會機關刊物《社會信息》於 1957 年 1 月出了一期專刊，就「文學與廣大讀者」爲題開展的廣泛調查情況予以報導，在該期刊物上，吉爾貝・穆里發表了一篇題爲《有可能建立一門書籍社會學嗎？》的文章，以宗教社會學爲例，提出應該建立一門文學社會學。

〔註50〕〔法〕羅貝爾・埃斯卡皮著，于沛選編：《文學社會學》，杭州：浙江人民出版社，1987 年 8 月版，第 3 頁。

第一章 《新聞報》的四大副刊
（1928～1937）

第一節 嚴獨鶴與《快活林》／《新園林》

在中國近現代報刊史上，沒有一份副刊能像《新聞報》的《快活林》（1932年後更名爲《新園林》）那樣，在中國風雲變幻最爲劇烈的民國時期，頑強地存在了三十年；也從來沒有一位編輯，能像嚴獨鶴那樣，穩坐上海第一大報副刊主編的交椅三十年而不更易。這不能不說是近現代新聞史上的一個奇迹。《新聞報》副刊《快活林》於 1914 年 8 月 15 日由嚴獨鶴將張丹斧任主筆的《莊諧叢錄》改版而來，1932 年「一·二八」事變後於 1 月 30 日停刊，是年 4 月 1 日更名爲《新園林》，至太平洋戰爭爆發後停刊〔註1〕，抗戰結束後，又於 1945 年 12 月 1 日復刊，直至 1949 年 5 月停刊，前後近三十年，儘管隨時代變遷風格幾度變化，但始終是通俗文學最重要的發表平臺。就穩定性而言，如果要釐清中國現代通俗文學的流變軌迹，《快活林》及更名後的《新園林》無疑是最理想的文本之一。然而，由於它本身具有的消閒性、趣味性以及以往文學評判標準單一等種種原因，歷史對於《快活林》和《新園林》的評價並不公允。當時，新文學界無論是鄭振鐸、周作人還是茅盾，都曾給予其非常嚴厲的批判〔註2〕，而建國以後的新聞史和文藝副刊史，在

〔註 1〕 太平洋戰爭爆發後，福開森被日軍投入集中營，《新聞報》人事出現重大變動，面對敵人的威逼利誘，嚴獨鶴憤然辭職，《新園林》自此停刊。

〔註 2〕 東生：《封建勢力在報紙上》，見《文學周報》1929 年第 8 卷第 8 期，第 211

評價《快活林》和《新園林》時，都將其與《新聞報》的商業屬性聯繫在一起，多數認爲由於副刊的消閒性質，所以所表達的多是遊戲性內容，沒有政治和社會責任的擔當。〔註3〕直到最近幾年出版的新聞史中，仍稱其爲「專門刊登茶餘飯後消閒性文字」〔註4〕的副刊，沒有更多的肯定性評價。然而，新文學作家蔣錫金就是在父親的要求下每天閱讀《快活林》的「談話」來訓練寫作，曹聚仁也在回憶錄中稱自己二十多歲時「居然在《快活林》寫稿，那眞光榮之至」〔註5〕。在嚴獨鶴親友的回憶性文字中，得到的也幾乎是完全相反的評價：（「談話」）「雖僅短短四五百字，多半根據當天新聞，針砭社會和政局的黑暗，筆墨流暢，要言不繁」〔註6〕；「文字力求通俗易懂，內容貼近社會生活。他增加針砭時弊、反映民眾疾苦和呼聲的稿件，也注意內容的綜合性，努力滿足不同層次讀者的多種需求，從雅俗共賞出發，溶新聞性、知識性、趣味性於一體，同時致力開拓題材和體裁的多樣化，使讀者始終保持著新鮮的感覺」〔註7〕；「批評和諷刺封建軍閥的暴行和社會的醜惡

~238頁；西源：《評上海各日報的編輯法》，見《文學週報》1929年第8卷第13期，第361～369頁；鄭振鐸：《集錦小說》，見《文學旬刊》第2期，1921年5月20日；沈雁冰：《軟性讀物與硬性讀物》，見《文學週報》第174期，1925年5月24日，第20～21頁；北斗（周作人）：《歐洲整頓風化》，見《語絲》第4卷第46期，1928年11月26日，第37～38頁。

〔註3〕 此類評價很多，如「以迎合小市民興趣爲主，《快活林》之膚淺浮滑，自不足怪」（徐鑄成：《憶嚴獨鶴》，見《報人六十年》，上海：學林出版社，1999年版，第360頁）；「爲了快活而快活」（方漢奇，李彬主編；陳昌鳳著：《蜂飛蝶舞——舊中國著名報紙副刊》，福州：福建人民出版社，1999年9月版，第59頁）；「是一種帶有消閒性質的副刊，他們所謂的『俗不傷雅』，是一種新的文字遊戲」（馮並：《中國文藝副刊史》，北京：華文出版社，2001年5月版，第160頁）；「是一種以追求趣味性爲特色的綜合性副刊」（姚福申，管志華：《中國報紙副刊學》，上海：上海人民出版社，2007年6月版，第142頁）；「以遊戲文章、諷刺幽默爲主，刊載的長篇小說內容也多是言情、劍俠、歷史，基本上與政治無關」（魏劍美：《報紙副刊學》，長沙：湖南師範大學出版社，2007年版，第39頁）；等等。

〔註4〕 吳廷俊主編：《中國新聞史新修》，上海：復旦大學出版社，2008年8月版，第154頁。

〔註5〕 曹聚仁：《萬里行記》，福州：福建人民出版社，1983年8月版，第282頁。

〔註6〕 沈昌均整理：《嚴獨鶴辦報紀略》，中國人民政治協商會議浙江省桐鄉縣委員會文史資料工作委員會編：《桐鄉文史資料　第2輯　桐鄉縣現代名人史料》，1985年12月版，第136頁。

〔註7〕 趙人俊：《〈新聞報〉副刊主編嚴獨鶴》，見楊浩、葉覽主編：《舊上海風雲人物　二集》，上海：上海人民出版社，1992年8月版，第271～272頁。

現象」〔註8〕；（「談話」文章）「基本內容是兩種，一種是社會雜感，一種是時事雜感。社會雜感主要議論各種社會現象和社會問題，其特點是接近民眾，盡可能反映民眾的疾苦和呼聲。……時事雜感則國際國內，都有評論，而且總是從大處著眼，小處落筆，有的諷刺與批判，還相當尖銳潑辣。總之他的『談話』，每篇都是有感而發，言之有物，從不隨便舞文弄墨，無病呻吟。他的文字還有通俗易懂而又生動活潑的特點，有時議論風生，詼諧幽默」〔註9〕；等等。評價差異之大，令人迷惑。那麼，《快活林》和《新園林》到底是一種什麼性質的副刊？主編嚴獨鶴的文藝傾向及文藝立場究竟是什麼？他的辦刊實踐如何體現他的辦刊理念？歷史真相到底是什麼？它究竟為中國現代文學貢獻了什麼？這些需要我們著力去釐清。

一、《快活林》：「趣味濃厚，筆意新穎」

《快活林》創刊於1914年8月15日。特別的是，《快活林》創刊當天並沒有任何發刊詞，甚至稿件內容及文體都與前一天相差無幾，見表1。

表1 《莊諧叢錄》（1914年8月14日）與《快活林》（1914年8月15日）載文

《莊諧叢錄》			《快活林》		
欄 目	文 章 題 目	作者	欄 目	文 章 題 目	作者
「新章」	《新增內國人身之印花稅章》	天競	「險詞」	《險－險－險－》	競
「妙批」	《戲擬內務部批落第知士稟批　刻已有人呈請再試》	無我	「新章」	《怕老婆保險公司廣告》	無我
「戲詞」	《白麻子較總統價貴》	以太	漫畫	《新三友圖（特、獒、蟻)》	野
漫畫	《目送飛鴻》	雲臺	「寓言」（滑稽短篇）	《學校名稱之討論》	獨鶴

〔註8〕 嚴汝珍：《我的父親——新聞界前輩嚴獨鶴》，政協會議上海市盧灣區文史資料委員會編：《盧灣史話　第三輯　名人專輯》，1992年1月版，第193頁。
〔註9〕 陳念雲：《紀念新聞界前輩嚴獨鶴先生》，見《新聞工作散論》，上海：學林出版社，1994年10月版，第237～238頁。

「寓言」（短篇小說）	《鄉鄰有門》	獨鶴	「紀異」	《日照雨肉之奇聞》	
「妙想」	《對於慶賀大總統壽辰之默想》	獨鶴	「傳奇」	《血泊鴛盟傳奇（續）》（小熱昏）	
「傳奇」	《血泊鴛盟傳奇（續）》（小熱昏）				
	《徵求畫稿》			《徵求畫稿》	

　　比較下來，除了副刊名字發生了改變之外，無論欄目、內容還是作者，甚至刊頭畫的風格，幾乎都沒有任何改變。這或許由於稿件前一天已經排好，所以除了副刊名字改變之外，連刊頭畫的組成要素都非常相似——都是兩個人拉著一幅字畫，上面寫著刊名（見圖1、圖2）。但是非常有意味的是，《莊諧叢錄》刊頭的兩個人是古裝打扮，童子扛著刊名在前面走，老夫子在後面拉著，二者朝向同一個方向；《快活林》刊頭的兩個人著裝現代，均西服長褲，且都是光頭，二者面對面，都用同一個手指指向刊名，成對稱狀，表情滑稽。雖然沒有直接的發刊詞，但刊頭的差異明顯體現出兩個副刊的實質性變化：

圖1　1914年8月14日　　　　圖2　1914年8月15日
　　　《莊諧叢錄》刊頭　　　　　　　《快活林》刊頭

《快活林》不再像《莊諧叢錄》那樣充滿夫子氣，會刪繁就簡，以通俗、明白曉暢的現代風格取代《莊諧叢錄》的名士風，而「夫子氣」的「名士風」恰恰是張丹斧不爲汪漢溪所喜而藉口「不敢有屈俯就」將其辭退的原因所在〔註10〕。從《莊諧叢錄》到《快活林》的轉變，是《新聞報》副刊具有現代意味的一次轉型，它意味著新的副刊內容會全面下移，讀者群將進一步擴大。這說明此時的《新聞報》已經充分認識到爭取最大多數的市民讀者，也就是嚴獨鶴後來所界定的「大眾」〔註11〕對於報紙生存的重要意義。市民讀者在《快活林》創刊之時，就顯示出了他們對於商業報紙的力量。儘管這一切在創刊當天沒有任何文字上的表示。

但是，到了8月16日，《快活林》上就有了很大變化，除了連載小說《血泊鴛盟傳奇》沒有更易外，所有欄目名稱全部換掉，而這也同時證實了欄目更易的倉促——由於8月15日版面提前排好來不及換稿，只好更易刊頭，見表2。

表2　《快活林》8月16日載文

欄　目	文　章　題　目	作　者
「諧著」	《肯聽話》	獨鶴
	《戲擬廣中立條例》	樹初
漫畫	《日之夕矣》	憐新

〔註10〕鄭逸梅在《新聞報是怎樣推廣銷路的？》一文中稱：「張丹斧編過《莊諧錄》，因有點名士才氣，不爲汪所喜，汪也以『不敢有屈俯就』的措辭，把張辭退。」而汪漢溪不喜張丹斧所編副刊的真正原因實際上是由於《莊諧叢錄》的「名士風」使其受眾面過於狹窄，與《新聞報》定位於市民和工商業者的目的不一致，限制了報紙的銷路——「至於張丹斧的被解職，主要原因是張所編的《莊諧錄》（原文有誤，應爲《莊諧叢錄》）不夠通俗，一般小市民和商人看不懂，未免影響銷路，加之張在該刊上寫小說《拆白黨》，內容不很正派，外界來函詰責，汪請他停刊。」見鄭逸梅：《書報話舊》，《鄭逸梅選集（第一卷）》，哈爾濱：黑龍江人民出版社，1991年5月版，第914頁。

〔註11〕在談到報紙要適應讀者的問題時，嚴獨鶴說：「不能忘卻報紙的效用，應該是大眾讀物，假使報紙要爭取讀者，也當然應該爭取多方面的讀者，絕不宜限於任何一界，也不能專注重任何一界，整個報紙的本身如此，每張報紙上的副刊也是如此。副刊的讀者是大眾，包括着全國各階層的人物，副刊的編者，如其想到適應讀者需要，也就須適應大眾的需要，這便是說一頁副刊的內容，最好是做到大家都能接受，都能領略，都能欣賞，也都能得到一些裨益，而決非專配合某一種人的胃口，專供某一種人的閱讀。」見嚴獨鶴：《編輯副刊的體驗與感想》，《報學雜誌》，1948年第1卷第6期，第3～4頁。

「小說」	（滑稽小說）《鬼話連篇》	無我
	《血泊鴛盟傳奇（續）》（小熱昏）	
「筆記」	（清秘史外矣之十二）《象齒焚身錄》	指嚴
	《未〔註12〕（本）報啟事》	

　　《莊諧叢錄》各欄目不是固定的，因文而設欄目名稱，如 8 月 12 日為「戲詞」、「豔語」、「新說」、「寓言」等，8 月 13 日為「慘見」、「祝詞」、「辯難」等，8 月 14 日為「新章」、「妙批」、「戲詞」、「寓言」、「妙想」、「傳奇」。而自 8 月 16 日起，《快活林》上的欄目基本固定下來，如「諧著」、「小說」、「筆記」等，嚴獨鶴以明確的體裁界定發表於其上的內容，使得整個版面比《莊諧叢錄》眉目清楚得多。在論及《快活林》創刊時間時，以往史料以及學界對此多模糊不明，或稱 8 月 15 日，或稱 8 月 16 日。〔註13〕實際上，按刊名算，從《莊諧叢錄》改稱《快活林》的時間是 1914 年 8 月 15 日，按內容算，則應是在 1914 年 8 月 16 日。雖然沒有見到隆重的發刊詞，但是，在 8 月 16 日的《未（本）報啟事》中，刊物的風格已一目了然：

　　　　本報《莊諧叢錄》現更名《快活林》，特改良體裁，精選材料，
　　　　以副閱者諸君之望。倘蒙海內文豪不我遐棄，投贈大著，無論諧文、
　　　　小說、筆記、譯叢，一例歡迎，所有投稿簡章如左〔註14〕：
　　　　（一）來稿一經登錄，分五等酬贈：（甲）每千字五元，（乙）
　　　　　　　每千字四元，（丙）每千字三元，（丁）每千字二元，（戊）
　　　　　　　每千字一元。
　　　　（一）來稿以趣味濃厚、筆意新穎者為合格。
　　　　（一）投稿者請書明真姓名及詳細住址，以便通訊。
　　　　（一）抄襲家幸毋惠顧，如果意存嘗試，一經察出，必予以名

〔註12〕「未」為「本」的誤植，在 8 月 17 日的版面上更正為「本」。
〔註13〕方漢奇先生主編的《中國新聞事業通史（第二卷）》（中國人民大學出版社，1996 年版，第 1077 頁）、陳昌鳳女士著《蜂飛蝶舞──舊中國著名報紙刊刊》（福建人民出版社，1999 年 9 月版，第 61 頁）、吳廷俊主編的《中國新聞史新修》（復旦大學出版社，2008 年 8 月版，第 155 頁）中都認為《快活林》於 1914 年 8 月 16 日由《莊諧叢錄》改名，而姚福申、管志華先生著《中國報紙副刊學》（上海人民出版社，2007 年 6 月版，第 140～141 頁）中認為改名時間是 1914 年 8 月 15 日。
〔註14〕按：原文為豎排，閱讀從右至左。原文無標點、句讀，標點符號為筆者添加，以下《新聞報》引文皆同。

譽上相當之懲戒。〔註15〕

在《本報啓事》中，嚴獨鶴明確了《快活林》上發表的四類體裁——「諧文、小說、筆記、譯叢」，而在選稿標準上，則以「趣味濃厚、筆意新穎」爲依據，從這兩方面也足以看出前後兩個副刊的差異。那麼，《快活林》到底是一份什麼樣的副刊，「趣味濃厚、筆意新穎」的《快活林》與人們評價的「爲了快活而快活」〔註16〕、「是一種帶有消閒性質的副刊，他們所謂的『俗不傷雅』，是一種新的文字遊戲」〔註17〕又有什麼不同呢？

就在《快活林》創刊後的第六天，也就是1914年8月20日，《快活林》上「小說」欄發表了「海審無我」寫的小說《快活林》：

某茶肆中，有甲乙丙丁四人啜茗，忽賣報者至，乃購《新聞報》一份，四人分閱之。甲曰：「不得了！法奧宣戰了！風雲益急了！日本要攻青島了！中國地位危險了！不得了！不得了！」

乙曰：「漢口錢莊倒閉了！湖南戶書搶刲了！政事堂裏忙不了！不得了！不得了！」

丙曰：「上海也受影響了！銀根緊的不得了！兵艦實行調查了！亡國大夫逃來了！不得了！不得了！」

丁忽呵呵大笑曰：「快活！快活！快活林！好看！有趣！打仗由他打仗，快活吾自快活！呵！呵！哈！哈！」

甲乙丙齊聲曰：「獨鶴欺汝！獨鶴欺汝！今日西歐大陸戰雲迷漫，血肉橫飛，可憐數萬海陸軍多作了槍炮的靶子，吾人方哀之不暇……」

丁辯曰：「歐洲雖苦戰禍，中國頗多快活事。白狼已經擊斃了！亂黨多已逃脫了！我國宣告中立了！列強已經承認了！哈哈快活！快活！」

甲乙丙又曰：「白狼雖死，亂機四伏，我國中立恐難久持。你不見比國麼……」

丁急辯曰：「不要說了，吾頭痛了！吾豈不知居今之世正難快

〔註15〕《未（本）報啓事》，見《新聞報》副刊《快活林》，1914年8月16日第四張第一版。

〔註16〕方漢奇，李彬主編；陳昌鳳著：《蜂飛蝶舞——舊中國著名報紙副刊》，福州：福建人民出版社，1999年9月版，第59頁。

〔註17〕馮並：《中國文藝副刊史》，北京：華文出版社，2001年5月版，第160頁。

活？但我們究非眞正共和國的百姓可比。對於這些大事，非但沒有權力過問，連談論幾句都是犯禁的，無法可施，只得尋些快活事來快活些。哈哈快活林！哈哈快活！」

甲乙丙因亦接報閱之，齊聲曰：「果然好看！果然快活！」

海甯無我曰：「是所謂苦中尋樂。」

獨鶴曰：「苦中尋樂」四字，可以代表編《快活林》者與閱《快活林》者之心理，無我誠解人也。〔註18〕

與其稱這是一段小說，毋寧稱之爲一則《快活林》的宣言。甲乙丙丁四人討論的內容從國際風雲到國內時事，接著到上海，最後都轉向《快活林》，無非想告訴讀者《快活林》關注的是如上幾方面內容，從國際到國內，從政治到民生。但是，這些關注都是不能公開評論的，於是，只好在戲謔的形式下「苦中尋樂」，嚴獨鶴文末的按語恰正表明，《快活林》是在「快活」的外表下，暗藏了一顆憂時傷世的心，有研究者稱嚴獨鶴是「『快活林』中的憂世客」〔註19〕，可謂恰切。這樣一種「樂」中含「苦」的副刊，僅僅用「爲了快活而快活」和「一種新的文字遊戲」來評價，是不足以服人的。

事情似乎並未到此結束。8月21日，嚴獨鶴又寫了一篇《不快活》，發表於「諧著」欄。該文從西歐戰禍到國內亂黨、金融恐慌、水旱災害……，從世界不快活到政府不快活、商界不快活、農民不快活再到投稿者不快活，最後作者自己解釋這種與前日「快活」相矛盾的原因在於「快活與否，不獨視時勢爲轉移，亦且隨意境爲變遷，往往一念快活則便快活，一念不快活則便不快活」，最後稱永久快活的即是「《快活林》中之快活」。〔註20〕這是不是就能夠證明《快活林》的性質就是單純遊戲和娛樂呢？如果沒有前文的鋪墊，或許我們可以這樣認爲。但問題的關鍵在於，這種「快活」所指爲何？是面對國難家貧的幸災樂禍，還是感時傷世的無可奈何？答案當然是後者。這一點，恰恰是《莊諧叢錄》和《快活林》之間最大的分野，恰如「刲餘」在《〈快活林〉小序》中所言：

〔註18〕 海甯無我：《快活林》，《新聞報》副刊《快活林》，1914年8月20日第四張第一版。

〔註19〕 張緒：《「快活林」中的憂世客——嚴獨鶴評傳》，見《言情聖手、武俠大家——王度廬》（《中國近現代通俗作家評傳叢書（之八）》，南京：南京出版社，1994年10月版，第278頁。

〔註20〕 獨鶴：《不快活》，《新聞報》副刊《快活林》，1914年8月21日第四張第一版。

　　　風雲驟起，讀奧塞者破膽驚心；夏日方長，臥羲皇者，閒情逸
　　志，無憂無慮，蠻觸何爭？自得自安，鶴鷃可借。迺閱新聞之報，
　　特編快活之林，引未曾見之古書。莊諧備錄，說不必然之時事，議
　　論翻新。快從夬從心，心發言而夬然決斷；活從水從舌，舌翻瀾而
　　水亦生波。天上鶴飛妙語，他人莫竊……爰撰小引，敬告同人，宜
　　盂投瓢，莫嗤覆瓿。是為序。〔註21〕

專門爲《快活林》寫的文字，發表於《快活林》副刊上，難免有些偏愛與揄
揚之語，卻也道出了實情：「快從夬從心，心發言而夬然決斷；活從水從舌，
舌翻瀾而水亦生波」，恰恰與後人對嚴獨鶴的「談話」「既激於義憤，不能隱
忍緘默，又限於當時政局環境，不能暢所欲言，所以寫得俏皮尖刻，卻又圜
〔註22〕轉含蓄」〔註23〕，「筆墨時而尖銳潑辣，擊中時弊；時而婉轉含蓄，
發人深思；時而諷刺調侃，張揚民氣」〔註24〕，（時事雜感）「總是從大處著
眼，小處落筆，有的諷刺與批判，還相當尖銳潑辣」等評價〔註25〕不謀而合，
時隔近一個世紀，評價如此相似，實非出於偶然，而是事實使然。

　　然而，這種外「樂」內「苦」的諧文，受到讀者的歡迎，卻得不到新文
學的認同，稱其是「最下等的」，「專拿一句話或一個字，勉強分割開來，胡
說幾句」，「……這一類的『諧文』做得最多的就要算《新聞報・快活林》的
那位先生，我們有時就叫他拆字先生，因爲這種文字的把戲，竟同拆字賣卜
的差不多。」〔註26〕對於「諧文」的評價是否公允，應該還原其歷史現場。「諧
文」這種形式誕生於民國之後，對其肯定與否定應與之前的副刊文體形式進
行比較。在王綱解紐的時代境遇中，在媒體上公開發表言論仍然受到非常嚴
格的約束，「諧文」成爲文人對現實進行干預最有效，也是唯一能夠合法生存

〔註21〕劫餘：《〈快活林〉小序》，《新聞報》副刊《快活林》，1914年8月24日第四
　　　張第一版。
〔註22〕爲「圜」誤植。
〔註23〕沈昌均整理：《嚴獨鶴辦報紀略》，中國人民政治協商會議浙江省桐鄉縣委員
　　　會文史資料工作委員會編：《桐鄉文史資料　第2輯　桐鄉縣現代名人史料》，
　　　1985年12月版，第136頁。
〔註24〕楊浩，葉覽主編：《舊上海風雲人物　二集》，上海：上海人民出版社，1992
　　　年8月版，第273頁。
〔註25〕陳念雲：《新聞工作散論》，上海：學林出版社，1994年10月版，第237頁。
〔註26〕化魯（胡愈之）：《中國的報紙文學（續）》，《文學旬刊》第四十六期，民國十
　　　一年（1922）八月十一日一版。

的方式。「諧文」這種形式爲文人在公開的媒體上提供了對政治和時事品頭論足、參與政治的可能性，保障了文人參與政治的話語空間。從這個角度來理解，「諧文」的存在有它不可否認的積極價值。《快活林》與《莊諧叢錄》比起來，發表於其上的諧文摒棄了《莊諧叢錄》的遊戲態度，在「遊戲」的形式之下，注入了對政治和時事的現實關注，上至宇宙洪荒，下至蒼蠅之微，都無所不提。「宇宙洪荒」是生活的大範疇，是飛揚的，而「蒼蠅之微」即便細小瑣碎，但卻是生活更重要的組成部分，是「飛揚之下安穩的底子」。隨著時代變遷，尤其是「談話」欄開辟之後，「諧文」的現實關注功能逐漸爲「談話」所取代，但作爲一種語言形式，在市民讀者中，它仍有其存在的價值，那就是嚴獨鶴後來所說的「保持文藝的骨幹，具有文藝的形體，富於文藝的情調」〔註 27〕的副刊的文藝性所在。或許就是基於這樣一種考量，在以白話爲主要語言形式的「談話」欄出現以後，嚴獨鶴仍將其保留了一段時間。

1919 年 6 月 6 日，嚴獨鶴在《快活林》開辟了「談話」欄目，第一篇文章爲《同胞聽者》，自此，嚴獨鶴的「談話」一寫便是二十年。同樣是獨鶴的文章，「談話」與前期「諧著」欄目內的文章風格有很大差異。如果說「諧著」的文章風格還是「樂」中有「苦」，那麼「談話」開始之後，雖然內容更淺易明瞭，卻少了前期戲謔的態度，一本正經得多。「諧著」對於時事，尤其是政治多委婉諷刺，插科打諢，「談話」儘管也借物喻事，卻是直接點題。如果說此時嚴獨鶴的論說文章仍不失趣味，那麼只能稱之爲風趣，不再是戲謔。欄目開創之後，上至政局時事，下至社會民生，無所不談，有時輕鬆詼諧，有時深刻潑辣，亦莊亦諧，以其清新明快的風格備受讀者喜愛，以至於有讀者認爲嚴獨鶴有「妖術」，會蠱惑人心，最終行刺嚴獨鶴未果。〔註 28〕1929 年之前，嚴獨鶴的「談話」幾乎每天一篇。嚴獨鶴認爲，副刊不是「報尾」、「附屬品」，在一份報紙上，自有其獨立的地位，應該發揮其獨立的精神和功能。這裡所說的「獨立」，不是脫離辦報方針自成一家，而是在遵循報紙立場和使命的同時，對正刊的言論和記載方面予以有力補充。20 世紀初至 40 年代，社會動蕩，從袁世凱、黎元洪、段祺瑞到蔣介石，報紙言論一直受到嚴格監視，尤其是新聞，有時候新聞檢查機構甚至不顧版面

〔註 27〕 嚴獨鶴：《編輯副刊的體驗與感想》，《報學雜誌》，1948 年 1 卷 6 期，第 3～4 頁。

〔註 28〕 獨鶴：《刀鋒下的報告》，《新聞報》副刊《新園林》，1937 年 5 月 8 日～5 月 13 日。

美觀，強令報紙「開天窗」〔註 29〕。在這種情況下，很多新聞中不敢或無法詳細說出的內幕或實情，就可以在副刊中以文藝的形式予以揭露和評說。「談話」就是這樣一個平臺。「談話」得到普遍肯定，尤其是新文學界的肯定是 20 世紀 30 年代以後，也就是《快活林》更名為《新園林》以後的事情。在 20 世紀 20 年代，「談話」一直在讀者的積極推崇和新文學、小報的批評否定中兩難。

新文學界對「談話」的批評持續的時間比較長。1922 年，《文學旬刊》即有文章點名批評「談話」：

> ……等而下之，以至於今，則所有的「文丐」幾乎對於什麼事都要取譏嘲的態度。《新聞報》上的《快活林》的談話，便是最著之例子。作者似乎是全無心腸的人。說他不注意時事，他又時時講到時事，不像消極的人，說他注意時事，他卻對於無論怎樣大的變故，無論怎樣令人憤慨的事情，他卻好像是一個局外人而不是一個中國人一樣，反而說幾句「開玩笑」的「俏皮話」，博讀者的一笑。〔註30〕

對此，嚴獨鶴雖然沒有正面回應，卻在 1923 年新聞報館三十週年紀念之時，撰文對《快活林》選材總結了四方面宗旨：「新舊折中；雅俗合參；不事攻訐；不涉穢褻。」並對其中的各個概念予以闡釋。所謂「新舊折中」，即《快活林》選材「未嘗皈依新化，亦不願獨彈古調，殆取其適中而已矣。」所謂「雅俗合參」即「取通俗，求適於群眾」，但「淺薄無味，或鄙俚不可卒讀者」則不予考慮，求其「俗不傷雅」。這兩條就足以解答 C.P.君對「談話」的批評和指責。對於批評的不予回應，在「不事攻訐」中，嚴獨鶴予以詳細解釋：「不事攻訐」是避免報紙淪入文人互相攻訐的戰場，同時也擺脫小報那種奪人眼球以增加發行量的功利主義。對於別人的攻訐之論，嚴獨鶴認為這恰是報紙聞過而改的好機會，「寧深構高壘以待之」，不起無謂之爭。〔註31〕其實「談話」所遭受的攻訐並不少，不僅新文學，小報也不曾放過《快活林》。

〔註29〕「開天窗」是當時新聞檢查機構在檢查報紙新聞時，見到不允許發表的稿件強令撤稿，而由於稿件已發排，臨時無法替換，撤掉稿件的地方在報紙印出來時變成一段空白，行業內俗稱「開天窗」。

〔註30〕C.P.：《著作的態度》，見《文學旬刊》第三十八期，民國十一年（1922）五月二十一日三版。

〔註31〕嚴獨鶴：《十年中之感想》，見《新聞報館三十週年紀念增刊冊　一八九三～一九二三》，上海：新聞報館，1923 年版。

1924 年，「小報之王」《晶報》就比較集中地攻擊過《新聞報》，其中也包括「談話」，見表 3。

表 3　《晶報》1924 年批評《新聞報》的相關文章

日　　期	文　章　名	作者	內　　容
3 月 24 日	《鄭重更正》	饒舌	批評《新聞報》《本館告白》中的「鄭重更正」
4 月 15 日	《潘郎擲果》	張秋蟲	批評《快活林》陳達哉《我生平之趣史》一文
4 月 18 日	《告白評論》	天狼	批評《新聞報》中張禮千續娶的「告白」
4 月 21 日	《獨鶴眼中之花旦》	秋夢	批評嚴獨鶴在《快活林》中捧王芸芳
5 月 15 日	《新聞報有整理部？》	C.J.生	批評 5 月 12 日《新聞報》要聞版與本埠新聞版「登出同樣的新聞」
5 月 21 日	《〈新聞報〉撤換關監督》	饒舌	批評《新聞報》電訊稿與事實有出入
8 月 9 日	《介紹〈介紹醫生者〉》	丹翁	批評嚴獨鶴 8 月 6 日「談話」中《告介紹醫生者》
8 月 12 日	《〈新聞報〉上之教育》	餐華	批評《新聞報》新聞歸類出錯
8 月 15 日	《疑問》	神獅	質疑嚴獨鶴 8 月 15 日《太平公醜》中對主人公身份的猜測
9 月 12 日	《〈新聞報〉言奉軍未出動》	赤旗	批評《新聞報》9 月 11 日專電失實
10 月 12 日	《讀報一得錄》	炯炯	批評《新聞報》連脫離同學關係都爲其登廣告
10 月 18 日	《佛蘭斯是那裡人》	炯炯	批評《新聞報》稱佛蘭斯爲「英國名人」
10 月 21 日	《〈新聞報〉的鉛屁股》	炯炯	批評《新聞報》11 月 20 日要聞版第一條第六段有鉛屁股（沒有字之空鉛）
11 月 9 日	《〈新聞報〉又發現大鉛屁股》	B.T.	批評 11 月 8 日《新聞報》誤排一大號「段」字
11 月 21 日	《報館與公電》	炯炯	批評《新聞報》對事實不夠客觀，只登駁汪鳳瀛的電報
11 月 27 日	《〈新聞報〉損失$2.25》	炯炯	批評《新聞報》11 月 25 日在同一版面上一稿兩登

　　如此集中的批評在任何小報與大報之間都非常少見。這些指謫有些看似

合理，有些則明顯挑刺，無論它對《新聞報》的指謫是出於積怨，還是出於對市場效益的考慮爲了奪人眼球，這些批評都與新文學的批評一起，對嚴獨鶴造成了不小的壓力。然而，嚴獨鶴堅守了「不事攻訐」的宗旨，對於來自各方的批評，在副刊上未置一詞，這種理性的言論態度，源於他對大報副刊的客觀認識，也源於他冷靜寬容的處事風格。它給《快活林》帶來的好處顯而易見——不僅使報紙免受攻訐之累，還充分保障了報紙言論的公共空間。至 1925 年，《晶報》上針對《新聞報》的批評文字大大減少。

然而，直到 1929 年，新文學界以及小報對《快活林》的批評始終沒有間斷過。1929 年 5 月之後，迫於內外壓力，嚴獨鶴將「談話」暫停了一段時間，主要目的在於保證「談話」欄目稿件的質量，同時建議將欄目放開，由大家參與。停筆之後，不久嚴獨鶴便跟隨上海新聞記者東北視察團赴東北考察，之後的一個月，雖然由嚴諤聲等人苦撐幾日，但由於沒有適合的人選和稿件，欄目只得停刊。而「談話」一停，《快活林》的內容就彷彿失去了點睛之筆，報紙銷量很快下降。1929 年，嚴獨鶴回到上海，無論是讀者還是報館方面，都強烈要求他再次恢復「談話」。於是，嚴獨鶴開始重寫「談話」，但他這次堅持以質量爲重，不必天天談，假如無話可談，只好不談。由此可見，言論欄目與長篇連載、漫畫一樣，在副刊吸引讀者、保障報紙的發行量方面，具有不可替代的重要地位。嚴獨鶴晚年與嚴祖祐提及辦好副刊的甘苦時也曾說過：「辦好一張副刊，需抓住三個要領，其一是每期須有一篇好的短文（言論）；其二是須有一幅好的漫畫；其三是須有一部好的連載。唯有如此，方能相得益彰，吸引讀者。」〔註32〕這三項內容，從《快活林》創刊到《新園林》停刊，始終貫穿始終，甚至這幾個內容在副刊版面上的位置幾乎是固定不變的——「談話」始終在副刊版面的右側，爲第一篇，漫畫在副刊的正中，而長篇連載一般在副刊的最右側，有時在右側居上，有時右側居下，見圖 3。

〔註32〕嚴祖祐：《父親嚴獨鶴散記》，見《檔案春秋》雜誌社編：《當年那些人》，北京：華文出版社，2009 年 1 月版，第 318 頁。

圖3　《新聞報》1922年6月18日《快活林》，刊頭附近爲獨鶴的
　　　「談話」，中間爲漫畫，左側上方爲李涵秋的長篇小說《鏡
　　　中人影》，三部分內容在幾十年間的位置基本固定

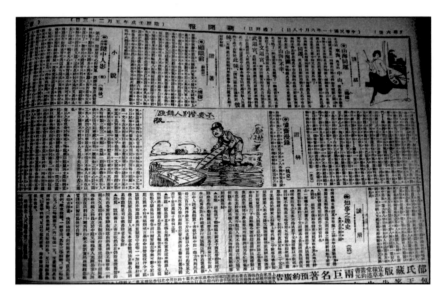

　　在其努力下，《快活林》爲《新聞報》發行量的增加立下了汗馬功勞，很
多讀者就是爲了《快活林》而訂閱《新聞報》的，有讀者將《快活林》裝訂
成冊，有讀者爲遺失了《快活林》的剪報而不快活〔註33〕，更有讀者爲了《快
活林》而訂閱了三份《新聞報》〔註34〕。除嚴獨鶴的「談話」外，漫畫主要
由馬星馳、楊清磬、丁悚等名家執筆，《快活林》上連載的《荒江女俠》、《啼
笑因緣》等小說更是創造了一個又一個報紙小說連載的神話。至1928年，《新
聞報》的日發行量已經超過了15萬份，之後直至抗戰前，一直保持了15萬
份以上的銷路，這在當時的報界，是非常驚人的成績，也憑藉這一銷數，《新
聞報》超越了《申報》，成爲上海名副其實的第一大報，而這一成績，主要是
「靠著附刊的號召和吸引」〔註35〕。與周瘦鵑相比，在編副刊方面，嚴獨鶴
要技高一籌，他是深諳副刊編輯與運作之道的。如果不是「九一八」與「一·

〔註33〕籆錐：《我因〈快活林〉而不快活》，見《新聞報》副刊《快活林》，1927年2
　　　月19日第五張第一版。
〔註34〕繡君：《三個〈快活林〉》，見《新聞報》副刊《快活林》，1926年4月21日第
　　　五張第三版。
〔註35〕鄭逸梅：《嚴獨鶴的齋名及其他》，見《清末民初文壇軼事》，《鄭逸梅選集（第
　　　二卷)》，哈爾濱：黑龍江人民出版社，1991年5月版，第177頁。

二八」，《新聞報》的《快活林》能走多遠也未爲可知。

二、《新園林》：「有意義，有價值」

　　幾乎所有的新聞史、副刊史以及文學界對嚴獨鶴的肯定，都源於嚴獨鶴在「一・二八」之後將《快活林》更名爲《新園林》。的確，就像嚴獨鶴在《新園林》發刊詞中說的那樣，《新園林》具有了「新生命」，「要戒除種種頹廢的無聊的文字，而多採取多刊載有意義有價值的文字。」1932 年「一・二八」事變發生之後，《快活林》1 月 30 日被迫暫停，4 月 1 日更名爲《新園林》與讀者見面。在《新園林》創刊第一天，嚴獨鶴在發刊詞《新園林與新生命——園丁的幾句話》中鄭重聲明：國難之中，《新聞報》的副刊絕對不是「茶餘酒後，增加一種文字上消遣的場所」，之所以更名爲《新園林》，「其目的是想借文字的力量，對社會各界，有一點小貢獻」。所以，在徵稿要求中，嚴獨鶴稱「對於外界投稿，極端歡迎，性質體裁，一概不拘（撰述的文字和譯述的文字均所歡迎），只求能合於『有意義，有價值』這六個字，便當盡量刊載。」〔註 36〕《新園林》與《快活林》之間最大的區別，即是從《快活林》的「趣味濃厚，筆意新穎」一轉而變爲「有意義，有價值」。

　　那麼，《新園林》的「有意義，有價值」是什麼樣的意義和價值呢？

　　首先，刊頭不再使用漫畫。《新園林》的刊頭與《快活林》的刊頭有很大的不同。見圖 4、圖 5。

　　1 月 29 日《快活林》的刊頭由楊清磬繪製，西瓜代表中國，已經被切下的西瓜代表東北，除了中部之外，東南西北各個方向都有鋒利的刀尖在覬覦著尙未分割的西瓜，也即殘存的領土。刊頭體現出非常鮮明的國家意識，然而它採用的是漫畫手法，仍然深具趣味。4 月 1 日《新園林》的刊頭是由丁悚執筆的一幅普通的寫意畫，畫面主體是一棵樹，樹下面幾朵零星的小花。刊頭看不出任何主題和傾向，趣味盡失，但畫面簡潔、素雅，清晰地表達了《新園林》編者不再將副刊作爲「消遣的場所」的決心。

〔註 36〕獨鶴：《新園林與新生命——園丁的幾句話》，《新聞報》副刊《新園林》，1932
　　　年 4 月 1 日第七版。

圖4　1932年1月29日《快活林》刊頭

圖5　1932年4月1日《新園林》刊頭

　　其次，「談話」欄的內容不再曲達民意，而是直接予以言論監督，批判意識明顯增強。就在《新園林》創刊後的第四天，嚴獨鶴在「談話」欄發表了

一篇《問問上海人》的文字，開篇便描述了「一·二八」事變後的上海：

> 兩租界已經解嚴了，各商店已經開市了，娛樂場、酒菜館，家家復業。日間馬路上的汽車，依然熱鬧。晚間街市中的燈火，依然照耀。就一切的一切說，上海似乎已恢復了一月二十八日以前的狀態。

> 停戰會議，還是枝節橫生，未許樂觀。近郊各處，還是大兵壓境，不肯撤退。再看看閘北，還是一片焦土。醫院中的傷兵、收容所的難民，還是滿佈着愁慘和恐怖的色彩。就一切的一切，上海到底是不是已恢復了一月廿八日以前的狀態。

接下來筆鋒一轉，開始批評上海人：

> 上海人素來是享樂的，這回可大大的吃了苦，大大的遭了難了。生命、財產、犧牲何限？一重重的恥辱，一重重的慘禍，一重重的壓迫，上海人能忘得了麼？

> 上海人有血性沒有？有志氣沒有？若是有血性、有志氣的，開市儘管開市，復業儘管復業，卻斷不可以存着時過境遷的心理，以爲大難已去，又好享樂了。須知惡曜依舊照着你，厄運依舊追着你，要尋活路，切莫放鬆了「長期抵抗」的工作。〔註37〕

如此直接而犀利地批評上海人，在《快活林》中是少見的，因爲《新聞報》的主要讀者就在上海。《快活林》中的「談話」也批評國事，也批評軍閥、陋俗以及社會、生活的方方面面，但多顯委婉，沒有《新園林》的「談話」直接、犀利、嚴肅和沉重。軍閥混戰向屬家醜，批評諷刺揶揄足以表達平民立場，而外敵入侵則屬國難，此時若對國難無動於衷，對於傳統文人而言則是沒有大節，在面對外辱之時若不鮮明地表明立場，則失去了中國人應有的氣節和血性。其實，嚴獨鶴的「談話」自「九一八」之後就發生了變化。1931年9月24日，就在「九一八」事變發生不到一周的時間裏，剛剛病癒的嚴獨鶴在「談話」中發表了《爲抗日救國敬告本林同志》的文章，大聲疾呼：

> 吾人既生爲中華國民，逢着這樣慘痛的事變，凡是胸中有一口氣，身上有一滴血的，總該沒有一個人不痛心切齒。想在這危急存亡之際，各就其力之所能，盡一點禦侮救亡的責任。

〔註37〕獨鶴：《問問上海人》，《新聞報》副刊《新園林》，1932年4月4日第八版。

在該文中，嚴獨鶴告知讀者《快活林》即日起開闢了「抗日同志談話會」和「救國之聲」兩個欄目，並將即將到來的一年一度的「國慶紀念特刊」改名爲「抗日救國專號」，因爲「天災外侮，交逼至此，實在是『可弔而不可慶』」，並且在當日就《快活林》的性質明確表態：

> 本林雖然標舉著「快活」二字，但向來所刊者，多半爲文藝作品，並非專是「遊藝」性質，或「娛樂」性質的刊物，並且歷來對於國家所受外侮，尤其是「對日」問題，差不多自強敵提出《二十一條》以至於今，本林每逢增加一次國恥，都刊載着許多激勵同胞和敍述外侮的文字。因爲吾人深信文藝家的筆頭，雖然是很軟弱，不能直接和敵人的槍頭作戰，但是它的宣傳力和感化力，卻是很大的。如果文藝家都同心一致，集中筆頭的力量，喚起民眾的救國志願和救國精神，所獲效果，定不在小。目前國危至此，「快活」二字，又可作爲一種特殊解釋，是要以「很快的時間，使全國民眾求得一條活路」。而諸位讀者、諸位同文，在這個時候，在筆頭上尤其要加倍努力。我雖然甚不濟事，既然負編輯的責任，自當執筆以從諸君之後。〔註38〕

1948 年，應《報學雜誌》主編馬星野的約請，嚴獨鶴爲《報學雜誌》撰寫了《編輯副刊的體驗與感想》一文。在該文中，嚴獨鶴認爲一個合格的副刊主編要明確「四個要點」，重視「兩件工作」，克服「三重困難」。在「四個要點」中，嚴獨鶴認爲首先要明確副刊的性質。嚴獨鶴認爲，不能只從「文藝性」和「消閒性」兩方面來定義副刊，副刊的特點應該是綜合性，兼容並包，大到國家，小至個人。但同時，副刊畢竟是「集合文藝作品所構成的園地」，因此這種「綜合性」要「保持文藝的骨幹，具有文藝的形體，富於文藝的情調。」〔註39〕而上面這段文字，恰恰與嚴獨鶴的總結相呼應，不僅表明了自己的嚴正立場，同時反駁了長久以來人們對於《快活林》定位及刊物性質的否定。自此開始，嚴獨鶴每天的「談話」都與抗敵禦侮有關，而每篇「談話」都以嚴肅而犀利的態度爲文，陳述東北淪陷之後的方方面面，既表達民聲，也批評政府，充分表達出在這一事件中中國人的憤慨、痛苦以及

〔註38〕獨鶴：《爲抗日救國敬告本林同志》，《新聞報》副刊《快活林》，1931 年 9 月 24 日十七版。

〔註39〕嚴獨鶴：《編輯副刊的體驗與感想》，《報學雜誌》1948 年 1 卷 6 期，第 3～4 頁。

對淪陷區同胞的關懷，如《抗日救國的三字訣》（9 月 25 日～9 月 27 日）、《八月有凶》（9 月 29 日）、《可敬的營長》（9 月 30 日）、《國聯給予我們的印象》（10 月 1 日），等等。1932 年 1 月 12 日，就在上海「一・二八」事變前不久，對於國民黨政府拋出的「攘外必先安內」的說法，嚴獨鶴在「談話」欄發表了一篇題為《安外攘內》的雜文，筆鋒犀利，直指國民黨「攘外必先安內」的用心：

　　……事實上對內似乎有些不能安，對外又似乎有些不肯攘，這可有什麼法兒呢？

　　「共赴國難」咧，「一致對外」咧，個個人喊得一片聲響，如何說不肯攘外，豈非是荒唐之至麼？然而實際上到底怎麼樣呢？國際風雲，較前愈為緊迫；日本暴行，較前愈為猖獗。喪師失地，警報頻傳。而外交的方針，究竟如何？戰事的準備，究竟如何？始終沒有決定，或者竟是始終沒有人注意。這不是「攘外」，簡直是「安外」了。所謂「安外」，決非真能安然無事，不過是他人步步進逼，而我却安然不動，依然想着苟且偷安而已。

　　新政府已經成立了，和平統一的局面，已經實現了。如何還說不能「安內」？然而實際上又到底怎麼樣呢？某省某省聯防，某省某省聯會，這些消息，在負責者都認為謠傳，我們也惟願是謠傳。不必說了。但是各方的意見，是否徹底破除？各方的精神，是否真能團結一致？進一步說，政局是否能永久安定？即退一步說，短時期間是否能彼此相安？祗怕還不敢有人保證。既不能安，就使不發生什麼大問題，而無謂的煩擾，與無形中的糾紛，也令人應付不暇。

　　豈非還是免不了這一個「攘」字麼？〔註40〕

這種態度，到「一・二八」事變，再到《新園林》創刊以後，一直一以貫之。雖然說「一・二八」是《快活林》改為《新園林》的直接動因，但是，自「九一八」開始，《快活林》已經失去了之前的輕鬆與休閒風，中國傳統文人固有的國家情結幾乎佔領了《快活林》的所有版面，即便沒有「一・二八」，隨著事態的發展和日本侵略程度的加深，《新園林》也一定會出現，只不過是時間早晚以及時機恰當與否的問題。

　　再次，在國家情結之外，《新園林》對過渡時代的社會、民生、文化投入

〔註40〕獨鶴：《安內攘外》，《新聞報》副刊《快活林》，1932 年 1 月 12 日十二版。

了大量關注。在談及嚴獨鶴與《新聞報》副刊時，研究者、親友對《快活林》常常寥寥幾筆，然後就一躍而詳細論證、充分肯定《新園林》，尤其是強調嚴獨鶴此時嚴正的抗日立場，1985 年版《中國新文學大系 1927～1937》（第十二集）收錄的也是嚴獨鶴在《新園林》「談話」欄發表的關於「一·二八」事變後與抗日題材有關的文章。〔註41〕這就給人們造成一種錯覺，似乎《新園林》所謂的「有意義，有價值」僅僅在於國家情結一個層面上。實際上，《新園林》自創刊到停刊經歷了十幾年，除表達救亡抗日的文字之外，刊載於其上的內容是非常豐富的。在嚴獨鶴《編輯副刊的體驗與感想》一文中，嚴獨鶴認爲，副刊編者在修改、編輯、校訂稿件之外，還要能夠自己撰寫稿件。而在撰寫稿件之時，最重要的是要意識到自己的文化身份和自己所處的地位，動筆的時候，必須「負起文化人和報人的使命」，「要爲大眾著想」，「不可囿於主觀，更不可固執偏見」，「撰作者要想到大家所要說的事，要說到大家所想說的話」，但也「要對國家社會有些貢獻」。〔註42〕如果說抗日救亡是嚴獨鶴負起的報人的使命，那麼，刊載於《新園林》之上的關於文化及文學層面的內容，則是嚴獨鶴在履行自己文化人的使命。這些內容，因了嚴獨鶴「不事攻訐」的理性態度，完全可以作爲解讀 20 世紀三四十年代海派文學及文化形態最有價值的範本來讀，而這些恰恰是嚴獨鶴所說的「有意義，有價值」的一個非常重要的組成部分。抗日救亡的文字屬於一個特定的時期，脫離了特殊的社會語境，它的文學及文化價值極有可能需要重新考量，而文學藝術及具有文化份量的文字，才眞正具有穿越歷史時空恒久的生命力，而這一點，恰恰被以往的史料和研究者忽略了。

　　《新園林》對於 20 世紀 30 年代的貢獻主要表現爲對「新」與「舊」的雙重呈現。「新」與「舊」的問題，因其內容的豐富性、內涵的深刻性，一直是 20 世紀文學及文化史上最引人注目的風景。從歷史現場一直到當下，到底何爲「新」、何爲「舊」，因了評價標準的差異，難有定論。然而，不能否認的是，20 世紀 30 年代上海文化形態之所以如此豐富，恰是因了「新」與「舊」之間疏離與對話、對抗與互補等種種複雜關係的存在。這樣一種文化生態，

〔註41〕這兩篇文章是《好天氣也》和《見怪不怪》，分別見於《新聞報》副刊《新園林》，1934 年 1 月 27 日十四版和 1934 年 5 月 8 日十四版。

〔註42〕嚴獨鶴：《編輯副刊的體驗與感想》，《報學雜誌》1948 年 1 卷 6 期，第 3～4 頁。

提供了過渡時代的社會全景。激進與保守、雅與俗、現代與傳統等參差對照的方方面面，在「新」和「舊」的大主題之下，交相輝映。

那麼，《新園林》上「新」與「舊」是如何呈現的呢？對於「新」與「舊」如何取捨，《新園林》沒有一個絕對的答案。1933 年，汪漱碧發表於《新園林》的一篇文章，恰恰道出了《新聞報》副刊編者在這一問題上的糾結：

「新」的是「創造」，「舊」的是保存，究竟是「新」的好，是「舊」的好？雖然拿主觀不能把她斷定，但是，這兩種觀念，事實上總含有一種矛盾性。

古代的人們，對於「新」、「舊」兩種觀念，是兼收並蓄、稱度而施的，所以，在研討學術上面，雖則主張「又日新，日日新」的啟發「新」知，可是，在尋求戀愛對象上面，他們却發明了一條「將縑來比素，新人不如故」的公律。這們（麼）一來，「新」與「舊」的運用，便顯出毫無畸輕畸重的弊病，而又適合無隙了。

現在的人們，既然要想事事超過古人，自應首先把古人的觀念革掉，於是，在追求戀愛的時候，兩性間便都存着一種可以「更換」的心理，而時時轉着嘗新的念頭。同時，對於物質上的供給，更是超時代的「追逐」。纏過到一九三二年，便跨着足步，去找一九三三年的「新花樣」，這們的舉動，他們差不多是整個沉浸在「新」的觀念裏面了，總算他們還沒把「舊」的印象，全部遺忘。還有那些思想和學術，留滯在「舊」的領域裏面。此外，就祇有對「老牌店鋪」的捧場，稍微看出今人一些戀「舊」的情緒罷了。

究竟是「新」的好，還是「舊」的好？究竟是今人的觀念「正確」，還是古人的觀念「比較近似」？〔註43〕

直到文章的結尾，作者仍在糾結。既然誰也無法替代誰，誰也無法改變誰，為什麼不讓它們共存卻要偏頗地否定呢？其實，《新園林》對這一類內容的呈現，延續了嚴獨鶴 1923 年提出的《快活林》選材宗旨中的兩點：「新舊折中，雅俗合參。」因此，儘管《新園林》在風格上較《快活林》有很大變化，但是對待「新」與「舊」問題上的文化立場依然是一以貫之的。從這一個層面來說，《新園林》與《快活林》本質上是有著血脈聯繫的，它是《快活林》

〔註43〕汪漱碧：《新與舊》，《新聞報》副刊《新園林》，1933 年 1 月 10 日十三版。

在新的時代環境下的變體。嚴獨鶴的這種選擇，其實是綜合了報人和文化人身份的雙重思考。報紙本來就是大眾的讀物，商業報紙生存和贏利的基礎就是要爭取最大多數的讀者，也就是「大眾」，而這個「大眾」，指的是全國各階層的人物。儘管報紙有自己明確的讀者定位，但副刊讀者的範疇應該遠遠超出報紙的目標讀者群，絕不應「專配合某一種人的胃口，專供某一種人的閱讀」〔註 44〕，而這一概念直接決定了副刊的內容應該是兼容並包、新舊並存的，從這一層面而言，嚴獨鶴的讀者觀與他對於副刊性質的認識達成了一致，也與《申報》副刊《自由談》同期的變革形成了鮮明對照。《申報》副刊《自由談》由黎烈文接編是一次激烈的變革行為，稱其為文學領域內的「革命」也未嘗不可，而《新聞報》的《快活林》更名為《新園林》則相對溫和得多，與《自由談》相比，完全可以稱其為文學領域內的「改良」行動。《新聞報》之所以能夠在讀者知識結構不斷發生變化的情況下，十幾年間保持了日發行量上海銷數第一的成績，採取以穩定讀者群體為前提的具有改良性質的副刊變革決策功不可沒，這與近年來研究者所論證的 20 世紀 30 年代《自由談》上發表的魯迅文章因陷入個人意氣之爭而導致「批評空間」的喪失〔註 45〕恰成對照，又殊途同歸。總體看來，無論《快活林》也好，《新園林》也罷，所登載的文章基本都是「中性」的，除了言論、漫畫和長篇連載以外，遊記、見聞、風物、電影以及生活瑣事，構成了副刊的主體內容。即使是連載於其上的小說，內容與風格也都是新舊間雜，這就是為什麼張恨水的作品自《啼笑因緣》起，便一直成為《新聞報》副刊長篇連載小說的不二選擇，因為他的小說從題材、文體到內容，恰恰是處於新舊之間的。

「現代」與「傳統」，在表達新舊主題之時，從《快活林》到《新園林》，內容都最為豐富。「現代」對於中國而言，並非從天而降，關於 20 世紀 30 年代文學中的現代性呈現，海派文學及文化研究者在這一方面的研究已經取得了相當多的成績〔註 46〕，而我們所關注的，是處於過渡期的傳統文人在

〔註 44〕嚴獨鶴：《編輯副刊的體驗與感想》，《報學雜誌》1948 年 1 卷 6 期，第 3～4 頁。

〔註 45〕李歐梵：《「批評空間」的開創——從〈申報・自由談〉談起》，《二十一世紀》第 19 期（1993 年 10 月），第 39～51 頁。

〔註 46〕代表性的著作見吳福輝：《都市漩流中的海派小說》，長沙：湖南教育出版社，1995 年 8 月版；李今：《海派小說與現代都市文化》，合肥：安徽教育出版社，2000 年 12 月版；李歐梵著，毛尖譯：《上海摩登——一種新都市文化在中國 1930～1945》，北京：北京大學出版社，2001 年 12 月版；楊義：《京派海派綜

「現代」已經開始了半個多世紀以後，面對「現代」事物仍然存有的矛盾與困惑、他們的接受與拒絕、他們的價值標準和批評立場在《新園林》上的呈現。他們的傳統立場恰與海派研究中對於「現代」問題的討論形成參照，而這恰恰是《新園林》對於時代最有意義、最有價值的貢獻。摩登女郎的身體、生活、社交以及城市中的馬路、汽車、舞場、戲院、電影院等等，在新感覺派小說中著墨最多，而這些內容在《新園林》也有相當多的表達。與新感覺派作家對這些現代事物的享受與暴露相比，《新園林》常常基於傳統和鄉村立場給予直接的批評：女學生的裝飾過於豔麗，而「在我當女校教員的時候，見那些女學生，都一個個穿着土布的校服，不施脂粉，不事修飾，很不失為學生本色」〔註47〕；批評「密絲們的摩登程度，以乳峰做標準的，乳峯愈高大愈摩登」，「有人為要顯露着摩登的緣故，竟裝了兩個假的」，而「鄉下姑娘，那裏會曉得這個關鍵呢？不然，那位無錫北鄉女郎李翠珍，那裏再因為雙峯長得碩大無朋而請求醫生診視啊」〔註48〕；批評有錢階級和有閒階級「跳舞咧，看戲咧，交際咧，酒食徵逐，嫖賭逍遙」，「審可在舞場上跳得腳酸，若為了正經事而多跑幾步路，就要叫苦連天；審可在頑笑場中熬天亮，若為了正經事而多做一個鐘頭的工作，就要怨氣沖天」，因此，「目前唯一的希望，祇要望多數國民，都轉過一個身來，將平時忙在娛樂中的精神體力，移而用之於正經事」〔註49〕；批評裸體運動要從香港引向上海——「近年以來，大家以『肉感』相號召，已經引得一般青年，在肉香中沒命追逐，如果再有赤裸裸的表現，在肉的感誘中，正不知還要演出多少怪劇來了」，而要解決這一問題，「除非世界人類真個心地純潔，到了極點，可以色相俱空，慾念不動，那麼就是在馬路上男女裸逐，也不會發生問題」〔註50〕；城市秋天，正是摩登女子「服裝新陳代謝的時日」，「外國綢外國呢大批進口」，「煙霧滿撒空中，萬籟嘈雜傳來，此時若徜徉於熱鬧之馬路中，車馬奔馳，粉脂

論（圖志本），北京：中國社會科學出版社，2003年1月版；李楠：《晚清民國時期上海小報（插圖本）》，北京：人民文學出版社，2006年9月版；張英進著，秦立彥譯：《中國現代文學與電影中的城市：空間、時間與性別構形》，南京：江蘇人民出版社，2007年4月版；洪煜：《近代上海小報與市民文化研究（1897～1937）》，上海：上海書店出版社，2007年8月版。
〔註47〕獨鶴：《女學生與豔裝》，《新聞報》副刊《新園林》，1932年6月23日十三版。
〔註48〕雞晨：《摩登與乳峰》，《新聞報》副刊《新園林》，1932年8月29日十七版。
〔註49〕獨鶴：《不幹正經》，《新聞報》副刊《新園林》，1932年10月31日十三版。
〔註50〕獨鶴：《裸體運動》，《新聞報》副刊《新園林》，1933年7月6日十七版。

爭妍奇裝異服，又是一番秋景」〔註51〕，而鄉村秋天，「氛霧既收，天高雲碧，原野獨步，氣爽神清，此時倘手一卷書，倚秋樹根讀之……此中清趣，非可語于紅塵十丈中人」〔註52〕……《新園林》始終秉承著濃濃的「懷鄉」情結來評價城市中的形形色色，但這並不代表他們對摩登和現代事物全然否定。例如，對於無線電這一新生事物，無論是嚴獨鶴還是丁悚，都曾給予積極肯定，對於如何利用好它，提出了很多合理建議。〔註53〕對於西方的聖誕節，嚴獨鶴也肯定它給上海帶來了諸多好處：「各處增加了許多點綴，洋貨商店中，也多做了幾大批生意，這就是從西洋化而感召的上海化」〔註54〕，在嚴獨鶴看來，現代事物自然有它的好處和合理性：

> 「摩登」是不是壞名詞？不是！假令以「摩登」爲「壞」，難
> 道「頑舊」、「腐化」、「落伍」、「開倒車」倒反算得是「好」的嗎？
> 〔註55〕

但是嚴獨鶴等人認爲，現代都市中男女所認爲的「摩登」，所展示的金錢意義上「摩登」，並不是真正的「摩登」，只不過是「『摩登』的招牌」而已。嚴獨鶴等人否定的是在「摩登」的外表下青年男女虛榮的內裏，否定的是城市裏形形色色的燈紅酒綠與國難的大背景是如此的不合時宜。可見，「傳統」在《新園林》中始終不曾退席，儘管現代事物不斷改變著人們的生活，但「君子固窮」「達則兼濟天下，窮則獨善其身」的道德準則始終是他們的精神內核。如何在物欲橫流的現代世界中保持一份清靜自守的內心，不迷失自我，這一切，才是《新園林》對 20 世紀 30 年代已經進入「現代」的上海人「有意義，有價值」的最大貢獻所在。

第二節　嚴諤聲與《本埠附刊》、《茶話》

如果沒有曹聚仁，提到嚴諤聲，人們恐怕認爲他的貢獻只在中國商業史

〔註51〕蕭亢石：《都市深秋》，《新聞報》副刊《新園林》，1933 年 11 月 6 日十七版。
〔註52〕同生：《田野深秋》，《新聞報》副刊《新園林》，1933 年 11 月 3 日十四版。
〔註53〕獨鶴：《無線電播音的利用》；丁悚：《談無線電話》，分別見《新聞報》副刊《新園林》，1932 年 6 月 15 日十三版和 1932 年 7 月 2 日十七版。
〔註54〕獨鶴：《耶誕節的熱鬧》，《新聞報》副刊《新園林》，1933 年 12 月 25 日十三版。
〔註55〕獨鶴：《摩登男女》，《新聞報》副刊《新園林》，1933 年 11 月 11 日十七版。

方面，而忽略他對文學史及文化史的貢獻，因爲在目前出現的各類研究成果
中，嚴諤聲的名字總是與商業史聯繫在一起，幾乎很少有人提及他曾經編了
十五年左右的《新聞報》的《本埠附刊》和近十年的《茶話》。然而，曹聚仁
曾說過：

> 那一時期，《新聞報》的《新園林》和《申報》的《自由談》，
> 隱然成一壁壘，屬於禮拜六派的作風，雖說不上和新文學相敵對，
> 但敵對的意味，依然存在的。可是，長江後浪推前浪，周瘦鵑的《自
> 由談》，變成了黎烈文的《自由談》，嚴獨鶴的《新園林》以外，又
> 添上了小記者（嚴諤聲）的《茶話》，這就不是一場平常的變動了。
> 新文學運動，畢竟奠定了基礎，無論詩歌、小說、戲曲都轉了方向，
> 這是中國文化史上最重要的一頁。〔註56〕

曹聚仁是將《茶話》與黎烈文接編後的《自由談》置於同等位置相提並論的，
可是，幾乎所有現代文學研究者都非常瞭解黎烈文接編《申報》副刊《自由
談》對於新文學的意義，儘管它在黎烈文手中只存在一年多就改易其主，卻
幾乎沒有人提及《茶話》對於新文學的貢獻。或許是由於《茶話》受到了《新
聞報》「商業大報」這一頭銜之累，也或許是由於《茶話》從來就沒有像黎烈
文的《自由談》那樣如此旗幟鮮明地表明自己的立場。但是，對於生活於
20世紀30年代的市民而言，「小記者」嚴諤聲的名氣要遠遠大於黎烈文，因
爲「小記者」與他們是如此的親近，張愛玲九歲就連續幾次向《本埠附刊》
投稿，由於未被刊登而放棄嘗試〔註57〕，丁聰初向報刊投稿時，也是發表於
《本埠附刊》〔註58〕。由於文學史中讀者一直以來的缺席以及嚴諤聲的多重
身份，尤其是他在商業史中的地位，使得研究者輕易就忽略了《本埠附刊》
和《茶話》的價值，從而直接導致了文學史和文化史對於嚴諤聲的陌生，也
是基於這樣一種原因，嚴諤聲本人的文藝傾向以及他所負責的副刊對文學史
的貢獻幾乎無人關注。然而，文學史之所以爲「史」，在於無論人們是否關
注到，它都有屬於自己的位置，就彷彿羅丹說的「生活中並不缺少美，而是
缺少美的發現」，文學史同樣並不缺少參與者，它缺少的是對這些參與者的

〔註56〕曹聚仁：《文壇五十年》，上海：東方出版中心，2006年1月第2版，第4頁。
〔註57〕張愛玲：《存稿》，見金宏達、于青編：《張愛玲文集》（第4卷），合肥：安徽
　　　文藝出版社，1992年7月版，第187頁。
〔註58〕丁聰：《轉蓬的一生——我的漫畫生涯》，見范橋、張明高、章眞選編：《名人
　　　自述》，貴陽：貴州人民出版社，1994年8月版，第491～504頁。

發現和客觀的評估。此外，由於《新聞報》的報紙性質以及主客觀等多方面原因，嚴諤聲具有多重身份，而這些多重身份並不能抹殺他對文學史和文化史的貢獻。如同林徽因在建築學和文學兩個領域取得了雙重成就，研究者在肯定她在建築學中的貢獻之時，也不能無視她在文學史中的貢獻一樣，嚴諤聲在商業領域所作出的成績，同樣也不能取代他在文學史上的貢獻。唯一不同的是，林徽因是作爲作家和活動家參與了現代文學史的建構，而嚴諤聲是作爲副刊主編參與了現代文學史的建構。假如《啼笑因緣》沒有嚴諤聲發起的那麼多的活動，張恨水被當成一個「文學奇觀和文學史困惑」〔註59〕的砝碼必定會減輕許多；假如嚴諤聲只是一位沒有政治傾向的編輯，他就不可能身體力行地去保護魏中天，以及在魯迅去世後在副刊上連續組稿予以緬懷；假如他對於文學史毫無貢獻，曹聚仁更不會將《茶話》與黎烈文的《自由談》放在一起，用以作爲新文學運動已經在市民層面取得成績的明證，並將其視爲「中國文化史上最重要的一頁」。這些，都是我們應該對嚴諤聲以及他所擔任主編的《新聞報》副刊《本埠附刊》和《茶話》予以關注的理由所在。

一、《本埠附刊》：從商業宣傳到「爲大眾」、「有益大眾」

　　《本埠附刊》創刊於 1926 年 4 月 1 日。和《快活林》一樣，創刊之時的《本埠附刊》並沒有任何發刊詞，只有在創刊號的左下角刊登的《本刊之三種徵求》〔註60〕，約略可以看出創刊時的編者意圖，其內容以本埠影戲消息爲主，最初完全出於商業目的，「以登載戲目廣告和適合本市居民需用的小商品廣告爲主」，「專爲戲館、電影院等遊藝事業服務的，讓他們得到一個廉價宣傳陣地（廣告費較正張便宜得多）。所以影評都是只談優點不談缺點，因爲他們花錢登巨幅廣告，爲的是要賣座。」〔註61〕創刊號上所刊文章，幾乎全

〔註59〕楊義主編：《張恨水名作欣賞·序言》，北京：中國和平出版社，2002 年版，第2頁。

〔註60〕《本刊之三種徵求》列出三項徵稿內容：一、文字：劇談劇評，電影談電影評，劇界伶界軼聞紀事，外國戲劇電影譯聞，遊藝雜談，音樂美術雜紀，含有遊藝性質之會場紀事，上海之衣食住雜談，上海風俗談，上海社會狀況及小新聞，婦女裝飾談，衛生常識，弄堂小志，馬路報告；二、照片：戲劇照片，電影照片，新舊劇名伶照片，電影男女演員照片，遊藝會場照片，婦女新裝照片，結婚照片；三、新聞：商場新聞，團體新聞，戲劇新聞，電影新聞，伶界新聞，遊藝新聞，文藝界新聞，出版界新聞。

〔註61〕汪仲韋：《新聞報發展過程拾零》，《新聞研究資料》（總二十三輯），北京：中

與影戲有關。〔註62〕但是，汪仲韋〔註63〕在回憶這段經歷時發生了一點小小的誤差，他稱《藝海》是「1926 年 4 月 1 日」之後開闢的，實際上，《藝海》創刊於 1925 年 5 月 16 日，要早於《本埠附刊》近一年的時間，創刊之時，相對於《快活林》和《本埠附刊》要高調得多，嚴獨鶴不僅鄭重寫了發刊詞，還在發刊詞中稱《藝海》的主旨是「爲藝術界介紹作品」「爲藝術界傳播消息」「引起民眾對於藝術之興趣」。然而，創刊不到一年，《藝海》就消失了，或許就是由於過於追求藝術性而使讀者對於副刊的興趣大減。待到《本埠附刊》創刊時，《藝海》的內容完全被併入《本埠附刊》，〔註64〕但範疇明顯擴大，從上海路名到弄堂、從小吃到服裝、從舞女到人力車夫、從戲劇到電影……上海生活的方方面面，幾乎無所不談。這些內容都以小品文的形式記述，今天看來，是非常珍貴的老上海史料。所以，汪仲韋所說《藝海》和《本埠附刊》都是「兼載電影評論和文藝消息」有誤，其實初創時期的《藝海》恰恰是以影戲評論爲主的，而後來的《本埠附刊》才是「兼載電影評論和文藝消息」的。從《藝海》到《本埠附刊》，恰恰是《新聞報》及時調整報紙副刊使之盡快融入市場的一次商業調整，也或許是爲與《申報》的《本埠增刊》一決高下〔註65〕。

　　自《本埠附刊》創刊後，《新聞報》的確感受到了以商業廣告爲目的的好處，無論是《本埠附刊》上的廣告還是文字稿，全部局限於上海一地，發行時，只送本埠讀者，並不寄至外埠，因爲外埠讀者對此不太感興趣，而多至十幾版的《本埠附刊》的郵寄費用對報館也是不小的壓力。然而，這種狀態持續的時間並不長，因爲單純爲了做廣告而堆積的文字乏味單調，功利性太強，讀者的注意力更多轉移到圖文廣告中。因此，雖然《本埠附刊》的廣告

國社會科學出版社，1984 年版，第 194～204 頁。

〔註62〕　《本埠附刊》創刊號刊載的文章爲：老拙：《各戲園新正營業之概況》；《今日試映之〈傳家寶〉》；梅花館主：《尚馬臨別記》；小記者：《「夕張」軍艦之遊覽》；商場新聞；電影新聞；出版界新聞；《本刊之三種徵求》。見《新聞報》，1926 年 4 月 1 日。

〔註63〕　《新聞報》總經理汪漢溪之次子，1924 年汪漢溪去世後，長子汪伯奇任總經理，汪仲韋任副總經理。

〔註64〕　詳見本書第一章第三節《〈藝海〉：從嚴獨鶴的「藝術副刊」到吳承達的「商業電影副刊」》。

〔註65〕　《申報》的《本埠增刊》創刊於 1924 年 2 月，創刊後在上海大受歡迎，《新聞報》兩年後創刊《本埠附刊》，有研究者認爲《新聞報》是爲了與《申報》《本埠增刊》競爭而出此刊。（見劉家林編著：《中國新聞通史（下冊）》，武漢：武漢大學出版社，1995 年 12 月版，第 119 頁。）

有所增加，但是到了 1929 年前後，其上的文字內容幾乎名存實亡，副刊的功能並未得到充分開發。於是，1929 年，《本埠附刊》開始醞釀改革。4 月 25 日，《本埠附刊》上發佈了一篇《本刊特別啓事》：

> 本刊自即日起，徵求下列各種作品：（一）家庭常識，（二）兒童作品（文字圖畫均可），（三）婦女新裝，（四）學校生活。但均以簡短翔實，而含趣味者爲貴。（每篇至多勿過五百字）。此外，關於戲劇、文藝、美術、工業、衛生各種文字，仍歡迎投稿。來稿務請逕寫「本埠附刊編輯室」，切勿書寫個人姓名，以免混雜延誤。惟本刊發稿時間，每日均在下午六時以前，如以含有時間性稿件見惠，希望次日即須披露者，請於下午五時前送下。俾得發刊，否則次日即不及登載，並希注意爲幸。〔註66〕

自這則啓事刊登後，《本埠附刊》將版面陸續向讀者釋放，成爲讀者發表文字的園地。與此同時，《本埠附刊》主編，署名「小記者」的嚴諤聲也開始直接解答讀者的各種問題，與讀者面對面地交流。自此，《本埠附刊》初步具有了文藝副刊的面目，儘管刊載於其上的文字幾乎完全是由讀者承擔的，但與前期純商業性質的宣傳相比，已經發生了實質性的轉變。7月8日，《本埠附刊》發表了《本刊特別徵稿啓事》，徵求婦女及兒童作品，此舉受到讀者的熱烈歡迎，一時來稿量大增，到了 7 月 20 日，由於版面容納不下所有讀者的稿件，嚴諤聲不得不在其上請求讀者原諒，並告知讀者將在周三和周六集中出版婦女兒童專號。〔註67〕這一慣例一直延續到《茶話》創刊之後。儘管《本埠附刊》後來的內容有所更易，但很長一段時間裏，服務於婦女和兒童的宗旨始終未變。周天籟早年以兒童文學成名，1932～1933 年在《本埠附刊》就發表了《甜甜的隨筆》〔註68〕《甜甜和瞻瞻的婚禮》〔註69〕《甜甜入學的第一天》〔註70〕《進德小學訪甜甜》〔註71〕《社戲》〔註72〕等文章，

〔註66〕《本刊特別啓事》，《新聞報》副刊《本埠附刊》，1929 年 4 月 25 日第二十二版。
〔註67〕小記者：《編輯者的幾句話》，《新聞報》副刊《本埠附刊》，1929 年 7 月 20 日第二十六版。
〔註68〕見 1932 年 5 月 26 日十三版《新聞報》副刊《本埠附刊》。
〔註69〕見 1932 年 6 月 9 日十三版《新聞報》副刊《本埠附刊》。
〔註70〕見 1932 年 10 月 18 日十八版《新聞報》副刊《本埠附刊》。
〔註71〕見 1932 年 11 月 24 日十八版《新聞報》副刊《本埠附刊》。
〔註72〕見 1933 年 3 月 20 日《新聞報》副刊《本埠附刊》第二版。

恰是其兒童文學代表作「甜甜」系列，難怪當時尚處於青少年時期的丁聰、張愛玲都對它給予了極大關注。1932年11月7日，《本埠附刊》發起了專門針對青少年的題為《我的嗜好》的徵文活動，短短幾天內就收到三百多篇投稿，其中絕大多數青少年都提到最愛看的報紙副刊就是《本埠附刊》，尤其是十五歲左右的孩子，〔註73〕從中不難看出《本埠附刊》在小讀者中的影響之大。

對婦女問題的關注，直接引發了《本埠附刊》對家庭問題的關注，這種關注在1930年表現得最為突出。彼時的很多討論都具有非常鮮明的現代意味，如《是否處女》〔註74〕《新賢妻良母主義的建議》〔註75〕《打破舊禮教，完成新家庭》〔註76〕《妻與「夫兄」結婚之討論》〔註77〕《何謂真實的愛情》〔註78〕《女子的束胸問題》〔註79〕《烈女不嫁二夫？》〔註80〕等等討論，都由讀者來信引發。有的讀者直接發表自己的看法，有的則希望嚴諤聲給予直接的解答。這些問題，與早一些的周瘦鵑任主編的《申報》副刊《自由談》的《家庭週刊》的討論有很多相似之處，如《女子的束胸問題》一文認為，束胸會「影響於我們民族的發展」，「要保護它完全發育」；《新賢妻良母主義的建議》也認為女子在「精神上物質上都應自謀獨立」，因此女子應該有適合自己的職業，同時更重大的使命是「服務家庭，撫養兒童」。稱女子有了自己的職業後對於家庭至少有兩種好處：一是「減輕丈夫對於家庭的負擔」，二是「夫婦的關係，不是寄生的結合，而是戀愛的結合，可以使結婚生活更加美滿」。然而，與《家庭週刊》不同的是，這些問題的討論全部源於讀者。如果說周瘦鵑的《家庭週刊》對於小家庭中新舊問題的討論還是一場由文人發起並參與的具有「『改良』取向」的社會行動〔註81〕，那麼，《本埠附刊》對於

〔註73〕 難晨：《把〈我的嗜好〉來統計一下》，《新聞報》副刊《本埠附刊》，1932年11月8日十八版。

〔註74〕 見1930年2月4日十八版《新聞報》副刊《本埠附刊》。

〔註75〕 見1930年2月24日二十一版《新聞報》副刊《本埠附刊》。

〔註76〕 見1930年2月27日二十一版《新聞報》副刊《本埠附刊》。

〔註77〕 見1930年3月14日二十六版《新聞報》副刊《本埠附刊》。

〔註78〕 見1930年3月18日二十六版《新聞報》副刊《本埠附刊》。

〔註79〕 見1930年4月29日二十五版《新聞報》副刊《本埠附刊》。

〔註80〕 見1930年6月8日二十四版《新聞報》副刊《本埠附刊》。

〔註81〕 陳建華：《共和憲政與家國想像——周瘦鵑與〈申報·自由談〉，1921～1926》，見《從革命到共和：清末至民國時期文學、電影與文化的轉型》，桂林：廣西師範大學出版社，2009年10月版，第141～170頁。

家庭問題的關注，則完全是出於讀者在生活中實實在在的遭遇，他們面對這些問題時真實的困惑、矛盾與思考，更具普遍意義，也更容易引起讀者的共鳴。嚴諤聲對於讀者的來信，幾乎有問必答，表達了他在過渡時代中吐故納新的開明態度。如對於羅高明君的「女友打扮時髦，如何判斷她是處女」的問題，嚴諤聲直接告訴他「貞潔是應該雙方互守的，如果拿來責備一方面，那就是不平等，應該打倒」〔註 82〕；對於姚梅前夫去世，而夫兄逢妻子去世想要與其重組家庭卻又苦於不被世俗接受的事實，嚴諤聲表示「十分贊成這件事情，你和你的夫兄（就是你將來的丈夫）應該打破那種不合理的舊思想，努力完成一個新家庭。」〔註 83〕嚴諤聲的這些意見，因其中肯而開明的態度，得到了讀者的肯定和信任。一時間，「小記者」在讀者中迅速「火」了起來，人們對《本埠附刊》關注度大大提高。

由於對《本埠附刊》和「小記者」的喜愛，讀者來信的範圍逐漸擴大，《本埠附刊》開始將關注的範疇擴大到社會的方方面面，小品文逐漸成為副刊的主體，文藝性逐漸增強。鄭逸梅在《民國舊派文藝期刊叢話》中曾經提到：

> 《新聞報》的附刊，除以上所述外，尚有《本埠附刊》，這是署名「小記者」的嚴諤聲主編的，多載雜文，也刊長篇小說，如顧明道的《奈何天》、《惜分飛》等都是。「小記者」自己也有一段談話，筆調頗為犀利。〔註 84〕

他所說的這部分內容，實際上是《本埠附刊》轉變成文藝副刊，特別是 1930 年之後的事情。自 1930 年下半年開始，嚴諤聲就以「小記者」為筆名每天在開篇寫一段文字，有時批評陋俗，如《偏見》、《小腳娘子》、《避免做寡婦》、《喪事與迷信》〔註 85〕等；有時報導消息；有時指導讀者，如《來做書獃子》、《心理的訓練》、《解決事情的方法》、《觀察須透徹》、《婚姻能自主嗎？》〔註 86〕等；

〔註 82〕 羅高明君來函：《是否處女》，見 1930 年 2 月 4 日十八版《新聞報》副刊《本埠附刊》。

〔註 83〕 姚梅：《打破舊禮教，完成新家庭》，見 1930 年 2 月 27 日二十一版《新聞報》副刊《本埠附刊》。

〔註 84〕 鄭逸梅：《民國舊派文藝期刊叢話》，魏紹昌編：《鴛鴦蝴蝶派研究資料　上卷史料部分》，上海：上海文藝出版社，1984 年 7 月版，第 482 頁。

〔註 85〕 分別見《新聞報》，1930 年 9 月 7 日、1930 年 9 月 10 日、1930 年 9 月 17 日、1931 年 6 月 19 日《本埠附刊》。

〔註 86〕 分別見《新聞報》，1930 年 9 月 14 日、1930 年 9 月 24～28 日、1930 年 10 月 7 日、1930 年 10 月 14 日、1930 年 10 月 15 日《本埠附刊》。

有時追憶往事和故人，如《項如松先生》、《追念我的父親》、《袁觀瀾先生的床》、《憶大華》，等等〔註87〕。這些內容，形式上與獨鶴的「談話」非常相似，都刊於副刊的刊首，深受讀者喜愛。所不同的是，嚴諤聲的文字多由讀者的信件而來，直接服務於讀者生活中具體而瑣碎的問題，與之相比，嚴獨鶴的「談話」則是著眼於政治、文化、社會、民生等大範疇的雜談，文藝性更強。因此，讀者喜歡獨鶴的「談話」，是讀其文字背後的內容，是在讀雜文，而喜歡「小記者」的文字，則是把他當成一個知己、一個朋友。有讀者就寫道：

> 我與本刊，其膩友乎？一見生愛，戀戀不捨。
>
> 我與本刊，其知己乎？他山之石，可以攻玉。
>
> 我與本刊，其嚴師乎？開我茅塞，匡我不逮。
>
> 我與本刊，其手足乎？一日不見，如隔三秋。〔註88〕

之所以將《本埠附刊》從單純的商業廣告副刊轉型為密切關注現實的文藝性副刊，並不是偶一為之，嚴諤聲是經過慎重考慮的。《本埠附刊》向文藝副刊轉型之後，談到刊物的服務對象和宗旨時，嚴諤聲明確提出：

> 本刊終抱定一個「為大眾而努力」的主旨。文字方面、材料
> 方面，都希望能適合大眾的需要，但也不肯一味地迎合大眾。我
> 們要在大眾的需要上面，多少使大眾有點益處。反過來說，至少
> 要使大眾沒有害處。自然，「有益大眾」這平常輕鬆的四個大字，
> 說來容易，做起來著實費力，真所謂「其言匹夫匹婦之所共知，
> 其行聖人有所不能盡也」。以我個人學識的淺薄，能力的弱小，又
> 何足以勝此？但是，我敢自信的，就是我的心永遠指使我這樣做
> 去。〔註89〕

既要「適合大眾的需要」，又不能「一味地迎合大眾」，在「大眾的需要上面，多少使大眾有點益處」，這就是《本埠附刊》關於「有益」的界定。

在「有益」理念的指引下，《本埠附刊》對兩類時代主題非常關注：一是

〔註87〕 分別見《新聞報》，1930 年 8 月 22 日、1930 年 9 月 3 日、1930 年 9 月 29 日、1932 年 12 月 13 日《本埠附刊》。

〔註88〕 張渭磯：《我與本刊》，見《新聞報》，1930 年 7 月 30 日十八版《本埠附刊》。

〔註89〕 小記者：《我的報告（七）　本刊的主旨：「為大眾而努力」》，見 1933 年 8 月 2 日《新聞報》副刊《本埠附刊》第一版。（按：自 1933 年 1 月 1 日起，《本埠附刊》改版，內容包括與本埠有關的副刊、廣告等內容，其中副刊包括《本埠附刊》和《藝海》。因不對外埠發行，因此單獨編排版面序列，為《本埠附刊》第一版、第二版……依此類推。）

對現代上海種種「怪」現象的批評：四馬路既是「一切書局發生的策源地」，「在中國的學術界，是有莫大貢獻的」，但同時又是一個「罪惡的淵藪」，「在灰黃電光下有成群的野雞待賣着，在熙攘的人羣中有春宮的賣者吶喊着。但是，她們那灰白的面龐上塗去了快樂的顏色，她們那乞憐的眼光裏添增了憂悒的成分。在她們『先生，到家裏去白相』的哀求中，更是露出了她們無限痛心傷情的苦況來。」在這矛盾的現實中，作者稱「矛盾的四馬路，牠好像中國一般的矛盾。」〔註90〕亞爾培路上，回力球場活動電燈令人「想入非非」；「純用科學的方法設計建築的跑狗場」，是「危險性的」、「不同凡響的科學化的聚賭」，利欲薰心的人們，最終破產、失業、走入歧途。這一切，卻都發生於「戰爭之神尚未遠去的時候，處處成了地獄」。〔註91〕生活在上海的人們，摩登女子「好裝飾，善跳舞，擅長交際，歡喜用錢，長於口才」，因此，她們是「虛偽的」、「注重虛榮的」〔註92〕，上海的「女學生穿的是高跟鞋，小姐們是高跟鞋，舞女也是高跟鞋，妓女也是高跟鞋」，「打扮得豔麗欲絕的少女們，在高跟鞋上掙扎着的，到處可以見到。」〔註93〕「上海的人有很多的過著水平線上的生活，但是，還有更多的人卻過比被人愛的小狗所不如的生活呢！不過，一切不幸，卻被影戲館中的電光掩去；一切的呼聲，卻被跳舞場的樂聲蓋著。」〔註94〕

〔註90〕程魯丁：《矛盾的四馬路》，《新聞報》副刊《本埠附刊》，1932年1月26日十七版。

〔註91〕孫青：《亞爾培路之夜》，《新聞報》副刊《本埠附刊》，1932年5月16日十八版。

〔註92〕闊重樓：《摩登女子和鄉下姑娘》，《新聞報》副刊《本埠附刊》，1932年5月16日十八版。

〔註93〕笈笈：《如此上海（六）　在高跟鞋上掙扎著》，《新聞報》副刊《本埠附刊》，1932年1月20日十七版。

〔註94〕俞魯翬：《上海的人》，《新聞報》副刊《本埠附刊》，1932年6月11日二十版。

圖 1 《本埠附刊》上署名「福堂」的一幅漫畫，批評中國人
「想的金錢，說的和平，怕的強權，行的男盜女娼」

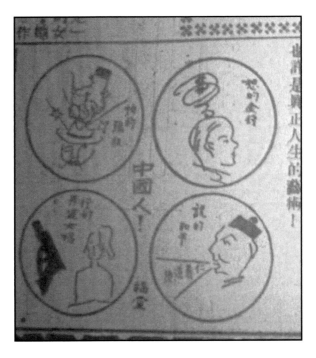

二是在「九一八」及「一‧二八」之後，對底層民眾生活的翔實描摹和對他
們的深切關注。這類作品，尤以陳亮和周天籟的作品為代表。文學史談到陳
亮和周天籟時，幾乎都把二人列入小報作家之列，在談及二人成就之時，多
關注於他們 20 世紀 40 年代的作品。的確，陳亮和周天籟創作生涯最為輝煌
的時期，當是在 40 年代，而他們二人在報刊上嶄露頭腳並在市民中小有名
氣，則是在 30 年代的《新聞報》上，並且是以描寫鄉村和底層民眾生活的
文字而在讀者中產生影響。有資料稱周天籟為「《新聞報‧快活林》的老投
稿，在諸投稿人中，深得主編嚴獨鶴賞識」，與劉春華、王大蘇、陳亮「一
起被收為入室弟子，名四小金剛」〔註 95〕，這段資料與事實是有出入的。
實際上，周天籟和陳亮二人在《新聞報》上發表的文字，都是刊登在《本埠
附刊》和《茶話》上，從來沒有在《快活林》上發表過任何文字。而且，1932
年 4 月 1 日，《快活林》即更名為《新園林》，因此，為「《新聞報‧快活林》

<hr />

〔註95〕 孟兆臣：《中國近代小報史》，北京：社會科學文獻出版社，2005 年 10 月版，
第 216 頁。

的老投稿」的說法是不成立的。而「深得主編嚴獨鶴賞識」，「一起被收為入室弟子，名四小金剛」的說法則值得懷疑，儘管四人關係很好。照理，周天籟和陳亮由於一直在《本埠附刊》和《茶話》上發表稿件，經常與他們往來的應該是嚴諤聲。周天籟在《新聞報》上的第一篇文字題為《挑薺菜》（見圖 2），發表於 1931 年 4 月 4 日《本埠附刊》，描寫了兒時與姐姐在鄉下挑薺菜的場景，童心未泯，當時的《本埠附刊》以婦女兒童作品聞名，因此得以刊登。陳亮在《新聞報》上的第一篇文章題為《鄉村茶館察訪》（見圖 3），發表於 1932 年 9 月 4 日《本埠附刊》，通過茶館裏面農民的交談，反映了農村瀕臨破產、百姓民不聊生的社會現實。在對待底層民眾的態度上，二者是非常相似的，也因了這樣的態度，他們受到了嚴諤聲的青睞。自 1932 年開始，二人以新聞記者的身份在《本埠附刊》和《茶話》上描寫了形形色色的底層人物：貧民窟中推著賣豬的小車在路上蹣跚的蒼顏白髮的老者，在地上哭鬧著沒有吃飽的孩子，草棚裏面，在稻草鋪的床上簇在一起的男女老少〔註96〕；因包辦婚姻而被誤殺的新媳婦〔註97〕；耕地的水牛受傷後，生活瀕臨破產的華伯〔註98〕；為未來的生活擔憂著的為國家捐軀的戰士的妻子〔註99〕；逃難中幾經顛簸終無落腳之處的羅先生一家〔註100〕；深夜中為了生活而辛苦奔波的黃包車夫〔註101〕；被父母當成做官的籌碼而送給好色的軍閥、卻被軍閥打斷了腿的女人〔註102〕；雨天裏推著糞車的勞工和勢利的售票員〔註103〕……從農村到城市，從工人到農民，陳亮和周天籟對這些題材和人物都給予了深切同情和關注，對他們的生活均從記者視角予以細膩的觀察和描寫。但是，周天籟與陳亮還有一些不同。陳亮幾乎將所有的目光都投諸底層民眾，處處表達了「勞工神聖」的信仰，文字中常有情感的抒

〔註96〕陳亮：《貧民窟裏歸來》，《新聞報》副刊《本埠附刊》，1932 年 12 月 26 日二十一版。

〔註97〕周天籟：《阿娥》，《新聞報》副刊《本埠附刊》，1932 年 1 月 12 日十四版。

〔註98〕周天籟：《華伯的牛》，《新聞報》副刊《本埠附刊》，1932 年 1 月 16 日十七版。

〔註99〕周天籟：《朱女士的將來》，《新聞報》副刊《本埠附刊》，1932 年 4 月 9 日十三版。

〔註100〕周天籟：《逆流》，《新聞報》副刊《本埠附刊》，1932 年 5 月 3 日十六版，5 月 5 日十三版。

〔註101〕陳亮：《夜歸》，見 1933 年 2 月 14 日《新聞報》副刊《本埠附刊》第二版。

〔註102〕陳亮：《斷了腿的女人》，見 1933 年 3 月 16 日《新聞報》副刊《本埠附刊》第五版。

〔註103〕陳亮：《雨晨》，見 1933 年 4 月 11 日《新聞報》副刊《本埠附刊》第二版。

發，周天籟說陳亮「常常講苦話，苦是苦得再苦也沒有了（其實他本無所謂苦）」〔註104〕，而對於同類題材，周天籟則常常持有一種局外人的冷靜。描述，卻很少作出主觀評價。此外，周天籟在《本埠附刊》上的創作還有很大一部分文字以自身經歷為題材，除同情底層民眾外，還有一種描寫自我生活的悠然態度。陳亮則不然，他的作品，多是嚴肅的悲憫，字裏行間難掩沉重。文學史關注到了40年代作為小報作家和市井小說家的「田舍郎」，作為社會小說家的周天籟，卻忽略了30年代幾乎奉「勞工神聖」為全部創作選擇的陳亮和一個非常懂得享受和體驗生活的周天籟。比較起來，30年代陳亮的創作略顯生澀和刻意，有主題先行的痕迹，而周天籟的文字則要從容得多，這或許與他此時已經成為廣受歡迎的較為成功的兒童文學作家不無關係。但是，這一時期二人在《本埠附刊》上的創作實踐和創作選擇，呈現了他們作為小報作家的創作差異——周天籟長於寫「點」，而陳亮善於寫「面」；周天籟寫起長篇小說來行雲流水，結構安排遊刃有餘，而陳亮寫起小說來雖然「故事真切」，卻會在結構方面因過於刻意而難掩敗筆〔註105〕。

圖2　周天籟《挑薺菜》

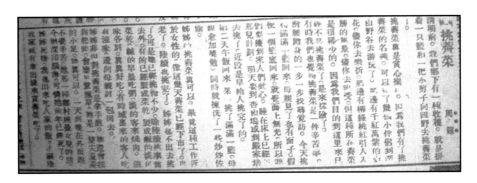

見《新聞報》1931年4月4日《本埠附刊》

〔註104〕天籟：《怪癖》，見1933年11月28日《新聞報》副刊《本埠附刊》第二版。
〔註105〕陳亮40年代的代表性作品之一《小裁縫》，主要講述小裁縫靠「性」關係爬上了銀行家的位子，但最後卻搖身變成了「愛國分子」，結局的突兀與反差令人措手不及。另一部代表作《陰差陽錯》也存在同類問題。

圖 3　陳亮《鄉村茶館察訪》

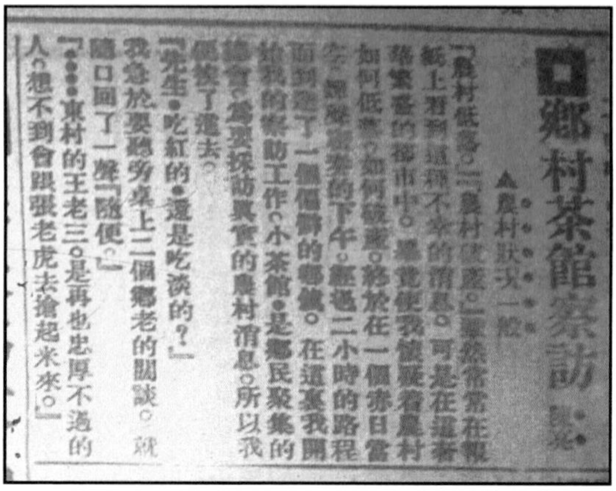

見《新聞報》9 月 4 日《本埠附刊》

　　無論是對現代上海種種「怪」現象的批評還是對底層民眾生活的深切關注，都是基於《本埠附刊》「為大眾」並「有益大眾」的宗旨而出發的。嚴諤聲認為「為大眾」應該有兩個層面，「一方面給大眾閱讀，一方面給大眾投稿」〔註106〕。這種辦刊理念，使得《本埠附刊》上同時發出了讀者的聲音。其上所刊載的文字，除了「小記者」和幾位知名作者的外，絕大多數都是不知名讀者的投稿。這樣就與嚴獨鶴的《快活林》／《新園林》形成了一種對照──《快活林》及其後的《新園林》常常是名家的作品（當時的小報對此批評最甚），而《本埠附刊》則專門提供給讀者發表。同時，讀者對於《快活林》／《新園林》上作品的意見，也常常呈現在《本埠附刊》上。這就給我們提供了一種可能，使我們可以看到文學作品背後的行為，尤其是長篇連載。從《荒江女俠》到《啼笑因緣》，《本埠附刊》與《快活林》／《新園林》之間呈現出了讀者與編輯、作者的對話之態，作為《本埠附刊》編者的嚴諤聲，更是積極地參與其中，為《荒江女俠》、《啼笑因緣》從連載及出版單行本再到改編為電影而產生的轟動效應，包括後來連載的《太平花》在創作中及時調整創作方向從而適應讀者的閱讀需求都做了相當多的工作。〔註107〕就在對話的過程中，長篇連載小說逐漸形成它的完整面目，同時也在這種對話之中，

〔註106〕小記者：《我的報告（八）　本刊永遠是大眾的》，見《新聞報》8 月 3 日《本埠附刊》第一版。

〔註107〕關於這部分內容，參見本書第二章第一節《〈啼笑因緣〉緣何轟動》。

通俗文學漸漸發生了流變。《本埠附刊》最初並沒有長篇連載，《啼笑因緣》連載結束之後，張恨水變成了上海小說界的「超等名角」，《荒江女俠續集》連載之時，讀者的熱情大不如前，但他們對於《荒江女俠》熱情的卻絲毫未減，幾乎此時所有的來稿都是討論與《荒江女俠》相關的問題，而置《續集》於不顧。1931 年，《荒江女俠續集》連載期間，讀者李銘就曾給「小記者」寫信，質問岳劍秋為何從不反對方玉琴的意見，並有些刻薄地稱作者常常將自己的願望反映到創作對象身上，莫不是顧明道與歷史上因「懼內」出名的陳季常惺惺相惜？還是因為顧明道顧忌到「上海女權日高的關係，有意這樣形容」，以致「張女子的志氣，滅我們男性的威風」？〔註 108〕簡直有人身攻擊的意味，鋒芒畢露。嚴諤聲將此信刊出，並將報紙寄予此時尚在蘇州看不到《本埠附刊》的顧明道，讓顧明道回信答覆。本打算不予理睬的顧明道只好回信解釋：「拙作既名《荒江女俠》，一望而知為描寫女子的小說，書中情節自然注重女俠，劍秋不過主中之賓罷了。」對於稱呼顧明道為「季常同志」，顧明道顯然很不開心，客氣地稱其過於「武斷」：

> 大凡一個人聽從他一人的主見，不出於「愛」「佩」「畏」三個字。劍秋之從女俠，「愛」與「佩」而已。惟其「愛」，故不忍拂其意；惟其「佩」，故不欲逆其心。這是出於不知不覺的，並非懼內。何況這時候琴劍尚未訂婚呢。玉琴孝俠仁勇四者俱全，劍秋既自顧相助，何必反對？況玉琴所行所言，並沒有悖謬之處呢！所以請李銘先生放心，對我們男性方面的面子關係，無甚問題，還有下文可觀。是反轉來說，劍秋能得玉琴青眼，面子也是很好的了。一笑。〔註 109〕

結束時，顧明道稱由於「賤恙未愈，筆墨冗忙。只此一遭，下不為例。即請李銘先生鑒諒了。」明確表態，不僅拒絕了李銘以及與李銘一樣不友好的讀者，同時也婉拒了「小記者」類似的運作行為。不久，署名「戎馬書生」的讀者來信，支持顧明道的解釋，同時指出，在《荒江女俠續集》中「描寫劍秋之處稍少（除收伏神鵰外），寫得玉琴方面太熱鬧些」〔註 110〕。讀者對於顧

〔註 108〕李銘：《顧明道是季常先生同志？》，《新聞報》副刊《本埠附刊》，1931 年 4 月 30 日二十一版。

〔註 109〕顧明道：《為〈荒江女俠〉答李銘君》，《新聞報》副刊《本埠附刊》，1931 年 5 月 17 日二十九版。

〔註 110〕戎馬書生：《談〈荒江女俠〉中的劍秋》，《新聞報》副刊《本埠附刊》，1931 年

明道的關注，使得《本埠附刊》指定讓顧明道在其上連載小說。1933 年 1 月
7 日，顧明道開始在《本埠附刊》連載長篇小說《如此江山》。如同張恨水在
《新園林》一樣，《本埠附刊》的長篇連載小說在接下來的幾年內全由顧明道
一人執筆：《如此江山》之後，又連載了《奈何天》、《惜分飛》等作品。這些
作品都以「一‧二八」為大背景，描寫戰爭在物質生活影響之外，帶給人們
精神上和心理上更為深刻的痛苦，因其濃重的家國情懷，與顧明道在「一‧
二八」之前發表的《荒江女俠》等作品，呈現出完全不同的風貌。

　　這樣一來，《本埠附刊》通過小記者與讀者的書信往來、發表讀者稿件、
滿足讀者長篇連載小說需求等形式，做到了「為大眾」、「有益大眾」，受到了
讀者的喜愛，同時也使《新聞報》的發行量一路領先——《本埠附刊》上刊
載的廣告在《新聞報》所佔版面與日俱增。除丁聰和張愛玲外，著名學者夏
志清先生時隔多年後，也對發表於其上的廣告念念不忘——「《本埠附刊》也
是厚厚的一份，那些平劇、外國電影廣告特別令我神往」〔註 111〕，甚至發表
於當時的很多小說中，直接將《新聞報》的《本埠附刊》構成情節，如汪仲
賢的《歌場冶史》、顧明道的《奈何天》和穆時英的《白金的女體塑像》等，
〔註 112〕這一切，足見《本埠附刊》彼時在讀者心目中的地位和影響力。有益

---

5 月 30 日二十五版。

〔註 111〕 夏志清：《在上海那段少年歲月》，屈萬里等著：《少年十五二十時》，臺北：
聯合報社，1979 年 2 月版，第 84 頁。

〔註 112〕 《歌場冶史》中利用《本埠附刊》不銷往外地的特點構思了一段情節：「上海
的報紙上有一張《本埠附刊》，外埠人是永遠看不到的。你在《本埠附刊》的
分類小廣告裏，登兩行脫離夫妻關係的小廣告，不要說外埠人不看見，就是
本埠的看報人也不會留心。你登了這條廣告，以後無事最好，萬一發生法律
問題，你就可以避免重婚的罪名了。但是這個廣告，只能你自己出面，律師
可不能代表你出面，因為這是違法的事。」（汪仲賢：《歌場冶史》，瀋陽：春
風文藝出版社，1997 年 4 月版，第 280 頁。）《奈何天》中寫道：「王志澄今
天是滿懷著一團遊興，左顧右盼，眺望不已。回過頭來，卻見大我已買了一
份《新聞報》在那裡看報，整個的臉都被報紙遮住了。他就把大我的手一拉
道：『密司脫李，你方才在校裏不是已看過《新聞報》嗎？怎麼現在又購著細
閱呢？好不奇怪！』大我一時沒得回答，只得說道：『我想看看《新園林》和
《本埠附刊》上的長篇小說。』」（顧明道：《奈何天》，上海：上海文化出版
社，2006 年 1 月版，第 356 頁。）《白金的女體塑像》中寫道：「……害了病
以後的父親有了頹唐的眼珠子，蹣跚的步態，每天總是沉思地坐在沙發裏咳
嗽著，看著《新聞報》《本埠附刊》，靜靜地聽華年的跫音枯葉似的飄過去。」
（穆時英：《白金的女體塑像》，見魯迅等著，王彬編《中國現代小說、散文、
詩歌名家名作原版庫》，北京：中國文聯出版公司，1998 年 8 月版，第 38 頁。）

於大眾，並不代表高高在上的教導；受大眾喜愛，也絕不是僅僅沉溺於沒有任何擔當的消遣與享樂就可以做得到。爲報紙盡可能多地贏得讀者，爭取讀者，「有益大眾」的目的與其並不矛盾，如果分寸把握得好，則會實現雙贏，關鍵在於副刊該擺出一種什麼樣的姿態。

二、《茶話》：新舊間雜的社會萬象

　　如果提及嚴諤聲所編的副刊，一般都會提及《立報》上先由薩空了主編，後由他接編的爲勞動者呼籲的《小茶館》。其實，嚴諤聲之所以能夠成爲接編《小茶館》的理想人選，是由於在這之前他已經在《新聞報》編了幾年的《茶話》，且頗有影響。那時人們一提起「小記者」，就會想到《茶話》。「小記者」每天在《茶話》上開頭的一篇短文含蓄、辛辣、鋒芒內斂，如同獨鶴的「談話」一樣，深受讀者喜愛。陳亮20世紀40年代發表於《小說月報》的小說《留在貼照簿上的姑娘》中主人公就稱：「自己家裏定着一份《新聞報》。我的父親，是《新園林》和《茶話》的忠實讀者，他崇拜小記者的文章和獨鶴先生的『談話』……」〔註113〕那麼，《茶話》究竟是一份什麼樣的副刊，爲什麼它會如此受讀者喜愛？

　　《茶話》創刊於1932年10月1日，宗旨是「願探求社會之眞相，供改造社會的參考」。之所以叫「茶話」，是「因爲茶館酒肆，是社會上各色各樣的人集合地處，他們談的是社會問題，聽的是社會問題。……所以要調查一個地方的社會狀況，只要到那個地方的茶館裏，一定可以魑魅畢現，毫無隱遁。」而茶館裏所講的一切，便是「茶話」。但這裡的「茶話」與一般意義上的「茶話」有所不同，它的內容是「社會眞實的寫眞」，拒絕做「有閒階級的消遣品」。《茶話》的作用「是一面鏡子」，「又是一個照相機」，其上所刊載的內容與社會之間的關係是「象憂亦憂，象喜亦喜」。但是，只表現社會眞相是不夠的，它的最終目的是「改造社會」，「因爲社會裏有各色各樣的病者……要治療，決不是一張簡單的藥方、一服簡單的藥劑，所能濟事。而第一個先決問題，先須明瞭各種病者所患的病的眞相。」〔註114〕這與魯迅先生的「我的取材，多採自病態社會的不幸的人們中，意思是在揭出疾苦，引起療救的注意」〔註115〕的創作目的何其相似。然而，這卻不是嚴諤聲有意仿傚魯迅，

〔註113〕見《小說月報》，1940年第2期，1940年11月1日出版，第60頁。
〔註114〕小記者：《開場白》，《新聞報》副刊《茶話》，1932年10月1日二十版。
〔註115〕魯迅：《我怎麼做起小說來》，《魯迅全集：4》，北京：人民文學出版社，2005

因爲魯迅先生說出上面一番話之時，是在 1933 年，彼時此文已經發表半年之久了。

　　與《本埠附刊》創刊之初爲進行商業宣傳的目的不同，《茶話》創刊之初就定位於文藝副刊。它與偏重文藝性的綜合性副刊《新園林》同在《新聞報》上，必然存在一定的差異，否則也就沒有存在的意義。同時，恰恰又是由於同在《新聞報》上，二者之間又必然具有一定的聯繫。那麼，二者的差異性和同一性又表現在哪裏？對此，「小記者」嚴諤聲作了一個形象的比喻，他稱如果把一張報紙看作一個人的話，「國際新聞、政治新聞、實業新聞」「是一個人正當的職業」，「社會新聞」「彷彿一個人的家事」，「職業和家事而外，就應該遊覽公園以陶養身心」，「在本報有的是《新園林》」，《茶話》則是遊覽公園之後「口渴了，腳累了」歇腳的「茶館」。也就是說，無論《新園林》還是《茶話》，都是《新聞報》的一個有機組成部分，二者都要與《新聞報》「輕政重商，無黨無偏」的辦報方針保持一致。就在創刊號發佈的當天，《茶話徵稿簡則》就明確指出，「本欄不刊攻訐謾罵及含有廣告性質之文字」，其中「不刊攻訐謾罵」文字一條，與嚴獨鶴所編《快活林》及其後《新園林》所遵循的「不事攻訐」的原則完全一致，至於其中的原因，肯定有保持商業報紙信譽，從而保證商業報紙的發行量及贏得廣告的考慮。汪仲韋在談到《藝海》和《本埠附刊》影評的特點時專門提到了這一點：

　　　　……影評都是只談優點不評缺點……如果報館要求過高，評論他們的作品，專挑不足之處講，勢必影響營業，從而也就降低登廣告的溫度，對報館來說是不利的。所以我們採取的方針是只鼓勵進步，不潑冷水，但也反對以黑爲白，把壞的硬說成好的，欺騙觀眾。這一保持本報信譽的立場是始終不變的。「藝海」如此，「快活林」、「茶話」也大都如此。〔註116〕

而不刊廣告性質的文字，則是由於這一重要任務已經由《本埠附刊》完成了，《茶話》再沒有刊登廣告類文字的必要，這就保證了它可以擺脫廣告的負擔，保持文藝副刊的純粹性，與《新園林》在這方面達成了一致。但在這種一致的前提下，《茶話》與《新園林》又是有差異的。在《茶話》上，讀者

年 11 月版，第 526 頁。

〔註116〕汪仲韋：《新聞報發展過程拾零》，《新聞研究資料》（總二十三輯），北京：中國社會科學出版社，1984 年 1 月版，第 200 頁。

「可以聽得些似乎有意義又似乎沒有意義的談論」，「小記者」的角色是「隨便說幾句」，是「並非正文，無關宏旨的」。〔註117〕也就是說，《新園林》的重心在「大」，而《茶話》的重心則在「小」，《新園林》以「宏旨」取勝，而《茶話》則長於「似乎有意義又似乎沒有意義」的「隨便說說」。那麼，如何理解這「似乎有意義又似乎沒有意義」呢？它到底表達了《茶話》怎樣一種辦刊取向？要考察這一問題，我們就要瞭解主編「小記者」嚴諤聲的文藝傾向。

　　副刊的性質幾乎就是副刊主編文藝傾向的一面鏡子。《申報》副刊《自由談》在周瘦鵑手中散發出濃濃的名士氣息，到了黎烈文手中，就成了不折不扣的左翼知識分子同人刊物。而嚴諤聲的特別之處在於，我們根本無法用非此即彼的分析方法來界定他的文藝傾向。嚴諤聲出生於1897年，浙江海寧人，1917年到了上海，因與後來的明星公司老闆周劍雲是兵工學校〔註118〕的小學同學，得以進入新民圖書館任校對。後進入《工商日報》編副刊，曾以「諤聲」為筆名在新文化運動四大副刊之一的《時事新報》副刊《學燈》發表文字。後又在《工商時報》編輯副刊，隨後報社改組為國聞通訊社〔註119〕，嚴諤聲擔任外勤記者，負責報導上海「馬路聯合會」（當時上海一個商界組織）的消息。國聞通訊社後隨胡政之遷到天津。由於嚴諤聲父親與嚴獨鶴父親是製造局同事，加之嚴諤聲經常為《快活林》投稿，又由於與上海商界的關係，可以及時為《新聞報》提供工商界消息，受到汪漢溪的注意，遂通過嚴獨鶴進入《新聞報》，開始擔任採訪記者，後接編副刊。〔註120〕無論是在新民圖書館工作、在《學燈》上發表文章，還是在國聞通訊社工作，這些經歷以及過程中所接觸的群體，都使得嚴諤聲的文學觀與嚴獨鶴等通俗文學作家有明顯不同。《快活林》自不必說，即便是《新園林》，或許是為了「不涉攻訐」，對新文學作家以及與新文學相關內容幾乎完全避而不談。但

〔註117〕小記者：《本欄的地位》，《新聞報》副刊《茶話》，1932年10月2日十九版。

〔註118〕兵工學校由製造局主辦，前身即廣方言館。

〔註119〕國聞通訊社是中國最早的通訊社之一，胡政之任社長。1924年創辦《國聞周報》。1926年，胡政之與張季鸞在天津續辦《大公報》，胡政之將國聞通訊社全部遷到天津，它的人員成為《大公報》初創時期的班底。

〔註120〕嚴諤聲口述，王昌範整理：《我與商界聯合會》，載《檔案與史學》，2002年第2期，第39～41頁。該文原名《上海總商會和商界聯合會的若干活動》，20世紀60年代由嚴諤聲口述，胡志藩記錄，原件藏上海檔案館。

嚴諤聲不同。他不僅曾經在副刊上保護過魯迅〔註 121〕，而且還曾幫助支持
進步青年魏中天〔註 122〕，在其入獄後積極營救，並因《茶話》的進步傾向
而進入了汪僞政府 83 人通緝名單之列〔註 123〕。但是，嚴諤聲文藝觀的複雜
性就在於此——在《學燈》發表文字的同時，他在通俗文學領域也多有表現。
他與很多通俗文學作家都交誼甚好，早年就曾參與《快活林》的「集錦小說」
活動，在《遊戲世界》發表過嬉笑怒罵的文言體小說《笑豪笑狂合傳》等，
還編輯過《滑稽畫報》、《七天》等通俗文學刊物，參與了《啼笑因緣》整個
商業運作過程，與嚴獨鶴、徐恥痕二人爲張恨水的《啼笑因緣》成立了三友
書社。因此，如同嚴諤聲的文藝傾向一樣，《茶話》副刊也呈現出了讓人迷
惑的特質。在其上發表的文章，既有趙苕狂、徐卓呆、戚飯牛、范煙橋等所
謂通俗文學作家的作品，又有曹聚仁、魏中天等新文學作家的作品，這邊在
討論著彈詞、灘簧，甚至對新文藝作品偶有諷刺，那邊又爲「大眾文藝」問
題、「娜拉」問題而爭論不休。尤其是魏中天出獄後在《茶話》上連載了三
個月之久、有三萬多字的《獄中生活》〔註 124〕，更顯示出嚴諤聲鮮明的進
步傾向，同時也讓人不得不對他非同一般的勇氣與膽量表示由衷的敬佩。無
論《申報》副刊《自由談》也好，《春秋》也好，似乎之前很少有副刊能夠
像《茶話》這樣將如此涇渭分明的文學樣態兼容並包，如果非要用既有的評
價標準爲《茶話》找一個位置，那麼，《茶話》是沒有位置的，或者說都有
位置。有趣的是，在 20 世紀 30 年代，文學壁壘似乎不那麼分明的報刊非常
多，創刊於 30 年代的《珊瑚》的作者群中，就既有周瘦鵑、包天笑、顧明
道、張恨水等通俗文學作家，也有施蟄存、葉聖陶、戴望舒等新文學作家；
《眞美善》既刊載曾樸修改過的《孽海花》的 21～25 回及續作 26～35 回，
又發表了羅洪女士的《不等邊》、《平行線》等新文學作品……如果我們把這

〔註 121〕關於這部分內容，參見本書第三章第二節《導師與聞人：〈新聞報〉上的魯迅》。

〔註 122〕魏中天（1908～2010），1926 年考入黃埔軍校步兵科，半年後返回家鄉廣東
　　　　五華參加農民暴動，遭到地主武裝的血腥鎮壓，受到通緝，逃到上海，在中
　　　　華藝術大學文學系半工半讀。較早從事新文學創作，在魯迅主編的《語絲》
　　　　上發表過《雜貨鋪》和《童年生活的回憶》，都充分表達了《語絲》「催促新
　　　　的產生，對於有害於新的舊物，則竭力加以排擊」的主題。（見欽鴻：《現代
　　　　作家魏中天二題》，《博覽群書》，2009 年第 10 期。）

〔註 123〕本來通緝的是嚴諤聲，但是由於口音緣故，被誤當成「嚴蘭深」（實此人名爲
　　　　倪瀾深，典型的好好先生）。

〔註 124〕見 1933 年 7 月 3 日～9 月 22 日《新聞報》副刊《茶話》。

些現象整合到一起，就會發現，《茶話》並不孤獨。如果說 20 世紀 30 年代上海文壇的豐富與熱鬧，本身就是文學內部「新」與「舊」、「雅」與「俗」、「傳統」與「現代」之間一場「適者生存」的較量，那麼，從《茶話》到《珊瑚》再到《眞美善》，不過是爲這場華麗的文學匯演提供了一個更爲集中的舞臺，在這一舞臺下的觀眾，不像那些可以在二元分析論的文學史上找到位置的刊物那樣整齊劃一，這裡充滿了各色人等，有知識分子，也有普通市民；有士紳商人，也有普通職員；有文學青年，也有街頭勞工；有遺老遺少，也有摩登男女……我們不能因爲無法將它劃入某一種序列而視而不見，恰恰相反，正是由於它的特殊性以及與既有評價因衝突而凸顯出來的張力，才意味著其中正暗藏著文學史中的「達·芬奇密碼」，有待我們去發現，去破解。

其實，就《新聞報》這份報紙來看，《茶話》與《本埠附刊》的關係非常密切，它完全是脫胎於《本埠附刊》而來，一個最明顯的標誌就是：「婦女專號」、「兒童專號」到「通問專號」、「漫畫專號」，原先都是《本埠附刊》上的特色內容，待《茶話》創刊以後，除「漫畫專號」兩刊同時刊登外，其餘專號全部轉移到《茶話》上來。《本埠附刊》向文藝副刊轉型之後，內容從婦女、兒童問題擴大到對社會問題的關注，而《茶話》用稿的原則就是內容必須與社會問題有關，並且在創刊之後，二者與社會問題相關的內容也常有交叉——周天籟、陳亮、戚飯牛等人關於社會問題的文字，常常交替刊登在兩個副刊上，難分伯仲。由於《本埠附刊》讀者來稿量日漸增多，在排版時，讀者來信和文藝作品常常混雜在一起，內容上顯得有些雜亂。同時，由於《本埠附刊》主要服務於上海的本埠商家，排版時常常是按商家要求的版面大小安排完廣告之後再在餘下的空間內「擠」文字，所以常常出現在一個版面內可以排完的文字，由於要照顧廣告，不得不轉入第二版、第三版才能結束的情況，非常類似小報的處理方式。對於一般的宣傳性文字尚可，但對於作品，就常常會給人以不完整的閱讀體驗，影響了讀者的閱讀熱情。連載顧明道的長篇小說時，嚴諤聲注意到了這個問題，爲了保證每天連載的內容相對完整，長篇連載一般都位於同一個版面上的第一篇，幾乎沒有轉版。在《茶話》創刊之前，《本埠附刊》上的文字最多曾跨十個版面，而且，由於《本埠附刊》內容多局限於上海本埠，很多談及外埠的文藝性文字在《本埠附刊》上刊登就顯得非常不合適。或許就是在這些原因的推動下，《茶話》應運而生。

創刊後的《茶話》和《新園林》的處理方式一樣，首先保證副刊版面內

容的完整性，然後再安排廣告等其他內容。內容上以刊登小品文為主，開始時以刊載讀者的創作為主，有些讀者由於稿件與副刊風格一致，經常投稿，也時常被錄用，漸漸有了名氣，便成為副刊的長期撰稿人，如魏中天、程魯丁、烏和周、光宜等。後來逐漸有名家參與其中，如戚飯牛、范煙橋、趙苕狂、徐卓呆、姚民哀、周冀成、余空我、趙景深、曹聚仁、陳子展、周楞伽等。由於是文藝副刊，所以還有一些精彩的文藝隨筆，其中，曹聚仁的歷史筆記《啁啾雜筆》和《東山隨筆》以及范煙橋的小品文，都是其中的上乘之作，深受讀者喜愛。

　　儘管《茶話》上的作家持有不同的文藝趣味，但在直面社會這一問題上是非常一致的。戚飯牛是南社成員，長於彈詞和小說，然而到了《茶話》上，雖然仍以文言行文，除偶有抒情散文和討論彈詞的文字外，其餘文字幾乎都與社會問題有關，如物價的今昔對比（《談老言》，1933 年 2 月 14 日）、貧富差距（《想着什麼寫什麼》，1933 年 8 月 13 日）、為人處事（《處事做人小閱歷》，1933 年 9 月 28 日）、通貨膨脹（《加價與賦閒》，1933 年 11 月 8 日）、慎重對待婚姻（《婚姻解剖談之二》，1933 年 11 月 21 日）、孝順父母（《勸孝新開篇》，1933 年 12 月 21 日）、摩登男女（《摩登之開花結果》，1934 年 3 月 27 日；《摩登新山歌》，1934 年 3 月 28 日），等等。徐卓呆最擅長在滑稽之中描寫社會萬象，由於關涉社會問題，而且涉筆成趣，深受《茶話》青睞。僅 1933 年下半年到 1934 年上半年一年的時間內，徐卓呆就發表了《妙不可言》、《欺騙？》、《更正》、《預備》等 15 部短篇小說，都是徐卓呆所秉持的「情節很滑稽，又極自然，其中還含著一點兒深意」〔註 125〕的創作理念，這「深意」，就是在讀者笑過之後仍然引人思索的社會萬象：以為可以一夜風流的某君受到小姐邀請，原來是讓他讀「只有一兩句話而寫了二三萬字的小說」為其催眠（《妙不可言》，1933 年 9 月 16 日）；有謀殺親夫嫌疑的蓉貞被判無罪，成為上海灘的聞人，被富有的夏多峰追求，夏喜歡她的理由竟然是蓉貞謀殺親夫可以不留下任何證據，然而待報紙上刊出其親夫被捉證明蓉貞的確清白時，夏多峰竟然提出離婚，理由是她「欺騙」了他（《欺騙？》，1933 年 9 月 22 日）；本來是去捉姦的兩人，結果反被「姦者」所「捉」（《更正》，1933 年 9 月 29 日）；陶治中通過報紙徵婚，與貌美的裘逸芬結識，更為開心的是她有一萬元現金，婚後才發現她已是四個孩子的母親，一

〔註 125〕徐卓呆：《滑稽小說之要素》，載《小說世界》第 12 卷第 10 期。

萬元就是她離婚後四個孩子的撫養費（《預備》，1933 年 10 月 3 日）；一場
精彩的騙術，卻在最後簽字時露了馬腳（《二而一》，1933 年 10 月 16 日）……
至於陳亮、周天籟等人的作品，則延續了《本埠附刊》的文風，始終堅持爲
底層民眾代言，有非常鮮明的「偏左」、「泛左」傾向。

　　然而，在《茶話》上最精彩的，莫過於嚴諤聲每天一篇的雜文。社會問
題的方方面面——婚姻、教育、娛樂、商業、政治、民生、家庭……都是嚴
諤聲筆下的題材。如果要全面瞭解嚴諤聲令人迷惑的文藝觀，必須從這些雜
文下手。《茶話》創刊於「九一八」和「一・二八」之後，在抗敵禦侮的問題
上，嚴諤聲是非常堅決的——人們對他的肯定，也多集中於這一方面。創刊
不久，在「九一八」事件發生一週年後，嚴諤充滿激情地將《上海東北難民
救濟會宣言》推薦給讀者，稱它是「一篇出於眞性至情的好文章」，同時藉此
批評那些所謂的大文章出風頭，拍馬屁，歌功頌德，空洞無物，而對於《宣
言》中對同胞發出的抗日禦侮的召喚，則按捺不住內心的激動：

　　　　如果是一個人，他的心死了，叫他讀一遍《宣言》，他默然無
　　動；叫他讀十遍《宣言》，他就定會怦然心動；叫他讀一百遍《宣言》，
　　他一定會奮然躍起。

　　　　如果是一個人，他的血冷了，叫他讀一遍《宣言》，他無所感
　　覺；叫他讀十遍《宣言》，他就會血脈流通；叫他讀一百遍《宣言》，
　　他一定會熱血沸騰。

　　　　苟有人性，讀此《宣言》，一定會下淚；苟有人心，讀此《宣
　　言》，一定會髮指。好曲子雖不唱第三遍，好文章卻不厭百回讀。我
　　希望凡是家庭，父兄應該自己讀熟後，再教子弟讀；凡是學校，教
　　師應該自己讀熟後，再教學生讀。我想凡是一個中華民國的國民，
　　總應該讀熟這篇出於眞性至情的好文章吧！〔註 126〕

儘管民眾抗日熱情高漲，然而日寇在中國的氣焰卻益發囂張，嚴諤聲直接爲
文指出問題的癥結所在：

　　　　甲說「團結禦侮」，而團結的，只是甲的部屬；所謂「侮」者，
　　心目中是甲以外的軍人……這樣所謂團結，是一部分的小團結，而
　　所謂「侮」者，又不是「外侮」而是「內侮」。「團結禦侮」的調唱

〔註 126〕小記者：《一篇出於眞性至情的好文章》，《新聞報》副刊《茶話》，1932 年 10
　　　　月 12 日十九版。

得越高，而老百姓越覺得有些恐慌。真正的「侮」，也就越猖狂起來了。〔註127〕

之所以外侮不能禦，根本原因在於內部的「勾心鬥角」，這樣下去，無異於「抱薪救火」。可是，面對現實，嚴諤聲並沒有一味指責抱怨，而是盡自己所能，不僅為文呼籲民眾為國家的航空建設出一分力（《以空救國》，1933年1月30日），而且對於政府發行的兩千萬元的救國公債持支持態度，同時也提醒政府，要把這些錢「真真為救國」，不要枉費（《救國的本錢》，1933年2月24日）；提出救國第一義是要「有統一的組織，而後能有統一的指揮」，而「統一的組織」，不僅僅指政府方面，還包括社會團體，要「自上迄下，均應集中力量。」（《救國第一義》，1933年2月25日）同時呼籲商界疏財救國，不要像猶太商人那樣連政府都不要，最終連自己也難以保全：

> 以前政府怨人民唱高調，人民怪政府不抵抗。現在政府既決心
> 抗日，有事實之證明，則人民自應盡力盡財，作實際之後盾，方能
> 證明以前種種，均屬善意的督促。如果以前天天罵，而今乃冷眼旁
> 觀，則亡國責任，應由人民負之矣。〔註128〕

在抗日禦侮的問題上，嚴諤聲只有一個準則——全力支持抗日。他決不偏袒某一邊，是政府的責任，就批評政府，是民眾的責任，就告誡民眾。只要是對抗日有益的事情，他就大聲呼吁，只要是影響抗日的事情，他就直接批評。

在抗日上的立場如此，在對待政府的態度上，嚴諤聲也充分履行了輿論監督的職能。這一類雜文也是嚴諤聲雜文中非常重要的部分。他對政壇的種種醜陋多有批評：當權者不為民謀福利，反而憑藉自己的位置，「以救國為名，以主義為名，以公益為名，以慈善為名，乘間竊官、竊祿、竊名、竊利、竊地位、竊勢力」，完全就是國家的「體面賊」，卻受著一般人的敬仰（《體面賊》，1932年11月19日）；在《隱惡揚善》一文中，稱「隱惡揚善」是「中國的道德律」，因為要「隱惡」，「所以需要忌諱，大官大吏是不可得罪的，所以要『為尊者諱』；裙帶之親又是不可得罪的，所以要『為親者諱』；有威有權的更不可得罪了，所以尤其要『為威武者諱』，甚而至於一條褲子一根繩的人，也不可得罪，叫做『犯不著』」（《隱惡揚善》，1933年7月13

〔註127〕 小記者：《團結禦侮云云》，《新聞報》副刊《茶話》，1933年1月21日十五版。

〔註128〕 小記者：《勿為猶太人》，《新聞報》副刊《茶話》，1933年2月27日十五版。

日）；對於政府裏種種矛盾的表現和不爲人知的秘密，嚴諤聲稱「天下一切事情，都有他的內幕，僅憑外衣絕不能貿然相信。所以，穿得衣冠楚楚的人，不一定就是君子，而且，十分壞的事情，往往是場面上人做的。」（《外表與內幕》，1933 年 7 月 14 日）在對政府行使監督職能的時候，面對種種醜惡，嚴諤聲的批評和諷刺從來都不打折扣。張愛玲曾在散文《雨傘下》中，稱自己不由自主地受到了嚴諤聲雜文風格的影響：

> 下大雨，有人打著傘，有人沒帶傘。沒傘的挨著有傘的，鑽到傘底下去躲雨，多少有點掩蔽，可是傘的邊緣滔滔流下水來，反而比外面的雨更來得凶。擠在傘沿下的人，頭上淋得稀濕。

> 當然這是說教式的寓言，意義很明顯：窮人結交富人，往往要賠本，某一次在雨天的街頭想到這一節，一直沒有寫出來，因爲太像訥廠先生《茶話》的作風了。〔註 129〕

除去政治以外，嚴諤聲最爲關注的莫過於對青年的教育。從《本埠附刊》到《茶話》，「通問專號」〔註 130〕一直一以貫之。1932 年 11 月 15 日，《茶話》登出了《本報的貢獻》一文，借著《新聞報》準備四十週年紀念的機會，由嚴諤聲主持發起了《新聞報》「普遍贈送獎學金」活動，公佈了此次活動的具體實施意見，目的是幫助那些「有志而無錢」的青年完成學業。非常巧合的是，很多年後，嚴諤聲小女兒張汲女士的丈夫就是這次活動的受益者，他藉此讀完了初中，進而走上了革命道路。〔註 131〕在《茶話》上，嚴諤聲用大量筆墨來陳述他的教育主張。對於市民遇到的教育中的具體問題，嚴諤聲提出了非常有針對性的指導意見。《茶話》創刊不久，嚴諤聲以自己四個女兒的教育爲例，連續發表了《我的教育意見》和《再說我的教育主張》〔註 132〕兩篇文章，建議「教育子女至高中爲止，就業數年可再進大學」，因爲很多子女拿

〔註 129〕 張愛玲：《雨傘下》，見金宏達、于青編：《張愛玲文集》（第 4 卷），合肥：安徽文藝出版社，1992 年 7 月版，第 194 頁。

〔註 130〕 「通問專號」是《新聞報》與中華職業教育社和上海市商會學校合作開闢的欄目，由《通問月刊》轉變而來，目的是使失學者在失學之後仍有「研究學問補充常識之機會」。內容包括「半月論壇」「學術研究」「職業指導」及「通問」各欄。每月兩次，分別於 1 日和 16 日刊行。尤其重視常識的輸入。趙景深、魏中天、徐哲身等曾爲其撰稿。

〔註 131〕 此內容來自嚴諤聲先生的女兒張汲女士的採訪錄音，在此致謝。

〔註 132〕 分別見《新聞報》1932 年 10 月 4 日十五版《茶話》和 10 月 9 日十六版《茶話》。

著父母節用借款的血汗錢，卻認爲理所當然，讓他們就業後再進大學，就會使他們懂得「學後要做，做後不妨再學」的道理。同時指出，「讀書不是點綴，不是妝飾，應該使有志讀書者有書讀，也應該使惟有有志讀書者去讀書」。這兩篇文字發表後，在讀者中產生了很大反響。讀者紛紛來信，嚴諤聲又寫了《三論教育主張》予以詳細解釋。對於教育方針和方向問題，嚴諤聲也積極參與對話，獻計獻策。陳果夫提出的「國人患弱，宜速教之使強；國人患貧，宜速救之使富；國人道德日漸墮落，宜有以訓導糾正之」三大教育使命，嚴諤聲針對每一種教育使命均提出了具體的應對措施：對「教之使強」，嚴諤聲認爲「鍛鍊體格爲必要」，建議全國各學校以早操爲必修課，風雨無誤；對於「救之使富」，要求養成學生節儉的習慣，同時培養其就業能力，使學生出校後即可就業；對於「訓導糾正學生之失德」，則應「獎勵勤學刻苦之學生，對於慣弄風潮、不守規則者，隨時予以懲罰。」這些意見，以今天的眼光看來，有些內容未免過於保守，如對於「慣弄風潮」的學生隨時予以懲罰的建議。但是，早操以及讓學生畢業就能上崗的提議，時至今日，仍在各類教育中被廣泛推崇，而在近一個世紀之前，這些理念是非常超前的，具有相當的科學性與可行性，這一點十分難得。對於高層次人才接受了多年的高等教育，國家、社會、家庭爲此投諸大量物力、財力之後，能否在社會中發揮應有的作用，嚴諤聲也非常關注。《博士帽》一文就對社會稀缺的高學曆人才仍然懷有「學而優則仕」、拿學位換權力的觀念進行了犀利的諷刺：

> 博士，顧名思義，當然是「博通之士」，惟其是博通之士，所以學文學的可以管鐵道，學地質學的可以管交通，學軍事的也可以管教育，乃進而至於不懂法律的也可以管立法。只要一方面是個「做官的胚子」，一方面又是個「官的位置」，隨便那裏，都可以按得上。不有這頂博士帽，又怎能顯得出現今文官的神通的萬能？

> 博士上面，應當有個名詞吧！如果按上別的名詞，那，範圍就小了。應該按上「政治」兩個字，叫做「政治博士」。

> 有了「政治博士」，還有「名譽博士」，那末，「名譽博士」恰好可以送給現今的所謂「聞人」也者。他們是到處掛着名字，充當委員，稱爲「名譽博士」，再確當也沒有了。

> 好！一切戲法，都可以由「政治博士」和「名譽博士」合串包演了。

恭祝博士們！「博厚配地，高明配天，悠久無疆」！〔註133〕

從無所不能的「博通之士」到「政治博士」再到「名譽博士」，「博士」的價
值越來越值得人們懷疑。本該成為社會各行各業、各個領域的學有專長者，
可很多「博士帽」成為個人陞官進爵牟取名利的籌碼，這是尚處於現代進程
中的民族的悲哀、時代的悲哀。正因為痛極於心，所以筆觸也格外犀利。而
強調「學有所用」，反對「學而優則仕」的態度本身，就體現了嚴諤聲具有現
代意味的人才觀。

此外，嚴諤聲還寫了大量具有過渡時代特點的雜文，一些問題的討論具
有相當的現代性，其中包括對女性婚姻、家庭問題的關注，如支持一夫一妻
制，保護女性在家庭中應有的權益（《妻得因夫納妾而請離婚》，1932 年 10
月 15 日），如何處理好婆媳關係（《做婆婆的》，1932 年 11 月 3 日），摩登女
性的生活方式（《染指的用意》，1932 年 11 月 5 日），夫婦之間應當真誠相待
（《愛情的真實》，1932 年 11 月 12 日），婦女應當承擔起一定的家務（《看法
國的婦女》，1932 年 12 月 18 日），寡婦應該再嫁（《孀婦問題》，1932 年 12
月 29 日），子女的婚姻問題父母該如何對待（《關於婚姻問題》，1933 年 1 月
13 日），女子在婚姻生活中應具有獨立的經濟能力（《夫妻財產製》，1933 年
3 月 4 日），等等；對底層民眾和中間階層生活狀態的關注，如「扶植勞工」
的政策應當落到實處，應從小處著手（《扶植勞工》，1932 年 12 月 5 日），禁
娼要從解決民生問題入手（《廢止禁娼》，1933 年 2 月 13 日），民眾對立法院
最低的要求是生存和生活（《最低的要求》，1933 年 2 月 15 日），看似有錢實
則沒錢的中等階級的生活困擾（《中等階級的吶喊》，1933 年 4 月 24 日），有
錢與沒錢人之間的紛擾（《錢的忙碌》，1933 年 4 月 25 日），勞工要為生存而
勞動（《勞動界獻言》，1933 年 5 月 1 日），對滬民血淚生活的同情（《任他們
喊聲痛吧》，1933 年 7 月 12 日），等等；在過渡時代以及國難期國民應有的
態度，如耐苦服務、公而忘私（《尊禹》，1932 年 10 月 23 日），「尚賢」、「尚
同」、「節用」、「非攻」、「非樂」、「兼愛」以及「抵抗精神」（《由尊禹而談到
墨學》，1932 年 10 月 24 日），對待思想和宗教應持理性態度（《思想及宗教》，
1932 年 11 月 2 日）……尤其值得關注的是嚴諤聲對孔子的重視，曾將在私
立上海中學演講會上的講稿《孔子的思想》整理成 3000 多字的文章在《茶
話》上一天登完，這種發表方式在《茶話》上非常罕見。這一安排，當然不

〔註133〕小記者：《博士帽》，《新聞報》副刊《茶話》，1933 年 10 月 22 日十九版。

能排除當時「新生活運動」如火如荼的時代背景，但即便沒有「新生活運動」，嚴諤聲對於孔子、儒家對於中國的意義本就非常認同。他認爲，孔子在中國學術、歷史、政治方面，地位是非常重要的，而孔子思想中的核心「仁」，在當時的歷史條件下，應該辯證地對待，並對其中所含有的「慈愛」、「忠恕」、「克己」、「重厚」、「悅樂」等內涵作出了客觀的闡釋，辨析了民眾對它的誤讀，特別強調了這些內涵對於時代的積極意義〔註 134〕。除此之外，嚴諤聲在多篇雜文中常也引用儒家的言論闡釋自己的理念，如《禁煨性書》（1933年 5 月 10 日）、《批評是非》（1933 年 6 月 6 日），等等。

　　如果說嚴諤聲是令人困惑的，那麼，以上這些雜文，尤其是他對過渡時代所持有的態度應該可以爲我們提供答案。傳統與現代在他心裏並不是截然對立的，在他看來，現代社會中的種種問題，完全可以從傳統中找到解決的辦法，斷然的否定與全盤的肯定都不是理性選擇。改良，才是解決過渡時代社會問題的合適手段，而這種改良，「既要顧到『時間』，又要顧到『空間』」，時間的影響是指「幾千年歷史所遺留下來的思想、習慣，處處形成了社會的骨幹」，而空間的影響是指「海禁既開，歐風美雨橫襲了進來，時代的潮流，向着中國的社會澎湃著。當然，一切的一切，都受了影響」。一味守舊的老先生和一味崇新的少年，一個只注意到了「時間」，一個只注意到了「空間」，都屬於「過猶不及」。嚴諤聲把「現時」的社會比喻成「一隻老汁鍋」，他認爲適當的做法是「要用現在適當的燃料，卻又要保持美味的老汁。在這個新舊的當中，找出一條適當的路來走。這纔是我們改良社會所應取的方針。進化是曲線的、盤旋的，決不能固守著『舊』，也就不能一味地『新』。」改良的辦法，就是對於「舊」的，加點「燃料」，而對於「新」的，也要保持「老汁」的美味，最後，嚴諤聲仍以孔子爲例來證明自己的觀點：

　　　　孔老夫子也不是頑固的守舊派，所以墨子譏笑他說：「子法周而未法夏也，子之古非古也。」正因爲一味的古，決計行不通，所以不得不相時度勢，完成他「時中之聖」。可是說到要合乎時代潮流的中庸辦法，必須隨時隨處，用理智來考慮，並非一件容易的事情。〔註 135〕

　　這是嚴諤聲對於過渡時代的認識和思考，恰恰也是《茶話》呈現出新舊

〔註 134〕小記者：《孔子的思想》，《新聞報》副刊《茶話》，1933 年 10 月 15 日十九版。
〔註 135〕小記者：《改良社會》，《新聞報》副刊《茶話》，1932 年 11 月 11 日十六版。

間雜獨特面貌的根源所在。嚴諤聲的時代觀，是從現代中反觀傳統，又從傳統中脫胎現代，他以記者的視角和獨立的思考，以他的雜文寫作和辦刊實踐，參與了現代民族國家的建構，這種建構，因其具有的理性態度，在現代文學史和文化史上，獨成一道風景，不能也不應該被遺忘。

第三節　《藝海》：從嚴獨鶴的「藝術副刊」到吳承達的「商業電影副刊」

　　幾乎所有海派文人的文字，都無法繞開電影。電影自誕生之日起，憑藉其獨有的影像特徵以及與生俱來的娛樂性，顯示出鮮明的文化工業屬性。電影進入中國後，從最初的「影戲」到後來的「電影」，在看似僅為不同名稱的背後，其實遮蔽了國人早期對電影除「遊戲」之外的另一種認識——它是一種具有宣傳教育作用的藝術形式。20 世紀初，電影剛剛移入中國，本土電影並未誕生，所映影片多來自歐美，加之攝影技術的落後以及電影從理論到實踐尚未形成清晰的認識，彼時影戲中「映出來的人，走路都在跳躍，房屋亦會移動，外景却是特多的。故事只是糊糊塗塗，也沒有說明書，其中必定有一個妙齡女郎的，此外一個俠客，一個偵探，也是常有的。」電影對於民眾還很陌生，就算最先能夠享受現代事物的「花叢姊妹」，也只知道「這裏面有三種人：一是女人，二是好人，三是壞人。」〔註 136〕由此可知，早期的電影並非一誕生即沉入市民的生活和娛樂視野。至 20 世紀 20 年代，洪深受聘於中國影片製造公司，在為公司代擬的《懸金徵求影戲劇本啓事》中明確說明，「影戲為傳播文明之利器」，「能使教育普及，提高國民程度」，「能表示國風，溝通國際感情」。因此，劇本應「以普及教育表示國風」為主旨。對於電影宣傳教育功能的強化，決定了洪深對劇本內容嚴肅化的追求。〔註 137〕但沒等洪深實踐自己的電影觀，中國影片製造公司就解散了。待到洪深為明星公司擔任編劇時，所編的劇，曲高和寡，「叫好不叫座」，包天笑將其歸因於上海觀眾的程度問題。〔註 138〕如果說洪深的電影觀與其進步的文藝傾向密不可分，那麼，通俗文學主陣地《快活林》上的作者與洪深

〔註 136〕包天笑：《釧影樓回憶錄續編》，香港：大華出版社，1973 年 9 月版，第 94 頁。
〔註 137〕洪深：《我的打鼓時期已經過了麼？》，見《洪深文集（四）》，北京：中國戲劇出版社，1959 年 6 月版，第 514 頁。
〔註 138〕包天笑：《釧影樓回憶錄續編》，香港：大華出版社，1973 年 9 月版，第 104 頁。

相似的電影觀就不能不引起我們的注意了。1924 年 7 月 30 日到 8 月 1 日，署名「謝介子」的作者在《快活林》上刊登了一篇《關於國產影片之感想》的文字，在談到劇本時稱：

> 影片之劇本，首須研究其性質，誨盜誨淫，固爲社會所不取，然一味冬烘頭腦，亦豈符合「眞善美」三字之意義。況藝術之範圍至廣，其於各方面，有形影相同者，亦有殊途同歸者。故編劇本者，必須審度全部及環境，一切總以能合「眞善美」三義爲旨。其途徑則如發揚國光者、針砭社會者、灌輸教育者、證悟人生者、研究學術者、提倡高尚娛樂者、描寫正當情愛者等等，不一而足……〔註 139〕

在討論到影戲的前途時，作者又稱：

> 影戲固不僅爲社會教育之一種，且爲各種學術及新聞之宣傳利器，其作用竟有超過語言文字者。由其遠者言之，則留聲機現方擴充其用途，爲一切演說及各種紀念品之用。影戲何獨不然？辦影戲之公司，努力進行。國產影片既多且佳，固可省租外片塞一漏卮，且將來皆可以傳佈遠近，留垂後世，公司營業之發達，猶其小焉者也。〔註 140〕

從這兩方面看來，「謝介子」對於影片劇本要「合『眞善美』三義」的主旨以及影戲「不僅爲社會教育之一種，且爲各種學術及新聞之宣傳利器」的觀點，與洪深關於劇本內容嚴肅化以及電影具有宣傳教育社會功能的認識幾乎驚人一致。這樣看來，電影宣傳教育的社會功能和劇本要具有藝術性的特點應該不是某個特例，而應當是當時文藝界對電影娛樂功能之外的一種主流認識。

但是，至 20 世紀 20 年代末到 30 年代以後，情況大爲改變。此時無論是國產電影還是外國電影，均已成爲上海市民生活非常重要的組成部分。此時上海影院增長的速度非常驚人，影評人對此曾有非常具體的描述：「『奧迪安』（已於滬戰時被燬）之後有『南京』，『南京』之後有『新光』，『新光』之後有『融光』，有『國泰』，現在又有這『臨春結綺』似地『大光明』。」〔註 141〕

〔註 139〕謝介子：《關於國產影片之感想》，《新聞報》副刊《快活林》，1924 年 7 月 31 日第五張第一版。

〔註 140〕謝介子：《關於國產影片之感想》，《新聞報》副刊《快活林》，1924 年 8 月 1 日第三張第二版。

〔註 141〕靈犀：《從大光明說起》，《新聞報》副刊《藝海》，1933 年 5 月 28 日《本埠附刊》第五版。

1933 年全球影院最多的城市中，上海以 44 家名列全球第七。〔註 142〕影院數量的迅猛增長傳達了兩方面信息，一是此時出產的電影類型受市民歡迎的程度之深，二是電影公司此時新片出產率非常高，中國電影已經全面市場化。沈寂先生在回憶早年生活時就稱，他很小的時候就跟著父親到「大光明」看電影，6 歲的時候已經看過《人猿泰山》系列影片，在 20 世紀 30 年代初的一段時間裏差不多一周要去看兩次電影。〔註 143〕彼時「看電影」已經成為一種「摩登」，從青年學生到老年人紛紛光顧電影院。〔註 144〕電影已經成為上海市民日常生活的一部分。全面的市場化使得中國電影真正實現了影片從藝術到產業、觀眾從精英到市民的整體下移，這一過程，幾乎與中國電影的本土化過程同步。然而，無論是精英還是民眾，對中國電影市場化意義的認識，並非一蹴而就。《新聞報》副刊《藝海》從 1925 年創刊，當年即停刊，再到八年後再度復刊的經歷，恰恰印證了這一點。

一、嚴獨鶴的「藝術副刊」

《藝海》創刊於 1925 年 5 月 16 日。創刊之初，嚴獨鶴在發刊詞中對副刊主旨有三點明確說明：

> （一）為藝術界介紹作品。比來中國各藝術，突飛孟晉，氣象至為蓬勃。同時關於批評藝術或指導藝術之作品，亦應時而起，日見其多，但往往散見於報章雜誌，束鱗西爪，猶病闕漏。本欄擬彙集各專家作品，按日刊載，俾使閱者，其所論列，或本諸經驗，或根於學理，要皆足為藝術界之先驅，供藝術家之參考。（二）為藝術界傳播消息。藝術界之事業愈進步，則藝術界之消息，自愈見其多，而社會人士對於藝術消息之注重，亦愈見其切。邇來《快活林》中亦嘗設「遊藝消息」一欄，記載各方面之事實。顧限於篇幅，不無

〔註 142〕皇甫韶華：《上海：電影業的天堂——上海歷史文獻中的真影之一》，《上海灘》，2008 年 3 期，第 32～33 頁。

〔註 143〕沈寂口述，張敏秀、雍酉信、王紫逾整理：《我與電影的因緣》，《上海灘》，2008 年 12 期，第 56～58 頁。

〔註 144〕王定九：《上海門徑》，上海：中央書店，1932 年版。原文稱：「現在一般仕女，對電影都有相當認識了，所以『看電影』算是一句摩登的口號。學校中的青年男女固如此，便是老年翁姑也都光顧電影院……電影院合著大眾的需要，先後成立的不下二十餘所。其勢蒸蒸，大有傲視舞台，打倒遊藝場的氣概。」

掛漏，每引以為歉。自今以始，當可藉《藝海》一欄，使各種「遊藝消息」，得以儘量發表，供各界之快覩。（三）引起民眾對於藝術之興趣。藝術界不能不與社會民眾發生關係，使民眾對於藝術，興趣淡薄，則縱令藝術界本身努力振作，欲求藝術前途之發展，終不免事倍功半。本報於此時，願為藝術界竭其鼓吹之責，使社會人士，對於藝術，咸具有欣賞之精神，與研究之意味。總之藝術之為用，自其大者言之，實具有培養國民德性與宣揚國家文化之力，使各種藝術，能昌明至於極點，其收效或且視教育為尤普。此則本報對於藝術家之希望。〔註145〕

《快活林》和一年以後創刊的《本埠附刊》在發刊之時，都沒有任何真正意義上的發刊詞。讀者必須從二者在創刊當天《本刊徵稿啓事》一類的文字中才能對刊物的內容和性質有所瞭解。但《藝海》則完全不同。嚴獨鶴在創刊號上的開宗明義，不僅體現出對刊物的重視，而且反映出《藝海》的創刊經過了一番深思熟慮，準備充分。〔註146〕《藝海》這三條主旨概括了刊物的三方面功能：一是將藝術批評和作品匯總；二是發表藝術界消息；三是提升民眾的藝術趣味，最終擴大藝術在民眾中的影響，從而實現促進藝術發展，「培養國民德性與宣揚國家文化」的最終目的。依據這三條原則，在《藝海》創刊號上我們看到了這樣一些名字：獨鶴、海上漱石生、天台山農、洪深、鄭正秋、谷劍塵、任矜蘋等。接下來的幾天，陸續有馬二先生、周劍雲、姚民哀、丁悚、張舍我、余空我等為之撰稿。那麼，嚴獨鶴所稱之「藝術」到底概括了哪些範疇呢？以創刊號為例，具體文章見表1。

表1　《藝海》1925年5月16日載文

題　　目	作　者	題　　目	作　者
《發刊詞》	獨鶴	《藝海發刊頌詞》	林老拙
《戲劇界之取譬（一）》	海上漱石生	《海上梨園之回顧》	天台山農
《藝術之理與用》	洪深	《同志同來爭口氣》	正秋
《改譯後之〈傀儡家庭〉》	谷劍塵	《電影拾遺》	自彊室主陳壽蔭

〔註145〕獨鶴：《發刊詞》，《新聞報》副刊《藝海》，1925年5月16日第五張第二版。
〔註146〕《快活林》創刊號無任何說明文字或發刊詞，《本埠附刊》創刊號上除了李浩然的題字外，也無發刊詞。二者都是在創刊號的「徵稿啓事」中才能窺見關於副刊取材的端倪。

《觀〈我們的上賓〉以後》	任矜蘋	《程艷秋之聶隱娘》	老拙
影戲消息		遊藝消息	

　　在創刊號上發表的這些討論文章中，海上漱石生、天台山農、老拙的文章都是關於戲曲的討論，洪深、鄭正秋、谷劍塵的文字都是關於戲劇的討論，陳壽蔭和任矜蘋的文字則是關於電影，後來還增加了說書的討論文字。在停刊之前，《藝海》主要以這四方面內容爲主。可見，《藝海》創刊之初，討論文字更多集中於戲曲方面，且主要是集中於通俗文學作家層面開展討論，電影方面的討論文字相對少得多，知名評論家的相關討論文字更是微乎其微。

　　《藝海》創刊時的作者隊伍，在 1925 年前後，也是非常有意味的。從創刊號的作者構成中我們可以清楚地看出明星公司與《新聞報》的關係之密切。由於這些有意味的作者，於是就出現了一種非常有趣的內容結構。這邊海上漱石生、天台山農和老拙悠然自得地談論著酒在戲曲表演中的功能、上海幾個聽戲的好去處、名角程艷秋，那邊新劇界的洪深和谷劍塵熱烈地討論莎士比亞和《傀儡之家》，任矜蘋和陳壽蔭神情嚴肅地思考著幾乎佔領著全部中國電影市場的歐美影片的電影劇本選擇和滑稽表演藝術的突破。古今中外，無所不包，新舊雅俗，各得其所。因了可以歸因於同一面號稱「藝術」的旗幟下，文學界彼時你來我往的新舊之爭，在這裡卻能夠相安無事、和平共處。對於由嚴獨鶴來提倡藝術，已是明星公司編劇，此時尚活躍在新劇界的鄭正秋在《藝海》創刊當天興奮地聲稱：

> 　　快活呀！快活呀！社會向來不甚重視的戲劇家，居然有銷數最多的《新聞報》，趣味最濃的《快活林》，聲望最隆的嚴獨鶴，起來提倡，替我們登載消息，替我們登載評論。我們得到一位替藝術界開闢新大陸的健將，我們非但希望這個新天下要打得開，而且要希望彼長久而越放越大。天下打得開打不開，全在我們爭氣不爭氣……所以我開頭第一篇，就抱一百二十四分的熱忱，向我戲劇界諸同志請願，一句總話，就是諸同志一同來爭一口氣，替報紙作戲劇評論，和報告戲劇家的消息。〔註147〕

不僅沒有「屈就」之態，反而心存感激之情，異常激動和興奮。十年前，也就是民國成立前後的一段時間，鄭正秋每天都作戲劇評論和報告戲劇家的消

〔註147〕正秋：《同志同來爭口氣》，《新聞報》副刊《藝海》，1925 年 5 月 16 日第五張第二版。

息，十年之後，重操舊業，興奮之餘，心中難免百味雜陳，於是稱自己不是
「懶動筆」，而是「怕動筆」，因為怕惹到「邪氣洋氣酸氣土氣奴氣客氣的幾
種」，並在後面幾天的《藝海》中分別解釋了何為新劇界的「邪氣洋氣酸氣土
氣奴氣客氣」，同時指出戲劇在中國的不能繁榮，這幾種「氣」有著相當大的
責任。有意味的是，與西方文學幾乎同時進入中國的新劇界，已經有人開始
從自身查找發源於西方的戲劇不能在民眾中普及的原因，並且開始謀求與舊
形式如戲曲、說書等和平共處的可能，而文學界新文學的矛頭此時正激烈地
指向通俗文學。這裡面有一個根本的原因，那就是對新劇和電影的社會功能
和劇本擇選標準的認識上面，鄭正秋等人與嚴獨鶴達成了共識，即電影與戲
劇在趣味的表象之下，具有宣傳藝術和教育社會這兩重在他們看來更為重要
的功能。於是在創刊號上，我們看到同是明星公司的重要成員如鄭正秋、洪
深、任矜蘋，卻沒有看到張石川，原因就在於，張石川此時「處處惟興趣是
尚」〔註148〕的製片主張與鄭正秋、洪深、任矜蘋等人的「以正劇為宜……不
可無正當之主義揭示於社會」〔註149〕的製片主張相悖，同樣也有悖於《藝海》
副刊藉戲曲、戲劇以及電影等藝術形式「培養國民德性與宣揚國家文化之力」
的主旨。

　　但是，《新聞報》報紙的商業特徵使得極力提倡「藝術」的副刊不僅與報
紙的整體風格很難融合，而且藝術本身的小眾化特徵，使它與報紙的大眾化
特點完全背離。嚴獨鶴創刊之初所抱的「引起民眾對於藝術之興趣」，其實恰
恰暗示了《藝海》完全以討論藝術為核心的特色在當時的市民中並沒有市場。
因為要激發民眾對於藝術的興趣，創刊之初的《藝海》作者完全是「圈中人」，
根本沒有讀者的聲音。它是清高的、孤獨的。市民看《新聞報》副刊，首要
目的不是為了受教育，而是要休閒與娛樂，或者是要選擇與自己的日常生活
具有血肉聯繫的副刊內容，在休閒娛樂或「有用」的前提下再接受審美的、
道德的、文化的潛移默化。因此，就在《藝海》創刊一周左右，《晶報》署名
「天平」的作者就對《藝海》將戲劇、戲曲和電影等都歸於藝術產生質疑，
對其能否辦得長久並不樂觀：「很望他能如《快活林》之長久快活。」〔註150〕

〔註148〕張石川：《敬告讀者》，見《晨星》創刊號，上海晨社1922年出版。

〔註149〕鄭正秋：《明星未來之長片正劇》，見《晨星》創刊號，上海晨社1922年出版。

〔註150〕天平：《談談幾個新的報屁股》，《晶報》，1925年5月24日，第三版。原文
　　　　稱：「（《新聞報》副刊《藝海》）這與前幾年《中華新報》的屁股《三A俱樂

然而，一語成讖，《藝海》創辦的時間，恰也如「天平」所質疑的那樣，在 1926 年 4 月 1 日《本埠附刊》創刊之時就已經正式停刊了，前後不到一年的時間。但這次停刊不是徹底消失，而是被併入了《本埠附刊》。我們不僅可以從《本埠附刊》創刊號的內容上看到這一點，而且從《本埠附刊》的徵稿啓事《本埠附刊之三種徵求》上也可以看出端倪。〔註 151〕

二、吳承達的「商業電影副刊」

　　《藝海》再次復刊，已經是八年之後的事情。1933 年 1 月 12 日，在《本埠附刊》的末尾處，《藝海》悄然登場。之所以稱之爲「悄然」，有兩方面原因：一是《藝海》出現之前沒有任何報導，復刊當天也沒有任何發刊詞；二是《藝海》裏面只有一篇短短不到 200 字的《蘇聯影片在滬開映消息》，因此與其說是副刊，毋寧稱之爲專欄更爲合適。但與停刊前的《藝海》相比，它卻傳遞出了清晰而具體的副刊定位——電影刊物，儘管這種「悄無聲息」與當時電影市場的「如火如荼」如此不對稱。復刊後的《藝海》完全刊載電影方面的內容。在創刊後的幾個月內，《藝海》每天都只有一到兩篇電影消息，這一方面顯示出《藝海》復刊時的準備不足，也或許與此時並未找到合適的編者有關。直到陳靈犀和吳承達的影評在《藝海》上出現，《藝海》才呈現出副刊的面貌和氣質。

　　如《新聞報》的《本埠附刊》一樣，《藝海》的出現是由於受到其他電影刊物尤其是《電聲日報》的啓發。〔註 152〕但與《電聲日報》完全不同的是，《藝海》幾乎是張開雙臂擁抱所有的商業行爲。1934 年 5 月，《民報》副刊《影譚》上刊載了一篇題爲《上海電影刊物的檢討》的文字，對當時上海的各電影刊物進行總結，談到《新聞報》副刊《藝海》時，直接指出與《申報》的《電

　　部》的性質彷彿。馬二先生編《三 A 俱樂部》，不到一年，便弄得油乾燈滅，因爲中國的藝術，實在太幼稚了。幾天一過，就把所有的藝術都談完了。（有許多東西，是否能攔入藝術範疇，尚屬疑問）現在獨鶴雖然四出拉夫，並懸重賞徵稿，很望他能如《快活林》之長久快活。」

〔註 151〕關於《本埠附刊》創刊號的內容，見本書第一章第二節《嚴諤聲與〈本埠附刊〉、〈茶話〉》。

〔註 152〕《電聲日報》是中國第一份電影日刊，以電影批評「大膽嚴正、強硬忠實」爲辦刊宗旨，爲了刊物的言論公正，拒絕廣告和電影公司的免費參觀券，所有影評都是報社自己買票入場，以做電影觀眾的嚮導爲目的。但是，恰恰由於拒絕商業行爲而導致刊物難以維持，後來不得不改爲《電聲周報》。

影專刊》不同在於，《藝海》的編者〔註153〕是把《藝海》當作投資而活動，因此《藝海》是以通俗的文字傳佈，不自覺地被它影響的是「一般落後的市民」，甚至和它（《藝海》）一起走。〔註154〕《藝海》的讀者是否爲「一般落後的市民」我們後面可以詳加斟酌，但它此時投資的傾向也即市場意識非常明顯卻是毋庸置疑的。1933 年幾乎全年，《藝海》都是作爲《本埠附刊》的一個子欄目出現，內容幾乎全爲電影的紹介、即將上映或正在上映的電影本事、電影公司新片消息以及影人軼事等內容，與其說這是一個電影「副刊」，毋寧稱之爲電影廣告的加長版，它密切呼應了主要以圖象呈現在《本埠附刊》上的電影廣告，深受各大電影公司的重視。到 1934 年之後，內容逐漸增多，增加了「藝海談座」「銀亭隨筆」「影評人日記」「雜碎館」等專欄。「藝海談座」「銀亭隨筆」等就是各大電影公司的電影消息，而自 1933 年就出現的各種「電影本事」也就是各大電影公司改編的電影劇本，目的也無非是對即將出品的電影進行宣傳，從中可以感受到濃烈的商業味道。不僅如此，連影評在形式上都呈現出了鮮明的商業特色──只要有一部新片上映，當天或第二天就可以在《藝海》上看到吳承達、葉逸芳、蟬衣等人的影評，且幾乎全部爲《藝海》的第一篇。與《本埠附刊》上的電影廣告遙相呼應，呈互文之態。無論內容是對電影的肯定還是否定，其最終目的都是在告訴讀者：這部電影應該去看一看。對於這一點，《藝海》的主編吳承達並不諱言：「把『電影』爲一欄的中心，先以有趣味消息報告讀者，以引起一般人讀電影刊物之興趣。」〔註155〕

但是，如果我們對《藝海》的理解僅僅停留於投資或興趣層面，就很難解釋 1933 年即開始的侯楓等人關於電影技術及理論層面的諸多專業討論，如果《藝海》的讀者均爲「一般落後的市民」，就更難解釋日後的左翼電影何以成爲該副刊的主角。「一般」的市民會去推崇抽象的電影技術以及理論嗎？「落後」的觀眾怎麼可能對「左翼」作品如癡如醉？復刊後的《藝海》到底是怎樣一種電影刊物，歷史的評價是否公允？它的「投資傾向」或者說市場意識到底具有怎樣的意義？這些都是我們該著力釐清的歷史事實。其實，就在《〈藝海〉新話》一文中，吳承達已經清晰地告訴讀者，引起一般

〔註153〕《藝海》此時的主編爲吳承達。
〔註154〕離離：《上海電影刊物的檢討》，見《民報》副刊《影譚》，1934 年 6 月 2 日第二張第二版。
〔註155〕達：《〈藝海〉新話》，《新聞報》1934 年 1 月 6 日《本埠附刊》第六版。

人讀電影刊物的興趣並非單純爲了賺錢，它還有更重要的意義——「已而乃介紹各個專門學識及新片，作進一步之探討。間或亦刊登電影小說、影人筆墨及照片、插畫等以資調劑。題材不限，純以一般人對精神上糧食之轉移爲對象。」〔註156〕這裡有兩個關鍵詞應該引起我們的注意，一是「一般人」，一是「轉移」。吳承達所界定的「一般人」到底是哪一類人，是「一般『落後』的市民」嗎？這就要看20世紀30年代前後的電影觀眾是怎樣一個群體。

　　1933年5月，上海各處的童子軍發起了爲空軍募捐的行動。5月13日，吳承達在《爲童軍募空經費敬告一般電影觀眾們》一文中呼籲電影院中的人們不要「遲疑地不解私囊而『一毛不拔』」，因爲在電影院中，「至少都是中產階級，雖是二角大洋的電影，在這生產力大減的時代，也總不是無產階級所能光顧的吧。」〔註157〕1933年，恰是以美國爲首的西方國家經濟大衰退的最低谷時期，從1929年的股市崩盤到1930年、1931年銀行業危機再到1933年的銀行業恐慌，很快發生了一系列連鎖反應：瘋狂擠兌、銀行倒閉、工廠關門、工人失業以及由此而引發的貧困和工人的抵抗，使得整個社會處於戰爭的邊緣。〔註158〕這一系列連鎖反應，無一不牽動了當時已經進入工業社會的中國尤其是上海的神經。加之「九一八」和「一・二八」對中國本土尤其是上海的直接打擊，中國電影業迅速萎縮。洪深曾對1933年的中國電影進行了統計，在1933年1月到11月間，上海各大電影公司只生產了66部影片，其中明星公司18部，聯華公司10部，天一公司7部，各小公司合計31部，國產片的產量只能供給一家每五天換片一次的電影院，遠遠小於1928～1931年間平均年產近百部國產影片的成績。洪深認爲根本原因與整個社會的經濟恐慌有不可分離的關係。〔註159〕由此可見，吳承達對於將電影觀眾界定爲中產階級還是相對客觀的，也就是說，1933年前後電影院的觀影主體應該是受過新式教育的職員階層，因爲「新式職業領域的職員一般不難維持小家庭中檔

〔註156〕達：《〈藝海〉新話》，《新聞報》1934年1月6日《本埠附刊》第六版。

〔註157〕吳承達：《爲童軍募空經費敬告一般電影觀眾們》，《新聞報》1933年5月13日《本埠附刊》第五版。

〔註158〕〔美〕米爾頓・弗里德曼，安娜・雅各布森・施瓦茨著；雨珂譯：《大衰退（1929～1933）》，北京：中信出版股份有限公司，2008年12月版。

〔註159〕洪深：《1933年的中國電影》，《文學》第2卷第1期，1934年1月；程季華：《中國電影發展史（第一卷）》，北京：中國電影出版社，1963年2月版，第133頁。

消費水平」。〔註160〕既然看電影的是這樣一個群體，電影副刊《藝海》的讀者主體毫無疑問也應與此一致。

那麼這樣一個群體又具有怎樣的文化消費觀念和欣賞水平呢？1933 年 9 月 6 日起，《藝海》增加「觀眾意見」專欄，開始刊登眾多讀者的「我評」文章。雖然這些文章也是廣告策略的一部分，但從這些文章中我們可以窺見讀者的欣賞水平、趣味，以及他們的審美傾向。1933 年 9 月 14 日，由邵醉翁導演，袁美雲主演，天一公司出品的第一部無聲片《飛絮》在北京大戲院首映。放映之後，無論是《申報》的《電影專刊》還是《新聞報》的《藝海》，專業影評人都對影片蒙太奇手法的運用、後半部分的情感處理以及袁美雲的表演大爲讚賞。9 月 17 日，《藝海》專欄發表了承鏊、禮忠、墨一、雪華四位觀眾的「我評」。承鏊從畫面的編輯、主人公情緒的分析以及劇情的發展，尤其是蒙太奇技術的運用等方面對影片給予充分肯定，觀眾禮忠、雪華則對劇情中幾個細節如鄉下婦女會怕牛、童養媳不懂挑水、油燈點一夜以及招僕傭時大家一齊到來等失實之處予以批評。《飛絮》在廣告中稱，《飛絮》的主旨是「爲被壓迫的女性吶喊，向舊社會的壁壘衝鋒！」然而，觀眾「墨一」就指出，「在目前農村破產的危險時代，這一部完全根據農村作背景的《飛絮》，可惜放過了穿插農業慘狀的一點。譬如當秀貞將去作婢女的時候，畫面上可以反映出一些農業頹敗的形狀。否則，在銀幕上至少好添上秀貞母親的說話：『秀貞，你放心去吧，種田是靠不住了，何況又一個多月不下雨呢？』這樣不是使《飛絮》有了很好的側面立場？」〔註161〕這些評價，語言方面雖不及影評人的專業，但所提出的問題卻與影評人的意見殊途同歸。9 月 15 日，《申報》的《電影專刊》上署名「凌鶴」的影評人以及吳承達也提出了相似的問題。由此可見，這些觀眾並非僅止於滿足感官上的享樂和刺激，對於影片，他們有相對客觀理性的思考、認識和價值判斷。能夠給出這樣評價的觀眾能用「一般落後的市民」來界定嗎？

至於吳承達所稱「精神上糧食之轉移」，如何轉移，向哪裏轉移，是耐人尋味的。1931 年到 1932 年之間，明星、聯華、天一等電影公司紛紛轉向，左翼電影時代的大幕徐徐拉開。此時的「轉移」是如 1925 年創刊時候嚴獨鶴所

〔註160〕丁日初主編：《上海近代經濟史　第二卷（1895～1927 年）》，上海：上海人民出版社，1997 年 7 月版，第 435 頁。

〔註161〕墨一：《〈飛絮〉我評》，《新聞報》1933 年 9 月 17 日《本埠附刊》第十版。

說的「引起民眾對於藝術之興趣」，還是將觀眾完全導向左翼電影所強調的階級意識之中，這一問題值得我們認真對待。

1934 年 2 月 14 日，明星影片公司出品的有聲影片《姊妹花》在新光大戲院首映，影片上映後反響熱烈，連映 60 天，打破了中外一切影片的賣座紀錄，一舉扭轉了明星公司的負債局面。2 月 17 日，《藝海》刊出了吳承達和葉逸芳同時為《姊妹花》所作的影評。吳承達從故事的角度予以分析，開篇先介紹《姊妹花》的劇情梗概，第一句便是「爸爸把妹妹賣給軍閥做姨太太」這樣非常吸引上海市民眼球的情節。然而，在對《姊妹花》的故事進行評價時，對於眾口一詞的稱讚，吳承達與逸芳卻完全給予一致的批評。吳承達從三個方面批評故事的內容：一是主題與結局的處理相矛盾。《姊妹花》的主題是「要把『富人』與『貧人』的生活懸殊，作一強有力的諷刺的，然而……那個姊姊的從貧苦中得到生路，結果卻還是仰仗於她富貴的妹妹」，不僅對貧富描寫失實，而且「不啻在替因果說教」。二是巧合過多而失實。「假使那爸爸不賣女兒做官太太，假使第二個女兒不湊巧到那官太太——也就是妹妹的家裏做乳娘，假使乳娘偷金鎖片不恰巧給小姐看見，假使看見了小姐不那麼會動武地拿出刀來刺乳娘，假使乳娘抵抗時不湊巧那花瓶擲死了那小姐，假使她媽媽探監時不湊巧碰見了她丈夫……」吳承達認為「小小的巧合也足以破壞完善作品的整個」。三是《姊妹花》對於軍閥的萬惡和革命主題的闡發不夠深刻。吳承達唯一肯定的是「昏憒的父親的出賣女兒」是極精警的。藉此，吳承達認為電影不能只一味迎合「一般」心理，更不能當「兒戲」。到了《漁光曲》時，這樣一種批評角度依然一以貫之。鄭伯奇在批評《漁光曲》時，開篇便稱：「這是一部浪漫的作品———一部典型的小市民電影。」在陳述劇情時，鄭伯奇是這樣描述的：

> 作者的觀點是非常動搖的，他同情窮苦的人們，如小貓的一家和他的舅舅等，但他也同情趙大戶和他的兒子。同情窮人是因為他們窮苦，同情趙大戶是因為他上了都會裏壞人的當。在全劇中，一切的罪惡似乎都聚集在袁叢美和談瑛所扮的那一對「壞坯子」身上。假使沒有這壞人的偶然登場，那麼，窮苦人的痛苦和社會的不合理，這一切的責任將要歸結到無可如何的運命麼？尤其是趙大戶的性格，因為作者觀點的動搖，簡直形成前後矛盾，判若兩人。在前半，他是一個刻薄殘酷的地主，到後面，竟變成了一個單純善良的可憐蟲了。至於

羅朋所扮的兒子，儼然是一個理想主義的化身。一個超現實的人物。

這些動搖、矛盾和超現實等等缺點是《漁光曲》的致命傷。〔註162〕

再來看吳承達的描述：

這確是繼《人生》後聯華的一部力作。

在這悱惻的詩般的畫面的開展中，由那恬靜的情調逐漸地吟出了它底哀曲。衹覺得一陣一陣的辛酸逼上每個觀眾的心頭來。

……

寫在大自然底懷抱中，漁人們的痛苦和掙扎……一對流浪的孩子們，在飢寒交迫的母親懷裏產生了後，喪失了他們的爸，而又剩了一個目盲的媽。農村的破產、租主的殘忍，他們衹能從那非人的生活的農村裏奔投到幻想着美滿的都市裏。但是貧人總是貧人的世界。在今日的鄉村裏是如此，在現實的都市裏也未嘗不是如此。反之，富人還是富人的世界，農村的破產動搖不了他們，他們一般的可以逍遙在都市裏。

不難看出，在鄭伯奇那裡，「階級論」是評價電影的重要標準，這一標準恰與吳承達的以電影敘事和審美藝術爲中心批評標準相映襯，同一事物在二者的筆下呈現出完全不同的稱呼：「小市民電影」、「都會裏的壞人」、「窮人」這些有鮮明階級色彩的詞彙在吳承達那裡被替換成「力作」、「富人」、「貧人」。分析影片成功的原因，鄭伯奇認爲是因爲「這是一部鄭正秋的成分加上孫瑜的成分而攝製成功的作品。這裡，有鄭正秋先生的倫理觀，也有孫瑜先生的詩人的感覺」，而吳承達則認爲，這是導演深諳電影藝術的功勞：

那恬靜的東海，在晨光熹微之中，閃閃作光，嘆爲奇觀，即在風和日暖的氛圍也是水天一色，絕好的詩意畫意。以這樣幽美的外景，演奏着這麼一首哀歌。前半部的空氣嚴肅，先予觀眾以深刻的感動，到後來寫到了這繁榮的都市，它又用着最好的對比，以三盅威士忌淡入三碗熟煮的山芋皮，復以在嬉笑情形之被擲出一酒瓶而接寫流浪者之爭奪……導演者竭盡了冷嘲熱罵的能事，其手法的簡潔有力，更是難得。〔註163〕

───────────────

〔註162〕方均（鄭伯奇）評：《漁光曲》，《晨報》副刊《每日電影》，1934 年 6 月 16 日十二版。

〔註163〕承達：《漁光曲》，《新聞報》1934 年 6 月 15 日《本埠附刊》第五版。

　　這樣一種近似詩意的讚美的分析在鄭伯奇那裡是完全不可想像的。吳承達是以一位職業影評人的身份出現的，與鄭伯奇將電影作為意識形態的工具的出發點完全不同。不同的目的，決定了他們對電影不同的理解和不同的態度。無論是《姊妹花》還是《漁光曲》，吳承達的電影批評，商業目的的考量當然不可諱言，以此為出發點，儘管它可能沒有達到以「啟蒙者的姿態來幫助電影作家創造能夠理解藝術的觀眾」〔註164〕的水平，但基於商業考量的吳承達掌握了一種自由，這種自由可以讓他擺脫「進步」與「落後」以及「資產階級」、「小市民」、「無產階級」這類名詞的限制，在電影技術和藝術、觀眾的審美期待和社會文化視野中去理解電影，感受電影，並把對電影的感受和理解準確傳達給電影觀眾和劇作者。《晨報》的《每日電影》署名「公呂」的影評人在評《故宮新怨》之後曾這樣描述觀眾對於影評的看法：

　　　　……我遇見一個多年未見面的朋友。我問他「戲怎麼樣？」他說「不壞」，他並發揮他的意見說：「現在的一般影評，也太苛求了。人家不會走路，怎麼叫人家跑呢？」我細味他的話，再看看我前後左右這許多男女觀眾，我就想起了這樣一句話：「凡是一般觀眾所歡迎的，一定是批評者所咀咒的；凡是批評者所歡迎的，一定是一般觀眾所咀咒的。」〔註165〕

　　由此可見，吳承達的電影評論方式，倒是與觀眾的心理達成了某種默契。在吳承達的電影批評視野中，電影的商業價值和審美價值才是衡量電影優劣的重要標準，「左翼」不過是此時一種暢銷的題材而已。在這樣的理解下，觀眾看電影、看影評時擺脫了進步或落後的壓力，在電影所建構的影像世界中自由地享受電影，理解電影，在理解的基礎上肯定或否定、接受或摒棄，而不是冷靜而理性地首先辨別它屬於哪個階級，它該如何更徹底地體現階級屬性。電影的本質是視覺敘事藝術，也同時是文化工業的重要組成部分，自由地享受電影，理解電影，才是每一位觀眾走入電影院的初衷。因此，吳承達所謂的「轉移」重在觀眾審美層次的提升，有趣的是，這一目的恰恰與嚴獨鶴「引起民眾對於藝術之興趣」的初衷完全一致，卻比嚴獨鶴的方式更有效。這，恰恰就是商業之於藝術，同時也是基於宣傳啟蒙的價值所在。

〔註164〕韋彧：《影評人、劇作者與觀眾》，《大晚報》副刊《火炬》，1934年11月5日。
〔註165〕轉引自丁生：《電影與觀眾》，《晨報》副刊《每日電影》，1932年10月7日。

　　日本著名左派電影評論家、理論家岩崎昶〔註166〕曾經說過：「把藝術這活，當作一種表現形式時，自然電影是藝術。但眞正理解電影的，他知道電影首先是一種商業、企業，爲獲得利潤的資本主義的產物。」〔註167〕岩崎昶的電影理論無法擺脫他本人的政治立場以及時代背景的深刻影響，但電影是基於現代商業、企業基礎之上才能呈現的藝術形式這一點，卻是一語道破天機。釐清了這一個問題，我們就有可能回到歷史現場，反思電影從誕生到繁榮的種種眞相，尤其對左翼電影30年代走到前臺並迅速繁榮的原因，給予另一種觀照。

〔註166〕岩崎昶，日本左派電影評論家、理論家。東京人。1929年2月參與創立日本無產階級電影同盟。曾以自己著作的版稅購買了一臺16毫米的電影攝影機，用偷拍的方法，花三個月的時間拍攝了紀錄片《柏油馬路》，生動紀錄了東京普通人民的現實生活。1930年拍攝《第11次五一國際勞動節》（兩本）。1931年拍攝了《第12次五一國際勞動節》。這是日本現存唯一戰前慶祝五一勞動節的紀錄片。軍國主義時期屢遭逮捕。戰後任日本電影社製作部長，主持《日本新聞》的拍攝。其《日本電影史》於1969年譯成中文。主要著作有：《電影與資本主義》、《電影的理論》、《現代電影藝術》、《日本電影史》、《現代電影》、《被佔領的銀幕》等。譯著有《好萊塢的內幕》、《編劇與電影劇本創作》、《電影藝術論》等。

〔註167〕岩崎昶：《普羅電影論》，轉引自塵無：《中國電影之路》，載《明星月報》第1卷第1、2期，1933年5、6月。

第二章　《啼笑因緣》事件：商業運作的經典個案

第一節　《啼笑因緣》緣何轟動

　　1930 年 3 月 16 日，嚴獨鶴在《新聞報》副刊《快活林》的「談話」欄目中發表了一篇《對閱者諸君的報告》的文字，隆重推出了張恨水和他的《啼笑因緣》〔註1〕，稱張恨水對「長篇小說，尤擅勝場」，「久爲愛讀小說者所歡迎」，他的《啼笑因緣》，「兼有『言情』『社會』『武俠』三者之長，材料很豐富，情節很曲折，而文字上描寫的藝術，又極其神妙」，因而「預料必能得到讀者的贊許」。張恨水的小說能夠得到上海讀者的喜愛，嚴獨鶴是有所預期的，但是，《啼笑因緣》在《快活林》發表之後在上海引起的巨大轟動，卻是大大超出了嚴獨鶴以及當時文壇的想像。王德威先生稱「1931 年不妨稱爲張恨水年」，因爲《啼笑因緣》中幾位主人公之間的恩怨情仇，「牽動無數男女的心思」。〔註2〕《啼笑因緣》的秘訣何在？是不是文本中容納了「言情」、「社會」、「武俠」三個元素加上豐富的材料和曲折的情節，甚至文字上描寫的藝術，以及寫作手法的改良，《啼笑因緣》就會取得這樣的成功？除卻這些反覆

〔註1〕　《對閱者諸君的報告》中題名原爲「啼笑姻緣」，概由當時文壇普遍流行的「姻緣」概念而來，可見此時嚴獨鶴對張恨水的創作意圖並不十分清楚，對小說主旨知之甚少，更彰顯出「造勢」之意。

〔註2〕　王德威：《文學的上海——一九三一》，見《如何現代，怎樣文學？：十九、二十世紀中文小說新論》，臺北：麥田出版城邦文化事業股份有限公司，2008年 2 月版，第 269～278 頁。

被言說的理由之外，是否還隱藏著讓人更訝異的原因，驅使著無數讀者為之著迷，無數商家趨之若鶩，以及後面引發的一系列版權之爭和筆墨官司？

　　《啼笑因緣》之所以能夠取得如此成績，與報紙這一媒體的全方位利用是密不可分的。接受美學的代表人物姚斯、伊瑟爾以及後來繼承馬克思主義美學傳統的瑙曼闡釋接受美學的時候都認為，一個完整的文學活動包括了作家、作品、讀者三個層面，一部文學作品在沒有人閱讀的時候還是不完全的文學作品，還不是文學作品的實現。〔註3〕在報刊誕生之前，文學活動的讀者之維是單向度的，是被動的，即讀者對文學文本的閱讀與闡釋根本無從反饋，無法進入創作者的視野，作者的創作相對純粹，讀者基本處於「失語」狀態。近代以來，文學與印刷資本結合以後，以報刊為平臺，一個完整的文學活動還應加入編輯這一維，也就是說，一部文學作品從創作到接受要由作家、編輯、讀者三個方面共同完成。這樣一種文學活動模式可以見下圖。

圖1　以報紙為媒介的文學活動模式

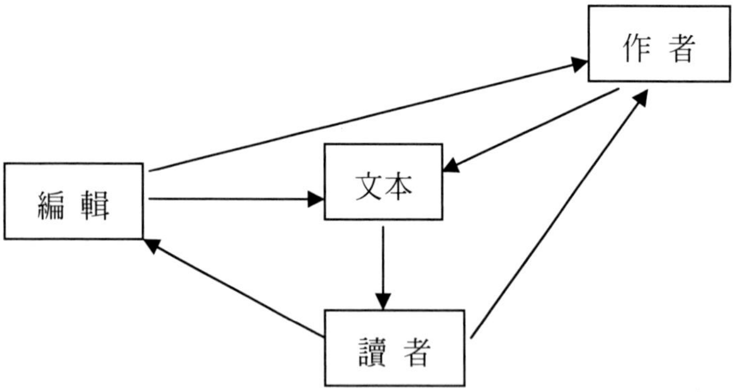

在這一過程中，印刷資本擁有者（包括編輯）出於對利潤的追求，決定了對文學作品擇選的標準（這種標準既包括商業標準，也包括報紙定位、國家權力、地域背景、時代觀念等一系列內涵），而編輯則憑藉著他們對讀者閱讀水平及趣味的把握參與了文學作品的創作過程，讀者的意見及閱讀趣味決定

〔註3〕　〔聯邦德國〕H・R・姚斯，〔美〕R・C・霍拉勃著；周寧，金元浦譯：《接受美學與接受理論》，瀋陽：遼寧人民出版社，1987年版。

了這種文學創作的走向以及能否完成。在這幾重關係中，讀者是整個文學活動的旨歸，因爲無論是印刷資本的擁有者、主編、主筆還是作者，其參與文學活動的最終的目的都是以報紙的發行量爲根本的，而自 20 世紀初開始，「正是上海漸漸盛行小說的當兒，讀者頗能知所選擇，小說與報紙的銷路大有關係，往往一種情節曲折、文筆優美的小說，可以抓住了報紙的讀者。」〔註4〕報紙的銷路，只有在讀者這裡才能實現。由於通俗小說與報紙銷路的密切關係，就使得印刷資本持有者包括副刊主筆／主編必須異常關注受眾的接受效果，這就決定了通俗小說的創作者在創作時必須考慮到受眾的喜好，從受眾的文化背景及閱讀口味出發，在受眾可能接受和樂於接受的範圍內結合報紙的特徵予以形式及內容方面的考慮。從這個維度上思考就可以看出，此時文學活動中讀者的閱讀不再是以往單向度的被動行爲，在報紙這一媒介中，讀者的閱讀與這種閱讀活動的效果及對作品的闡釋完全可以與作者的創作同時展開，因此，作者在創作過程中可以隨時採納讀者的意見，從而不斷改進自己的寫作。如果作家事先沒有一個從容的完整的架構，待作品最終完成時，可能就會面目全非，《太平花》就是一例。長篇小說連載於報紙，當作者、編輯以及讀者的作用在作品連載的過程中各自得到充分發揮之後，也就是一個完整的文學活動得以實現之時。《啼笑因緣》從創作到接受，就滿足了這幾方面的條件。

一、編輯的充分參與

在副刊上，編輯的位置非常敏感。他是連接讀者與作者的橋梁。可以說，如果沒有嚴獨鶴和嚴諤聲，《啼笑因緣》或許會紅，卻不一定會如此轟動。嚴獨鶴、嚴諤聲之於《啼笑因緣》最重要的貢獻，在於他們充分調動了另外兩個維度——作者、讀者——從作品創作到實現過程中的參與熱情和主動性，使得《啼笑因緣》在整個連載過程中呈現出動態格局。

（一）設計連載方式

對於作者，眾所周知的是嚴獨鶴首先看中了張恨水作爲一名報人的經驗，向張恨水約稿。連載不久，又「再三的」請張恨水寫兩位俠客。除此之外，在連載形式上，嚴獨鶴還做了很多重要工作，其中一項內容便是爲每天

〔註4〕　包天笑：《釧影樓回憶錄》，香港：大華出版社，1971 年 6 月版，第 318 頁。

連載的《啼笑因緣》分節。經過嚴獨鶴的整理，《啼笑因緣》每天連載的內容都成爲一個相對獨立的、完整的故事，給予讀者相對完整的閱讀體驗，這與《世界日報》副刊《明珠》連載的方式完全不同。〔註5〕以《新聞報》副刊《快活林》中《啼笑因緣》最初連載的 17 天的故事內容爲例，即可看出：

> （3 月 17 日）樊家樹出場→（3 月 18 日）聽說天橋並來到天橋→（3 月 19 日）天橋風物→（3 月 20 日）進入茶館→（3 月 21 日）關壽峰出場→（3 月 22 日）二人相識→（3 月 23 日）關秀姑出場→（3 月 24 日）二人相識→（3 月 25 日）關壽峰與樊家樹把酒話身世→（3 月 26 日）沈鳳喜出場→（3 月 27 日）唱大鼓→（3 月 28 日）贈酬→（3 月 29 日）致謝，情愫暗生→（3 月 30 日）樊被説服去北京飯店→（3 月 31 日）舞場規矩及舞者心理→（4 月 1 日）跳舞著裝→（4 月 2 日）何麗娜出場

經過嚴獨鶴的悉心整理，每天連載於《快活林》上的《啼笑因緣》片段，故事顯得相對完整。《啼笑因緣》中的幾個主要人物：樊家樹、沈鳳喜、關秀姑、何麗娜，讀者等了 17 天才陸續見到。然而在這 17 天中，並非無意義的冗長的拖沓，而是從對背景及人物身份的鋪陳中，將人物一一牽出。比如 3 月 17 日《啼笑因緣（一）》樊家樹出場，之後出場的並非沈鳳喜，而是關壽峰，於 3 月 21 日在《啼笑因緣（五）》中與讀者見面；由關壽峰引出了關秀姑，於 3 月 23 日在《啼笑因緣（七）》中與讀者見面。而小說中最重要的主角沈鳳喜，則是在 3 月 26 日《啼笑因緣（十）》中出場。〔註6〕至何麗娜出場，已是 4 月 2 日《啼笑因緣（十七）》第二回中的事情了。回目在這裡的作用，與傳統章回小說有了很大的不同。傳統章回小說理論認爲，章是長篇故事的自然情節單元，回目對本回內容具有提綱挈領的作用。長篇章回小說就是由這些情節組成的一個完整的藝術構思。〔註7〕然而在現代報紙這一載體上，回目對每天登載內容的連綴功能要遠遠大於對本回整體內容的提綱挈領功能，它是作者預設的一條軌迹，保證了每天連載的內容都有相對獨立的情節以引發讀者的趣味，卻最終能夠沿著預設的軌迹行進。當然，這種效果能夠實現

〔註5〕 詳見本書本章第二節《被湮沒的兩次版權糾紛》。
〔註6〕 這幾個人物都在第一回中出場。
〔註7〕 陳美林，馮保善，李忠明：《章回小説史》，杭州：浙江古籍出版社，1998 年版。

的一個重要的前提就是作家張恨水在《啼笑因緣》中對寫作手法進行了變革
——「先行布局」，這樣，「全書無論如何跑野馬，不出原定的範圍」。讀者在
閱讀過程中，只在第一次見到回目的時候會借助回目對故事的發展予以猜
測，但在接下來的閱讀中，關注的重點則停留在每一天那些相對獨立的情節
的閱讀中了，那些相對獨立的情節，恰似一篇篇「短篇小說」，交代著一個個
相對完整的內容，報載章回體小說至此時，每一回目似乎就是爲了連綴一個
個「短篇小說」而設置。〔註8〕這一點，與小報連載小說非常相似，〔註9〕卻
與傳統的章回小說創作有了非常大的不同，它大大擴展了傳統小說回目的功
能，即作者不僅僅是爲了連綴小說整體構思而寫回目，還爲了連綴每天一個
個小小的情節和故事、吸引讀者而寫回目，同時保證不能離主題太遠。也就
是說，回目在小說中不僅僅連綴了小說的主題，還與每天的一個個情節發生
關係，以回目爲中心，上輻射到《啼笑因緣》的主題，下輻射到每天的情節，
在結構上，形成了「珠花」。每天登載的內容，都可以成爲一個完整的部分單
獨閱讀，不是交代風物、習俗，就是交代人物、事件。這一個個相對完整的
段落，成爲一顆顆「串珠」，沿著樊家樹的經歷，一一展現出來，卻都沒有脫
離作者最初設定的「一男三女」的故事情節，從而真正實現了曾樸期待的「珠
花式」結構產生的效果——「時收時放，東西交錯」〔註10〕。每顆「串珠」，

〔註8〕 湯哲聲先生曾對魯迅發表於《晨報副刊》上的《阿Q正傳》的報章連載特色
　　　 予以分析，得出了相似的結論：「這部按周連載於《晨報副刊》上的小說共九
　　　 章，每章2～3千字，如果根據1千字左右爲一個區段進行劃分，就會發現，
　　　 每一個區段中都有一個相對獨立的情節；再看小說九章的情節分佈，前三章
　　　 寫性格，中間三章寫變化，後三章寫結局，線索清楚，相當完整。前三章性
　　　 格的描述引領著人物的性格發展和命運的終結，告訴讀者下面講述的是一個
　　　 具有獨特性格的獨特人生。」湯哲聲：《論現代大眾傳媒對中國現代文學創作
　　　 機制的影響》，《江蘇社會科學》，2007年第5期，第187～192頁。
〔註9〕 李楠女士在《晚清民國時期上海小報（插圖本）》一書中，對小報小說的連載
　　　 特徵有所探討：「小報小說因爲是邊寫邊刊，並非一氣呵成，而是曠日持久，
　　　 斷斷續續，難免前後矛盾或者文氣不連貫。但也迫使作者在每一個片段上下
　　　 工夫。因爲讀者不會喜歡每次讀那麼一段既沒頭沒尾，又不精彩的文字。他
　　　 們要求在每天的報紙上都能讀到相對完整的引人入勝的『故事』。這種閱讀期
　　　 待造成的結果是，小報小說不注重小說的整體布局，但要求每一個片段自成
　　　 段落，自成起訖，自含趣味。長篇小報小說就這樣被分割，成了近乎短篇故
　　　 事的連綴。」見李楠：《晚清民國時期上海小報（插圖本）》，北京：人民文學
　　　 出版社，2006年9月版，第298頁。
〔註10〕 曾樸：《修改後要說的幾句話》，轉引自陳平原：《中國現代小說的起點——清

既可獨立成篇——故事，也可連綴成文——回目；既解決了每日講述的當下性、獨立性問題，又解決了每回情節的連貫性問題。這恰恰是編輯嚴獨鶴和同爲報人的作家張恨水充分利用了報紙「單日的暢銷書」﹝註11﹞的特質。也就是說，編輯和作者共同努力使每一天的即時性內容都能夠暢銷，當這種暢銷成爲一種「場」的時候，報紙的商業意義即顯示出來——蜂擁而至的讀者本身即是廣大的市場。此時，《啼笑因緣》已不僅僅是一部單純的文學作品，它的轟動更成爲現代社會商業模式下文學與媒體、市場結合的成功典範。

除此之外，嚴獨鶴對於小說的分節還有一個非常重要的特點，即每天故事的結尾，都會留一個懸念，手法同今天的電視連續劇一樣。其實這一辦法，並非始自《啼笑因緣》，在《荒江女俠》連載之時，嚴獨鶴便已經有意識地加以運用。如《荒江女俠》連載第一天內容結尾爲：

> ……這時林中很快的跑出一個少女來，渾身穿著黑衣，姿態婀娜中含有剛健氣。背負一劍，行走若飛，直向前面溪邊走去。……少女立定腳步，略一躊躇，輕輕躡足走到近窗處，做個丁字掛簾式，從屋脊上倒掛下來，一些也沒有聲息，便把小指向窗上戳個小孔，一眼偷偷窺進去，見裏面乃是一個陳設精美的閨房，靠裏一張紫檀香床，芙蓉帳前，正有一個十八九歲的女郎，背轉嬌軀，方在羅襦襟解之際，忽的走向後房去了。﹝註12﹞

讀者隨著女俠的視線，看著那十八九歲女郎的背影走進後房，後房將發生什麼呢？故事到此戛然而止，一個懸念就此而設，一個傳奇故事就此開始。張愛玲曾經說過：「中國觀眾最難應付的一點並不是低級趣味或是理解力差，而是他們太習慣於傳奇。」﹝註13﹞每天連載結束後設置的懸念，恰恰是傳奇

末民初小說研究》，北京：北京大學出版社，2005 年 9 月版，第 129 頁。

﹝註11﹞ 本尼迪克特·安德森在《想像的共同體：民族主義的起源與散布》一書中認爲，「報紙只不過是書籍的一種『極端的形式』，一種大規模出售，但只有短暫流行的書。或者我們可以說，報紙是『單日的暢銷書』吧。儘管報紙在其印行的次日即宣告作廢——奇妙的是最早大量生產的商品之一竟如此地預見了現代耐用品容易作廢的本質——然而也正是這個極易作廢之特性，創造了一個超乎尋常的群眾儀式：對於作爲小說的報紙幾乎分秒不差地同時消費（『想像』）。」見﹝美﹞本尼迪克特·安德森著，吳叡人譯：《想像的共同體：民族主義的起源與散布》，上海：上海人民出版社，2003 年 1 月版，第 34～35 頁。

﹝註12﹞ 顧明道：《荒江女俠（一） 第一章 黑夜劍光》，《新聞報》1929 年 4 月 17 日《快活林》，十九版。

﹝註13﹞ 張愛玲：《〈太太萬歲〉題記》，金宏達、于青編：《張愛玲文集》（第 4 卷），

故事一個非常重要的敘述技巧。難的並不是在完整故事的敘述中設置懸念，而是在報紙上每天連載的幾百字中，既要保證當天故事的相對完整，又要在結尾處將懸念恰到好處地交代出來。一部小說憑藉高超的描寫藝術、新的創作理念、生動的情節打動讀者，是作家的功勞，然而，將一個完整的生動的故事分割開來，仍然能夠讓讀者天天追隨人物經歷起伏，這便是編輯的本領。嚴獨鶴1914年便進入新聞報館任副刊《快活林》主筆，首開「集錦小說」先河，又在《快活林》上陸續推出李涵秋的《俠鳳奇緣》、《鏡中人影》、《戰地鶯花錄》，平江不肖生的《玉玦金環錄》等眾多作品，都受到了讀者的歡迎。至連載《荒江女俠》之時，嚴獨鶴已經在《新聞報》擔任了十五年的副刊編輯。在編輯副刊的同時，嚴獨鶴還從事創作，除了長篇小說《人海夢》之外，在《紅雜誌》一百期上就發表了45篇短篇小說。1924年，世界書局出版《獨鶴小說集》，收其中六部短篇。小說創作的經驗和體會加之十幾年的副刊編輯經歷，使嚴獨鶴深諳小說連載之道，並將其直接實踐於《快活林》和《新園林》的長篇連載之中，使之深受讀者喜愛。

（二）組織點評，為作品造勢

連載結束之後的第二天，嚴獨鶴就借張恨水之名，呼籲讀者為《啼笑因緣》撰寫批評文字，內容沒有約束，「或單提一事，或列舉各條，或討論全書，凡有意味、有價值者，均所歡迎」。其實，這實際上是嚴獨鶴為單行本出版發行策劃的第一次有目的的運作行為。儘管稱張恨水願以文會友，但更重要的目的恐怕是三友書社希望藉此「獲攻錯之益」，因為讀者批評稿件都要「寄《快活林》編輯部，注明『《啼笑因緣》批評』」字樣，讀者的好處是「酌量刊登」，而身為副刊主編兼三友書社老闆的嚴獨鶴則可以將這些批評文字在單行本出版過程中「俾供商榷」。〔註14〕讀者的參與，本身就是最好的宣傳。同時，嚴獨鶴還約通俗文學界的同人為《啼笑因緣》作評，為單行本造勢。僅1930年12月到1931年12月間，在《快活林》上就發表了《啼笑因緣》評論文章十三篇，見表1。

合肥：安徽文藝出版社，1992年7月版，第262頁。
〔註14〕獨鶴：《關於〈啼笑因緣〉的報告（二）》，《新聞報》副刊《快活林》，1930年12月2日十一版。

表1　1930年12月～1931年12月《快活林》發表《啼笑因緣》
　　　評論文章

題　　目	作　　者	發　表　時　間	版　次
《〈啼笑因緣〉趣屑》	將軍	1930年12月7日	十七版
《〈啼笑因緣〉概評》	戈恩溥	1930年12月8日	十三版
《評〈啼笑因緣〉》	譚若冰	1930年12月14日	十七版
《〈啼笑因緣〉序》	嚴獨鶴	1930年12月24日	十三版
		1930年12月25日	十一版
		1930年12月26日	十三版
《題〈啼笑因緣〉和浩然韻》	虞山燕谷老人	1930年12月28日	十七版
《〈啼笑因緣〉評語》	汪虛汝	1931年1月16日	十一版
《題〈啼笑因緣〉》	雙園	1931年1月21日	十一版
《談張恨水君之小說》	綠雲館主	1931年4月28日	十二版
《我與〈啼笑因緣〉》	小青	1931年5月5日	十七版
《讀完〈啼笑因緣〉的幾句話》	高二禺	1931年5月12日	十二版
《〈啼笑因緣〉之妙諦》	鄭明允	1931年5月30日	十七版
《讀〈啼笑因緣〉的贅語》	曹冠園	1931年6月29日	十一版
《讀了〈啼笑因緣〉以後》	程明祥	1931年7月20日	九版
		1931年7月22日	十七版

　　值得注意的是，三友書社的《啼笑因緣》單行本出版於1931年1月11日，從1930年12月7日到1931年1月11日之前一個多月間就發表了五篇文字，頻率如此之高，造勢之意不言自明。

　　在刊出的十三篇來稿中，尤以嚴獨鶴的《〈啼笑因緣〉序》最為有名。如前所述，嚴獨鶴長篇、短篇小說的創作經驗以及十幾年的副刊編輯經歷，使他對小說的批評經驗非常豐富。該序連載於1930年12月24日、25日、26日《快活林》，恰在《新聞報》連載結束之後、單行本出版之前。在這篇序中，嚴獨鶴從「描寫的藝術」「著作的方法」「全書的結局和背景」三個方面對《啼笑因緣》予以評價，現已廣為人知。然而，鮮為人知的是，嚴獨鶴這篇序言發表之後，序言也同樣得到了評論界的高度肯定，甚至被當作小說批評的範文：

　　　　得一好小說難，得一好小說之批評家尤難。《石頭記》固佳矣，

而《石頭記》之批評家，類皆自鄶以下，不足爲本書生色。《啼笑因緣》因恨水之妙筆而著，因獨鶴之妙評而尤著。獨鶴雖僅有一序，但其序文甚長，且於《啼笑因緣》之作法及書中之妙諦，摘發無遺，可當總評，相得益彰，洵說苑中之佳話也。余每逢諸生采問小說作法，輒曰盍購《啼笑因緣》作小說範本，有恨水之妙筆，又有獨鶴之妙評。鴛鴦繡出從君看，恨水之作品也；更把金針度與人，獨鶴之評語也。諸生聞余語，各購《啼笑因緣》一部，悉心研究，於是思路與筆法，日臻進益，謝余指導之功。余曰：「不須謝我，當謝恨水，尤當謝批評恨水作品之獨鶴。」〔註15〕

程瞻廬也是《快活林》重要供稿人之一，對嚴獨鶴的評價難免偏心，但他認爲好作品配上好的批評才能相得益彰的觀點，還是比較客觀的。程明祥〔註16〕在《快活林》發表《讀了〈啼笑因緣〉以後》一文時，也直接引嚴獨鶴的序作爲參照，予以說明。〔註17〕可見，嚴獨鶴對於《啼笑因緣》的貢獻，從形式到內容，給予了前所未有的關注，投入了大量精力。《啼笑因緣》之所以能夠取得成功，嚴獨鶴功不可沒。他充分發揮副刊編輯的優勢，策劃系列活動，同時將副刊的宣傳功能與單行本出版的資本運作不露痕迹地糅合在一起。只有嚴獨鶴才有這樣的天時、地利與人和，也只有嚴獨鶴能將這些優勢發揮得淋漓盡致。

至 1931 年 9 月，榮記廣東大戲院、明星影片公司以及大華電影社之間關於《啼笑因緣》電影、戲劇改編權與公映權的是是非非幾乎每天都在《新聞報》上發佈，這本身又成爲非常有效的電影廣告。所以，《啼笑因緣》從 1930年開始連載，到 1932 年同名電影放映，近兩年時間裏，翻開《新聞報》，從連載到單行本再到改編舞臺劇、電影，讀者目光所及，盡是《啼笑因緣》，這樣一種宣傳攻勢，受眾想拒絕都難。

〔註15〕 程瞻廬：《〈啼笑因緣〉與小説範本》，《申報》副刊《自由談》，1931 年 5 月 7日十三版。
〔註16〕 按：程明祥爲程瞻廬之子，專業爲理科，受其父影響，喜讀小説，對於文學，亦有深造。
〔註17〕 原文爲：「誠如獨鶴先生序中所説的：『《啼笑因緣》是於描寫的藝術方面，和著作方法的操練純熟，而博得了一般讀者的共鳴。』但我卻還有幾句要説話。」程明祥：《讀了〈啼笑因緣〉以後》，《新聞報》副刊《快活林》，1931 年 7 月20 日九版、7 月 22 日十七版。

（三）進行讀者調查

在出版社的編輯系列裏，有兩類編輯，一類是文字編輯，專門從事文字編校工作，另一類是策劃編輯，專門策劃圖書選題。前一類編輯要求有非常紮實的文字基本功，而後一類編輯，則要對市場有非常敏銳的信息加工處理能力和較強的人際溝通與交往能力，對市場需求能夠準確預測和判斷，從而能夠抓住先機，策劃好選題。在報社中，由於報紙出版周期非常短，所涵蓋的內容求全不求深，因此編輯的這兩類職能常常合而爲一。在《啼笑因緣》從連載到出版單行本再到改編成電影的過程中，充分體現出了編輯的策劃及運作意識。除發表讀者的疑問之外，嚴諤聲還有意識地利用副刊調動讀者的參與熱情。在《啼笑因緣》未結束之時，嚴諤聲發起了一次《〈啼笑因緣〉的結局如何　大家猜猜看》的調查活動〔註18〕，四天之內就收到了 117 封讀者來信，對於四位主人公的結局給予不同的猜測。有趣的是，一個多月之後，四位主人公的結局恰與讀者猜測意見最多者一致。張恨水在三友書社出版的《啼笑因緣》單行本末尾《作完〈啼笑因緣〉後的說話》一文中，在「幾個重要的問題的解答」部分，一一回答了讀者關於幾個主人公下落的問題，恰好與嚴諤聲發起的這次活動互爲呼應，僅用「巧合」來解釋這一現象未免不足以服人。

在單行本發行之後，1931 年 9 月 19 日，三友書社及三益書店又發起了「《啼笑因緣》懸賞徵文」活動，獎金高達兩百元，且列出了非常具體翔實的徵文條例：

◆《啼笑因緣》徵文條例

（一）主旨　給予讀者一個機會，使之可以盡量發表自己的意見。

（二）定名　《〈啼笑因緣〉補》（《啼笑因緣》原書首尾完整，一結尤悠然意遠，本已無待補充。此所謂「補」，特似錦上添花，益增絢爛爾）。

（三）體裁　仍用小說體裁。不論新體舊體，均所歡迎。但以語體文爲限。

（四）性質　此項《啼笑因緣補》假定爲原書第二十二回後之續作，文字依然緊接原書或順其固有之程序，或另闢行文之途

〔註18〕見《新聞報》副刊《本埠附刊》，1930 年 10 月 13 日十八版。關於這一活動的詳情，參見本章第三節《不同的「轟動」：副刊與小報連載小說創作差異比較——以〈啼笑因緣〉和〈亭子間嫂嫂〉爲中心》。

徑，均無不可。但仍須在合理的範圍以內，使原書各要
點有一總結束。

（五）字數　五千字至一萬字成一回或分兩回均可。

（六）酬獎　第一名獎現金二百元，第二名一百元，第三名五十元，
第四名至第十名各贈世界書局書券十元。

（七）評判　本社特組織評判委員會，請小說名家天虛我生、王鈍根、
程瞻廬、李浩然、周瘦鵑、嚴獨鶴、程小青、顧明道、
陳達哉諸先生為評判員。來稿由委員會公開評定後，更
請張恨水先生覆閱，作為最後決定。

（八）期限　本年國慶日截止，逾期不收。外埠以郵局圖章為憑。（徵
文券上載明國慶日截止，此為本社原定日期，現因時間
迫促，故特展至十月三十一日為止）

（九）印花　自登報日起凡向各地書局購買《啼笑因緣》者，每部附
贈徵文券一紙，券角印有徵文印花，應徵者須將此項印
花剪下，黏貼於來稿上，不貼印花者雖投不錄。（外埠
諸君購《啼笑因緣》時如詢悉當地書局，未有此項徵文
券可直接致函上海三益書店購書，當原班寄奉並附徵文
券）

（十）寄稿　請掛號郵寄以免遺失，並請在封面上寫明「《啼笑因緣》
徵文」字樣，稿末書明詳細地址，並蓋本人圖章，寄上
海漢口路十九號三友書社收，無論錄取與否概不寄還。

（十一）發表　來稿經評判決定後，所有得獎者，姓氏地址均在本報
發表。

三友書社謹啟

顯然，這是三友書社一次有意識的促銷活動，然而這次促銷活動，卻指向另
一個目的——三友書社已經在醞釀如何運作《啼笑因緣》的「續書」問題。
在《啼笑因緣》單行本書後，張恨水在《作完〈啼笑因緣〉後的說話》一文
中，援引《西廂》和《魯濱遜漂流記》的例子，證明亂續的後果只能相形見
絀，他不願「自我成之，自我毀之」，因此，「不能續，不必續，也不敢續」。
然而，身在《新聞報》館的嚴獨鶴和嚴諤聲，同時身為三友書社的老闆，面
對紛至沓來的要求作續書的讀者來信，不可能對讀者如此龐大的需求視若無

睹。讀者有需求，作者又不同意，怎麼去解決？於是發起徵文活動。其實，這次徵文活動與嚴諤聲在《本埠附刊》上一年前發起的《〈啼笑因緣〉的結局如何　大家猜猜看》的調查活動是一個模式。這樣做有兩個好處：首先，通過徵文活動，可以了解讀者的意圖。倘若在這中間張恨水改變了初衷，決定續寫，那麼就可以給作者提供一個非常具體的市場調查結果，作者可以根據這一結果明確書中人物命運和走向。其次，如果張恨水決心不再續寫，那麼倘若條件允許，也可以將評獎征集的稿件彙成《〈啼笑因緣〉補》，既不違作者初衷，又可滿足讀者需求，借《啼笑因緣》餘溫再賺一筆。從這一點上看，嚴獨鶴和嚴諤聲不僅是非常優秀的副刊主編、作家，更是非常靈活的文化商人。這三種身份使得他們能夠有意識地積極開展《啼笑因緣》的商業運作，同時又能夠利用大報副刊龐大的受眾面有效調動讀者的參與意識，在以贏利爲目的的前提下，促成了文學活動中的其他兩方──作者與讀者──之間的互動，從而使得《啼笑因緣》從創作到接受始終以積極的姿態呈現在我們面前。

由此可見，編輯這一職業，自印刷資本誕生之日起，在文學活動中，就應該而且始終應該是不可或缺的一維，是近現代文學活動中一個非常有力的聲部，他們參與了中國近現代文學的建構，也是近現代文學現代性特徵中與作者、讀者同等重要的組成部分。

二、作家自身明確的媒體選擇策略

張恨水是作爲一位文學家而被載入中國現代文學史冊的，但他同時又是一位職業報人，這一職業身份對他的寫作產生了十分重要的影響。他的小說，絕大多數都連載於報紙，他產生的轟動與影響，也多由報紙連載而來。從這個意義上說，連載形式本身，便是張恨水小說的重要意義所在。張恨水的成功，恰恰在於他對於媒體（尤其是報紙）特徵的準確把握，以及這一特徵在文學創作中恰到好處的利用。以往研究者對於《啼笑因緣》的研究多數停留於單行本層面，注重對文學作品審美形態的研究，卻忽視了作者在創作《啼笑因緣》的過程中對報紙這一現代傳媒的利用，而這一點在認識張恨水作品價值的過程中，恰恰是至關重要的一個課題，只有理清了這一問題，才能呈現出張恨水作品的獨特價值。

20 世紀二三十年代的通俗小說，多是先連載於報刊之上，在取得轟動效應後，才以單行本形式予以發行。這樣做有兩方面最顯著的好處：一是降低了出版商的出版風險，通過報紙發行過程中受眾的反應來決定是否投入成本來出版圖書，避免了因先期投入造成的資源浪費；二是可以使作者及時了解讀者對作品的反應，及時調整寫作思路，以互動的方式成就連載小說的成功。正如安德森所說，報紙是「書籍的一種『極端的形式』」，是「單日的暢銷書」。〔註19〕正是這樣一種「極端的形式」，帶給了創作者以十分巨大的言說空間和最有時效性的讀者反饋，從而使得作者在寫作過程中與讀者互動。在以市場為創作導向的通俗文學作家這裡，這一特徵尤為明顯。嚴獨鶴之所以一經錢芥塵推介便約定張恨水為《快活林》創作小說，看中的，就是他多年在大報副刊連載小說的創作經驗以及大報副刊的編輯經歷，這一經驗，使得他較其他作家更懂得如何在創作中既保持自己創作上的相對獨立，又能夠契合讀者的閱讀心理。張恨水曾說過：「我既是以賣文為業，對於自己的職業，固然不能不努力；然而我也萬萬不能忘了作小說是我一種職業。在職業上作文，我怎敢有一絲一毫自許的意思呢？」〔註20〕這一段話透出張恨水對於他的創作有兩點認識：一、做小說是他謀生的手段，為了謀生，他的創作必須直接針對文化市場；二、他是職業作家，對於小說創作，他不能自滿，其中既包括對讀者意見的尊重，也包括在小說創作上該力求有所突破的追求。

（一）尊重讀者的地域特點、審美趣味和意見——為讀者創作

對於讀者的態度，張恨水一直非常尊重。這一點，從創作構思到創作過程中，處處可見。嚴獨鶴與張恨水約稿通信中，闡明了當時上海洋場章回小說「武俠神怪」和「肉感」兩大特點以及南方讀者要看「噱頭」之間的必然聯繫，眾所周知的就是小說中的多角戀愛和感情糾葛以及關壽峰、關秀姑父女這對俠義父女的出現。可見，讀者的閱讀趣味直接決定了《啼笑因緣》創作題材和主要人物的設置，這與新文學的社會題材小說為了主題而塑造人物在創作目的上有根本的不同。

作為中國第一批開埠的通商口岸，上海物質生活之充裕，在 20 世紀二三

〔註19〕〔美〕本尼迪克特·安德森著，吳叡人譯：《想像的共同體：民族主義的起源與散布》，上海：上海人民出版社，2003 年 1 月版，第 34～35 頁。

〔註20〕張恨水：《〈啼笑因緣〉作者自序》，見張占國，魏守忠編：《張恨水研究資料》，天津：天津人民出版社，1986 年 10 月版，第 240 頁。

十年代，為中國其他任何地方望塵莫及：電燈、電報、電話、電車、自來水、汽車、香水、雪茄、高跟鞋、化妝品，飯店、俱樂部、咖啡館、跑馬場、回力球場、電影院……在物質與現代觀念層面，「在 20 世紀 30 年代，上海已和世界最先進的都市同步了」〔註 21〕。或許就是由於在物質極大豐富的現代事物中浸淫日久，1930 年代的上海人，對於上海之外的世界，有著令人驚訝的豐富想像和異乎尋常的好奇。翻開《快活林》，蘇州、杭州、嘉興、蕪湖，天津、北平，西北、東北、華北以及世界各國的時事政治、文壇通訊、人情風物、消閒娛樂方式……幾乎充斥了每天的版面。上海人在這些異質文化中反覆玩味，津津樂道，這成為《快活林》深受讀者喜愛的原因之一。對上海人的這一閱讀特點，張恨水在小說的一開始就予以關注。《啼笑因緣》第一回的開篇，張恨水花了大量筆墨來描寫南北方反差中的北平：

> 相傳幾百年下來的北京而今改了北平，已失去那「首善之區」
> 四個字的尊稱，但是這裏留下許多偉大的建築，和很久的文化成績，
> 依舊值得留戀，尤其是氣候之佳，是別的都市，花錢所買不到的。
> 這裏不像塞外那樣苦寒，也不像江南那樣苦熱。三百六十日，除了
> 少數日子刮風刮土而外，都是晴朗的天氣。論到下雨，街道泥濘，
> 房屋霉濕，日久不能出門一步，是南方人最苦惱的一件事。北平人
> 遇到下雨，倒是一喜，這就因為一二十天，遇不到一場雨。一雨之
> 後，馬上就晴。雲淨天空，塵土不揚，滿城的空氣，格外新鮮。北
> 平人家，和南方人是反比例，屋子儘管小，院子必定大。「天井」二
> 字，是不通用的。因為家家院子大，就到處有樹木。你在雨霽之後，
> 到西山去向下一看舊京，樓臺宮闕，都半藏半隱，夾在綠樹叢裏，
> 就覺得北方下雨，是可歡迎的了。南方怕雨，又最怕的是黃梅天氣。
> 由舊曆四月初以至五月中幾乎天天是雨。可是北平呢？依然是晴
> 天，而且這邊的溫度低。那個時候，剛剛是海棠開後，楊柳濃時，
> 正是黃金時代……因為如此，別處的人，都等到四月裏，北平各處
> 的樹木綠遍了，然後前來遊覽。就在這個時候，有個很會遊曆的青
> 年，他由上海到北京遊曆來了。〔註22〕

〔註21〕李歐梵著；毛尖譯：《上海摩登──一種新都市文化在中國 1930～1945》，北京：北京大學出版社，2001 年 12 月版，第 7 頁。
〔註22〕恨水：《啼笑因緣（一）》「第一回 豪語感風塵傾囊買醉 哀音動絃索滿座悲

張恨水用「失去了首善之區」來描述北平在當時的位置，在承認了上海的急速現代化使得北平略顯遜色的同時，筆鋒轉而描述北平的「好」：好天氣、好民居、好景致，還有就是北平悠久的文化底蘊——「偉大的建築」和「很久的文化成績」。「雨」、「庭院」、「樹木」三個意象，是張恨水用來彰顯反差的道具：「雨」對於南方，「道路泥濘」、「房屋霉濕」、「日久不能出門一步」，令「南方人最苦惱」，而對於北平人，「倒是一喜」——「塵土不揚」，空氣新鮮；北平的庭院恰恰「和南方人是反比例」，「屋子」「小」，「院子」卻大。「天井」在南方的民居建築中是特有的稱謂，用來形容院子只有井口望天般大，而在北平，「是不通用的」。因為院子大，於是樹木多。而樹木一多，春天裏由清新的色彩錯落而成的美景，煙雨江南望塵莫及。寥寥五百餘字，弔足了對上海之外的世界異常嚮往和想像力異常豐富的上海讀者的胃口。此時，樊家樹——一個江南青年，就在北平最美的季節，帶著上海人的眼睛來看北平了——一個江南青年在北平的情感故事就此開場。

（二）敘事模式的繼承與變革——「重於情節的變化」與「少用角兒登場」

張恨水在《我的小說過程》一文中曾說，「鑒於《春明外史》《金粉世家》之千頭萬緒，時時記掛著顧此失彼，因之我作《啼笑因緣》，就少用角兒登場，仍重於情節的變化。」〔註23〕這句話以白描筆法形象地勾勒出了《啼笑因緣》繼承與變革的軌迹。

情節是傳統章回小說最重要的敘事策略。情節貴曲不貴直，講求變化，是章回小說魅力所在，它符合中國讀者的閱讀習慣和審美心理。章回小說只有「曲」才能有味兒，正如鄒弢評《青樓夢》第一回時就說：「作書宜曲，不曲則直率無味矣。觀此回之歷證諸名妓，以陪章幼卿出來，何等鄭重，何等筆法！」〔註24〕毛宗崗《讀〈三國志〉法》也說：「假令今人作稗官，欲平空擬一三國之事，勢必劈頭便敍三人，三人便各據一國，有能如是之繞乎其前，出乎其後，多方以盤旋乎其左右者哉？古事所傳，天然有此等波瀾，天然有此等層折，以成絕世妙文。然則讀《三國》一書，誠勝讀稗官萬萬耳。」〔註25〕但張恨水的「重於情節的變化」又並不僅僅限於這一種原因，它還有

秋」，《新聞報》副刊《快活林》，1930年3月17日十七版。
〔註23〕張恨水：《我的小說過程》，見《上海畫報》，1931年1月27日～2月12日。
〔註24〕俞達：《青樓夢》，南昌：百花洲文藝出版社，1991年版，第1～2頁。
〔註25〕（清）毛宗崗：《讀〈三國志〉法》，見北京大學中文系古代文學教研室選編：

媒體原因。如前所述，由於報紙連載的形式要求，情節變化恰恰可以滿足報紙「單日暢銷書」目的的實現。因此，「重於情節的變化」這一傳統章回小說的敘事策略之所以被保留，是張恨水從報紙的市場特徵和讀者傳統審美習慣兩方面予以考慮的結果。

如果說「重於情節的變化」是對傳統的繼承，那麼，「少用角兒登場」就帶有了明顯的變革意味。「五四」前後，有人曾勸張恨水改寫新體小說，張恨水沒有贊成，堅持寫章回體小說。但這不表示他會拒絕新的敘事策略和寫作手法。「少用角兒登場」可以將大量的筆墨用來寫人，而對於「人」的濃墨重彩，恰恰與新文學對於「人」的重視不謀而合。是新文學影響了張恨水還是張恨水主動迎合新文學，他的「趕上時代」到底暗含了哪些內容，這些都是很難說清的歷史遺留問題。唯一可以證明的是，「少用角兒登場」使得《啼笑因緣》可以留出大量筆墨將風景描寫、心理描寫以及小動作的描寫納入章回小說，寫活了《啼笑因緣》中的幾個角兒。在這一個節點上，很有趣的是張恨水從來沒有說過他的這些創作手法是學自新文學，直到五十歲時仍說是「得自西洋小說」〔註26〕，而且明確說過林譯小說給了他很大的影響：「在這些譯品上，我知道了許多的描寫法，尤其心理方面」〔註27〕。也就是說，張恨水承認自己的創作是中西結合，至於新、舊的問題，他顯示出一種刻意的迴避。其實，20世紀30年代，上海的文化市場已經發育得非常成熟，無論是通俗文學還是新文學，都各有自己的市場。有了資本的保障，通俗文學與新文學之間儘管多有牴牾，卻仍然能夠各得其所，市場機制爲彼時的文學創作提供了一種非常健康的文學生態。在這樣的文學生態環境下，所謂的新與舊、雅與俗不僅可以互相攻擊，同樣可以互相滲透，也就是新、舊文學間的對立與同一，在此時均顯著地呈現出來。張恨水此時創作手法上能夠變革，與彼時文學生態的大背景是密不可分的，張恨水對《啼笑因緣》的繼承與革新，恰是與當時的文學生態同步的。如果以這樣的態度來看待這一問題，也就不必對他的創作變革資源到底是來自新文學還是西洋文學如此咬文嚼字。重要的，是張恨水的《啼笑因緣》使章回體小說呈現出了一種清新的面貌。對於讀者

《中國文學史參考資料簡編　下冊》，北京：北京大學出版社，1989年11月版，第482頁。

〔註26〕恨水：《總答謝——並自我檢討》，張占國，魏守忠編：《張恨水研究資料》，天津：天津人民出版社，1986年10月版，第280頁。

〔註27〕張恨水：《寫作生涯回憶》，張占國，魏守忠編：《張恨水研究資料》，天津：天津人民出版社，1986年10月版，第16～17頁。

而言，《啼笑因緣》去除了傳統章回小說的繁縟拖沓，又少了新文學的高高在上與歐化語體的陌生拗口。應該說，在繼承與革新的問題上，張恨水很好地把握了分寸和尺度。

三、讀者參與創作與監督——與作者對話

讀者在文學作品中發聲，是現代報刊誕生之後對讀者與作者之間關係的一次重大調整，它是中國文學現代性的重要特點之一。這種發聲，體現為多種形式，或者是在作品中呈現出讀者的價值觀念，或者是作品迎合了讀者的審美趣味，或者是讀者借助報刊特點直接參與作品創作，等等。前兩者都是隱性參與，而直接參與創作則是顯性的。連載，恰恰為讀者直接參與作品創作提供了某種可能。《啼笑因緣》從連載到出版單行本再到改編成電影以後，一直有很多讀者來信。《本埠附刊》自 1929 年起開始刊登讀者的來信，由副刊主編署名「小記者」的嚴諤聲予以解答。接到讀者關於《啼笑因緣》的來信後，嚴諤聲將這些信件選出一部分有意識地在《本埠附刊》上刊登出來，讓讀者與讀者之間、讀者與作者之間、讀者與編者之間對作品公開予以討論。《啼笑因緣》刊載到鳳喜被劉德柱強佔之後，寫到劉德柱跪地乞求時，鳳喜嫣然一笑。這一笑，到底意味著鳳喜是虛榮的，還是無可奈何而為之，讀者無法弄清楚。這之後《啼笑因緣》連載了很多天，沈鳳喜也沒有出場。有一對夫妻，為鳳喜到底是否虛榮而爭論不休。為了找到答案，這對夫妻給《本埠附刊》「小記者」嚴諤聲來信，讓他告知。結果嚴諤聲賣了一個關子：「一個問題，越等待到長久，越覺得有趣味。鳳喜姑娘問題，自未便貿然奉告。預知究竟如何，且看下文分解。」〔註 28〕讀者在嚴諤聲這裡找不到答案，當然要繼續在《啼笑因緣》中找答案了。十分湊巧的是，就在這個問題提出兩天後，即 9 月 1 日的《啼笑因緣（一六六）》十五回中，很久沒見的鳳喜與家樹就這樣偶遇了：

> 及至那人走下車來，大家都吃一驚，原來不是赳赳武夫，也不是衣冠整肅的老爺，卻是一個穿著渾身綺羅的青年女子。再仔細看時，那女子不是別人，正是鳳喜。家樹身子向上一站，兩手按了桌子，「啊」了一聲，瞪了眼睛，呆住了作聲不得。鳳喜下車之時，未

〔註 28〕《鳳喜姑娘怎樣——夫婦間所見不同》，載《新聞報》副刊《本埠附刊》，1930年 8 月 30 日二十二版。

曾向着這邊看來。及至家樹「啊」了一聲，他擡頭一看，也不知道
和那四個護兵説了一句什麼，立刻身子向後一縮，扶着車門，鑽到
車子裏頭去了。接着那四個護兵，也跟上車去，分兩邊站定，馬上
汽車「嗚」的一聲，就開走了。家樹在鳳喜未曾抬頭之時，還未曾
看得眞切，不敢斷定。及至看清楚了，鳳喜身子猛然一轉，他腳踏
着車門下的踏板，穿的印花亮紗旗衫，衣褶掀動，一陣風過，飄蕩
起來。因衣襟飄蕩，家樹連帶的看到他腿上的跳舞襪子。家樹想起
從前鳳喜曾要求過買跳舞襪子，因爲平常的也要八塊錢一雙，就不
曾買，還勸了他一頓，以爲不應該那樣奢侈，而今他是如願以償了。
在這樣一凝想之間，喇叭嗚嗚聲中，汽車已失所在了。〔註29〕

儘管作者沒有明言鳳喜是否虛榮，但讀者可以從鳳喜的裝扮和家樹的心思
中，看到些許痕迹。或許是張恨水有意與讀者多兜兩個圈子，到了 9 月 2 日
《啼笑因緣（一六七）》中，大家討論鳳喜的爲人時，家樹偏偏給她找了藉口
開脫：

「世上的事，本來難説定。他一個弱女子，上上下下，用四個
護兵看守着他，叫他有什麼法子？設若他眞和我們打招呼，不但他
自己要發生危險，恐怕還不免連累着我們呢！」〔註30〕

張恨水的故設玄機，引發了讀者的另一輪爭論。9 月 6 日的《本埠附刊》，又
有兩位讀者來信討論鳳喜的問題。署名「希文」的讀者認爲，鳳喜這樣一個
貧家姑娘，慕了虛榮也情有可原，因爲她心底還是愛家樹的，她那樣做，是
迫於劉德柱的淫威，並且還舉出了作品中具體的細節來加以論證。而署名「榮
挹泉」的讀者認爲，鳳喜與家樹一定不能成眷屬，並且告知張恨水在前面已
經通過家樹回南前，鳳喜末次彈琴時的情形暗示過。〔註31〕就在第二天，即

〔註29〕恨水：《啼笑因緣（一六六）》第十五回，載《新聞報》副刊《快活林》，1930
年 9 月 1 日十七版。

〔註30〕恨水：《啼笑因緣（一六七）》第十五回，載《新聞報》副刊《快活林》，1930
年 9 月 2 日十七版。

〔註31〕署名「希文」的讀者用《啼笑因緣》十二回中對鳳喜的描寫來支持 8 月 30 日
《本埠附刊》夫妻爭論中關於鳳喜「忠於愛情」的論斷：「在《啼笑因緣》十
二回中，有她因見了雙璧仁和一西裝少年，並肩而去，羨慕他們郎才女貌好，
一個愛情的黃金時代，便聯想到她自己身世，和家樹待她的不錯。故劉將軍
又放汽車來接她的時候，便正色對她母親説：『若你現在也是一個姑娘，要找
女婿的話，你願意找個品貌相當的人成雙成對呢，還是只在乎錢，和雅琴一

9月7日連載的《啼笑因緣（一七二）》中，關秀姑留下了「風雨欺人，望君珍重」的字條，至此，讀者一直關心的鳳喜是否虛榮、是否忠於愛情的問題已經明瞭。

如果說作家沒有正面回答，通過文本與讀者對話，還是一種猜測，那麼，張恨水對讀者疑問的答覆，便足以明確作家在創作過程中對讀者所持的開放的對話的態度。1930年9月19日的《本埠附刊》刊登了名為「宋沖」的讀者的疑問：

> 書中之主人翁樊家樹，負笈北京，明明是一學生，但是樊家樹自到北京之後，由春至秋，並未投考任何學校，不知其在何校讀書？
>
> 關壽峯深夜挈領徒弟，往劉將軍府救鳳喜，越牆碎窗而入，痕跡顯然。劉將軍府發覺之後，僅加警戒。（秀姑二次往探路徑所見）八面威風之劉將軍府，竟有飛賊破窗而入，似有行刺將軍之嫌。如此重大案件，劉將軍竟不追究，何也？
>
> 住在大落院之關秀姑大姑娘，所見皆是鄉村風味，自非何麗娜可比。此次往說鳳喜，在劉將軍府居然以電話與家樹傳音。大姑娘何時用過電話，或者在醫院中見過，但惜未曾用過耳。〔註32〕

虛構是小說的重要屬性之一。這些問題，張恨水完全可以一笑而過，但張恨水還是做了十分謹慎而誠懇的答覆：

> （一）樊家樹遊北京，為夏曆四月間，去考期已遠。夏間既有愛人，又回里探母，故亦未入何校補習。秋時二度北上，始考大學本科。十九回已補敘之矣（在宋沖提問之後）〔註33〕，因無關大體，故暗寫之也。

樣？』就毅然的把珠圈和三百塊錢，一齊交給她母親，去還劉將軍。這不是表示她能懂得愛情的真諦，而不為金珠所動心麼？又她被武力迫赴劉將軍宅內，和他說話時，腳就在地下塗抹，那意思是說：『我恨你！我恨你！』後又想託辭母親惦記，欲思脫離虎穴。聽到要叫妻子，不放她回去，便急得發昏。這不是她雖恨他，但苦於無法脫身麼？至於劉將軍跪求她時，她的嫣然一笑，徐君（按：爭論的夫妻中否定鳳喜的一方）便認她變心了，此乃誠如高女士（夫妻中支持鳳喜的一方）所說：『在鐵蹄之下』，故『承歡將軍者，不過權宜之計』耳，豈真的變心麼？」希文，榮把泉：《鳳喜姑娘問題——兩個不同的猜測》，《新聞報》副刊《本埠附刊》，1930年9月6日二十二版。

〔註32〕宋沖：《〈啼笑因緣〉幾個疑問》，載《新聞報》副刊《本埠附刊》，1930年9月19日十八版。

〔註33〕按：括號內容為筆者加。

（二）北京鬧賊必飛，爲至尋常事。寒如敝廬，亦飛賊光顧二次。蓋北京房瓦，皆用泥嵌，結實可行，間有灰房之頂，則如平地，跑馬亦可也。惟其爲劉將軍之家，故鬧賊即加警戒，在平民則警戒亦不必矣。

（三）大雜院（原問「大落院」一誤），非鄉村之謂、貧民窟之謂。秀姑在北京多年，昔曾與伯和同胡同，繼遷後門，亦鄰鬧市，豈有不見電話之理？且北京電話，多至數萬部，幾於觸目皆是，小油鹽店中亦有之，非貴重之物也（北京附郊數百里亦有電話）。

宋先生所問，恨水雖可答覆。然書至二十萬言，決不能無漏筆敗筆。未發現之疑問，恐爲數尚多，讀者如能加以指正，俾於出單行本前能加以修理，實其幸也。

恨水附識。〔註34〕

其實，由於報載小說連載過程本身即是一種未完成時態，寫作與發表中間隔的時間非常短，幾乎是寫完即發，甚至尚未寫報社即在催。像張恨水這樣的知名作家，忙的時候一天要爲幾家報社趕小說，與單純寫單行本創作方式不同，作家根本沒有時間對筆下的內容精益求精、反覆推敲，也無法對剛剛寫完的內容予以修改（因已經發表），所以出錯在所難免，他後來在《新聞報》連載的《太平花》中即出現了明顯的失誤，即使到了出版單行本時，也未能予以糾正。〔註35〕像這樣的情況，在通俗文學作家中極爲常見，嚴獨鶴也曾因連載中出現前後矛盾專門寫了一篇文章向讀者致歉並予以反思。〔註36〕儘管張恨水在此次回答中，還沒有出現嚴獨鶴那樣的尷尬，但是，對於文中前後矛盾以及因創作的倉促而產生的種種問題，他是擔心的──「書

〔註34〕張恨水：《〈啼笑因緣〉幾個疑問──敬答宋沖先生》，載《新聞報》副刊《本埠附刊》，1930 年 10 月 12 日十七版。

〔註35〕關於《太平花》的紕漏，劉少文先生在他的《大衆媒體打造的神話：論張恨水的報人生活與報紙化文本》（中國社會科學出版社，2006 年 5 月版）一書的第九章已詳加論述，不再贅述。

〔註36〕在創作《春鐙舊影》時，嚴獨鶴犯了一個小紕漏，在《紅雜誌》第二卷第二十九期第七頁末行說「毓良的母親死了。等到服滿之後⋯⋯」第八頁第三行卻出現了「他稟明了母親⋯⋯」，第九頁第六行又說「想起了老母」，情節上自相矛盾。檢討自己的過失，嚴獨鶴提出：「小說當於未屬稿之前，將全篇結構斟酌盡善，事後改動，究非所宜。」見嚴獨鶴《我之自訟》，《紅雜誌》第 2 卷第 32 期，1924 年 3 月 14 日。

至二十萬言，決不能無漏筆敗筆，未發現之疑問，恐爲數尚多」，因此，在
《世界日報》再次連載《啼笑因緣》時，他便對其進行了改寫。〔註37〕

　　應該看到，報紙的即時性在給予張恨水創作以時效性壓力的同時，也給
予了他難得的機遇──可以在第一時間了解讀者的欲求，從而在與讀者對話
的過程中（無論直接對話還是間接對話），可以有效牽引讀者的好奇心，爲讀
者設疑，使其質疑，並最終滿足讀者的閱讀期待。從這種意義上說，在《啼
笑因緣》創作的過程中，讀者同樣參與了文本的創作。

　　以報紙爲載體和平臺，編輯、作者與讀者共同參與，共同完成一部小說，
作爲編輯和出版商的嚴獨鶴本人即諳熟創作之道，而身爲作家的張恨水也擔
任了多年的副刊主編，相似的報人身份和創作經歷，使得二人得以有條件、
有機會發揮所長，同時以開放的姿態適度容納了讀者的聲音。這種創作模式，
比傳統意義上的單行本寫作要開放得多，在當時的歷史條件下，它成爲一種
最開放的寫作，與當下的網絡寫作非常相似，即以作家的一支筆，容納了眾
多的聲音──編輯、讀者的和作家自己的〔註38〕──並最終呈現在報紙副刊
這一文學載體上。至此，《啼笑因緣》再不是我們看到的那個單行本，而是一
個動態的鮮活的創作現場，它爲我們提供了這樣一個機會，使我們清楚地看
到了現代報紙誕生後通俗文學從發生到創作到實現的動態的多維互動的全過
程。葉維廉先生說過：「要充分瞭解我們創作歷史的泉源……首要的，便是以
全然開放的胸懷，掌握它們在其間全面衍化生成持續的歷史意識，明白每一
個文化事件、每一個創作行爲根生在歷史、根生在美學傳統的多樣化，我們
絕不能把這些事件和作品（過去的和現在的）一概投入一種、只一種單面的
歷史透視裏（比如毛式的馬列主義）來作偏差的肯定和否定。」〔註39〕

　　載體的改變，給文學帶來的，是一種專屬於文學現代化進程中的新生。
因此，以上這些現象的分析，不光屬於《啼笑因緣》和張恨水，同時也屬於
中國現代化過程中曾在報紙上連載小說的那些作家們，這其中，既包括通俗
文學作家，也包括新文學作家，只是由於個人機緣不同、背景不同、立場不

〔註37〕關於此部分內容，詳見本書本章第二節《被湮沒的兩次版權糾紛》。

〔註38〕應該看到，這種對話具有兩面性，一方面彰顯了讀者和編者在文本創作中的
　　　　地位，另一方面，也消解了作者在傳統創作模式中的主體性。然而，這種消
　　　　解，恰恰是報紙這一媒體爲中國文學現代化轉型帶來的最有意味的變革之一。

〔註39〕葉維廉：《中國詩學》，北京：生活・讀書・新知三聯書店，1992年1月版，
　　　　第210頁。

同，未能產生像《啼笑因緣》這樣的轟動，像張恨水這樣在媒體與文學之間遊刃有餘，並進而引起文壇反思。《啼笑因緣》不是一部單純的作品，它更是一種媒體與文學之間互動的、立體的、全方位呈現的文學事件、一種文學現象。認識到這一點，我們就有可能拓展研究視角，超越文本本身，對現代文學發展過程中的各種現象，給予合理的解釋和客觀的定位。

第二節　被湮沒的兩次版權糾紛

《啼笑因緣》1930 年在《新聞報》副刊《快活林》連載之後產生了一系列轟動，圍繞《啼笑因緣》所產生的轟動效應，這部作品發生了一系列版權糾紛，從連載到出版單行本再到改編成電影，幾乎《啼笑因緣》每一種載體的改變都會伴隨出現一次版權糾紛。表面看來，這僅僅是幾次商人對於商業利潤的掠奪行為，但實質上，這三次版權糾紛或有意、或無意地為《啼笑因緣》在社會上再次製造了廣告效應，而糾紛結束後確立的一系列市場規則，為通俗文學作家的創作及其作品在市場中生存也贏得了一定意義上的保障。

一提及《啼笑因緣》的版權糾紛，最著名的莫過於「《啼笑因緣》雙包案」，也就是明星、大華之間的《啼笑因緣》的電影攝製權及公演權之爭。然而，早在其兩年前，即《啼笑因緣》在《新聞報》副刊《快活林》連載之時，在北平還有另一個版本，即北平《世界日報》副刊《明珠》上於 9 月 24 日開始連載的《啼笑因緣》，同時圍繞著這一版本，發生了關於《啼笑因緣》的第一次版權糾紛。

一、連載版權糾紛：《新聞報》與《世界日報》之間的一段公案

（一）

《啼笑因緣》1930 年 3 月 17 日開始在《新聞報》副刊《快活林》連載，直至 1930 年 11 月 30 日二十二回連載完。就在連載結束的第二天，也就是 12 月 1 日，副刊主筆嚴獨鶴就發表了《關於〈啼笑因緣〉的報告》一文，告知讀者關於《啼笑因緣》連載中的事件以及下一步計劃，包括連載過程中讀者的反應、下一步的影片攝製計劃、單行本出版計劃等。而就在 12 月 2 日該篇文章的另一部分中，嚴獨鶴專列出一段指出：

> 最近有北平某報亦刊載《啼笑因緣》小說，以此頗引起一部分

人的懷疑，以爲《啼笑因緣》何以同時刊載於南北兩報，實則係北平某報，完全未得本報同意，亦未得恨水先生同意，自行轉載。現此事已由本報請恨水先生就近向之直接交涉，現該報已承認即此停止。（所刊亦祇八回）關於此點，是本報和恨水先生均不能不切實聲明的。〔註40〕

文中提及的「北平某報」，實係當時在北平由成舍我主辦的《世界日報》。實際上，《啼笑因緣》在《世界日報》的連載，始於1930年9月24日，其時《啼笑因緣》在《新聞報》副刊《快活林》上已經連載到十七回。而在《世界日報》上連載的《啼笑因緣》，只連載到第八回，1930年11月28日即告結束，它與《新聞報》上的《啼笑因緣》有諸多出入。最直觀的例子就是《啼笑因緣》第一回在《新聞報》上連載了十二天，而在《世界日報》上則只連載了九天。因此，《啼笑因緣》在《世界日報》上的連載與《新聞報》上的連載存在著非常大的形式差異，在這種形式差異的外表之下，揭示了文學與報紙這一載體之間更爲本質的聯繫。

1. 分節不同

《啼笑因緣》在《新聞報》上連載的每一天的內容，都保持了相對的完整性，也就是說，《啼笑因緣》在《新聞報》上每天連載的內容，都是一個小故事的結束。而《世界日報》的副刊《明珠》則不是如此。它每天連載的內容是能連載多少字就連載多少字。如1930年3月17日《新聞報》副刊《快活林》上連載的最後一段的結尾是寫北平的好風景：「風吹來，滿地花紋移動，却有一種清香，沾人衣袂，家樹覺得很適意，老是站了不動。」待到第二天連載的開頭爲：「這時過來一個聽差道：『表少爺，今天是禮拜，怎樣您一個人在家裏？』」人物進場，下一個場景進入，故事由此開始。而《世界日報》副刊《明珠》1930年9月24日的結尾不僅劉福已經出場，而且家樹的話還沒有講完就斷了下來：「家樹道：『北京的名勝我都玩遍了，你家大爺大奶奶昨天下午就要我到西山去。我是前天去的，不願去，所以留下來了。』」而9月25日的開頭爲：「劉福，你能不能帶我到什麼地方去玩。」讀者在報紙發行當日的閱讀體驗非常不完整。嚴獨鶴曾說：「我於《快活林》發稿的

<hr>

〔註40〕獨鶴：《關於〈啼笑因緣〉的報告（二）》，載《新聞報》副刊《快活林》，1930年12月2日十一版。

時候，以及三友書社排印《啼笑因緣》的時候，在這部小說上面，已費了好幾次整理和校訂的工夫。」〔註41〕由此可以看出，《啼笑因緣》在《快活林》連載之時，嚴獨鶴是很下了一番心思剪裁整理的。在排版時，《快活林》整個版面是先安排《啼笑因緣》的內容，使之相對獨立完整，然後再將剩餘的版面安排其他內容。而《明珠》則恰恰相反，連載《啼笑因緣》只是爲了借其已取得的影響獲得商業效益，不再是獨家連載。因此，《明珠》對於《啼笑因緣》的重視程度要遠遠小於同時獨家連載的張恨水的另一部小說《金粉世家》，這也就可以解釋爲什麼《金粉世家》此時在《明珠》上每一天的連載恰恰呈現出相對完整的故事片段。如果說《啼笑因緣》在《快活林》上是紅花，那麼在《明珠》上，則變成了《金粉世家》的綠葉。從讀者閱讀效果與編輯態度的角度來看，《啼笑因緣》在《明珠》上的連載不及其在《快活林》上的連載做得用心。

2. 回目不同

張恨水在解釋《世界日報》何以刊載《啼笑因緣》的時候，曾說：「此書在上海發表二十二回，本欄發表八回，在一個燒點上停止了，這是有點不同的。」〔註42〕他這裡所說的不同，看似只有回目數量的不同。實際上，更根本的不同在於，《明珠》連載的《啼笑因緣》已經對《快活林》上的《啼笑因緣》進行了改寫。《啼笑因緣》在《世界日報》至 1930 年 11 月 28 日連載結束時，雖然只連載了八回，僅僅兩個月，但已經寫到了關壽峰本來是去救沈鳳喜卻無意窺見沈鳳喜接受了劉德柱支票的一幕。這恰恰是《快活林》上《啼笑因緣》連載到十四回的內容。而《快活林》從開始連載到第十四回，總共花去了五個多月的時間。事實上，《明珠》上連載的《啼笑因緣》因了這種改寫，回目與原作出現了很大的不同，《明珠》上的作品應該稱爲《啼笑因緣》的另一個版本，只可惜因涉及到版權問題中途而廢。下表是《快活林》和《明珠》上連載的《啼笑因緣》的回目比較：

〔註41〕獨鶴：《談〈啼笑因緣〉影片》，《新聞報》副刊《新園林》，1932 年 6 月 19 日十七版。

〔註42〕恨水：《關於〈啼笑因緣〉》，《世界日報》副刊《明珠》，1930 年 12 月 27 日第九版。

表 1 《啼笑因緣》在《快活林》、《明珠》的回目比較

《快活林》		《明珠》	
第一回	豪語感風塵傾囊買醉 哀音動絃索滿座悲秋	第一回	豪語感風塵傾囊買醉 哀音動絃索滿座悲秋
第二回	綺席晤青衫多情待舞 蓬門訪碧玉解語憐花	第二回	綺席晤青衫多情待舞 蓬門訪碧玉解語憐花
第三回	顛倒神思書中藏倩影 纏綿情話林外步朝曦	第三回	顛倒神思書中藏倩影 纏綿情話林外步朝曦
第四回	邂逅在窮途分金續命 相思成斷夢把卷凝眸	第四回	邂逅在窮途分金續命 相思成斷夢把卷凝眸
第五回	頰有殘脂風流嫌着跡 手加約指心事證無言	第五回	頰染殘脂風流嫌着跡 心藏微恚衷曲在無言
第六回	無意過香巢傷心致疾 多情證佛果俯首談經	第六回	客去便攀龍都忘舊約 人來故藏鳳蓄有機心
第七回	值得忘憂心頭天上曲 未免遺憾局外畫中人	第七回	虎穴藏身難爲知己死 燈窗窺影空替美人憐
第八回	謝舞有深心請看繡履 行歌增別恨撥斷離弦	第八回	微服人侯門傳書引鳳 絕交過舊地裂券飛蚨
第九回	星野送歸車風前搔鬢 歌場尋俗客霧裏看花		
第十回	狼子攀龍貪財翻妙舌 蘭閨藏鳳炫富蓄機心		
第十一回	竹戰只攻心全局善敗 錢魔能作祟徹夜無眠		
第十二回	比翼羨鴛儔還珠卻惠 捨身探虎穴鳴鼓懷威		
第十三回	沽酒迎賓甘爲知己死 越牆窺影空替美人憐		
第十四回	早課欲疏重來懷舊雨 晚遊堪樂小聚比秋星		

　　從回目上即可看出，《明珠》上的《啼笑因緣》自第五回回目開始重寫。由於其在《快活林》上的連載已經接近尾聲，這一次改寫行爲，實際上是對《快活林》版本的整理與修訂。通過回目我們可以看出，改寫後的《啼笑因緣》情節明顯緊湊了很多，樊家樹與沈鳳喜之間這條主線也變得更加明晰。對比之下，《快活林》的版本略顯拖沓，這恰恰是作家爲報紙「每日寫一段」

不可避免的弱點所在。從這個意義上而言，《明珠》對《啼笑因緣》的改寫恰恰是張恨水對邊創作邊發表這種文學生產方式引發的弊端而作出的糾正行爲，是他將粗糙的文學生產進行精品化的一種努力。令人遺憾的是由於其涉及版權歸屬問題，使得這一個版本後人再無法窺見其全貌。

（二）

既然《明珠》上的《啼笑因緣》是對原著的改寫，那麼，爲何嚴獨鶴還要發出嚴正聲明，並由張恨水從中調解呢？難道他不清楚不同版本之間的區別嗎？

嚴獨鶴在 1930 年 12 月 1 日的《關於〈啼笑因緣〉的報告（一）》一文中便告知讀者：「《啼笑因緣》小說，現歸三友書社出版，排印將竣，約月內可以出版。」〔註43〕三友書社是嚴獨鶴與嚴諤聲、徐恥痕三人在《啼笑因緣》連載結束前夕專爲《啼笑因緣》註冊成立的。由於嚴獨鶴與三友書社關係的密切，加之《快活林》和嚴獨鶴本人其時的影響，他可以第一時間利用《快活林》這個平臺來維護三友書社的利益。而另一個更爲重要的原因是，在法律層面，此時出版界執行的是 1928 年國民黨政府頒行的《著作權法》，其第二十一條規定：「揭載於報紙、雜誌之事項，得注明不許轉載。其未經注明不許轉載者，轉載人須注明其原載之報紙或雜誌。」〔註44〕依據此條例，《新聞報》之所以可以以主人身份制止《世界日報》的連載行爲，維護自己的既得利益，則主要是由於《世界日報》並未注明原載報紙，其行爲無法受法律保護。但在這一問題上，《明珠》似乎應該有充分的理由予以反駁。因爲《明珠》上連載的版本與《快活林》不同，所以其未注明《新聞報》是原載報紙實際上是打了一個擦邊球，也在合理範疇之內。但《著作權法》第十七條又規定：「出資聘人所成之著作物，其著作權歸出資人有之。但當事人間有特約者，從其特約。」〔註45〕而嚴獨鶴代表《新聞報》在《啼笑因緣》未開始連載之前，即「預付了一部分稿費」〔註46〕，可以在事實上認定爲《啼笑因

〔註43〕 獨鶴：《關於〈啼笑因緣〉的報告（一）》，載《新聞報》副刊《快活林》，1930年 12 月 1 日十三版。
〔註44〕 劉哲民：《近現代出版新聞法規彙編》，上海：學林出版社，1992 年 12 月版，第 159 頁。
〔註45〕 同上。
〔註46〕 張恨水：《寫作生涯回憶》，見張占國、魏守忠編：《張恨水研究資料》，天津：天津人民出版社，1986 年 10 月版，第 42 頁。

緣》的著作權為《新聞報》所有。而其單行本出版權，此時已歸三友書社所有，若《明珠》繼續連載《啼笑因緣》，不管是何種版本，必將直接影響到三友書社即將出版的單行本在北平的發行，這個時候，嚴獨鶴不能再坐視不理。因此於公於私，嚴獨鶴都必須站出來發表聲明。或許由於是另一個版本，不屬於完全意義上的轉載，加之當時情況的確特殊以及張恨水與《世界日報》的關係，所以嚴獨鶴並未通過法律手段，而是約請張恨水從中與《世界日報》交涉。在《世界日報》一方，其連載時並未通知《新聞報》，私下連載《啼笑因緣》是既成事實，難免理虧，所以只好停止事實上是改版後的《啼笑因緣》。

然而，在這一過程中，張恨水的態度非常耐人尋味。嚴獨鶴稱「北平某報，完全未得本報同意，亦未得恨水先生同意」，「關於此點，是本報和恨水先生均不能不切實聲明的」。其文字中時時處處表現出張恨水對此事的不知情，對張恨水呵護有加，連聲明都稱是「本報和恨水先生」共同發出的。他這樣做，或許是源於《快活林》以及三友書社對於張恨水未來的期待，為了維護張恨水在讀者心目中的地位，不願讓張恨水牽涉其中。而事實上，張恨水任《明珠》副刊主編達七年之久，雖然此時已經離開《明珠》半年，但他一直在北平，而且《啼笑因緣》一連載就是兩個月，他絕不可能不知情。1930年 12 月 27 日，張恨水在《明珠》副刊上發表了《關於〈啼笑因緣〉》一文，明確說明：

> 可是發表之期，正在南北報紙隔斷之日。有些朋友，以為北方報紙的讀者，也許願意看看，因之，我就將該書在本欄發表。[註47]

對於嚴獨鶴的「呵護有加」，張恨水似乎並不領情，而是坦言自己知情，並強調是「我」將該書在《明珠》發表的，《世界日報》之所以發表《啼笑因緣》的原因在於「南北報紙隔斷」。1930 年 4 月至 11 月間，蔣介石與閻錫山、馮玉祥和李宗仁之間爆發了北伐之後國民黨內最大的內戰——中原大戰，戰事蔓延河南、河北、山東、湖南、湖北幾省，南方的蔣介石與北方的閻錫山、馮玉祥之間的戰爭必然使南北交通受阻，因此張恨水所言「南北隔斷」的理由確是事實。而這段時間恰是張恨水在《快活林》上連載《啼笑因緣》的時期，北平讀者無法看到《新聞報》。由於《啼笑因緣》在上海造成的轟動，加

[註47] 恨水：《關於〈啼笑因緣〉》，《世界日報》副刊《明珠》，1930 年 12 月 27 日第九版。

之此時早已有北方報紙連載張恨水發表於上海的小說的先例，《世界日報》就近找到張恨水要求連載《啼笑因緣》似乎也在情理之中。同時，《啼笑因緣》在《明珠》上的改寫，必然是張恨水本人親自操觚的，否則，這種改寫就侵犯了張恨水的著作權，張恨水必然不會站出來替《明珠》解釋。但是，儘管他對嚴獨鶴所謂「亦未得恨水先生同意」的說法予以否定，但在自己的聲明中，張恨水又爲三友書社的單行本予以宣傳。那麼，如何解釋張恨水這種看似矛盾的行爲呢？

　　1930 年 2 月，因了與成舍我之妻楊藩的「欠條風波」，張恨水離開《世界日報》。3 月至 12 月間，《金粉世家》正在《世界日報》連載，而《啼笑因緣》正連載於《快活林》，兩部小說已使他蜚聲南北。此時，他同時要寫六部小說，成爲眞正意義上的自由職業者對張恨水而言也是一種解放。相比於《世界日報》的吝嗇，上海方面對他如此慷慨，不僅在稿件發表之前就預付了一部分稿酬，而且，1930 年秋他到上海，世界書局的沈知方對於《春明外史》和《金粉世家》兩部已經連載過的作品，每部書都付給他四千元的稿費。同時對於張恨水專門爲世界書局寫的四部小說，「每三月交一部小說。字數約是十萬以上，二十萬以下。稿費是每千字八元。出書不再付版稅。」〔註 48〕與當時報紙普遍實行的「千字 2 圓至 5 圓」〔註 49〕的標準，不可謂不豐厚。這樣計算下來，單是這一項，張恨水每月的收入平均下來即在 260～520 元之間，而當時北平知識階層四五口之家每月的生活費用（伙食、房租、交通、娛樂、應酬等）平均百元以上即可應付〔註 50〕。上海方面使得張恨水擺脫了生活上的窘境。但是，雖然張恨水已離開《明珠》，但此時《明珠》的主編左笑鴻是他的至交，並且在張恨水發表《告別朋友們》一文後，撰文勉勵他「小別不須徒悒悒？文光曄曄照天涯」〔註 51〕。夾於《新聞報》與《世界日報》之間，張恨水的心情必然是矛盾的。一方面，他感謝於《新聞報》對他的信任和推介〔註 52〕，所以他同意出面協調此事。而另一方面，左笑鴻與他的友情以及

〔註 48〕張恨水：《寫作生涯回憶》，見張占國、魏守忠編：《張恨水研究資料》，天津：天津人民出版社，1986 年 10 月版，第 47 頁。

〔註 49〕陳明遠：《文化人的經濟生活》，上海：文匯出版社，2005 年 2 月版，第 58～59 頁。

〔註 50〕陳明遠：《文化人與錢》，天津：百花文藝出版社，2001 年 1 月版，第 93～94 頁。

〔註 51〕恨水：《告別朋友們》，《世界日報》副刊《明珠》，1930 年 4 月 24 日第七版。

〔註 52〕嚴獨鶴在《關於〈啼笑因緣〉的報告》中告知讀者：「這回張君來滬，曾對於

他個人對於《明珠》的感情，使得他願意站出來對讀者和《新聞報》作一解釋，並坦承自己知情，承擔責任。同時不忘替嚴獨鶴告知北平讀者《啼笑因緣》「單行本由上海出，北平歸王府井大街大華書局經理」〔註53〕。不到300字，既對三友書社即將出版的單行本予以推介，又替舊友避免了尷尬，也向讀者作了交代。於是，這樣一場涉及版權問題的糾紛，在張恨水的努力下，南北兩大報握手言和，並未像明星、大華那樣在社會上掀起巨大的波瀾，也並未因此而影響到三友書社的利益，即《啼笑因緣》單行本的出版和發行。這樣一個結果，是事件雙方都願意看到的，張恨水在其中，功不可沒。

二、單行本版權糾紛：防不勝防的偽版

　　《啼笑因緣》在《快活林》上連載接近尾聲之時，嚴獨鶴每天都會接到幾十封讀者來信，詢問單行本出版時間。1930 年 11 月 30 日，《啼笑因緣》在《新聞報》副刊《快活林》連載結束。12 月 1 日，嚴獨鶴就在《快活林》「談話」欄目發表《關於〈啼笑因緣〉的報告》一文，告知讀者，「《啼笑因緣》小說，現歸三友書社出版，排印將竣，約月內可以出版。內容除小說本文外，尚有恨水先生的小影和自序，并加入其他序文和插圖。全書印刷頗精，排印也很注意，而定價從廉。使愛讀《啼笑因緣》者，可以人手一編。」〔註54〕名義上是在答覆讀者，實際上是藉此為即將發行的單行本做廣告，正式向讀者和其他出版者宣佈三友書社為《啼笑因緣》單行本版權所有者。月底，三益書店即在《快活林》版登廣告誠徵各地承銷商，並通知讀者《啼笑因緣》出版日期為 1931 年 1 月 10 日。〔註55〕

　　1931 年 1 月 11 日，在《快活林》上，《啼笑因緣》單行本出版廣告隆重登場。在廣告中特別說明：「現在此書已由三友書社印成單行本，歸三益書店獨家銷售。全書分上中下三冊，用上等報紙精印，卷首有銅圖數頁，係

　　　　我有懇切的表示，說感於諸同文的雅愛，和閱報諸君的鑒賞，以後允為《快活林》繼續撰著長篇小說。因此《快活林》中，一俟《荒江女俠續集》刊畢，仍接刊恨水先生著作。」

〔註53〕恨水：《關於〈啼笑因緣〉》，《世界日報》副刊《明珠》，1930 年 12 月 27 日第九版。

〔註54〕獨鶴：《關於〈啼笑因緣〉的報告（一）》，《新聞報》，1930 年 12 月 1 日第十三版。

〔註55〕《閱小說者之佳音　張恨水先生著〈啼笑因緣〉近日出版了　歡迎批購》，《新聞報》，1930 年 12 月 28 日十七版。

由明星公司攝製《啼笑因緣》影片時所特攝。」同時，從封面到扉頁再到李
浩然、嚴獨鶴所作的序、張恨水作的總答覆一一詳盡介紹，上海特約代售處
爲「三馬路新聞報收發課、四馬路大東書局、四馬路世界書局、四馬路北新
書局、東新橋街興發印刷所」，北平爲「王府井大街大華書局」，總批發經售
處爲「法租界貝勒路底新天祥里十七號上海三益書店」，並在最後以特大號
字標明「嚴蔭武、王維楨律師代表三友書社聲明《啼笑因緣》版權」，強調
「茲據本埠三友書社代表來稱《啼笑因緣》說部業已於本日出版，無論何人
不得侵害該書版權及翻印抄襲轉載等情，如有上項情事發生，當依法訴究，
合亟代表聲明如右。」〔註 56〕在單行本即將印行之時，爲徵求意見，三友
書社曾在杏花樓宴請文藝界好友，席間，同仁稱《啼笑因緣》單行本必能風
行一時，但要提防遠離上海的福建、廣東等省有人翻版，侵害三友書社利益。
因此，刊登本廣告時，三友書社特別請嚴蔭武、王維楨代表三友書社發出版
權聲明，希望以此敲山震虎。然而，即便思想上做了充分的準備，但一個月
即銷萬餘部的成績，難免使人眼紅。因此，單行本發行還未滿一個月，也就
是二月初，即有人告知三友書社，在蘇州、杭州和南京以及上海的市面上已
經看到盜版。經過查訪，發現南京的南京書店，杭州的中山書店、武林書店、
六益書店，蘇州的小說林書店及文怡書店均私售僞書。三友書社當場取得證
據，一面送請公安局查究，一面向各地法庭分別起訴。1931 年 3 月 21 日，
三友書社在《新聞報》四版上發表了《宗德先、嚴蔭武、吳之屛、王維楨、
趙勳肅律師代表三友書社禁止翻版〈啼笑因緣〉啓事》，不僅公佈了內政部
核准《啼笑因緣》的註冊執照，而且以版權所有者身份發出警告：「不獨絕
對禁止翻印」，各地書店承售僞書，也將「與翻印者同受法辦」，自即日始。
同時懸賞：「如有人能查得翻印《啼笑因緣》之印刷所或書店，提出確證報
告，三友書社及三益書店（地址上海法租界貝勒路底新天祥里十七號）得以
依法訴究者至少酬現金二百元，倘遇特殊情節，自當酌量加重，並爲報告人
代守秘密。」〔註 57〕這次的啓事，上海律師除了嚴蔭武、王維楨外，還聘
請了吳之屛，杭州律師是宗德先，蘇州律師是趙勳肅。爲了一部單行本小說
同時在三地請五位律師，這在當時史無前例。這一方面說明三友書社此次打
擊僞版的力度之大、態度之堅決，另一方面也充分說明《啼笑因緣》受歡迎

〔註 56〕 《〈啼笑因緣〉今日出版》，《新聞報》1931 年 1 月 11 日十三版。
〔註 57〕 《宗德先、嚴蔭武、吳之屛、王維楨、趙勳肅律師代表三友書社禁止翻版〈啼
　　　　笑因緣〉啓事》，《新聞報》，1931 年 3 月 21 日四版。

程度之高，利潤之豐厚，使得三友書社能夠也願意花如此大的人力、物力及財力來維護自己的權益。

但是，翻印者可以判斷其有意而為，可以追究責任，那麼，各地書店承售偽書，也將「與翻印者同受法辦」一條，則會使很多書店蒙受不白之冤，因為在之前所有的廣告中，三友書社並沒有明確說明正版的特點。於是，3月24日，三友書社又刊出了一則名為《揭穿翻印〈啼笑因緣〉之黑幕》的廣告，詳細列出了辨別偽版的三個標準：

> （一）原版鉛字排印，紙質潔白，印刷清朗；翻版印刷模糊，內容文字每多顛倒，錯誤及缺頁脫節之處，讀之前後不能貫串，完全失去原書精采；（二）原版封面三色套印，及卷首銅圖數頁，均清晰異常；翻版製版既劣，著色亦淡，印圖一片模糊，不能辨認；（三）原版在該書第三冊底頁版權地位印有「三友書社」紅色圖章一顆，旁注「版權所有」字樣，翻版一概未印，成為空白（真書偽書底頁分別製版附印於後，藉資辨明）。〔註58〕

在這則廣告裏面，刊出了正版《啼笑因緣》的版權頁和「三友書社」的紅色圖章，以實例告知讀者如何辨偽。儘管如此，仍不能有效避免書店出售偽版圖書。因為彼時執行的《著作權法》只是針對「知情」列出的具體的處罰條例，對於「失察」如何處理，卻是一個盲區。〔註59〕當遭遇「失察」情形之時，三友書社及三益書店就無法依據法律對此類書店追究具體的責任。在追究蘇州小說林書店和文怡書店銷售偽版書責任的時候，就遇到了這樣的難題。在處理的過程中，小說林書店和文怡書店均聲稱自己也是受害者，是「失察」，不是「知情」，不應和「知情」者同等處罰。而三友書社及三益書店此時已經在報上宣稱各地書店承售偽書，也將「與翻印者同受法辦」，但這卻是個沒有法律效力的規定，雙方僵持不下。由於程小青與三益書店和小說林書店關係都非常好，被請出來調停此事。程小青後來回憶此事不勝感慨：「我為

〔註58〕《揭穿翻印〈啼笑因緣〉之黑幕》，《新聞報》1931年3月24日十三版。

〔註59〕民國十七年（1928）五月十四日國民政府公佈（同日施行）的《著作權法》中有兩條法令涉及圖書版權問題：第二十三條規定：「著作權經註冊後，其權利人得對於他人之翻印、仿製或其他方法侵害利益，提起訴訟。」第三十三條規定：「翻印、仿製及以其他方法侵害他人之著作權者，處五百元以下、五十元以上之罰金。其知情代為出售者亦同。」（見劉哲民：《近現代出版新聞法規彙編》，上海：學林出版社，1992年12月第1版，第159～160頁。）但這兩條都沒有詳細說明對於書店「失察」該作何種處理。

著兩方面的友誼，居中調停，因此我又不知約過幾回茶，寫過幾封信，和打過幾次電話，開過幾次談判。現在總算已經了結，我却已留下一個很深的紀念。」〔註60〕5月7日，蘇州小說林書店和文怡書店在《新聞報》共同發表聲明，願意承擔「失察」之責，同時也願意協助三友書社和三益書店在蘇州打擊僞版：

> 敝店職員於三月份在店門首收買《啼笑因緣》十部存售，嗣經三友書社及三益書店派人來店查明實係僞版，敝號始知受欺，失察之咎，在所難免。現經至好向三友書社及三益書店力爲解釋，已得諒解，並由蘇地同業議決以後，共同禁止該僞版書在蘇地發售，特此聲明。〔註61〕

至此，蘇州文怡書店和小說林書店出售僞版《啼笑因緣》的事件告一段落。而杭州中山書店、武林書店、六益書店則沒有如此幸運。由於沒有中間人代爲調停，三友書社與三益書店直接與之對簿公堂，法官陳鹿芝極爲公正，深以出版界有此情形，若不嚴予根究，將不足以保障法權。因此直接傳集各方當事人，詳加審訊，不久即定案。處理得乾脆利落。

　　對於僞版的出現，三友書社及三益書店是做好了充分的思想及現實準備的。但是，即便如此，短短不到一個月，上海及周邊大量僞版紛紛上市，更不用說鞭長莫及的閩、粵及長江以北和南洋等地，這一盜版速度令出版商三友書社及發行商三益書店措手不及。儘管這主要和當時的《著作權法》並不完備，不能切實保障著作者、出版商、發行商的合法權益密切相關，但另一方面，卻也充分證實了《啼笑因緣》這部作品在讀者中不可小覷的魅力——即便僞版遍地，三友書社在不到半年的時間裏，仍然創造了銷行兩萬部的驚人紀錄。〔註62〕重賞之下，必有勇夫。面對多年不遇的市場需求，商人趨利的本性決定了他們當然不會視如此巨大的利潤於不顧。即便三友書社和三益書店作出更大的努力，即便《著作權法》再完備，依然會有人想盡一切辦法在這塊巨大的蛋糕面前爭得一杯羹。相比於《新聞報》在《啼笑因緣》連載期間出現版權糾紛時候的低調處理，此次三友書社及三益書店已經開始

〔註60〕小青：《我與〈啼笑因緣〉》，《新聞報》副刊《快活林》，1931年5月5日十七版。

〔註61〕《蘇州文怡書局、小說林書社爲〈啼笑因緣〉緊要聲明》，《新聞報》1931年5月7日四版。

〔註62〕《愛讀張恨水小說　不可不讀〈啼笑因緣〉》，《新聞報》1931年9月5日四版。

全面出擊，而這一次單行本的版權糾紛，卻僅僅是隨之而來的鋪天蓋地的《啼笑因緣》電影及戲劇改編權、公演權之爭前的一次熱身。

　　《啼笑因緣》一系列版權糾紛表面看來只是一部受人歡迎的作品命運多舛，然而，維權過程中紛紛暴露出來的問題，使得報社、出版社及電影公司都開始意識到知名作家優秀首發作品版權的價值，從而建立了一系列應對措施用以維權。在《世界日報》與《新聞報》連載版權糾紛結束之後，1931 年 9 月 1 日，《太平花》在《新聞報》副刊《快活林》一連載，便在文首刊出了「版權所有，禁止轉載」的字樣，以維護自己的首發權。在出版單行本方面，1930 年秋張恨水到上海，世界書局沈知方購買張恨水作品的版權，對於已經連載的《春明外史》和《金粉世家》，因爲登過報，所以價格爲四元千字，同時又與張恨水約定了四部專由世界書局出版的單行本作品，「每三月交出一部。字數約是十萬以上，二十萬以下。稿費是每千字八元。出書不再付版稅」〔註63〕，確立了已連載作品和獨家出版單行本作品的不同標準。「出書不再付版稅」是在這一契約中非常重要的內容。版稅是一種重要的稿酬形式，但當時多數作家寧願以一次性稿酬的形式進行結算。一是因爲作品到底發行多少，作家很不容易弄清楚；二是因爲當時盜版成風，書局一旦利益受損，作家也成爲直接的受害者，難有保障。用一次性稿酬的形式予以計算，可以免去很多後顧之憂。同時，書局方面也願意採取一次性稿酬的形式。因爲一來出版之後書局的所有利潤都與作者無涉，像張恨水這樣的作家，單是「張恨水」三個字就已經成了品牌，再版甚至幾版都有可能；同時，一部暢銷的作品，一定會有數量不菲的盜版，對於書局而言，一次性稿酬成本最小，避免了更多的經濟風險。顧明道的《荒江女俠》出版了六集，無論書商再版、翻版，由於版權已經被買斷，顧明道都沒有版稅可抽，在這種情況下，書局的利潤就非常驚人了。二來版稅是定期支付的，期間隨時會有變更，書局會有很多後顧之憂。1929 年魯迅與李小峰之間那場著名的版稅官司使得李小峰一次就補交了 8256.834 元，不能不令當時的出版商心有餘悸。

　　獨家出版單行本作品，是出版社與作者之間建立的一種契約關係，或者說是一種雇傭關係。在這一契約之下，作者受雇於書局，要履行版權協議中的義務，同時書局對於作者的創作在一定程度上也給予了經濟上的保

〔註63〕張恨水：《寫作生涯回憶》，見張占國，魏守忠編：《張恨水研究資料》，天津：天津人民出版社，1986 年 10 月版，第 47 頁。

障。〔註64〕相比於蔡東藩創作《歷朝通俗演義》之時每月爲糊口，由郵局寄出一部分書稿，換回幾十元稿費，因此「不得不將一部書稿零碎著『賣』」〔註65〕，世界書局與張恨水之間的這種契約形式，使得張恨水在創作時沒有了後顧之憂。書局與作者確立契約關係，非始於張恨水，〔註66〕但連載過的作品與直接出版單行本作品不同酬，而且提前預付稿酬，雇傭作者單獨爲書局創作，在張恨水之前，是非常少見的。世界書局此舉一方面是看中張恨水憑藉《啼笑因緣》在上海打開的局面，更爲重要的一點，是看到了「張恨水」這個名字背後潛在的品牌效應，以及馬上隨之而來的對這一品牌的爭奪，即後面作品的版權問題。與其坐等作品連載結束後像三友書社一樣花大量精力打擊僞版，莫不如開始就買斷版權，獨家出版，這是世界書局眼光、膽量和魄力的展現，更是一次風險投資，其最終的目的就是高風險之後的高回報率。

第三節 不同的「轟動」：副刊與小報連載小說創作差異比較——以《啼笑因緣》和《亭子間嫂嫂》爲中心

現代傳媒是現代文學賴以存在的物質載體。報紙和期刊誕生之後，直接導致了現代文學與古代文學從形式到內涵之間的差異，對長篇小說而言影響尤爲深遠。蒲松齡撰《聊齋誌異》，動機是「雅愛搜神」，「閒則命筆」，「儲蓄收羅久矣」，「年五十始寫定」；〔註67〕曹雪芹寫作《紅樓夢》，「於悼紅軒中批

〔註64〕張恨水用這筆錢約了郝耕仁到上海和西湖，還分給他一些錢。之後又把弟妹們婚嫁、教育問題解決一部分。此外還租了一所房子，院宇很大，植了不少花木，很幽靜。張恨水自言「這一切，在精神上，對我的寫作是有益的。」張恨水：《我的創作和生活》，見魏紹昌編《鴛鴦蝴蝶派研究資料：上卷》，上海：上海文藝出版社，1984 年 7 月版，第 257 頁。

〔註65〕張贛生：《民國通俗小說論稿》，重慶：重慶出版社，1991 年 5 月版，第 104頁。

〔註66〕《申報》光緒元年九月二十日（1875 年 10 月 8 日）刊載的《覓書》中稱：「如遠近諸君子有已成未刊之著作擬將問世，本館願出價購稿……再如藏有世上罕見之本宜於重刊者，本館亦可以價買……」但這兩種「價買」的形式完全不同於世界書局對張恨水作品的「買斷」行爲。前者是先有稿後買，是一手交錢一手交貨的買賣行爲；後者是先付款買斷版權，後見稿件，是雇傭行爲和契約關係，也是世界書局的一次風險投資。

〔註67〕魯迅：《中國小說史略（插圖本）》，上海：上海古籍出版社，2004 年 7 月版，

閱十載，增刪五次」〔註 68〕……而自報紙、期刊出現之後，小說一轉而變爲連載，「朝甫脫稿，夕即排印，十日之內，遍天下矣」〔註 69〕，作者在寫作時難有古人那種「優游刪潤，以求盡美盡善」〔註 70〕的從容態度，轉而成爲「文字勞工」，急於「廣聲譽，得潤資」。對於這種情況，早在 1902 年，梁啓超就在《〈新小說〉第一號》中憂心忡忡地提出了當世小說創作的「五難」，毫不掩飾地表達了自己對小說品質的擔憂：

　　一部小說數十回，其全體結構，首尾相應，煞費苦心，故前此作者，往往幾經易稿，始得一稱意之作。今依報章體例，月出一回，無從顛倒損益，艱於出色。〔註 71〕

同時，梁啓超還指出，報刊連載小說的時效性對長篇小說部分與整體的關係也產生了非常深遠的影響：古代一部長篇小說中「最爲精彩者，亦不過十數回，其余雖稍間以懈筆，讀者亦無暇苛責」，而連載小說「按月續出，雖一回不能苛簡，稍有弱點，即全書皆爲減色」；古代長篇小說由於顧及結構的完整，常常先抑後揚，「篇首數回，每用淡筆晦筆，爲下文作勢」，而報刊連載小說出於分段閱讀的需要，「不得不於發端處，刻意求工」，使其載體成爲「單日暢銷書」〔註 72〕，從而贏利。應該說，梁啓超世紀初所憂慮的由於載體和創作行爲改變而帶來的小說品質下降的問題，一直貫穿於中國現代長篇小說始終，成爲現代文學活動從創作到接受整個過程中最具有普遍性也最難解決的問題之一——由於寄生於報刊之上而必須面向市場的現代長篇小說究竟該如何克服載體的限制而呈現生機，如何在載體、市場與文學審美之間尋求一種平衡，或者說掙脫載體之「累」而贏得現代長篇小說對於文學本質的追求和靈魂的回歸，這不僅是印刷資本誕生之後出版者（主筆、主編）與創作者一直努力破解的「達‧芬奇密碼」，更是 20 世紀文學研究界持續關注的學術生長點。在民國時期所有的印刷媒介中，報紙的時效性更強，周期最短，相對於期刊而言，報紙在這一問題上的矛盾更爲突出，而報紙與長篇小說之間，

第 186 頁。

〔註 68〕魯迅：《中國小說史略（插圖本）》，上海：上海古籍出版社，2004 年 7 月版，第 205 頁。

〔註 69〕解弢：《小說話》，上海：中華書局民國八年（1919）版，第 116 頁。

〔註 70〕解弢：《小說話》，上海：中華書局民國八年（1919）版，第 116 頁。

〔註 71〕梁啓超：《〈新小說〉第一號》，載《新民叢報》，1902 年第 20 號。

〔註 72〕〔美〕本尼迪克特‧安德森著，吳叡人譯：《想像的共同體：民族主義的起源與散布》，上海：上海人民出版社，2003 年 1 月版，第 34～35 頁。

又有一種無法撇清的共存關係，因此，報刊連載小說這一非常具有現代性特徵的文本形態，爲我們進入這一領域的思考提供了可能。

一

很多研究者在面對通俗小說文本時，常常是以單行本爲參照予以分析，這裡面就忽略了近現代通俗小說因了現代傳媒而具有的一個非常重要的形式特點──連載。如果分析近現代通俗小說的一系列問題，必須進入連載形式本身對小說結構予以思考。「連載」，是近現代長篇通俗小說非常重要的文體特徵，它直接影響到了小說的文本結構方式。連載形式不僅是近現代通俗小說與古典小說具有本質性的文體差別，也直接影響到文本內容。張恨水的《金粉世家》總共寫了七年左右，每天在《世界日報》副刊《明珠》上連載幾百字，這與曹雪芹「字字看來皆是血，十年辛苦不尋常」而成一部《石頭記》是完全不同的創作模式，而看似簡單的形式區別恰恰暗含了非常大的創作差異。〔註73〕這樣的創作差異決定了連載小說與單行本小說之間的本質區別和審美差異。

不同的媒體具有不同的呈現方式，這些呈現方式決定了作家在面對不同媒體時候不同的創作方式和創作態度，這些創作方式和創作態度又直接影響到作家的產品──小說──的質量。這，恰恰是近現代文學（不光是通俗文學）在流變過程中因了現代報刊的誕生而發生的一個重大的變化──載體成爲近現代通俗小說創作過程中的影響因素。創作不再是作家個人密不透風的行爲，它因了媒體的參與而具有了開放性，同時，媒體的差異又直接爲長篇通俗小說的走向提供了多重可能。這是通俗文學進入近現代以後所具有的現代性特徵之一。

通俗文學的長篇小說，通常是連載於各類文藝期刊、大報副刊和小報上，如果在連載過程中作品非常受歡迎，就會有出版商考慮將作品以單行本的形式出版。一般來說，文藝期刊的出版周期要比報紙長得多，同時，又由於期刊每期留給長篇小說的版面較多，而報紙由於版面限制，一部小說每天只能連載幾百字，所以，單從外觀上看，期刊上的連載小說與報紙連載小說即有很大不同，這是由於載體差異帶給小說的差異。但大報副刊和小報都屬

〔註73〕湯哲聲：《論現代大衆傳媒對中國現代文學創作機制的影響》，《江蘇社會科學》
2007 年第 5 期，第 187～192 頁。

於報紙，除了大報對開版面，且版面眾多，〔註74〕而小報一般只有四開大小，且一般只有四版〔註75〕這樣一種形式差異外，二者每天連載的小說從外觀上看具有非常大的相似性，比如每天均連載幾百字，連載的時間都比較長，作家創作體驗常常支離破碎〔註76〕……然而，梳理並跟蹤它的文本生產過程，我們可以發現，大報副刊連載小說與小報連載小說相比從形態及結果上看，有非常大的差異。與小報連載小說「未完成時態」的特點〔註77〕相比，大報連載小說常常呈現出「完成時態」〔註78〕。除去外在原因，如戰亂、停刊等，相對於小報連載小說，大報副刊刊載的長篇小說連載結束之後立即刊行單行本的作品數量比例較高，少有半路夭折的情況。〔註79〕《快活林》及後來的《新園林》上連載過的李涵秋的《俠鳳奇緣》、《鏡中人影》、《戰地鶯花錄》，平江不肖生向愷然的《玉玦金環錄》、《留東新史》，顧明道的《荒江女俠》、《荒江女俠續集》，張恨水連載於《新聞報》的幾乎全部的小說如《啼笑因緣》、《太平花》、《現代青年》、《夜深沉》、《滿江紅》、《紙醉金迷》等作品，在連載結束後很快即出版了單行本，以20世紀30年代的印刷水平而言，《啼

〔註74〕《新聞報》、《申報》在20世紀30年代版面最多時可達三十幾版。

〔註75〕如以英寸記，《申報》寬二尺八寸、高一尺十一寸，《新聞報》寬二尺十寸，高一尺九寸半強，《時事新報》等寬二尺十寸，高一尺九寸半強，《晶報》寬一尺九寸半，高一尺三寸半，故西方人又稱小報爲「蚊子報」。（見丹翁：《報紙尺寸》，《晶報》，1931年4月9日二版。）

〔註76〕由於每天給不同的報刊寫稿，而每天報紙或刊物只連載幾百字，所以許多通俗文學作家都要同時爲幾家報刊寫稿，對於一部作品的創作感受常常是片段化的，如1933年5月間，張恨水同時在《新晨報》上連載《水滸別傳》，在《新聞報》連載《現代青年》，在《晶報》連載《錦片前程》，在《申報》上連載《東北四連長》（《楊柳青青》），在南京《新民報》上連載《舊時京華》，在《旅行雜誌》上連載《祕密谷》。而張恨水本人在回憶錄裏也專列出一節稱其爲「忙的苦惱」。（根據劉少文：《大眾媒體打造的神話——論張恨水的報人生活與報紙化文本》書末附表2《張恨水中長篇小說的初版刊載情況》整理，北京：中國社會科學出版社，2006年5月版）

〔註77〕李楠：《晚清民國時期上海小報（插圖本）》，北京：人民文學出版社，2006年9月版，第296～297頁。

〔註78〕爲與小報連載小說相區別和比較，本概念特借用「未完成時態」，由其改用而來。

〔註79〕張資平的《時代與愛的歧路》在《自由談》連載時，由於不合讀者口味，於1933年4月23日停刊，成爲著名的「腰斬張資平」文案，糾葛一時。嚴獨鶴也提到有類似事情發生。但這種情況，在大報的文藝副刊中，是比較少見的，屬於特例。

笑因緣》在《新聞報》副刊《快活林》上 1930 年 11 月 30 日連載結束，一個月之後，1931 年 1 月 11 日即由三友書社出版了單行本，這樣的出版速度在信息化的今天也是令人瞠目的。小報連載長篇小說在連載之時多數作品讀者重視程度很少能像大報副刊作品那樣高，連載之後，單行本出版率與副刊小說比起來要低得多。之所以會出現這種情況，就是因爲大報副刊具有充足的條件，如人力、資本、時間、稿源、發行渠道及發行量等，可以對連載於其上的小說進行充分的商業運作。

　　與小報比起來，大報的資本可謂非常雄厚。周天籟曾描述過小報編輯部的情況：

> 　　主辦的人須有才學，又能幹，可以吸引一部分讀者。自己拉稿，自編自寫，手下只用一個助手、一個校對、一個茶房，廣告又有把握拉攏，白報紙可以打個保單給紙頭行家做帳，否則每天用多少買多少，買半令、買一令都可以，印刷又可以先付一半，還有一半到月底再結，或者五天一結，都可以。編輯部設在一個亭子間內，自己家裏不怕小囝煩，更加好。一張寫字臺足夠派用場。助手的薪水，打他三十隻老羊；一個校對，打他十五隻老羊；一個茶房，打他十隻老羊。〔註 80〕

相對於小報編輯部的簡陋與寒酸，新聞報館可謂「財大氣粗」。1908 年，新聞報館「購進漢口路基地一方，新建四層樓房一幢。1909 年從山東路單開間門面遷至新屋辦公，全館職工由數十人增至二百餘人」，福開森「向美國購得二層捲筒機一部，每小時可印報七千份」。爲保證報紙來源，汪漢溪向通商銀行貸款，「將報館地基、房屋、機器固定資產及紙張、油墨等物料、生財、動產，全部作抵押品」，一下子就購進了六年的存貨。〔註 81〕而且在 1924 年之前也就是創刊 30 年之後就全部還清了債務。報館內除編輯部之外，在 1923 年，還設置了發行部、廣告部、製版部、鑄字部、銅牌部等部門，功能齊備，分工明確。

〔註 80〕周天籟：《一張小報出版的經驗》，《上海生活》第 4 卷第 2 期，1940 年 2 月。
〔註 81〕汪仲韋（徐恥痕整理）：《我與〈新聞報〉的關係》，中國社會科學院新聞研究所《新聞研究資料》編輯部編：《新聞研究資料　叢刊　總第 12 輯》，北京：展望出版社，1982 年版，第 127～157 頁。

圖 1　1924 年的新聞報館局部

　　大報的資本之雄厚，小報是望塵莫及的。再加上小報版面只是大報版面的一半，每天一般只有四版，其生存幾乎全部依靠報紙的發行量，因此，一旦紙張價格有了風吹草動，就會直接影響報紙定價。《東方日報》曾刊出《本報增加售價二分啓事》，解釋報紙售價增長原因爲「歐戰影響，白報紙價格飛漲，較前超過五倍以上，以致虧蝕頗巨。」「經全滬小型報同業公議，議決自本日起每份售價，暫增二分」〔註82〕。而大報則少有這樣的敏感。20 世紀二三十年代的《新聞報》，每份報紙定價是三分六釐，除去報販的利潤，報館實際上每份只得不足一分八釐。再扣去郵局的運輸費，《新聞報》每銷出一份，就要虧本二分左右。〔註83〕而《新聞報》發行量最高之時，銷數已經超過 15 萬份。這樣算來，如果像小報那樣完全依靠發行量，那麼發行越多，虧損也越大，《新聞報》豈不是一天也生存不下去？其實不然。與小報不同，大報的利潤主要來源於廣告。爲了登載更多的廣告，大報常常想辦法增加版面。在《新聞報》上，「以日出五大張計算，廣告所佔版面約爲三大張」〔註84〕，占

〔註82〕　《本報增加售價二分啓事》，載《東方日報》1939 年 9 月 10 日二版。

〔註83〕　福開森：《新聞報之回顧與前途》，《新聞報館三十週年紀念增刊　一八九三～一九二三》，上海：新聞報館，1923 年版。

〔註84〕　陶菊隱：《我所瞭解的〈新聞報〉》，中國社會科學院新聞研究所《新聞研究資

到報紙全部版面的 60%。而廣告價格又因位置不同而分爲四等：

　　　　特等：新聞欄中計四十字爲一行，三行起碼，每日每行九角；

　　頭等：報名旁上封面一小版，每日每版洋二百六十元，自下封面起

　　至評前止，計八十字爲一行，二行起碼，每日每行一元八角；二等：

　　「緊要分類」每行二十字高爲限，至少四行，至多一百行，每日每

　　行三角；三等：《本埠附刊》分類，計二十字爲一行，四行起碼，每

　　日每行二角。〔註85〕

　　這樣一筆巨大的利潤，《新聞報》必然在廣告上面投注巨大的熱情。不僅給予廣告公司以二成的回傭〔註86〕，而且想盡辦法增加版面，逢到節假日，幾乎一個多月之前早早就會刊出節日廣告刊例，待到節日當天，版面便大量增加，甚至多至一天增加十版，與副刊的節日特刊一起，和廣告混合著撐滿篇幅，而報紙並不加價。〔註87〕所以，《新聞報》增加發行量的眞正目的在於吸引商家在報紙上做廣告，以廣告收入來彌補發行上的虧損。發行量越高，報紙的廣告收益就越高，報館效益就越好。

　　小報則沒有這樣的版面優勢與資本基礎。由於發行量決定了小報生存與否，所以，小報上刊載的內容能否受到讀者歡迎就顯得至關重要。《亭子間嫂嫂》在《東方日報》連載之時，由於深受讀者喜愛，刊載三個月後，報紙發行量即由三千份增至二萬幾千份〔註88〕，以致周天籟要求結束時，報社老闆鄧蔭先立即寫信「坦白訴陳，報紙即賴該文支持。」〔註89〕在這種情況下，爲了滿足讀者的不同閱讀口味，爭取更多的讀者，很多小報都盡可能多地刊登連載小說，甚至一天同時刊載幾部〔註90〕。這就決定了小報對於小說的需

料》編輯部編：《新聞研究資料：第 6 輯》，北京：新華出版社，1981 年版，第107 頁。

〔註85〕《本報廣告刊例》，《新聞報》1930 年 6 月 30 日四版。

〔註86〕汪仲韋（徐恥痕整理）：《我與〈新聞報〉的關係》，中國社會科學新聞研究所《新聞研究資料》編輯部編，《新聞研究資料　叢刊　總第 12 輯》，北京：展望出版社，1982 年版，第 133 頁。

〔註87〕鄭逸梅、徐卓呆編著：《上海舊話》，上海：上海文化出版社，1986 年 5 月版，第 64～65 頁。

〔註88〕周天籟：《亭子間嫂嫂》，見《逍遙逍遙集》，上海：文匯出版社，2008 年 1 月版，第 125 頁。

〔註89〕周天籟：《亭子間嫂嫂》，見《逍遙逍遙集》，上海：文匯出版社，2008 年 1 月版，第 126 頁。

〔註90〕《東方日報》1939 年 7 月 18 日第二版一個版面上就連載了周天籟的《亭子間

求非常迫切，而「小報稿費素來菲薄，大都朋友幫忙性質，主辦人常常請請客、喝喝老酒，也有不計稿費的。」「稿費打他一塊錢一千字，已經算了不起了。」〔註91〕由於這些原因，很多小報編輯在擇選稿件的時候常常慌不擇路，小說構思的倉促以及整體質量粗糙便很難避免了。

　　相對於小報在長篇小說擇選上的「倉促應戰」，大報則顯得沈穩許多。長篇小說也是《新聞報》增加發行量的法寶之一〔註92〕，由於直接牽涉到經濟利益，所以，在副刊上登載的小說，上至報館老闆，下至副刊主編、編輯都非常重視。與小報比較而言，大報無論在資金還是稿源方面，都有明顯的優勢。《新聞報》不僅對選入其中的小說都嚴格按字數支付稿費〔註93〕，又由於可選擇餘地較大，對於小說的甄選也較爲嚴格。由於稿源較多，主編對於來稿刻意「挑三揀四」，對於一些好作品，也只好忍痛割愛。嚴獨鶴就曾專門向小說投稿者道歉：「乃有明明佳作，而或爲篇幅所限（如長篇小說投稿者常有佳構，然《快活林》中既載涵秋之作，限於篇幅，後來者遂不得不婉辭謝絕……）」〔註94〕，而張恨水的《啼笑因緣》儘管於 1929 年 5 月前後即已約稿，稿子 11 月寄給報社後張恨水即拿到了部分稿費，卻也因爲顧明道的《荒江女俠》未連載完而擱置了五個月之久，也就是 1930 年 3 月 17 日開始才與上海的讀者見面〔註95〕。在這種情況下，報社主筆不僅可以對即將發表的小說提出自己的意見，而且也可以對小說連載的形式予以精心策劃，並在小說連載之前就爲其宣傳造勢。這一切條件，小報都難以望其項背。

二

　　《啼笑因緣》和《亭子間嫂嫂》分別是連載於 20 世紀 30 年代《新聞報》副刊《快活林》和《東方日報》的兩部社會小說，連載之時，都取得了空前

　　　　嫂嫂》、大雷的《亂世春秋》以及路中天的《風雲龍虎》等小說。
〔註91〕周天籟：《一張小報出版的經驗》，《上海生活》第 4 卷第 2 期，1940 年 2 月。
〔註92〕鄭逸梅：《書報話舊》，《鄭逸梅選集（第一卷）》，哈爾濱：黑龍江人民出版社，1991 年 5 月版，第 915 頁。
〔註93〕鄭逸梅：《書報話舊》，《鄭逸梅選集（第一卷）》，哈爾濱：黑龍江人民出版社，1991 年 5 月版，第 915 頁。
〔註94〕嚴獨鶴：《十年中之感想》，載《新聞報館三十週年紀念增刊冊　一八九三～一九二三》，上海：新聞報館，1923 年版。
〔註95〕張恨水：《寫作生涯回憶》，見張占國，魏守忠編：《張恨水研究資料》，天津：天津人民出版社，1986 年 10 月版，第 42—43 頁。

的轟動。對它們的連載過程予以比較，即可看出這兩種轟動產生的原因及結果完全不同。

　　首先是兩部作品構思所花費的心思不同。1929 年 5 月 14 日，上海日報公會新聞記者東北視察團一行二十餘人，從上海出發，考察易幟之後的新東北，歸來直達北平。5 月 26 日，由北平新聞界在中山公園的「來今雨軒」設宴款待。經錢芥塵介紹，嚴獨鶴與張恨水相識，並口頭約定張恨水爲《快活林》寫一部以小市民和小知識分子生活爲題材的具有北方風味的小說，並特別強調給南方的讀者創作的文字，一定要有「噱頭」。於是，在構思布局這部小說的時候，張恨水反覆推敲：這個故事，既不能太隱晦，又不能太明顯，同時，既不能太抽象，又不能太具體。要雅俗共賞，騷人墨客不討厭它，而不識字的老太太也可以聽得懂，叫得上來。11 月前後，張恨水將初稿寄給嚴獨鶴，嚴獨鶴又特意致信張恨水，「再三」地請他寫兩位俠客，恰是由於此時上海洋場對章回小說「肉感」和「武俠而神怪的」〔註96〕要求。於是，《啼笑因緣》中出現了沈鳳喜、何麗娜、關秀姑與樊家樹的四角戀，又出現了功夫了得、路見不平拔刀相助的關壽峰。就在小說開始連載的前一天，也就是1930 年 3 月 16 日，嚴獨鶴又在《快活林》「談話」欄目隆重推出《啼笑因緣》，開始便對《啼笑因緣》大力推介。〔註97〕可見，《啼笑因緣》的誕生，是經過非常充分的準備與策劃的。

　　與嚴獨鶴和張恨水的苦心經營恰成對照，《亭子間嫂嫂》的誕生卻是在《東方日報》的編者軟硬兼施之下，周天籟偶然想到的。周天籟後來曾回憶這段經歷：

　　　　當初本報主人託徐大風先生來同我商量時候，那還是民國念
　　　　（廿）八年的春天，細雨濛濛的一個下午，正像這幾天乍晴乍晦的
　　　　氣候，徐先生是一常相熟的。這一天他挾了一柄雨傘，手上提了一
　　　　大包書。笑嘻嘻的跑來，說是有一點事情託我，問我近來書局裏的
　　　　工作忙不忙。我便問他有何事情見教，先生冒雨而來，就是很忙也
　　　　要替你辦到。他就談起要我替本報（《東方日報》）擔任一部中篇小

〔註96〕張恨水：《寫作生涯回憶》，見張占國，魏守忠編：《張恨水研究資料》，天津：
　　　　天津人民出版社，1986 年 10 月版，第 43 頁。
〔註97〕獨鶴：《對閱者諸君的報告》，《新聞報》副刊《快活林》，1930 年 3 月 16 日二
　　　　十一版。

說，約四五萬字，預備二個月結束，並且立刻要我交給他一個題目，預備製鋅版。當時我真有點難以答覆，因爲有幾點困難：一，在下是研究兒童文藝的，可說社會小說沒有把握，只怕輕易嘗試，寫不好。二，那時候手邊已有三四種特約的書，都是限月限日交卷，如果再接手另外稿子，勢必又要耽誤特約的書。三，要立時立刻交題目，按理先有題材而後才有題目，現在急急忙忙的題材根本談不到，試問這題目何從擬起。當時便告訴徐先生，可否容我一二天的斟酌，或可遵命。但徐先生坐定不開船，而且這一天記得是三月念（廿）九，說是四月一日就要開始刊登我的小說，事情不能不說匆促。在徐先生感情之下我只得勉力答應了下來。於是我糊亂擬了幾個題目，以便斟酌，他看看都說不能用。不知如何我腦子裏忽然橫裏飛來一個印象，便是我那一年租住在會樂里時候，隔壁亭子間裏有個私娼叫顧秀珍的，人極精彩，我們都喊她「亭子間嫂嫂」，她的一段往事我始終印在腦子裏，二年以來未曾減忘，如果將她一生事蹟寫了出來，的確是一部上海社會小說，而且並不是人人都知道的，可說屬於另一層階級的人物。因爲我同她做過有二年以上的鄰舍，結果她是那樣的慘死，我偶一記憶，依然活躍在我眼簾之前……當時我便隨意寫出「亭子間嫂嫂」五個字交給徐先生，想不到他大爲贊成，第二天本報主人就把它刊出預告來了。〔註98〕

或許時隔近兩年之久，周天籟對於時間的回憶與事實有一些出入。其實《亭子間嫂嫂》連載於 1939 年 7 月 3 日，而《亭子間嫂嫂》的預告則出現於 7 月 2 日。由此可以斷定，徐大風去見周天籟的時間該是在 1939 年 6 月 30 日前後，「細雨」恰是江南六月間的「梅雨」，而不是「春雨」。在預告上，只有短短五十幾字：「周天籟先生，文壇知名之士，著作甚富。今爲本報撰《亭子間嫂嫂》文筆輕鬆，故事亦饒有興味，笑料無窮，固一精心佳構，明日起連續在本報刊載，請讀者諸君注意。」〔註99〕相對於約稿的《啼笑因緣》在連載之前被壓了五個月之久，而連載之時主編嚴獨鶴對張恨水一再「告誡」，

〔註98〕周天籟：《亭子間嫂嫂外傳（一） 關於寫這篇外傳的話》，《東方日報》1941年 4 月 1 日二版。

〔註99〕《長篇連載〈亭子間嫂嫂〉周天籟著》，見《東方日報》，1939 年 7 月 2 日二版。

同時在發表之前的隆重推出相比，《亭子間嫂嫂》的出現倉促到令人難堪──
──不僅題目是「胡亂擬了幾個」之後不得通過而「隨意」寫出的，僅僅看到
題目之後的「第二天本報主人就把它刊出預告來了」。對於這部描寫社會底
層私娼血淚命運的紹介，編者竟然說「笑料無窮」，憑此便足以看出《東方
日報》編者此時對於《亭子間嫂嫂》內容的陌生。從如此簡單的預告看來，
由於對小說幾乎一無所知，編者此時也未有心對《亭子間嫂嫂》大肆宣傳。
《亭子間嫂嫂》日後的轟動，是大大出乎編者以及老闆鄧蔭先的預料之外的。

在徐大風與周天籟約稿時，儘管周天籟「是研究兒童文藝的，可說社會
小說沒有把握」，連作者自己都擔心寫不好，但徐大風仍「坐定不開船」，等
到周天籟匆匆寫出「亭子間嫂嫂」五個字時，徐大風馬上「大爲贊成，第二
天本報主人就把它刊出預告來」，可見《東方日報》編者對於名家小說創作需
求的心情之迫切，擇選之草率。而嚴獨鶴與張恨水約稿之時，張恨水已經憑
藉《春明外史》和《金粉世家》在北方讀者中人盡皆知，並且嚴獨鶴對張恨
水連載於《小說霸王》上的作品非常肯定，認爲其描寫深刻，讀來讓人覺得
雋永有味。可以說，嚴獨鶴選擇張恨水爲《快活林》創作是看中張恨水在大
報副刊上已經取得的長篇連載小說尤其是社會言情小說的創作經驗，而徐大
風對於周天籟的選擇則是一次具有冒險性質的「誤打誤撞」。

其次，小說寫作與構思的順序不同。張恨水在構思《啼笑因緣》之時，
已經從創作《金粉世家》的過程中吸取了經驗，也就是「先行布局」，這樣，
在連載時，「無論如何跑野馬，不出原定的範圍」。而在《春明外史》、《金粉
世家》創作時由於「千頭萬緒」，需要「時時記掛著顧此失彼」，因此在創作
《啼笑因緣》的時候，張恨水就故意「少用角兒登場」，但仍然「重於情節的
變化」。〔註100〕這些措施的採取標誌著在長篇小說創作方面，張恨水已經開始
走向成熟，《啼笑因緣》誕生之前作者便對內容了然於胸，即使後面有特殊情
況發生，也不會到最後結束的時候發現與初衷南轅北轍。而「少用角兒登場」，
恰恰是對中國傳統章回小說敘述模式的一次具有劃時代意義的變革，小說將
重心放在寫「人」上面，這又與新文學對「人」的發現不謀而合，這決定了
《啼笑因緣》從構思起便不會像傳統章回小說那樣枝枝蔓蔓，由於人物出場
眾多而顯得多數人物面目模糊。「重於情節的變化」則與梁啓超所言「不得不
於發端之處，刻意求工」相映襯，出於對報章連載小說特點的尊重和對日報

〔註100〕張恨水：《我的小說過程》，《上海畫報》1931 年 1 月 27 日～2 月 12 日。

讀者閱讀期待的尊重，更是對傳統章回小說優點的繼承與發揚。「少用角兒登場」和「重於情節的變化」恰恰展現了張恨水 20 世紀 30 年代對傳統章回小說手法揚棄和繼承的蛻變軌迹。這種小說處理模式決定了《啼笑因緣》最終一定會是一部相對完整的「單行本」，即便由於形式原因在連載過程中稍有「溜號」，也會很快回到原有故事情節的主線中來，不會信馬由繮。

周天籟的《亭子間嫂嫂》卻完全不是如此。儘管周天籟本人對於小說創作的規則有清醒的認識——「按理先有題材而後才有題目」，但是，迫於徐大風的「軟硬兼施」，只得「勉力」為之。而這部小說之所以在這種情況下能夠大受上海讀者歡迎，主要有三方面原因：一是人物選擇得好，顧秀珍是從農村來到城市迫於生活與社會壓力的底層私娼。對於她的生活，「並不是人人都知道的」，人們有充足的好奇心和窺視欲。從「鄉民」到「市民」蛻變過程中的種種精神和心理體驗，恰恰又可以喚起此時上海多數讀者情感上的共鳴。主人公的「人極精彩」，又平添了人物自身的魅力。二是對人物原型非常熟悉——「同她做過有二年以上的鄰舍，結果她是那樣的慘死」，開始連載的過程中不需要費太多的心力。「偶一記憶」，人物「依然活躍在我眼簾之前」，所以作者對於人物的經歷以及故事，只需要一一道來即可。所以，作者在同時有很多文債的情況下，認為這樣「二個月左右」的時間，應該是不成問題的。然而，在連載的過程中，「每次到理髮店裏剪髮，到浴室裏洶浴，在茶室裏品茗，路上碰着了朋友，弄堂口坐一堆人吹風涼」〔註101〕，人們都在談論顧秀珍，於是，這樣一來，本來預備四五萬字、兩個月就結束的小說持續不斷地寫了兩年，寫到了七十萬字，可是「本報主人說是還要往下寫，一時萬萬不能放他斷」〔註102〕。於是在作家眼裏，它成了「隨隨便便寫成的狗屁文字」〔註103〕。

再次，連載過程中報紙對於兩部作品傾注的關注程度不同。在連載過程中，《新聞報》為《啼笑因緣》做了大量的工作。不僅將讀者的來信刊載在《本埠附刊》上，嚴諤聲還故意賣關子，並將讀者的疑問和張恨水的回答以對話

〔註101〕周天籟：《亭子間嫂嫂外傳（一）關於寫這篇外傳的話》，《東方日報》1941年 4 月 1 日二版。

〔註102〕周天籟：《亭子間嫂嫂外傳（二）　關於寫這篇外傳的話（下）》，《東方日報》1941 年 4 月 2 日二版。

〔註103〕周天籟：《亭子間嫂嫂外傳（一）關於寫這篇外傳的話》，《東方日報》1941年 4 月 1 日二版。

的形式全部發表出來，以引起讀者注意〔註 104〕。然而，最有代表性的事件莫過於 1930 年 10 月 13 日《本埠附刊》由編者發起的呼籲讀者參與《啼笑因緣》結尾的猜測：

> 樊家樹究竟與何人結婚？
>
> 鳳喜秀姑何麗娜三人，畢竟如何結局？〔註 105〕

四天之內，即收到信函 117 封，猜測結果如下：

> （一）猜與何麗娜結婚者最多，四十三；
>
> （二）猜與沈鳳喜結婚者，三十二；
>
> （三）猜與關秀姑結婚者，二十一；
>
> （四）三人同嫁樊家樹者，七；
>
> （五）兼娶秀姑鳳喜者，七；
>
> （六）兼娶秀姑麗娜者，二；
>
> （七）先娶麗娜繼而離婚再娶秀姑者，二；
>
> （八）樊家樹一無所獲均不結婚者，五；
>
> 至於猜三人結局，則
>
> （一）鳳喜　猜其死者三十九，瘋而不愈者四，依然賣唱者六，遁入空門者二，另嫁者一，流落者一，獨身者二。
>
> （二）秀姑　隱遁他鄉或流走江湖行俠作義者五十一，遁入空門者八，另嫁英雄者三，將雲遊天下除暴安良遇異人而修成劍仙者一，被擒者一，嫁劉將軍享福者一。（此公未看十九回之題目）
>
> （三）麗娜　另嫁他人者十八，因奢華過度而落難者二，自殺者二，獨身者一。

資料統計完後，爲回應讀者的熱情，編者對讀者的心理又作了一番剖析：

> 猜與麗娜結婚者，大抵以鳳喜貪財失節，不足爲偶；秀姑西山鋤奸，必當隱遁；則舍麗娜莫屬。而「景雲」君來函云，「鳳喜弱女，

〔註 104〕關於這一部分內容，詳見本書本章第一節《〈啼笑因緣〉緣何轟動》。

〔註 105〕小記者：《啼笑因緣的結局如何　大家猜猜看》，《新聞報》副刊《本埠附刊》，1930 年 10 月 13 日十八版。

因貪失敗，依舊回家賣唱；秀姑女俠，隨父遠遊，他日自得其所；何麗娜文雅大方，宜乎美滿因緣。」出語簡潔，頗若老吏斷獄。

猜與鳳喜結婚者，大抵以爲書名《啼笑因緣》，則「因緣」之由啼而笑必也。鳳喜弱女子，被壓迫而失節，可得家樹之曲諒。謝相箴君函指出十九回家樹說：「縱然我不計較他那些短處，他現時不是在人家手掌心裏麼？果然他回心轉意了，又有了機會，我自然也願意引導他上正路。」所以斷其當覆水重收，理由亦甚充足。

猜與秀姑結婚者，大抵以秀姑人格最高。康光明君來函，引庵中住持之言：「她現在管着別人的事，將來便會管到自己身上來。」指爲伏筆，亦頗可取。

至猜三人同嫁家樹，或兼娶何沈，或兼娶關沈者，則不脫多妻腦筋。然閱玉峯君猜關沈兼娶，謂秀姑在醫院時，家樹送《兒女英雄傳》，曾聯想到莫非他家中已有一張金鳳在，則此時秀姑已自況爲何玉鳳矣。亦頗有見地。〔註106〕

從這篇讀者來信的統計結果可以看出，猜測樊家樹與何麗娜結婚的人數最多，沈鳳喜、關秀姑、何麗娜三人的結局，沈鳳喜最終因瘋而死者最多，關秀姑流走江湖者最多，何麗娜另嫁他人者最多（這條是排除了何麗娜與樊家樹結合情況以外的結果）。直到一個多月後，《啼笑因緣》大結局，恰是鳳喜因瘋而去了精神病醫院，沈大娘說「這不就是送她進棺材嗎」？與讀者判斷鳳喜因瘋而死非常相似。至於關秀姑和何麗娜的最終結局，也恰與意見最多的結局完全相似，這一切都用作者與讀者意見的不謀而合來解釋未免牽強。而編者對於讀者閱讀心理的分析，恰恰爲《啼笑因緣》的結局提供了第一手的參考意見。這一調查活動，恰恰是大報副刊編者、讀者共同參與的指向作品創作的有意識的運作行爲，如果沒有這次調查，或許，故事會是另外一個結局。

《亭子間嫂嫂》則完全不是如此。在《東方日報》連載近兩年的時間裏，沒有刊載任何關於《亭子間嫂嫂》的意見——無論是編者的意見還是讀者的意見。儘管周天籟收到了大量讀者的來信，但報社並無意參與這部小說的整

〔註106〕編者：《〈啼笑因緣〉結果猜測》，《新聞報》副刊《本埠附刊》，1930年10月21日二十一版。

體籌劃以及開展小說與讀者的互動。期間只有 1941 年 3 月 30 日和 3 月 31 日的兩個預告，爲《亭子間嫂嫂外傳》即將連載予以宣傳。此外即便略有文字提及，也與《亭子間嫂嫂》故事本身無關。讀者一再來信，要求作者繼續寫下去，而至於該向何方寫，報館未提供任何幫助，難怪周天籟感覺「苦得要命」，彷彿舞台上演一齣「獨脚戲」，如果接著演下去，「一定精疲力盡而昏倒了」〔註 107〕。或許是由於《東方日報》編者人手有限，沒有時間予以謀劃，或者是由於版面原因，或者是由於報社編輯沒有大報副刊那樣的文學運作經驗……總之，連載過程中，《東方日報》的編者未能充分利用報紙這一媒介爲《亭子間嫂嫂》在讀者與作者之間架起一座溝通的橋梁是不爭的事實。所以，儘管《亭子間嫂嫂》（加上《亭子間嫂嫂外傳》）共連載了一年零十個月，比《啼笑因緣》連載時間長一年多〔註 108〕，但編輯在其中所發揮的作用，則要遠遜於《新聞報》。

第四，二人作「續」的原因不同。就在休息的三個月裏，周天籟幾乎每天都能收到讀者的一兩封來信，有的讀者疑惑顧秀珍並無其人，有的說是確有其人；有的讀者說不應該讓她死得這樣苦，有的還要作者宣佈這家殺人不見血的產科醫院，又有人要求再寫一部新的《亭子間嫂嫂》，有人到天韻樓去訪問，還有人竟然找到會樂里喊顧秀珍出來開房間……這使得周天籟認爲《亭子間嫂嫂》並沒有給讀者帶來正面的影響，於是便「搜集了關於顧秀珍的起初從鄉下——嘉興到上海以及她墮落到賣淫的一大段經過」，是爲了說明顧秀珍最終的悲慘結局，是與她來了城市之後愛慕虛榮、主觀墮落不可分開的：

> 她做過不少的職業，都不能成就，沒有一椿是稱職的，於是任先生有一句話評定她：是一個天生吃生意飯的女子，她並不否認，足見她早已有下存心。想不到她走上這條路之後，生活竟然一天富麗一天，她現在根本不再想嫁人，不再找事做，她把這二個念頭拋到九霄雲外去了，這時候可說是她黃金時代起端，也就是她墮落的開始，在她以爲沾沾自喜，我卻爲了她不勝悲傷！〔註 109〕

〔註 107〕周天籟：《亭子間嫂嫂外傳（二） 關於寫這篇外傳的話（下）》，《東方日報》1941 年 4 月 2 日二版。

〔註 108〕《啼笑因緣》在《新聞報》副刊《快活林》從 1930 年 3 月 17 日開始連載，至 1930 年 11 月 30 日結束，共連載七個多月。

〔註 109〕周天籟：《亭子間嫂嫂外傳（一五三）》，《東方日報》1941 年 8 月 31 日二版。

周天籟要通過「續」來表達他對顧秀珍這個人物的愛憎，並藉此警醒世人，讓人們不再沉迷。這種處理，與張恨水對《啼笑因緣》的「續」的處理完全不同，質量好壞且不論，至少《亭子間嫂嫂》的「續」是周天籟的主觀意願。而張恨水的《續啼笑因緣》則是在「不能續，不必續，也不敢續」〔註110〕的主觀願望下，三年中迫於三友書社和讀者的壓力以及其他續作違背本意的「不得不續」，以至於張恨水後來回想起來，依舊認爲還是「不續的好」，要表現抗日的話，「可以另外寫一部書」〔註111〕。這樣兩種不同的創作初衷和創作態度，必然導向不同的結果。

　　同是社會題材小說，同是在社會上產生的巨大「轟動」，一部誕生於 20 世紀 30 年代初，一部誕生於 20 世紀 30 年代末，時代背景的巨大差異及其對作家產生的不同影響，使得我們無意也不應該評價這兩個文本究竟哪一個文學價值更高，哪一個故事更好。但通過對兩部小說在不同介質連載過程以及結果種種差異的剖析，可以看出，相較於《亭子間嫂嫂》產生轟動的出乎意料，《啼笑因緣》因了《新聞報》從孕育到成長過程中的種種基於商業目的的運作行爲，其轟動似乎更在掌控之中。這一方面是《新聞報》作爲商業性大報所具有的獨有優勢的體現，更爲重要的是呈現了市場的雙刃劍特質之於作家的種種可能。這使我們可以窺見 20 世紀 30 年代初，隨著通俗文學市場化程度的日益加深，編輯和作者在載體、市場與小說連載形式之間，不斷權衡、調試、實踐，使現代通俗文學在「物質現代性」與「審美現代性」之間不斷往復並進而尋求突破的種種努力。

〔註110〕張恨水：《作完〈啼笑因緣〉後的說話》，見《啼笑因緣》，上海：三友書社，1931 年 2 月第 3 版，第 181 頁。

〔註111〕張恨水：《我的創作和生活》，魏紹昌編：《鴛鴦蝴蝶派研究資料：上卷》，上海：上海文藝出版社，1984 年版，第 256 頁。

第三章　商業運作視角下的新文學呈現

第一節　被遺忘的文藝大眾化討論

　　20 世紀 30 年代，作爲開啓了一個「文學上的新世紀」〔註1〕的關於文藝大眾化問題的三次討論，以其充滿激情的、論辯的甚至是鬥爭的姿態，在中國現代文學史上，留下了難以磨滅的印記。無論是它的發起者——「左聯」，還是它的母體——「革命文學」，都以宏大的、飛揚的姿態煊赫地坐落於現代文學史中。由於它旗幟鮮明的「化大眾」目的，常常讓人產生一種錯覺——這場自上而下的運動，單純到似乎只停留於發起者和組織者的「圈子」之內，在「圈子」之外，參與者彷彿寥寥無幾。同時，在這場以「左聯」爲主要參與者的論爭活動中，儘管所有參與者關於形式、內容、語言、藝術價值、實現途徑等具體問題發起了多次討論，但是，對於文藝大眾化的性質和立場還是非常分明的——基於新文學層面。也因了這樣一種立場，彼時最受大眾歡迎、最「大眾化」的文學——以《啼笑因緣》、《江湖奇俠傳》等爲代表的通俗文學——在這場文藝大眾化問題討論中幾乎了無痕迹。原因不難理解：「大眾」要被「化」掉的便是這種趣味。那麼，在這場轟轟烈烈的、幾乎貫穿了整個 30 年代的三次文藝大眾化討論中，民眾以及通俗文學界是否曾經參與其中，如果答案是肯定的，那麼，他們又是以什麼樣的姿態參與其中？對於這一問題的梳理直接關乎「大眾化」討論是否得到落實，落實到一個什麼樣的

〔註1〕　郭國昌：《20 世紀中國文學的大眾化之爭》，南昌：百花洲文藝出版社，2006
　　　　 年 12 月版，第 50 頁。

層面，落實到何種程度？同時，還關乎一直「大眾化」的通俗文學在歷史現場中該被如何評價的問題。

一、「《啼笑因緣》值得借鑒」——丁玲關於實踐文學大眾化問題的具體意見

作爲「左聯」的機關刊物，由於非常明確而公開地發起了「文學大眾化問題徵文」活動，以及發表了鄭伯奇、田漢、周揚、陽翰笙等人的大眾化問題討論文章，《北斗》當仁不讓地成爲文學大眾化問題討論的重鎮。然而，與此恰成對照的是，作爲主編和徵文活動發起者的丁玲除了在《編後》中偶有隻言片語，並未見到她個人對於「文學大眾化」問題的具體意見。半個世紀之後，文振庭先生在編輯《文藝大眾化問題討論資料》時，儘管刊載了《北斗》多篇關於「文學大眾化」問題的討論文章，刊物主編卻由於沒有代表性的文章而缺席，不能不令人遺憾。可以說，對於「文學大眾化」的問題，丁玲應該有更爲廣闊的視角和相對具體的意見，因爲角色使然——這次討論由她發起，又全程參與運作，爲數不多的幾篇文章不僅展示出文學場域中的各方在新文學面對無法走向大眾的尷尬境地時的思考和選擇，更關乎新文學與通俗文學在市場化程度日益加深的條件下該如何看待彼此並如何接受的問題。在《北斗》第二卷三四期合刊上，丁玲在「編後」中直接道出了「文學大眾化」問題的重要性：「文學大眾化應如何實踐的問題，是現階段文學運動中的一個主要的問題。……這是值得討論的」，「希望讀者能踴躍的寄稿，在本期出版後半個月內寄來的下期當能刊出。」〔註2〕從中不難看出，對於發展到這一階段的核心問題——文學大眾化如何實踐，丁玲是有話要說的。如果《北斗》誠如這期所言，「下期當能刊出」，或許丁玲在這個問題上的意見，我們當可進一步略窺一二。可是，令人遺憾的是，《北斗》就此停刊。之後，在第二次「文學大眾化」關於如何實踐的整個討論中，再沒有看到丁玲的發言，似乎她對文學大眾化問題的思考與參與戛然而止。

事實並非如此。

在1932年《新聞報》5月20日和5月21日的《本埠附刊》上，刊出了一篇題爲《丁玲女士演講之文藝大眾化問題》的文字，副標題爲「《啼笑因緣》

〔註2〕 丁玲：《編後》，見《北斗》第二卷三四期合刊，1932年7月20日。

何以能握著大眾的信心」，記錄者署名「未卜」，該演講發表於暨南大學，時間為 5 月 16 日，見圖 1。

圖1　1932 年 5 月 20 日《新聞報》《本埠附刊》刊出的《丁玲女士演講之文藝大眾化問題》

那麼，這份資料是否確為丁玲的演講詞。筆者以為答案是肯定的。有如下幾方面理由：

其一，1932 年，彼時《新聞報》憑藉著突破 15 萬份的發行量，穩居上海第一大報的地位。1932 年 5 月，丁玲仍在上海編《北斗》，並且此時已經「譽滿江南」〔註3〕。如果冒名頂替，哪怕內容上有所偏離，以丁玲當時的文壇地位，她必不會坐視不理。因此，以《新聞報》這樣的發行量、報壇地位和當時丁玲在文壇的位置，報館方面沒有必要去虛構這樣一份材料。而《新聞報》之所以會選擇刊出丁玲的這段文字，與她在演講中對《啼笑因緣》的肯定態度想必有非常重要的關係。以《啼笑因緣》與《新聞報》的因緣，無論從市場角度還是從文學場域角度，《新聞報》刊出此文都在情理之中。

其二，據丁玲自己回憶，在 1932 年底到 1933 年之間，她「寫了一些文章而出了點名」，同時也「常到復旦、光華、暨南等大學和中國公學、正風、立達學院去講演（講演內容是文學創作和個人創作體會）。聽講的人總是濟濟

〔註3〕　曹聚仁：《前記：我在上海的日子》，見《文壇五十年》，上海：東方出版中心 2006 年 2 版，第 206 頁。

一堂，有時窗子上都坐滿了人，於是被社會上許多人所認識」〔註4〕。而在1931年，一位聽眾，後來也是《新聞報》副刊長期撰稿人的程魯丁在《丁玲女士印象訊》一文中，曾專門記錄了丁玲到復旦大學演講的熱烈場面。〔註5〕因此，丁玲的這段回憶略有誤差，她至少在1931年就已經出名了，而且非常受歡迎。該演講落款地點恰是暨南大學，屬於丁玲回憶所述的學校之一。

其三，從內容上看，這段文字也的確是丁玲本人在暨南大學的演講。因爲這篇演講的內容恰恰是丁玲對《北斗》第二卷第三四期合刊所提出的「（1）中國現在的文學是否應該大眾化？（2）中國現在的文學能否大眾化？（3）文學的大眾化是否傷害文學本身的藝術價值？（4）文學的大眾化怎樣才能實現？」〔註6〕四個問題的回答，也就是說，當文學大眾化問題在《北斗》上集中討論之前，丁玲已經深入思考了這一論題。在該篇演講中，丁玲開篇就闡明了文藝與大眾的關係以及文藝工作者的責任：「文藝……根本就是大眾的。過去之所以成爲特殊階級獨佔，完全是人爲的。」文藝工作者的責任就是將文藝「從他們手中奪過來交還給大眾。」同時對大眾化的藝術產品的價值予以界定：「只要合於藝術條件，同時更是『大眾化』了的，都是極好的藝術產品。」

接下來的發言邏輯上顯得有些凌亂，沒有條理，似乎在印證曹聚仁對她的評價：「當年丁玲的作品，已經膾炙人口，譽滿江南；但她第一回上中國公學禮堂的講臺，就說得莫知所云。」〔註7〕總結起來，丁玲共談了三個方面：一是新文學不能走近大眾的原因；二是《啼笑因緣》、《江湖奇俠傳》何以吸引大眾；三是新文學在實現大眾化的過程中該從中吸取哪些經驗。這三個方面同樣也不同程度地呼應了《北斗》第二卷第三四期合期上的四個問題。

在丁玲看來，新文學不能走近大眾有三方面原因：一是新文學本質上屬於「小眾文學」。關於這一點，丁玲是從新文學的出版與消費的角度予以論證的。她指出，當下新文學的購買者「都是屬於研究文學的，或者預備作家，

〔註4〕 丁玲：《丁玲自傳》，南京：江蘇文藝出版社，1996年7月版，第96～97頁。
〔註5〕 該文記載，丁玲演講開始之前，「寂寞的徐賢堂，蕭條的大課室，在今天，特別的熱鬧了起來。喧囂的人語，雜亂的步聲，黑壓壓的一群，年老的，年幼的，中服的，西裝的。這正是我進去，聽講的時候。」程魯丁：《丁玲女士印象訊》，見《新聞報》副刊《本埠附刊》，1931年8月19日二十一版。
〔註6〕 見《北斗》第二卷第三四期合刊，1932年7月20日。
〔註7〕 曹聚仁：《前記：我在上海的日子》，見《文壇五十年》，上海：東方出版中心2006年第2版，第206頁。

或者批評家」，「因此有一些集子，在初版時『洛陽紙貴』，再版時便『無人問津』了。中國的所謂新文藝，就靠了這班人，在這小的圓圈中，互爲生產者，互爲消費者般的撐持著。」這是新文學未能大眾化的重要原因所在。二是新文學的作家的身份根本與「大眾」就是隔膜的。「他們中間之富有者，過著沙發香檳舞場的生活，貧者過著亭子間的生活」，因爲沒有「大眾」的生活體驗，所以他們的作品「離開大眾不知幾千萬里哩。」三是新文學作家在創作時主觀上就不肯爲大眾創作。對此，丁玲是持明確的否定態度的，她特別強調「這是中國文壇上一個特異的現象」。對於「現在一班打着文藝大眾化口號的」作家，丁玲認爲「他們也似乎只有徒託空言。實際上做不到那一步」，「其癥結就在他們不肯去接近大眾」，因爲他們根本瞧不起「大眾」。因此，新文學作家的作品喜歡「用倒裝，愛堆砌浮詞」，並以沈從文的句子爲例，稱其「美是很美，然而大眾是看不懂的」。

　　與此相對照，丁玲就提到了《啼笑因緣》、《江湖奇俠傳》等通俗小說。她承認「任何新文藝作品的銷數，都沒有《啼笑姻緣》〔註 8〕大」，而與錢杏邨、茅盾、夏徵農等人直接將《啼笑因緣》的銷數與金錢主義直接掛鉤的看法不同，丁玲看到《啼笑因緣》的銷數恰恰證明了「他是得大多數的愛好和擁戴的」。因此，「不必菲薄《啼笑姻緣》這類作品」，並且強調「我並且也看過它」，看它的目的是「要研究它所以能夠握住大眾的信心的是些什麼條件」。

　　通過分析《啼笑因緣》、《江湖奇俠傳》受人喜愛的原因，丁玲認爲，新文學要實現大眾化，最直接的途徑莫過於用大眾的語言和大眾的趣味和審美標準來進行創作。爲了證明這一點，她用自己編輯《北斗》時的一段親身經歷現身說法：一個朋友用大眾化標準寫成的小說投給《北斗》，丁玲覺得「那沒有什麼好」，於是寄給另外一個朋友。結果這位朋友「抱了試驗底態度登了出來」，「農工們看了說是好極了」，於是這位朋友「要我轉請他多寫些出來」。這個例子非常清楚地表明，丁玲所界定的「大眾」，是有一定閱讀能力的「農工」，但他們閱讀作品的動機，與「小圓圈」中的那些「互爲生產者，互爲消費者般的撐持着」的讀者，是完全不同的。「這位朋友」轉請丁玲再次約稿，其實就是因爲該部作品不僅好看，而且通俗易懂。而這樣的作品，在新文學的刊物如《北斗》上，根本不受歡迎。這使丁玲意識到，新文學無法大眾化的一個根本原因在於新文學作家的文學審美與大眾的文學審美之間存在著巨

〔註 8〕　原文中均作「《啼笑姻緣》」。

大的差異，他們各自的文學訴求是不同的。因此，要想使新文學走向大眾，新文學作家必須從自己做起：首先要在態度上主動「接近大眾」，其次要「改變我們的格調」。具體說來，就是要利用大眾喜聞樂見的形式，如「毛毛雨」的調子、小報、連環漫畫、說書、大鼓等，當然也包括通俗文學的創作手法，用這些形式，將新文學的內容和意識灌注進去，也就是所謂的「舊瓶裝新酒」。這一意見，與前期郭沫若等人旗幟鮮明的啓蒙、教導的高蹈姿態完全不同，與同時期的魯迅、瞿秋白、茅盾、陽翰笙等人的意見略有交叉〔註9〕，但差異是更為明顯的。如魯迅是把連環圖畫作為藝術品來看待的，他強調的是利用連環圖畫的特性來達到新文學走入大眾的目的；瞿秋白認為文學大眾化的核心目的是建設「革命的大眾文藝」，「發動無產階級領導之下的文化革命和文學革命」〔註10〕；茅盾認為文學要實現大眾化，除去要讓大眾「聽得懂」外，還要關注技術，「必須能夠使聽者或讀者感動」，同時通過詳細的論證考察了「何為現代中國普通話」〔註11〕；陽翰笙則始終圍繞著如何使經過過濾的歐化文藝實現大眾化而展開討論。無論他們如何討論大眾化，立場始終是不變的——《啼笑因緣》、《江湖奇俠傳》始終沒有「資格」被納入討論的視野——而且，或許出於不屑，或許礙於面子，沒有任何人公開承認自己讀過它們。在這一點上，丁玲是坦誠的，因此，與他們之間的差異也是鮮明的。丁玲沒

〔註9〕 在文學大眾化實踐方面，魯迅提出「要一樣看重並且努力於連環圖畫和書報的插圖；……注意於中國舊書上的繡像和畫本，以及新的單張的花紙。……對於這，大眾是要看的，大眾是感激的！」（見魯迅《「連環圖畫」辯護》，載《文學月報》第4號，1932年11月15日）瞿秋白提出要「開始做體裁樸素的接近口頭文學的作品：說書式的小說，唱本，劇本等等，這需要到群眾中間去學習。在工作的過程之中去學習。……不是群眾應該給文學家服務，而是文學家應當給群眾服務。不要只想群眾來捧角……而要去向群眾唱一曲『蓮花落』討幾個銅板來生活，受受群眾的教訓。」（見瞿秋白：《普羅大眾文藝的現實問題》，載《文學》半月刊第1卷第1期，1932年4月25日）茅盾認為：要用「通行的『白話』」，「而作家要辦到此層，一定不能躲在書房裏用工夫，他必須和各種南腔北調的人多多接觸」（見止敬（茅盾）：《問題中的大眾文藝》，載《文學月報》第1卷第2號，1932年7月。）陽翰笙認為，「不能容許我們有一個作家站在大眾之外，更不能容許有一個作家立在大眾之上，我們的作家，都必須生活在大眾之中，自身就是大眾裏的一部分。」（見寒生（陽翰笙）：《文藝大眾化與大眾文藝》，載《北斗》1932年第二卷第三四期合刊。）

〔註10〕 宋陽（瞿秋白）：《大眾文藝的問題》，見《文學月報》1932年6月創刊號。

〔註11〕 止敬（茅盾）：《問題中的大眾文藝》，載《文學月報》1932年7月第1卷第2號。

有直接將《啼笑因緣》和《江湖奇俠傳》置於新文學的對立面予以批判，而是要「借用《啼笑姻緣》、《江湖奇俠傳》之類作品底乃至俚俗的歌謠的形式，放入我們所要描寫的東西」。由此可見，當面對文學接受問題時，丁玲是相對客觀而冷靜的。在左聯出於政治目的如火如荼地推進文學大眾化的進程中，丁玲能夠擺脫文藝偏見，跳脫個人文學趣味以及文藝立場的藩籬，直視新文學和作家自身的問題和弱點，得出此番見解，實屬難得。而之所以能夠有這樣的立場，是因為丁玲更多關注的是作家對大眾的社會責任：

> 我們常常看見無論是燒飯司務，或包車夫，他們在繁重的工作之餘，也需要文藝的調劑，然而握在他們手中孜孜不倦的唱讀的，除了《平妖傳》、「幾劍幾俠」之類極有限的、極無價值的七字語說部外，幾乎沒有人注意為他們打算的。他們在血汗的報酬中，提出十幾個銅板，在「出租小說」的地方租得幾本翻爛了的薄薄的幾本，反覆吟唱，於此我們知道文藝是如何急須大眾化呵。〔註12〕

或許是出於對歷史的無奈，或許是出於人們的健忘，也或許僅僅是出於疏忽，種種或簡單或複雜的原因，導致在後來的文學大眾化問題討論資料整理以及研究中，這一段彌足珍貴的、發聲於新文學內部的、足以撐起文藝大眾化問題討論一角天空的重要史料，被人們遺忘在角落裏，從而使原本多維的喧囂的文學大眾化討論失去了非常重要的一維。應該說，就是在文學大眾化的討論尤其是關於如何實踐的討論過程中，新文學界的部分有識之士才開始正視「大眾化」的通俗文學為何如此受人歡迎的問題，並因此而放低了姿態，改變了以往全盤批評與菲薄態度，從對峙走向對話。丁玲的發言，恰恰揭示出新文學與通俗文學之間彼時這種微妙的互動。值得注意的是，丁玲的發言並非僅僅代表她個人，因為她此時的身份是文學大眾化討論的重鎮——《北斗》——的主編，她所傳達的態度，整合了她本人以及其他論者的意見。不難看出，關注通俗文學的創作手法、形式並從中吸取經驗的觀念，此時已經在新文學的部分作家那裡得到了認同，由此也不難解釋為什麼此一時期很多新文學作品從形式到內容再到載體都呈現出了「越界」現象，於是，我們看到了《真美善》、《茶話》、《立報》上的「光怪陸離」，看到了曹聚仁筆下

〔註12〕 未卜：《丁玲女士演講之文藝大眾化問題》，見《新聞報》副刊《本埠附刊》，1932年5月21日十七版。

的「三千年來的一大變局」〔註13〕，看到了林語堂筆下「包容著新舊兩派，但他本身並不稍爲之動搖」〔註14〕的北平，更看到了 40 年代與茅盾前期創作風格迥異的《霜葉紅於二月花》……

二、「咱們的文藝在那裏」──讀者的文藝大眾化問題討論

在文藝大眾化問題三次討論過程中，既有的文學史資料展示的都是「說話人」之間的討論，「受話人」在其中幾乎完全失聲。近年來，儘管已有研究將「受話人」作爲一維列入研究的範疇〔註15〕，但是，這些「受話人」都是基於「說話人」文本範疇之內，「受話人」一維始終沒有以獨立的身份表達文藝大眾化運動對於他們的意義，發出他們的聲音。這場自上而下的文藝大眾化運動，究竟對「大眾」具有怎樣的意義？現實中的「大眾」究竟涵蓋哪些人？「大眾」與「說話人」之間是否建立起一種應有的對話關係？「大眾」是否曾參與其中並發出自己的聲音？他們對這場隆重的文藝大眾化運動持有怎樣的態度？這些，都值得關注。只有解答了如上一些問題，我們才能對文藝大眾化運動在文學史中的意義給予相對客觀的評價。文學史並不僅僅是作家、作品乃至研究者的文學史，它還必須是讀者參與的文學史。

就在文藝大眾化第二次討論方興未艾之際，1933 年，《新聞報》副刊《茶話》上刊出了一封署名「林菊萍」的讀者給副刊主編「小記者」嚴諤聲的來信，信中稱由於貧窮，她在南京 X 中學讀了三年書後就走入了社會，歷經顛簸，始終熱愛文藝，經常翻看各類報紙副刊。但是當時的各類副刊上滿載著「談戀說愛的肉麻文章」、「七支八答的荒誕小說」，讓她非常失望。書店裏關於文藝的書籍和月刊，對她而言又是如此昂貴，因此，她發出了「咱們的文藝在那裡！」的感歎。從來信中不難看出，她是一位接受了新式教育並接受了新文學薰陶的女子，句式中不僅含有「啊！啊！使人失望的」之類新文藝腔，文末還引用了俄羅斯學者波格達諾夫（Bogdanoff）的理論「文藝是民間的、大眾的。文藝不能深根在民間，這就不是文藝」來質問中國的文

〔註13〕 聚仁：《喞啾雜筆（一）方東樹的預言》，見《新聞報》副刊《茶話》，1933 年 1 月 1 日三十版。

〔註14〕 林語堂：《說北平》，初載 1937 年 8 月 15 日《紐約時報雜誌》。

〔註15〕 郭國昌：《受話人：文化的過濾與政治的提升》，見《20 世紀中國文學的大眾化之爭》，南昌：百花洲文藝出版社，2006 年版，第 128～136 頁。本文中的「說話人」、「受話人」即沿用此書說法。

壇：中國的民間的文藝在哪裏？最後，她希望《茶話》應努力成為民間的中心刊物，「極力提倡起咱們的民間文藝」。〔註16〕文末，「小記者」嚴諤聲加了一則按語：「如果我們《茶話》的作者，大家能努力的話，也許可以預先說一句：『咱們的文藝在這裏！』」嚴諤聲沒有從理論層面上誇誇其談，直接告訴讀者，《茶話》願意為那些因貧窮而買不起雜誌和書籍卻始終熱愛著文藝的「大眾」服務，而《茶話》的風格以及刊物的特色以及辦刊的宗旨，均能夠擔負起這樣的使命。

令人沒有想到的是，讀者林菊萍的一封信刊出不久，竟引發了一場關於「何為咱們的文藝」的討論。從 3 月 22 日至 6 月 7 日兩個多月裏，就發表了六篇文章對林菊萍提出的問題予以討論。見表1。

表1　1933 年《茶話》刊載的關於「咱們的文藝」系列文章

日　期	作　者	題　目
3 月 22 日	林菊萍	《咱們的文藝在那裏》
3 月 29 日	魯丁	《「文藝在那裏」的回聲》
3 月 31 日	東東	《來吧！找咱們的文藝》
4 月 7 日	淩仲穆	《我們所需要的文藝》
4 月 12 日	沈禮同	《咱們的文藝》
5 月 10 日	雞晨	《關於文藝》
6 月 7 日	小萍	《咱們的文藝》

所有作者中，只有「魯丁」〔註17〕和「雞晨」〔註18〕是《茶話》的長期撰稿人，其餘皆為讀者自然來稿。在所有的文章中，程魯丁的《「文藝在

〔註16〕林菊萍：《咱們的文藝在那裏》，《新聞報》副刊《茶話》，1933 年 3 月 22 日十六版。

〔註17〕「魯丁」原名程魯丁，四川萬縣人，曾就讀於復旦大學國文系，與甘嗣森、靳以（章天方）同為復旦同學，時國文系主任為陳望道，葉聖陶、洪深、傅東華、陸侃如在校任教。曾出版詩集《新生》（上海新時代書局，1932 年 2 月版），得到黃仲蘇、曾今可的好評。發表過對丁玲小說《在黑暗中》等評論（見《開明》第 2 卷第 11 號「短評欄」，1930 年 5 月 1 日）。抗日戰爭勝利後曾在《萬州日報》、重慶《掃蕩報》任編輯。解放後擔任過四川省文史館員、萬縣政協文史工作委員會委員。發表此文時為《新聞報》副刊《本埠附刊》和《茶話》長期撰稿人。

〔註18〕「雞晨」原名周冀成，時任《新聞報》副刊編輯和撰稿人。

那裏」的回聲》與左翼作家的意見最爲相近，或許這與他復旦大學學生身份密切相關。他認爲文藝對大眾承擔著教育的使命。對當時流行的「憂憂鬱鬱的小說、卿卿我我的文字、閻王地獄的描寫、武俠劍仙的夢想、青天大老爺的崇拜、摩登女郎的讚美與咒詛，以及統治階級下附屬者的悲哀、通俗化了的所謂文藝」，程魯丁持非常嚴厲的批評態度。他認爲這些文藝只是給了一種「墮落的行爲」與「麻醉的成分」，並沒有「完成文藝的使命」。在他看來，「主張民族文學，提倡民間文藝」並不是當下最需要的文藝，因爲「文學發生的要素」與「時代的影響」密切相關，因此，他認爲茅盾所說的「文藝家的任務，不僅在分析現實，描寫現實，而尤重者於分析現實、描寫現實中指示以未來的前途路徑，所以文藝作品，不僅是一面鏡子——反映生活，而須是一把斧頭——創造生活」，才是符合時代使命的屬於「咱們」的文藝。〔註19〕「東東」的《來吧！找咱們的文藝》雖然也否定「談戀說愛的肉麻文章」，但他的出發點是認爲這類文章代表了它本身所處的階級，「不適合於我們的（階級）」。他從階級論角度出發認爲，大眾只有靠自己「努力開墾我們的田園」，才能「使它普遍到民間去」。〔註20〕這一點，與瞿秋白認爲文藝大眾化的實現途徑要靠大眾自己來寫文藝作品的意見基本一致。讀者凌仲穆認爲「咱們的文藝」不是那些「肉感的」、有著「過於幽默的語調」的作品，而應該是「有生機的文藝」，並且指明了具體的內容：「有意義的雜作；很簡潔的短篇小說；各地的奇異風俗；遊記；淺顯的詩。」〔註21〕而讀者沈禮同的《咱們的文藝》一文則直接點出，「咱們的文藝」「應該在樸厚的農村裏」。他認爲，林菊萍女士提出的「咱們」指的就是「大眾」，「大眾的文藝是普遍的、忠厚的、流利的、淺近的」，而那些在都市裏面「睡著鴨綠絨的沙發，喝著甜津津的酒漿，抱著嬌滴滴的愛人，坐着如飛一般汽車⋯⋯胡調得厭了時，忘形的弄幾本雜誌，嚷幾聲『大眾』？民間？」的所謂的作家，是不會爲大眾寫作的，也根本寫不出大眾化的文學。要寫出大眾化的文學，作家須「脫下身上的長衫，跑到我們的農村裏」，在那裡，像「門前田裏種新秧，

〔註19〕魯丁：《「文藝在那裡」的回聲》，《新聞報》副刊《茶話》，1933年3月29日十二版。

〔註20〕東東：《來吧！找咱們的文藝》，《新聞報》副刊《茶話》，1933年3月31日十二版。

〔註21〕凌仲穆：《我們所需要的文藝》，《新聞報》副刊《茶話》，1933年4月7日十二版。

新婦管家婆拔秧」〔註22〕這樣充盈了「和穆的氣息」與「合作的精神」的
敘事山歌比比皆是。在他看來，這樣的內容才是真正寫大眾並為大眾而寫的
文藝。〔註23〕至此，大眾文藝的範疇逐漸擴大到鄉村的原始民歌。而《新
聞報》副刊的編輯周冀成（雞晨）對那些將「文藝大眾化」當作口號來喊的
好為人師的作家們進行了犀利的諷刺：「聽說是那一種能『深入民間』，那一
種便最出風頭。」他認為，現今「文藝大眾化」最重要的問題莫過於「使不
懂文字的懂文字，不受教育的受教育」。那些高喊著讓文藝界「不要牽絲攀
藤，脫下了你的衣裳，用力的到民間去」的作家，要麼下筆成誤，「寫起『幾
何』『幾多』的『幾』字，往往寫作『几』字的。『這裏』、『那裏』的『裏』
字，往往寫作『里』字的」；要麼為了用俗語而髒話連篇，「滿紙『媽的』『豬
玀』『操他十八代的』」；要麼為了寫得多、寫得快改毛筆為自來墨水筆。這
樣一來，「深入民間」的文藝就變成了「別字文藝」、「罵人文藝」，引得一般
剛識幾個字的讀者也追求價格昂貴的自來墨水筆了。〔註24〕周冀成的諷刺雖
然略嫌尖刻，卻客觀而真實地指出了文藝大眾化過程中一些作家的弊病。
1962年，《太白》主編陳望道接受採訪時提到《太白》上發表的胡愈之的《怎
羊打到方塊字》上的按語：「含有三分幽默，四分譏刺，五分正經」。其中的
「譏刺」，就是諷刺「復古派正人君子們自己常寫別字，而罵群眾寫別字，
擺臭架子嚇人」。對胡愈之這篇別字連篇的「怪文」，陳望道也非常誠懇地承
認：「我們也有過火的地方，今天看來未必正確。」〔註25〕這充分印證了周
冀成尖刻批評中的合理性。而「小萍」似乎是一位小讀者，她認為，「咱們
的文藝」「在民間小兒女的唇邊」，也就是兒童的歌謠，同時，她還以此為根
據抄錄了四首童謠〔註26〕發表於《茶話》之上。

〔註22〕該敘事山歌全文為：「門前田裏種新秧，新婦管家婆拔秧；婆待新婦像親女兒，
　　　　新婦待婆勝是娘。」
〔註23〕沈禮同：《咱們的文藝》，《新聞報》副刊《茶話》，1933年4月12日十六版。
〔註24〕雞晨：《關於文藝》，《新聞報》副刊《茶話》，1933年5月10日十三版。
〔註25〕尚丁：《〈太白〉主編談〈太白〉》，載《四十年編余憶往》，重慶：重慶出版社，
　　　　1986年2月版，第182頁。
〔註26〕這四首童謠是：「（一）雀兒叫，滴滴音，做雙花鞋給母親。母親孕我十個月，
　　　　月月要當心。（二）桐子樹，開白花，爹爹寫信寄來家。不要打個嬌嬌女，不
　　　　要罵個一枝花。一朝風浪起，就是別人家。（三）一個茶盤七朵花，七個媒人
　　　　到我家。我家女兒年紀小，不分大姨家，不分小姨家，只分橋頭先生家，豬肉
　　　　羊肉切得文章片，雞子鴨子打得木樨花。木樨花上一點油，珍珠涼傘戴日頭。

　　總的說來，《茶話》上關於「咱們的文藝」的討論雖然總共只有七篇稿件，然而角度各異。從身份上看，這些讀者分別代表了「大眾」的各個層面：有青年學生，也有底層市民；有農村的，也有城市的；有副刊編輯，也有剛識字的小兒女。從內容上看，有的推崇左翼作家的意見，有的從階級論角度出發，有的提出具體的體裁要求，有的認爲應該到鄉間去尋找最原始的敘事山歌，有的則對當下作家粗製濫造的大眾文藝予以批評，更有人直接推薦民間歌謠，讓人眼花繚亂。但是，不得不承認，他們的意見，儘管不很全面，也很難與所謂的系統的理論體系掛上鉤，但由於源自「大眾」，我們得以看到，文藝大眾化運動，畢竟在它的對象那裡，取得了實績。到了這個階段，讀者已經對文藝是否要大眾化、該如何大眾化發出了自己的聲音，並開始試圖用自己的方式與文學界對話。或許「小記者」嚴諤聲將此次討論陸續刊出的目的，同《啼笑因緣》猜測結尾的活動性質相似，初衷只是一次市場調查行爲，以更好地擴大自己的受眾，也或許誠如他所言，這場關於何爲「咱們的文藝」的討論，是因爲契合了他辦副刊的宗旨——「爲大眾」、「有益大眾」，「一方面給大眾閱讀，一方面給大眾投稿」〔註27〕，不管是出於市場考慮還是出於文學自身發展的考慮，關於這場何爲「咱們的文藝」的討論，客觀上，無論爲副刊還是爲文藝大眾化問題的討論，都創造了一次「雙贏」。

三、作爲補充意見的「手頭字」商榷

　　眾所周知，關於文藝大眾化問題的第三次討論，就是由陳望道、樂嗣炳、陳子展等人發起，並由魯迅、曹聚仁、葉聖陶、傅東華等人參與其中的關於「大眾語」的討論。普遍認爲，這場討論從最初的文白之爭走向漢字是否拉丁化即告結束，連《文藝大眾化問題討論資料》（文振庭編，上海文藝出版社1987年9月版）所選關於「大眾語」討論部分的資料也止於漢字是否拉丁化的討論。其實這場運動並非僅止於此，發展到1935年，「大眾語」運動演變成爲一場漢字簡化運動，即「手頭字」〔註28〕運動。實際上，「手頭字」運動

（四）南瓜蒂，蒂兒黃，姐姐堂前著衣裳。聽見婆家鼓手花轎到，三步兩步走進房。等秤交還爹，鑰匙交還娘。爹講，去了珍珠寶。娘講，去了門房鎖。哥講，去了親姐妹。嫂講，去了少冤家。金火叉，銀火叉，又得姑娘上轎沒冤家。」小萍：《咱們的文藝》，《新聞報》副刊《茶話》，1933年6月7日十五版。

〔註27〕小記者：《我的報告（八）　本刊永遠是大眾的》，見《新聞報》8月3日《本埠附刊》第一版。

〔註28〕手頭字，即簡體字。當時簡體字被稱爲俗字，只在手寫中出現，一般不見於

應該被稱爲「大眾語」運動的第三階段，它是「大眾語」運動一個非常重要
的組成部分。也就是說，「大眾語」運動其實經歷了「白話的確立——白話的
發音——白話的書寫」三個具體的走向規範化的過程。而關於「手頭字」運
動這一段內容，在以往的研究中，多被劃入現代漢語研究範疇，將其作爲「大
眾語」運動一個組成部分予以思考的研究開展得較少。

　　1935 年 2 月，豐子愷、巴金、朱自清、老舍等 200 余人聯名在《太白》
1 卷 12 期上發表《推行手頭字緣起》一文，倡議推廣「手頭字」，同時公佈
了《手頭字第一期字彙》（以下簡稱《字彙》），共收 300 字〔註29〕。雖然這
場轟動一時的「手頭字」運動的主陣地在《申報》、《太白》上，但《新聞報》
也表達了一部分補充意見，然而《新聞報》上的參與者，都在所謂的主流之
外。

　　就在《手頭字第一期字彙》發表不到半個月的時間裏，《茶話》即有文
章予以關注。3 月 2 日，《茶話》上刊出了一篇名爲《手頭字拾雋》的文章，
作者署名「楊肅」。在該文中，他從三個方面對「手頭字」予以討論。一是
「手頭字」首先應有章可循。「『難』字的手頭字作『难』，『鷄』字的手頭字
作『鸡』，『觀』字的手頭字作『观』，故『又』在手頭字中，實可代表『菓』
『奚』『藿』等，則『汉』……除『漢』字外，實也可以作爲『溪』『灌』等
字的手頭字了。」二是造手頭字的時候要講究藝術性。如「辦」的手頭字都
作「办」，但是「辮」、「辯」、「瓣」、「辨」的手頭字從漢字美學上講，就沒
有作「糸」、「言」、「瓜」、「小」。三是將詞連成一個字，也作手頭字。有人就
將「圖書館」作「圕」，邰爽秋先生造「厶」表示「公私」，並且在陶知行改
名「陶行知」時勸他叫「矷」，稱這樣有「一面知一面行」之意。〔註30〕幾
天後，署名「肖白」的作者對《字彙》中的部分手頭字提出質疑。他在文中
認爲，文字簡化雖是一大福音，但希望倡導者在推薦手頭字的過程中，要注
意「共通性」、「習慣性」兩點。對《字彙》上的「过」、「对」、「台」、「卖」

<hr>

　　　鉛字印刷，因而被稱爲「手頭字」。而 1935 年發起的「手頭字」運動，就是
　　　主張「把『手頭字』用到印刷上去」（《手頭字之提倡》，載 1935 年 2 月 24 日
　　　《申報》）。同期，《太白》、《論語》、《世界知識》、《譯文》等雜誌率先在刊物
　　　上使用了「手頭字」。
〔註29〕《手頭字第一期字彙》雖然推出的是 300 個字，但實際上簡體字只有 298 個。
　　　其中「菓」不是簡體字，表示疊字的僅是「々」。見高天如：《中國現代語言
　　　計劃的理論和實踐》，上海：復旦大學出版社，1993 年 10 月版，第 215 頁。
〔註30〕楊肅：《手頭字拾雋》，《新聞報》副刊《茶話》，1935 年 3 月 2 日十九版。

等，遵從的就是「習慣性」原則，而「副」、「轻」、「热」則遵從的是「共通性」原則，都是很值得肯定的。但「銀」改爲「艮」，「麼」改爲「么」，就值得質疑。因爲簡化的兩個字還有其他的含義和讀音，如果爲了簡化而不考慮這些因素，就會爲簡而趨於複雜，這些因素，是應該仔細斟酌的。〔註31〕3月12日，讀者章達盦對楊肅提出的幾個問題非常感興趣，在他提及的問題的基礎上又補充了「又」、「廣」、「塘」、「蟲」等字的手頭字，此外又提及「手頭字」應注意的幾個問題。〔註32〕幾天以後，章達盦意猶未盡，又介紹了特殊的「手頭字」在商界的使用情況。〔註33〕

在眾多意見中，最具有考據性、學理性的意見，莫過於范煙橋3月25日發表於《茶話》的《手頭字商榷》。在該文中，對民眾對於「手頭字是別字」的認識，范煙橋首先用「漢志有別字十三篇。《後漢書‧儒林傳》云：『讖書非聖人所作，其中多近鄙別字。』」來證明別字的歷史自漢代就開始，古已有之，並不稀奇。同時引清代著名書畫家、篆刻家趙之謙言謂「頗有古字可通，適於暗合者」來說明別字也不是完全沒有價值。接著，范煙橋將《字彙》中發表的300個手頭字進行分類，共分了兩大類：一類是「有意義的」，一類是「無意義的」。「有意義的」內容包括五方面，一是「從古文來的」，如「從」作「从」、「像」作「象」等；二是「從隸書來的」，如「第」作「苐」、「絲」作「絲」等；三是「從六朝碑版造象來的」，如「憐」作「怜」、「淵」作「渊」等；四是「從草書來的」，如「愛」作「爱」、「與」作「与」等；五是「從楷書來的」，如「樓」作「楼」、「藥」作「葯」等。「無意義的」包括兩方面內容，一是「出於碑版鐫刻者的隨意增損」，這一類范煙橋以趙之謙的《六朝別字記》和宋元明清工匠所刻小說作比，並指出前一類屬於增加筆墨，後一類則有損無增。二是「出於商人的簡筆暗記」，這主要是出於商業的時效性需要。在作出如上總結的基礎上，范煙橋認爲，推出的300個手頭字應該「徵求各地學者的研究和調查」，「有來歷的意義可通的」才可以通用，對於那些「沒有來歷的，意義不可通的」，必須加以矯正，或仍沿用本字爲好。同時，范煙橋提出有幾類尤其要加以注意：（一）「本有其字，意義絕不相通的。如穀作谷，麼作么，夠作勾，繫作系，泰作太，龍作龙，

〔註31〕肖白：《關於「手頭字」》，《新聞報》副刊《茶話》，1935年3月6日十六版。
〔註32〕章達盦：《補手頭字拾隽》，《新聞報》副刊《茶話》，1935年3月12日十六版。
〔註33〕章達盦：《手頭字在商界》，《新聞報》副刊《茶話》，1935年3月23日十六版。

裏作里等。」（二）「有地方色彩非普遍的。如陽作阳，讓作让，蘇州一帶不甚通用」。（三）「有本字而作數用的」，如圓作园，園也作园等。他認爲這樣就違背了中國字「一字一義」的原則，而且容易出錯。總的說來，對於將手頭字作爲推廣民眾教育的工具，范煙橋是持肯定態度的。但是，對於《字彙》的使用，他認爲必須持愼重態度。如對於疊字的使用，《字彙》上用的是「々」，而在隸書裏用的是「厶」，草書中用的是「二」，而「々」是日本字，捨國貨而用他國文字，范煙橋是不同意的。同時，在中小學教育教學方面，還是應該把本字作爲標準，同時也要讓他們瞭解手頭字，主要是便於學生們閱讀和應付環境。〔註 34〕在所有關於「手頭字」的討論中，范煙橋的意見引古證今，既充分肯定，又針對具體問題提出了自己的見解，表現出紮實的學術功底和良好學術素養。應該說，《茶話》關於「手頭字」的討論，儘管只有五篇文字，卻因爲范煙橋的加入，在「大眾語」運動發展的第三個階段，具有了相當的分量。

　　與「咱們的文藝」討論不同，《茶話》上關於「手頭字」的討論，幾乎都是在肯定「名流」〔註 35〕發起的「手頭字」運動的基礎上，提出各自不同的補充意見。甚至針對來自各方的反對意見，范煙橋還徵引史料，給予有力支持。五篇小文，儘管內容各有差異，但是支持的態度非常明確而且一致，這在以往數次類似的討論中，是極爲少見的。同時，在「手頭字」的討論過程中，參與者既沒有丁玲那樣顯赫的文壇地位，也沒有「咱們的文藝」討論中那樣普遍多元的受眾面，但是，因爲它如此迅速的反應速度、如此一致的支持態度，使得我們不得不反思這幾篇文字在「手頭字」運動中的目的以及在其中的意義何在。對於副刊而言，如果「咱們的文藝」的討論尚屬於一次調查，那麼，這次「手頭字」討論，則可以看作對此次目的明確的「大眾語」實踐行爲給予普及推廣。因爲儘管「手頭字」之前未見於印刷品，但在民間，久已約定俗成，並一直在使用。將其規範並納入印刷品的使用範疇，表現了主流文壇、學界對大眾語言、文字使用方式的關注、接納與認可，它直接源於大眾並直接作用於大眾，使大眾受益，這一點，恰恰與《茶話》「爲大眾」、「有益大眾」的宗旨達成了一致。在這一層面上，副刊編輯、通俗文學作家以及讀者與「名流」達成了共識。因此，他們願意表達自己的支持態度，也

〔註 34〕范煙橋：《手頭字商榷》，《新聞報》副刊《茶話》，1935 年 3 月 25 日十四版。
〔註 35〕肖白：《關於「手頭字」》，《新聞報》副刊《茶話》，1935 年 3 月 6 日十六版。

願意爲這次運動得到更有效地普及與推廣獻計獻策。雖然《茶話》並非這次「手頭字」討論發起的主陣地，但是，由于《茶話》受眾的廣泛性，也因爲討論中鮮明的傾向性，這次討論完全可以看作「手頭字」運動的有力補充，它使「大眾語」運動的兩隻腳，從高高在上的主流文壇、學界，終於落到了民間的土地上。

第二節　導師與聞人：《新聞報》上的魯迅

　　《新聞報》「輕政重商」的特點，不僅直接影響到報紙的受眾，也直接影響到幾個副刊的定位。《申報》的讀者定位爲士紳階層，而《新聞報》的讀者群爲商人和中小手工業者，因此，與《申報》不同，《新聞報》副刊《快活林》以及其後的《新園林》、《本埠附刊》、《藝海》都鮮有新文學作家光顧。儘管《本埠附刊》與《茶話》編者「小記者」嚴諤聲有進步傾向，但即便在《茶話》副刊上，早期除了曹聚仁、陳子展以及《語絲》雜誌投稿人魏中天之外，幾乎沒有其他新文學作家的作品。早在1923年《新聞報》三十周紀念之時，嚴獨鶴對《快活林》的選材即總結了「新舊折中；雅俗合參；不事攻訐；不涉穢褻」四方面宗旨，待《本埠附刊》、《茶話》創刊後，嚴諤聲在這兩個副刊中也有意識地貫徹了這一宗旨。這樣一種中庸的態度出於商業報紙的生存策略，卻必定不會爲新文學作家所喜。於是，在新文學作家與《新聞報》的副刊之間，呈現出了一種雙重的「拒絕」：《新聞報》副刊的特色拒絕了新文學作家的加盟，而新文學作家同樣拒絕在這樣一份老牌商業大報上「削弱」自己言論的傾向性及力度。但是，即便在這樣一種看似決絕的雙重「拒絕」中，新文學作家尤其是主將魯迅、胡適、丁玲等人的名字也多在《新聞報》上出現——不是作者，而是被關注者。但在這三人之中，魯迅得到的關注最多。這裡面的原因比較複雜，而這些複雜的原因，恰恰與《新聞報》的報紙特點、副刊風格、文藝傾向、辦報策略、讀者選擇有非常密切的關係。

一、作爲導師的魯迅

　　《新聞報》對魯迅的關注主要集中於1928年到1936年〔註36〕，尤其在

─────────────
〔註36〕1929年之前，《新聞報》的《學海》曾兩次刊載過魯迅的演講，一篇是《文學和政治的歧途》，是1927年12月21日魯迅在上海暨南大學的演講，刊於1928年1月29日和1月30日182、183期，署名「魯迅講，劉串眞記」；另一篇

魯迅逝世後的半個月內，報導得非常密集。除此之外，僅有 1931 年署名「小記者」的嚴諤聲引載了魯迅刊於 1931 年 2 月 23 日天津《大公報·文學副刊》163 期的《致李秉中書》原文，僅刪去了「然以昔曾弄筆，志在革新。故根源未竭，仍為左翼作家聯盟之一員」〔註37〕一句，並加了「按語」：

> 小記者按：魯迅被捕消息，喧傳南北。實為子虛烏有之事。頃見津報載有魯迅致其友人李秉中書，因摘錄其一節，藉見海上文壇之一般，亦足證現代文人之不易為也。〔註38〕

1931 年 1 月 17 日，柔石被捕。因與魯迅的師友關係，又或傳因被捕者中有一人姓魯的緣故，社會上盛傳魯迅被捕。其時魯迅出於安全考慮，已於 1 月 20 日秘密攜家眷移居花園莊旅館，《新聞報》轉載此信之時魯迅恰在此處。外間無人知曉。這則報導有幾處細節頗引人關注：一是嚴諤聲在刊出的這封信中所加按語——「亦足證現代文人之不易為也」。關於現代文人的「不易為」，嚴獨鶴和嚴諤聲在副刊中經常提到，可舉的例子非常多，為何偏偏選中魯迅？二是嚴諤聲稱消息來源於「津報載」。《大公報》如此知名，為何不去提及？三是嚴諤聲給本文題目設為《魯迅手書一節》，然而對照原文，除省略的一句，這封信幾乎就是魯迅刊於《大公報》的《致李秉中書》原文，為何稱之為「一節」，且單單刪去這一句？

這些細節，恰恰顯示出嚴諤聲對魯迅的保護。

嚴諤聲 20 世紀 20 年代即供職於《新聞報》，報紙「輕政重商」的方針以及在彼時上海複雜環境下生存的本能決定了它不可能允許任何進步言論在上面大肆宣揚。然而，嚴諤聲在文藝觀上的進步傾向使得他對魯迅的關注成為一種必然。由於天津《大公報》與國聞通訊社的密切關係〔註39〕，嚴諤聲可

是 1927 年 11 月 2 日魯迅在復旦大學的演講，發表於《新聞報》1928 年 5 月 9 日《學海》，題目為《魯迅之所謂「革命文學」》，作者署名「肖立」。這兩篇文字在孫麗鳳的《魯迅與〈新聞報〉》（見王吉鵬《魯迅與中國報刊》，中國窗口出版社，2009 年 11 月版）中已經討論得較為詳細，此不贅述。

〔註37〕 魯迅：《致李秉中》，《魯迅全集：12》（書信一九二七～一九三三），北京：人民文學出版社，2005 年版，第 255 頁。

〔註38〕 《魯迅手書一節》，《新聞報》副刊《本埠附刊》，1931 年 2 月 28 日二十一版。

〔註39〕 1921 年 8 月，為了推動中國新聞事業的革新，胡政之正式籌辦國聞通訊社。胡政之在國聞通訊社「開辦預告」中稱：「當前世界改造潮流方急之時，國中凡百事業胥待刷新。而國民喉舌之新聞界自亦有待改進，不佞業報有年，不自揣其能力，竊欲於報界革新事業稍效綿薄。」1926 年 9 月 1 日，胡政之與吳鼎昌、張季鸞在天津續辦《大公報》，胡政之把國聞通訊社從上海遷到天津，

以很快看到魯迅這封信自然在情理之中，可貴的是他盡早將此信在上海當地發表出來，以正視聽。所產生的影響與所擔的風險非在天津之《大公報》可比。因此，嚴諤聲所加按語的重心並不在於「證現代文人之不易爲」，而是在前面的「實爲子虛烏有之事」。

圖 1　1936 年 10 月 20 日《新聞報》第八版刊出的魯迅遺像

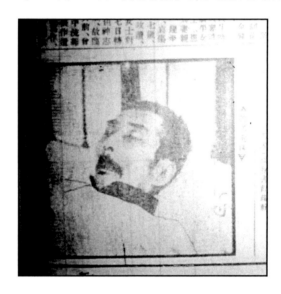

對於魯迅被捕與否，有兩類人最爲關注，一爲敵視魯迅的人，一爲關心魯迅的人。此文發表於 1931 年 2 月 28 日，與柔石被捕相距僅一個多月，上海流言正盛。報刊記者紛紛乘機大做文章，「或載我之罪狀，或敘我之住址，意在諷喻當局，加以搜捕」。嚴諤聲此時稱魯迅被捕子虛烏有，意在明確告知外界眞相，同時也讓那些造謠生事者無機可乘。而所謂的「現代文人不易爲」，只不過虛晃一槍，掩人耳目而已。

至於刪除的一句，也是出於保護魯迅的目的。魯迅稱自己「根源未竭，仍爲左翼作家聯盟之一員」，是朋友之間的一種敘談。但是嚴諤聲在《新聞報》上登出這一句，豈不無異於「告密」？而取「津報載」這種含混的說法，當然也存有保護《大公報》之心。同時，進行這樣的文字處理還有另外一個好處，那就是避免引起當局的注意，令不知情者只當它是一種小道消息，既達

成爲《大公報》的附屬事業，《大公報》初創時期的班底即國聞通訊社成員。該社成立初期有關上海商界的新聞稿主要由嚴諤聲採寫。

到了正視聽的目的，又很好地保護了自己的報紙。短短幾百字，顯示出魯迅在嚴諤聲心中的位置。他與魯迅沒有直接的交往，他所負責的《新聞報》的《本埠附刊》、《茶話》也未見魯迅的認同或批評，他與魯迅是有距離的，但這種距離，因了嚴諤聲的文藝追求，增加了魯迅在他心目中的威儀，他對魯迅的保護，完全是出於一個文藝青年對於心中導師和先行者的尊敬。

二、作爲聞人的魯迅

　　魯迅在《新聞報》上再次出現，是在他去世之後了。1936 年 10 月 20日，《新聞報》第八版用幾乎半版的空間刊出了《魯迅昨晨逝世》的新聞，見圖 1。從 10 月 20 日起，幾乎每天的報紙上都可以看到人們懷念和回憶魯迅的文章。魯迅逝世，對於整個文藝界，無異於一場地震，南北報刊紛紛連篇累牘地報導此事。《光明》、《作家》等新文學刊物更是策劃出版了「魯迅紀念專號」，《作家》不僅整期刊登魯迅的紀念文章，還刊出了魯迅個人及其遺物照片。小報也充分利用這一時機，對魯迅逝世及其生前的各種軼聞予以披露。如果說新文學雜誌如《作家》、《光明》等刊物對於魯迅的紀念文章多是摯友親朋的椎心之痛，那麼，小報對魯迅逝世的報導則多出於奪人眼球的蜚短流長。在這兩者之間，由於辦報方針使然，《新聞報》副刊對魯迅的關注既少了《作家》一類雜誌的痛徹心肺，又不同於小報街頭巷語式的流言。同樣是懷念魯迅，無論從作者還是文章內容上看，《新聞報》上懷念魯迅的文章都保持了一種有節制的距離，這種距離，恰恰爲我們提供了另外一種視角，從而得以窺查魯迅逝世之後一些眞實的社會反應。

　　魯迅於 1936 年 10 月 19 日逝世，自 1936 年 10 月 21 日起，《新聞報》各個副刊近半個月時間內，幾乎每天都有關於魯迅先生的悼念文章，詳見表 1。

表 1　《新聞報》副刊魯迅逝世悼念文章統計表

作　者	文　章　名	副　刊	日　期
景影顯	《悼魯迅先生》	《新園林》	1936 年 10 月 21 日
台生	《悼魯迅先生》	《藝海》	1936 年 10 月 21 日
乃新	《悼魯迅先生》	《茶話》	1936 年 10 月 23 日
紙帳銅瓶室主	《魯迅之種種》	《新園林》	1936 年 10 月 24 日
秉英	《悼魯迅先生》	《茶話》	1936 年 10 月 25 日

張少孫	《魯迅先生語錄》	《本埠附刊》	1936 年 10 月 25 日
嚴曉聲	《弔魯迅先生》	《本埠附刊》	1936 年 10 月 26 日
劉春華	《誰是糊塗蟲》	《新園林》	1936 年 10 月 29 日
曹聚仁	《魯迅的性格》（《東山隨筆》三五）	《茶話》	1936 年 10 月 29 日
陶在東	《空頭文學家》	《新園林》	1936 年 11 月 14 日

從表中可見，從 10 月 21 日到 11 月 14 日不到一個月時間內，共發表魯迅悼念文章和以魯迅爲寫作內容的文字共 10 篇，11 月 14 日之後，再不見與魯迅相關文章。其中，與魯迅直接打過交道的只有曹聚仁一人，而通俗文學作家僅有紙帳銅瓶室主（鄭逸梅）和陶在東兩位，台生、乃新和劉春華爲《新聞報》副刊長期撰稿人，其餘均爲普通讀者自然來稿。再來看《作家》1936年 11 月 15 日出版的第二卷第二號的「魯迅紀念專集」：

表2 《作家》第二卷第二號魯迅逝世紀念文章

作　者	文　章　名	作　者	文　章　名
內山完造	《憶魯迅先生》	臧克家	《喇叭的喉嚨──弔魯迅先生》
河野明子	《魯迅死的早晨》	孟十還	《悼魯迅先生》
池田幸子	《最後一天的魯迅》	唐弢	《紀念魯迅先生》
奧田杏花	《我們最後的談話》	鄭伯奇	《不滅的印象》
須藤五百三	《醫學者所見的魯迅先生》	章錫琛	《魯迅先生的「義子」》
景宋	《最後的一天》	田軍	《讓他自己……》
曹靖華	《生命中的第一聲巨雷》	葉聖陶	《挽魯迅先生》
巴金	《片段的感想》	白塵	《戰士的喪儀》

從表 2 中可以清晰地看到，因了《作家》的同人性質，所刊文章作者或是魯迅先生的密友和親人，或是在魯迅逝世前後與魯迅有過密切接觸的人〔註40〕。儘管悼念的內容有所不同，但他們都一致肯定魯迅的成就和偉大，也無一例外地透露出他們與魯迅的親密接觸。這種親友式的懷念異常眞實，卻難免主觀。與之相比，《新聞報》對魯迅的悼念，則呈現出了一種完全不同的風貌。

〔註40〕 日本作者，除去大家熟知的內山完造之外，須藤五百三是給魯迅長期治病的醫生（周海嬰後來懷疑須藤醫生對魯迅的死是有責任的），奧田杏花是魯迅的朋友，魯迅逝世後的石膏面型由他製作。池田幸子和河野明子女士是當時日本婦女界進步知識分子，與魯迅多有交往。

在《新聞報》所有悼念魯迅的紀念文章中，曹聚仁的身份最爲特殊，因爲他是衆多作者中唯一與魯迅有過交往的文人，他的《魯迅的性格》也是《新聞報》副刊所有紀念魯迅的文章中唯一一篇近距離評價魯迅的文章，可以說非常有代表性，此文是曹聚仁在《茶話》上的《東山隨筆》〔註41〕第三十五篇，釐清曹聚仁該篇文字悼念魯迅的態度和角度，便可以清楚地看到魯迅在《新聞報》出場的方式。其實，曹聚仁這篇文字，完全是針對周作人在魯迅逝世後對魯迅的評價有感而發。周作人與魯迅之間的裂痕，早在 1923 年就已經產生，直至 1930 年前後，周作人對魯迅的攻擊多集中於道德層面。1930 年到 1936 年魯迅逝世前，開始轉而攻擊魯迅的政治態度。1936 年魯迅逝世，作爲家屬，加之輿論對魯迅的一致頌揚，周作人表面上盡力保持和平和客觀，內裏卻暗藏機鋒。10 月 22 日，《大晚報》刊出了《魯迅噩耗到平　周作人談魯迅》一文，在文中，周作人對魯迅的性格多有指謫，曹聚仁對此有不同意見，於是寫成《魯迅的性格》一文，相比於其他朋友和讀者對於周作人的激烈指責，曹聚仁的態度顯得非常平和，引古徵今，娓娓道來：

> 記者的筆錄，也許有點走樣，大致該和周先生所說相符合。以啓明先生的博學多識，益以骨肉之親，這些話該是十分中肯的。但由站得比較遠一點的我來看，啓明先生的話不無可商量之處。

周作人稱魯迅「動不動就生氣」，曹聚仁首先以伯夷式的「聖之清」、柳下惠式的「聖之和」、伊尹式的「聖之任」、孔丘式的「聖之時」爲例，證明個性強恰恰是聖者的特徵。但是，曹聚仁又引用魯迅的親筆信證明，魯迅並不是伯夷式的人物，否則，上海的環境就不會「於他很適宜了」，魯迅有那麼多幾十年的老朋友，恰恰因爲他是「略小節而取其大」的人。〔註42〕曹聚仁稱周作人是柳下惠式的「聖之和」，而魯迅則是伊尹式的「聖之任」，曹聚仁引用孟子的話來評價伊尹：「將以道覺斯民，自任以天下之重。」「伊尹耕於有莘之野，（而樂堯舜之道焉。）非其義也，非其道也。祿之以天下，弗願也。繫馬千駟，弗視也。非其義也，非其道也。一介不以與人，一介不以取諸人。」這就是真實的魯迅。同時又將魯迅與胡適比較，稱胡適喜歡將自己的學問地

〔註41〕詳見本章第三節《曹聚仁：從〈啁啾雜筆〉到〈東山隨筆〉》。
〔註42〕魯迅在給曹聚仁的信中說：「現在的許多論客，多說我會發脾氣，其實我覺得自己倒是從來沒有因爲一點小事情，就成友成仇的人，我還不少幾十年的老朋友，要點就在彼此略小節而取其大。」見曹聚仁：《魯迅的性格》，《新聞報》副刊《茶話》，1936 年 10 月 29 日十五版。

位「待價而沽」，而魯迅則寧願爲此而受窮困之苦，並不曾爲此而改變過自己的節操，恰正是伊尹的「一介不以與人，一介不以取諸人」。在周作人與胡適之間，曹聚仁稱胡適是「待價而沽」，卻稱周作人是「聖之和」，在二者之間，曹聚仁寧取周作人。之所以有這樣的評價，或許與此時的周作人尚未「變節」，而胡適早已成爲蔣介石的座上賓有關。由此可見，曹聚仁臧否人物的標準仍未脫中國士大夫傳統，即便在眾人一味頌揚魯迅之時周作人發出如此不和諧的聲音，曹聚仁仍能以相對寬容的態度來對待周作人的「別有用心」。

對於周作人稱魯迅的「對一切都很悲觀」，曹聚仁爲魯迅找到了「悲觀」的合理性──「他的幼年時代的經歷，以及壯年以後對於政治改革社會改革的幻滅，無疑的使他變成虛無主義者。」但這並不是全部的魯迅，因爲魯迅還說過：「我又懷疑於自己的失望，因爲我又知道，我所見過的人們、事件，是極其有限的。」「絕望之爲失望，正與希望相同。」曹聚仁稱魯迅在最後的十年裏，一直在克制個人主義的氣氛，要與爲社會捨身的戰士們步調一致。於是，後來的魯迅是「漸漸遠離了虛無主義投入社會主義中去」的，臨終前的魯迅，態度是積極的。

周作人稱魯迅「多疑」，又說魯迅「觀察得非常透澈」，顯得自相矛盾。曹聚仁引出魯迅給他信中的一段話：「……歷來所身受之事，眞是一言難盡。但我是總如野獸一樣，受了傷，就回頭鑽入草莽，舐掉血跡，至多還不過呻吟幾聲的。只是現在卻因爲年紀漸大，精力就衰，世故也愈深，所以漸在迴避了。」曹聚仁認爲，魯迅住址的秘密和所謂的「多疑」，恰恰是他對自己的一種保護，但即便是保護，也是「野獸」式的，絕非羔羊。因此，曹聚仁稱周作人「多疑」的評價是冤枉了魯迅。一一批駁否定到最後，曹聚仁才透出鋒芒：

> 我和魯迅先生間的交誼，自然不及啓明先生之「親」而且「切」，
> 本不必「謬託知己」。但我心目中的魯迅先生，是一個「認眞」的人，
> 不肯輕輕放鬆一件事一句話，要徹底想一想的人。和啓明先生所見
> 的會有這麼多的差距，倒是值得仔細吟味的。

從開始的客氣委婉甚至克制，到此時的立場鮮明，曹聚仁對魯迅的捍衛顯得有力有節，所有的反駁都引魯迅原文爲證，綿裏藏針，細細密密。作爲魯迅的親人，周作人在魯迅身後如此對待兄長，想來曹聚仁是不能接受的，稱「值得仔細吟味」。魯迅逝世後，周作人《大晚報》記者訪談文字一經發表，一石

激起千層浪。親戚朋友的激動自不必說，就是一般讀者，也直接告知周作人不要再繼續發表關於魯迅的認識和評價〔註 43〕，像曹聚仁這樣雖然批駁卻克制冷靜的文字，所見不多。有趣的是，1936 年的曹聚仁下如此大的力氣捍衛魯迅，但 1954 年也曾說魯迅「決不是聖人，要把他想像爲『十全十美，無所不知，無所不能』的神，那是錯誤的。」「魯迅固然有著不妥協的精神，卻也有著睚眥必報的偏激之情，誰也不必爲諱的。」〔註 44〕曹聚仁說出後面一番話時，有其特定的原因和時代背景。在這看似矛盾的兩種態度背後，恰恰體現出曹聚仁一以貫之的史家修養與識見。這種史家的素養以及不脫傳統的文章氣質，又悄然暗合了《新聞報》副刊的定位及風格──「新舊間雜」、「不事攻訐」。作爲《新聞報》的副刊，《茶話》的辦刊風格以及曹聚仁在讀者中的聲望使得嚴諤聲選中他在其上開闢專欄，而曹聚仁不激不揚的史筆恰也給《茶話》增加了許多別處難得一見的風景。

「親戚或餘悲，他人亦已歌」，魯迅的逝世爲親友平添了無限惋惜與傷痛，但作爲文壇先鋒與旗手的魯迅，同時也是上海灘的聞人，因此，除去友人曹聚仁的悼念外，其身後也必然受到其他群體的關注，其中的兩個群體就是報人與讀者，這兩個群體與魯迅多有距離，因此與曹聚仁的文字呈現出了不同的面貌。

通俗文學作家多數都是報人，因此，應該說，通俗文學作家對魯迅的關注常常是新聞記者式的。10 月 26 日，鄭逸梅以「紙帳銅瓶室主」爲筆名發表了《魯迅之種種》一文，開篇完全是魯迅說的上海報紙上新聞的「海式的有趣」：

> 高爾基死，彼東方高爾基魯迅亦以逝世聞。天喪斯文，抑何其甚！魯迅原名周樹人，字豫才，越人。與周作人爲昆弟，初在日本習醫，繼改攻文學，撰新小說，以《阿（Q）正傳》，爲其反封建之成功作品。聞今已有英法日俄諸國譯本。魯迅享年五十有六，居施

〔註 43〕 有讀者曾以明信片的形式對周作人說：「今天看見《宇宙風》二十八期所載下期新目預告，將有《魯迅的學問》一文發表。我想，魯迅先生的學問，先生是不會完全懂得的，此事可不勞神，且留待別些青年去做，若稿已完成，自可束縛之高閣，不必發表。」見張菊香、張鐵榮編著：《周作人年譜：1885～1967》，天津：天津人民出版社，2000 年版，第 512 頁。

〔註 44〕 曹聚仁：《前記：我在上海的日子》，見《文壇五十年》，上海：東方出版中心 2006 年 1 月第 2 版，第 202 頁。

高塔路之大陸新村，路口有內山書店者，爲日人所設立。魯迅與店
主相友善，常往店中閒談，飲啤酒爲樂。有識之者，謂魯迅操國語
殊純熟。方面巨耳，上唇蓄髭，茸然似亂草。下頷則只數莖。在若
有若無之間，御中國裝，道貌岸然，實則情感充溢。與人相見殊和
藹也。

以章回筆法記敘，揪住魯迅的「奇」作文章：去世前不久在《中流》發表了
《死》一文，與阮玲玉自殺前在《新女性》中「自殺」頗爲相似；遍覽舊小
說卻不喜《野叟曝言》，因作者以「盡之一字爲其唯一之妙訣」；筆名中的「魯」
隨母姓，《社戲》爲其外祖家事；身爲新文學家卻喜作舊詩；因其父爲中醫所
誤而留學日本專攻西醫。與曹聚仁相比，鄭逸梅對魯迅的敘述完全是旁觀式
的，除去諸如「天喪斯文，抑何其甚」之類的評價，情感方面幾乎不動聲色。
與鄭逸梅的文字頗多相似，陶在東的今樂府《空頭文學家》〔註 45〕中將魯迅
給兒子的一句肺腑之言與文人的現實境遇聯繫在一起，引爲同道，下筆頗多
才子式的洋洋灑灑，如「漢廷東方朔，畜之以俳優。不見騎從奴，衛霍萬戶
侯。」「北齊文林館，天子自無愁。」等等之類，既無「親者痛」，也無「仇
者快」，完全是一篇文人感時傷世的遣興之作。可是，與此相對，《新聞報》
副刊《茶話》10 月 23 日所載「乃新」的《悼魯迅先生》在談及「空頭文學家」
這一問題時，卻是嚴肅而積極樂觀的。他認爲魯迅先生提出的「不要做空頭
文學家與美術家」昭示了青年們前途責任之重大，在這種情況下，青年們不
是該放棄文學，而是要努力去做「不空頭的文學家與美術家」〔註 46〕，與陶
在東所說的「文人固窮」的抱怨完全是兩回事。劉春華在《誰是糊塗蟲》一
文中大聲呼籲青年不能僅僅沉溺於對死者的頌讚，青年要做的是「管住自己

〔註45〕 全文爲：「魯迅遺囑，誡子不得爲「空頭文學家」 支票不兌現，證之曰空頭。
如何此頭銜，安上文學頭。文人無足觀，一語傲千秋。漢廷東方朔，畜之以
俳優。不見騎從奴，衛霍萬戶侯。北齊文林館，天子自無愁。帝德碑稿成，
獄有餓死囚。壯夫恥雕蟲，草玄供覆瓿。岩居說仁義，貧士亦可羞。譬如剪
綵花，家世爲雕鏤。但非協律鳳，凡鳥徒啁啾。況今大世界，捲地新潮流。
非讀萬卷書，十倍萬里遊。方音通四國，交結徧全球。猥欲以文豪，毋乃冠
沐猴。中山講邏輯，幾人識所由。(詳總理知難行易作文一證講中) 白首擁皋
比，下筆不能休。不如爲商賈，工矩與農鍬。魯迅傷心人，痛語留彌留。試
看血花乳，擠自喫草牛。(魯迅語)」陶在東：《空頭文學家》，《新聞報》副刊
《新園林》，1936 年 11 月 14 日十七版。
〔註46〕 乃新：《悼魯迅先生》，《新聞報》副刊《茶話》，1936 年 10 月 23 日十五版。

的生活」，繼承魯迅先生的遺志，這是比單純憑弔逝者更有意義的，也是逝者所希望看到的。

　　這些來自不同層面的悼念文章，或許風格和內容各不相同，但有一點是統一的，那就是他們筆下的魯迅，完全是以一個「聞人」的形象出現在副刊上，人們或者報導他的生平，或者就他的一個話題展開討論，或者感激於魯迅先生帶給自己的間接幫助〔註47〕，或者肯定魯迅對中國文壇和中國青年的意義〔註48〕，或者回憶魯迅先生的名言藉以勵志〔註49〕。分析這些作者的身份，從中可以看出，所有的撰稿人，包括曹聚仁在內，既非魯迅平日最親近的人，也非魯迅的論敵。從文章內容上看，雖然主要內容都是充分讚揚魯迅的人格，但多數都客觀陳述，與《作家》上那些刻骨的痛楚和深刻的思辯比起來，《新聞報》副刊上的「魯迅之死」顯得更淺顯直白，更側重於時效性。之所以這樣寫，一來與作者和魯迅之間的關係不那麼密切有關，二來也是《新聞報》副刊一貫的風格特色與魯迅新文學旗手的身份，二者之間形成一種「左右為難」的張力，身處這種張力之間的副刊主編只能作出這樣的選擇，別無他法。由此也可以解釋為何該報副刊主編——無論是嚴獨鶴、嚴諤聲還是吳承達——都沒有對魯迅的逝世在《新聞報》副刊上發表任何言論。就在魯迅逝世後一個月不到，11月14日，上海商界聞人謝鵬飛逝世，11月15日嚴獨鶴就在《新園林》上發表了《悼謝鵬飛先生》的紀念文章，但在《新聞報》各個副刊刊登悼念魯迅先生紀念文章期間，他卻沒有發表一篇悼念魯迅先生的文章。原因當然有多種可能性，但有一點是可以肯定的：作為通俗文學的知名編輯和作家，嚴獨鶴與魯迅之間幾乎沒有任何直接交往，魯迅也幾乎從未表達過對《新聞報》副刊的好感，由他來撰文悼念文壇鼎鼎大名的魯迅先生，難免讓人有攀附之感。但是，編輯這一職業的特殊性就在於，編輯本人的很多意圖、立場和價值觀完全可以通過他所擇選的稿件流露出來，因此，《新

〔註47〕讀者秉英是北京女子師範大學最後一屆學生，之所以能夠入學就因為她得知是因為魯迅與章士釗的鬥爭而使女師大得以保留。（見秉英：《悼魯迅先生》，《新聞報》副刊《茶話》，1936年10月25日十五版。）

〔註48〕景影顥：《悼魯迅先生》，《新聞報》副刊《新園林》，1936年10月21日十七版；台生：《悼魯迅先生》，《新聞報》副刊《藝海》，1936年10月21日，《本埠附刊》六版。

〔註49〕張少孫：《魯迅先生語錄》，1936年10月25日《本埠附刊》二版；嚴曉聲：《弔魯迅先生》，1936年10月26日《本埠附刊》一版。

聞報》副刊上這些集中的悼念文章足以表明幾位副刊編輯對中國文壇巨星隕落的歎息以及對魯迅對於中國文壇的貢獻及其地位和價值的認同。同時，因了《新聞報》的商業屬性和副刊「不事攻訐」的特點，對於魯迅的逝世，或許與他保持一定距離的作者的悼念文章，更合於《新聞報》的風格和口味。這種選擇的標準，是《新聞報》報紙特點、副刊風格與魯迅先鋒身份之間矛盾與張力作用下的必然結果。

第三節　曹聚仁：從《啁啾雜筆》到《東山隨筆》

　　一份成熟的報紙副刊或文學期刊，無論是否曾提出明確的宗旨，都會展示出相對穩定的風格，這種風格，就是以編者的編輯理念爲核心，由有著相同或相似文學理念、文學趣味的作者和讀者，共同形成的「場」。在這種情況下，報紙副刊和期刊必然對刊於其上的文字提出一定的要求，同時，作者也會對發表的園地有所選擇，這種選擇，直接表達出他們的文學傾向、立場和創作目的。因此，一般說來，在現代文學這一特殊的場域中，既能在新文學刊物上發表文章同時又能在通俗文學刊物上發表文字的作者，並不多見。1933 年，范煙橋在《新作家的陳迹》一文中，雖然列舉了魯迅、劉半農、施蟄存、老舍、葉聖陶等人在通俗文學刊物如《禮拜六》、《星期》、《半月》等刊物上都曾發表文章〔註 50〕，但這樣的情況，有一個時間問題，也就是說，這類情況的發生，都有一個前後順序。戴望舒雖然早年在《星期》上寫《母愛》，但到了 1928 年在《小說月報》上發表了《雨巷》之後，便幾乎不在通俗文學刊物上發表文字了。這種看似簡單的選擇行爲中其實表達了作者鮮明的創作態度、文藝觀念和文藝立場。至於發表在這些刊物上的文字到底應該屬於新文學還是通俗文學，是左翼、右翼還是自由主義，那又是另外一個層面上的問題了，見仁見智。

　　期刊如此，報紙副刊同樣如此。新文學作家之所以能夠在社會上產生影響，與他們參與報刊活動密不可分。如果不是《小說月報》，文學研究會同人文學活動的社會影響，恐怕要大打折扣。與此相對照，通俗文學作家如張恨水、嚴獨鶴、周瘦鵑等人，之所以婦孺皆知，他們的報人身份在其中也起了決定性的作用。雖然在彼時上海《新聞報》與《申報》都號稱是「第一大

〔註 50〕 仔丁：《新作家的陳迹》，載《珊瑚》第 20 號。

報」，但因了黎烈文全面改版《自由談》，1932 年前後，《新聞報》與《申報》的副刊呈現出明顯差異——創刊後的《茶話》並沒有像《自由談》一樣變成同人刊物，始終堅持了面向市民的副刊定位。能夠受《申報》和《新聞報》雙重青睞並得以在其副刊上同時發表文字的，在 1932 年前後的作者屈指可數。曹聚仁一生兼具多重身份，當過教師，做過記者，辦過刊物，更是知名作家和學者。他的文字以隨筆和雜文見長，善發「怪論」〔註 51〕，在 1932 年前後，已經由於在《民國日報》副刊《覺悟》上發表百萬以上的文字而聞名海上文壇，深為當時的報刊所喜。在 1932 年《茶話》創刊後，能夠並願意同時在《自由談》和《茶話》上發表文字的新文學作家，恐怕也只有他。然而，曹聚仁之所以能夠走進市民，並不是因為他「在《申報》『自由談』寫稿，參加了若干場文化論爭」，事實上，「一位四川人所以知道我，乃由於《新聞報》『茶話』上的連載。」〔註 52〕

　　曹聚仁所謂「《新聞報》『茶話』上的連載」，非長篇小說，而是他於 1933 年到 1936 年間發表於《茶話》上的《啁啾雜筆》和《東山隨筆》。見圖 1、圖 2。

圖 1　1933 年 1 月 1 日《茶話》上的《啁啾雜筆》

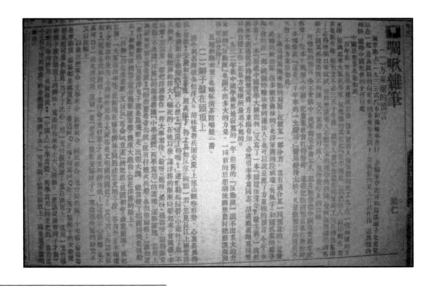

〔註 51〕陳毅曾評價曹聚仁的文字：「此公愛作怪論，但可喜。」珂云：《〈我與我的世界〉後記》，見曹聚仁：《我與我的世界》，北京：人民文學出版社，1983 年 3 月版，第 589 頁。

〔註 52〕曹聚仁：《浮過了生命海》，上海：上海辭書出版社，2002 年版，第 61 頁。

圖2　1935年2月10日《茶話》上的《東山隨筆》

　　《啁啾雜筆》於1933年1月1日開始在《茶話》上連載，彼時《茶話》剛剛創刊三個月，《申報》副刊《自由談》剛由黎烈文接編一個月，此時的曹聚仁已經在《自由談》發表了多篇文字〔註53〕。問題於是凸顯出來：以自由派知識分子「旁觀者」〔註54〕的立場，1933年到1936年之間，曹聚仁爲何會選擇在《茶話》上發表連載？以嚴諤聲當時在《本埠附刊》所積累下來的作者資源，《茶話》又爲何會看中曹聚仁？

一

　　曹聚仁之所以會選擇《茶話》，總的看來，大致有如下幾方面原因：

　　（一）將《茶話》與《自由談》視爲同道，重視發揮報刊的社會功能

　　作爲文化人、作家、學者，和許多新文學作家不同，多年的報刊實踐使得曹聚仁非常重視大眾媒體尤其是報紙的社會功能，尤其強調文化人不應整

〔註53〕曹聚仁稱：「我替《自由談》寫稿，比魯迅早了好幾個月。（某君所說魯迅替《自由談》拉我寫稿的話，也完全不合事實。）」魯迅給《自由談》發表第一篇文章《崇實》的時候，爲1933年2月6日。

〔註54〕曹聚仁稱：「一九二七年以後，我就下了決心，不參加任何政黨組織，也不捲入任何政治鬥爭的漩渦……出賣自己勞力以爲活，這便是我能夠在那個大動亂的場面，勉強可以旁觀下去的本錢。」原載《採訪三記》，轉引自柯云：《〈我與我的世界〉後記》，見曹聚仁：《我與我的世界》，北京：人民文學出版社，1983年3月版，第583頁。

日埋首於象牙塔之內，而應充分利用大眾媒體受眾廣泛的特點，投身於社會洪流，發揮自己應有的作用。曹聚仁曾經致信陳靈犀，專門談到這個問題：

> 我們辦報的，必須有這麼一點自信，我們揭示社會的側影，暴露人群的矛盾，我們盡推動時代前進的職責，我們不是住在象牙之塔裏的花呀月呀的文學寫作者，我們是奔波於街頭，體嘗了人生的苦味，為人群而做報告——報告文學。〔註55〕

當時，連陳靈犀這樣與他並沒有任何交道的「無知小子」〔註56〕貿然對曹聚仁的稿件「姑妄求之」，曹都慨然惠稿，那麼，憑藉「小記者」嚴諤聲在讀者中的聲譽以及《新聞報》彼時在上海第一大報的地位，曹聚仁必然更清楚它的份量。曹聚仁曾對嚴諤聲的編輯水平給予極高評價：

> 新文學運動以後，中國的報紙副刊，產生了幾把好手：北京《晨報》的孫伏園，南京《新民晚報》的張慧劍，上海《民國日報》副刊《覺悟》的邵力子，上海《新聞報·茶話》的嚴諤聲，還有《申報·自由談》的黎烈文。〔註57〕

《茶話》創刊伊始，就提出「願探求社會之真相，供改造社會的思考」的辦刊宗旨，內容為「社會真實的寫真」，拒絕做「有閒階級的消遣品」，以「改造社會」為最終目的。〔註58〕這樣的發刊詞，使得曹聚仁將《茶話》與《自由談》視為同道，否則也不會稱《茶話》創刊「不是一場平常的變動」〔註59〕，將其與《自由談》的接編等而視之。而比對1933年曹聚仁同時發表於《自由談》上的文字，《啁啾雜筆》與《自由談》上筆法的相似性即一目了然。他在《自由談》發表的《蘇小小與白娘娘》〔註60〕《釣台與西台》〔註61〕《「風頭」辯》〔註62〕《左右為難》〔註63〕《書生之見》〔註64〕等大

〔註55〕陳靈犀：《社會日報雜憶》，見中國社會科學院新聞研究所《新聞研究資料》編輯室編輯：《新聞研究資料 叢刊 一九八一年第4輯(總第9輯)》，北京：新華出版社，1981年版，第41頁。

〔註56〕同上，第43頁。

〔註57〕曹聚仁：《黎烈文談傳記文學》，見《天一閣人物譚》，上海：上海人民出版社，2000年版，第322頁。

〔註58〕小記者：《開場白》，《新聞報》副刊《茶話》，1932年10月1日二十版。

〔註59〕曹聚仁：《文壇五十年》，上海：東方出版中心，2006年第2版，第4頁。

〔註60〕見1933年2月6、7日《申報》副刊《自由談》。

〔註61〕見1933年4月13日《申報》副刊《自由談》。

〔註62〕見1933年6月5日《申報》副刊《自由談》。

〔註63〕見1933年6月10日《申報》副刊《自由談》。

量文章，無不是在文章中借古代故事來諷喻今人。所不同者，曹聚仁在《茶話》上的《喁啾雜筆》幾乎全在講史、評史，在史的線索中藉以評事，是非常典型的歷史小品，而發表於 1933 年《自由談》上文章的範疇則不僅囊括了文化、家國、民族、民權，更包括了社會、民生等大範疇，古代的故事不過是藉以諷今的引子，屬於雜文，直接影射當下。如《生背癰的人》一文，借用《史記・項羽本紀》范曾生背癰發病而死的故事，猜測范曾從滎陽東歸一路上所想：「也許想起」他為項梁、楚懷王、項羽等人所建的豐功偉業；「也許想起」「章邯那些飯囊，一夜失了關中」；「也許想起項羽和他彆扭」，「劉邦長趨入關中，幾乎危及根本」，最後想得「事事不如人意」，「起初不但主擇臣，臣亦擇主，如今魚得水，希望無窮。現在拆穿了西洋鏡；長衫朋友終不免時時受了劍把子的氣。一個德隆望重的老臣，日暮窮途，皇皇（惶惶）如喪家之犬」，最後這位「范曾」「越想越氣，越氣越想，半路上就生了背癰而死了」。〔註65〕據說汪精衛與蔣介石鬧彆扭後託辭在青島養病期間看到此文，非常生氣，電令上海市市長通知史量才撤黎烈文的職。獲悉此事，曹聚仁直接給汪精衛發電請求處分，為黎開脫。汪忌憚他與國民黨的關係，最後只好不了了之。雖然曹聚仁在文中沒有明說范曾影射何人，但時至今日，明眼人一看仍即知其所指，也難怪汪精衛如此吃味。《自由談》既然給了曹聚仁如此闊大的天地，為何他又要在《茶話》上寫歷史小品呢？

客觀上講，此時曹聚仁在《自由談》上已經發表了多篇雜文，如果在《茶話》上也這樣寫下去，難免與《自由談》內容有重複之嫌，使《茶話》失去「小茶館」特色。《自由談》是明顯帶有左傾立場的知識分子同人刊物，而《茶話》定位於市民階層，其上發表作品的作者沒有明確的界限和身份要求，可以是新文學作家，可以是通俗文學作家，甚至也可以是讀者。只要提及社會問題，都可以參與其中。此外，儘管嚴諤聲也有一定的進步傾向，但與「從法國回來，譯介法國文學名著，譯筆之健……和青崖兄伯仲」〔註66〕的黎烈文相比，差異就十分明顯了。《茶話》的作者群是廣交朋友，而《自由談》的作者群則偏安一隅。因此，如果曹聚仁在《茶話》上一露面就像在《自由談》上一樣鋒芒畢露，與《茶話》「不涉攻訐」的立場勢必產生衝突。

〔註64〕見 1933 年 9 月 2 日《申報》副刊《自由談》。

〔註65〕見 1933 年 5 月 15 日《申報》副刊《自由談》。

〔註66〕曹聚仁：《我與黎烈文》，見《我與我的世界》，北京：人民文學出版社，1983 年 3 月版，第 375 頁。

主觀上講，當然也是更為重要的原因，莫過於曹聚仁自己的創作意願。1931年，「沉默了五個年頭」的曹聚仁和陳子展等幾位同人終於「沉默不下去了」，創辦了《濤聲周刊》，目的是「想寫點文章叫喊一番」，並用「烏鴉主義」作口號。所謂「烏鴉主義」，換句話說，便是「不崇拜任何權威，不人云亦云的信仰任何主義」，而這一理性主義，只能使「老年人看了歎息，中年人看了短氣，青年人看了搖頭」，所以刊載於《濤聲周刊》上的文章，都是「在時代的大變動中，為時代而叫喊」，「對一切問題，採取批判的態度」，像烏鴉的叫聲一樣，不討人喜歡。由於帶有鮮明的進步傾向，不為當局所喜，創辦兩年便被勒令停刊。曹聚仁準備在《茶話》上寫連載時，《濤聲周刊》已經引起當局注意，「中央宣傳部拿印子的老友記」「見了我的面，總跟我大吵大鬧」，〔註67〕時隔不久，《茶話》上刊出了曹聚仁的《啁啾雜筆》，內容主要為歷史小品，看來實非偶然。1932 年，曹聚仁等人進入了 CC 系的黑名單之列，1933 年春天，由於暨南大學校長鄭洪年對左傾教授和學生的保護，被迫辭去校長之職，曹聚仁等人不得不離開暨南大學。《啁啾雜筆》在醞釀之時，已經山雨欲來，彼時上海活躍於各大報刊的左傾文化人，難免人人自危。「啁啾」本用來形容好聽的鳥叫聲，恰與烏鴉難聽的叫聲相對，而歷史小品往往沒有雜文那樣刺人神經，在當時如此緊張的政治氛圍中，「啁啾」總比烏鴉要讓當局安心得多。但是，雖然明為「啁啾」，實際上曹聚仁實非有「啁啾」之意。那麼，其用意何在？

（二）打破思想界的沉寂，發出聲音

《啁啾雜筆》一開頭，曹聚仁便直接昭示了創作背景和寫作目的：

> 南京路上，一九三三式汽車和獨輪車並行，赤腳摩登密司和烏黑辮子北老兒站在一起，着高跟鞋的向虹廟燒香吳鑒光問卜，穿西裝的見人打拱作揖，這異樣的相映，顯得中國社會的光怪陸離。

> 中國思想界也是如此。

> ……

> 一九三二年是中國學術界最寂寞的一年，但舊的「反動派」顯不出多大的力量，新的「反動派」也顯不出多大的力量，一種新的

〔註67〕曹聚仁：《「烏鴉」商標的〈濤聲周刊〉》，見《我與我的世界》，北京：人民文學出版社，1983 年 3 月版，第 433～436 頁。

－169－

　　思想潮流將應農村總崩潰而洶湧，可以立待了。〔註68〕

　　1932 年，蔣介石重新主政後採取了一系列高壓手段，尤其是「CC 的決策，要控制全國的大學」〔註 69〕，此舉對彼時中國思想界和文化界的打擊異常沉重，所以「一九三二年是中國學術界最寂寞的一年」。上海解放後，曹聚仁曾經說過：「我幾乎在二十年前，預想到這樣一場社會大變動的到來。」〔註70〕這句話寫於 20 世紀 50 年代前期，據此推來，恰與《啁啾雜筆》中的「一種新的思想潮流將應農村總崩潰而洶湧，可以立待了」相合。也就是說，1933 年的曹聚仁已經預見到了彼時思想界的「寂寞」是暫時的，他將打破這種「寂寞」的途徑寄希望於「一種新的思想潮流」，而這種對「新的思想潮流應農村總崩潰而洶湧」的期待，使得曹聚仁具有了左傾的態度和立場。然而，曹聚仁也曾說過：「一九二七年以後，我就下了決心，不參加任何政黨組織，也不捲入任何政治鬥爭的漩渦……出賣自己勞力以爲活，這便是我能夠在那個大動亂的場面，勉強可以旁觀下去的本錢。」那麼，又該如何看待他的這種「左傾」呢？

　　對此，曹聚仁曾有明確的答覆：

　　　　那一年起，我才開始寫作，主編了以烏鴉爲商標的《濤聲周刊》和後來的《芒種》半月刊。也開始替《申報·自由談》、《申報周刊》和《立報·言林》長期作稿，看起來，我已成爲左傾的作家了。———我們反抗當時對文化採取高壓態度的當局，我們在國家民族的立場，主張對日作戰，我後來也參加了奔走救亡運動的抗日救國會。〔註71〕

這樣，我們再回過頭來看他所謂的「不參加任何政黨組織，也不捲入任何政治鬥爭的漩渦」的「旁觀」與「新的思想潮流應農村總崩潰而洶湧」而「立待」的提法，便不再牴牾。他的所謂「左傾」，是對當局打壓進步思想界和文

〔註68〕聚仁：《啁啾雜筆（一）　方東樹的預言》，見《新聞報》副刊《茶話》，1933年 1 月 1 日三十版。

〔註69〕曹聚仁：《暨南後頁》，見《我與我的世界》，北京：人民文學出版社，1983年 3 月版，第 271 頁。

〔註70〕曹聚仁：《採訪三記　採訪新記》，北京：生活·讀書·新知三聯書店，2007年版，第 9 頁。

〔註71〕曹聚仁：《暨南後頁》，見《我與我的世界》，北京：人民文學出版社，1983年 3 月版，第 271 頁。

化界的一種反抗，與彼時黨派意義上的「左傾」並不相同。

　　1953 年，香港創墾出版社出版了曹聚仁的《中國近百年史話》（以下簡稱《史話》）〔註72〕，該書很大一部分都選用了《啁啾雜筆》中的文章，見表 1。

表 1　《啁啾雜筆》與《中國近百年史話》目錄比較

《啁啾雜筆》〔註73〕	《中國近百年史話》
（一）方東樹的預言	
（二）辮子盤在頭頂上	
（三）種瓜得果	
（四）青出於藍	
（五）百齡機	
（六）吳稚暉	
（七）黎明	
（八）叛徒	一　叛徒
（九）禮失求諸野	
（十）闖頭關	二　闖頭關
（十一）詩人之淚	三　詩人之淚
（十二）李鴻章雜膾	四　「李鴻章雜膾」
（十三）康有為登場	五　康有為登場
（十四）新舊士大夫鬮法	六　新舊士大夫鬥法
（十五）西醫孫中山	七　西醫孫中山
（十六）時代驕子梁啟超	八　時代驕子梁啟超
（十七）章梁筆戰	
（十八）北拳南革	九　北拳南革
	一〇　《民報》與章太炎
	一一　辛亥革命
	一二　袁世凱
	一三　革命之夢
（十九）汪精衛甩炸彈	
（二十）古城會	

〔註72〕見《曹聚仁主要論著》，蔣述卓主編：《暨南文叢：卷二》，廣州：暨南大學出版社，2006 年 10 月版，第 432 頁。
〔註73〕原文序號在《茶話》發表時有錯誤，引用時筆者按序進行了訂正。

（二十一）宋案	一四 宋案
	一五 曇花一現的二次革命
（二十二）前甲寅	一六 前甲寅
	一七 新華春夢
（二十三）異哉所謂國體問題	一八 異哉所謂國體問題
	一九「五四」的前夜
	二○ 五四運動
（二十四）元首外交成功	
（二十五）梁姑娘再度上當	
（二十六）懺悔錄	
（二十七）預言詩	
（二十八）洋鬼子	二一 從洋鬼子到洋大人
	二二 大時代的脈搏

儘管《史話》出版時時間已經過去了二十年，而且由於時代差異，曹聚仁對其修改尺度非常大，甚至有些文章如《宋案》、《前甲寅》、《異哉所謂國體問題》等由於很多歷史眞相已經浮出水面，曹聚仁對它們徹底進行重寫，但其中歷史人物及歷史事件的脈絡基本未變，強調的核心仍是曹聚仁在《啁啾雜筆》中借李鴻章之口所說的「這是三千年來的一大變局」〔註74〕。因此，《啁啾雜筆》上所有的文字，都圍繞著「變」依次展開，著重梳理的是清末至民國時期每個「變」的轉彎處，新舊知識分子包括士大夫、學者、文人、政治家在其中的角色和作用，褒貶並舉，所以雖然總共僅二十八篇文字，但幾乎花了整個篇幅撰寫的就有李鴻章、康有爲、梁啓超、黃公度、袁世凱、宋教仁、孫中山、汪精衛、李大釗、陳獨秀、黃遠生、胡適、吳稚暉、俞樾等，此外，還有一部分其他沒有列專章撰寫的重要人物如章太炎、章士釗、林紓、嚴幾道、張謇、黃炎培、李石曾、蔣百里、丁文江等，一直寫到「五四」前後，客串者不計其數。對於這些新舊知識分子，曹聚仁的態度是一分爲二的。在第二十六篇《懺悔錄》中，曹聚仁批評了陞官發財的士大夫型知識分子，力陳其弊，難抑傷感：

　　　　中國的知識分子，（所謂士大夫階級）熙來攘往，醉生夢死。

〔註74〕聚仁：《啁啾雜筆（一）　方東樹的預言》，見《新聞報》副刊《茶話》，1933年1月1日三十版。

總而言之，統而言之，唯一的人生觀，就是升官發財。這些升官發財的蛆蟲，上之則爲官僚，爲政客；下之則爲佐雜小吏，爲土豪劣紳。又總而言之，統而言之，無非「乘天下荒荒之際，盡我輩投機之力，替中華民國包辦送終」。提起了政治舞台，眞是一隻大糞坑，越淘越臭，人皆掩鼻而過之。

……

可是，中國的知識分子眞的懺悔了嗎？憶昔年梁啓超曾有紀事詩：「猛憶中原事可哀，蒼黃天地入蒿萊。何心更作喁喁語，起趁雞聲舞一回！」誦之不覺愴然淚下！〔註75〕

《預言詩》一文則借俞樾1907年《病中囈語》〔註76〕，將清末至民國四十年的革命史以及縱橫其間的歷史人物進行系統梳理，與之一一對號入座，其中的功過是非，曹聚仁將評價的標準最終落實在百姓身上：

四十年來，中華民國一品大百姓，烽烟遍地，日日在流離顛沛情況中。別的沒有好處，只做醒了一場大夢。初則希望議會政治，而政黨的黨同伐異、爭權奪利既如此，繼則希望武力統一，而官軍的兵連禍結、自相殘殺又如此，希望於人者莫不失望。回首是岸，只好自己來努力，自己來奮鬥了！〔註77〕

從中不難看出曹聚仁對政治的失望以及對歷史的無奈。

〔註75〕 聚仁：《啁啾雜筆（二十六）懺悔錄》，見《新聞報》副刊《茶話》，1933年8月22日十六版。

〔註76〕 共九首，全文爲：「（一）歷觀成敗與興衰，福有根苗禍有基。不過循環一花甲，釀成大地是瘡痍。（二）無端橫議起平民，從此人間事事新。三五綱常收拾起，一齊都作自由人。（三）才喜平權得自由，誰知從此又戈矛。弱之肉是強之食，膏血成河滿地流。（四）英雄發憤起爲強，各劃封疆各設防。道路不通商販絕，紛紛海客整歸裝。（五）大邦齊晉小邾滕，百里提封處處增。郡縣窮時封建起，秦皇廢了又重興。（六）幾家玉帛幾兵戎，又見春秋戰國風。太息當時無管仲，茫茫殺運幾時終？（七）觸鬥蠻爭年復年，天心仁愛亦垂憐。六龍一出乾坤定，八百諸侯拜殿前。（八）人間從此又革胥，偃武修文樂有餘。璧水橋門興墜禮，山崖屋壁訪遺書。（九）張弛從來道似弓，略將數語示兒童。悠悠二百餘年事，都在衰翁一夢中。」收錄時「人間從此又革胥」一句改爲「從此人間又革胥」。劉桂生，張步洲編：《俞曲園先生〈病中囈語〉》，《陳寅恪學術文化隨筆》，北京：中國青年出版社，1996年9月版，第45～46頁。

〔註77〕 聚仁：《啁啾雜筆（二十七）預言詩》，《新聞報》副刊《茶話》，1933年8月26日二十版。

　　曹聚仁一直以「史人」自謂，他認爲「中國的學問，一切從史學中來」
〔註78〕，講史就是在做學問。而如果有人在報刊上公開講史，思想界就有聲
音，就沒有沉寂，最終仍然可以表達他作爲一個學者和文化人的不滿與抗
議。而歷史小品最大的好處就是可以諷古喻今，借前車之鑒，與《茶話》「明
瞭各種病者所患的病的眞相」〔註79〕從而「引起療救的注意」目的殊途同歸。
當然，除了這些因素外，曹聚仁與嚴諤聲之間是否有私人往來（他與嚴諤聲
同父異母的兄弟嚴愼予都曾爲葉楚傖所辦《民國日報》撰稿，也曾同爲《錢
江評論》撰稿，彼此交好），以及 1932 年他全家從蘇州遷回上海，1933 年他
被迫離開暨南大學，這中間是否有經濟因素含在其中——當時《茶話》的稿
酬達到「千字 1 圓半至 5 圓」〔註80〕，與《申報》、《時事新報》、《時報》等
大報稿酬相仿，以曹聚仁這樣的名家，稿酬應該是比較優厚的——這些問
題，限於資料，都有待進一步考證。

<h1 style="text-align:center">二</h1>

　　那麼，《茶話》以及嚴諤聲又爲何會選中曹聚仁呢？

　　曹聚仁發表《啁啾雜筆》之前的三個月內，《茶話》上沒有任何名家的連
載。嚴獨鶴將「好的連載」與「好的短文（言論）」、「好的漫畫」視爲副刊的
三大法寶，這一編輯理念所取得的成績，嚴諤聲親眼目睹，親自驗證，必引
之爲同道。1932 年的嚴諤聲已擔任副刊主編多年，對副刊的經營運作已經獲
得了相當的經驗。尤其是 1930 年之後《快活林》連載《啼笑因緣》、《荒江女
俠續集》時《本埠附刊》參與發起了多次讀者活動，讓嚴諤聲實實在在地看
到了連載之於副刊讀者的巨大魅力。同時，儘管《茶話》的創刊與《本埠附
刊》有很大關係，發表讀者文字的本身即吸引讀者的一個重要法寶，然而，
像《新聞報》這樣一份「第一大報」，如果沒有名家的文字，《本埠附刊》、《茶
話》與《新園林》比起來，難免相形見絀。所以首要的，便是找到名家予以
連載。1933 年 1 月 1 日，曹聚仁的《啁啾雜筆》開始在《茶話》上連載，顧
明道也於 1 月 7 日開始在《本埠附刊》上連載《如此江山》。這樣一來，加上

〔註78〕《曹聚仁》，蔣述卓主編：《暨南文叢：卷二》，廣州：暨南大學出版社，2006
　　　年 10 月版，第 383 頁。

〔註79〕小記者：《開場白》，《新聞報》副刊《茶話》，1932 年 10 月 1 日二十版。

〔註80〕陳明遠：《文化人的經濟生活》，上海：文匯出版社，2005 年版，第 58 頁。

張恨水在《新園林》上正在連載的《太平花》,《新聞報》的三個文藝副刊便都有了足以吸引讀者眼球的拿手好戲,形成鼎足之勢。那麼,以當時上海報壇的熱鬧景象,爲什麼嚴諤聲會選擇連載曹聚仁的雜文呢?

如同當年嚴獨鶴選中張恨水一樣,嚴諤聲之所以能夠看中曹聚仁,豐富的報刊實踐經驗以及他的文風想來應是主要原因。

在回憶 1922 年到上海以後的經歷時,曹聚仁稱:

> 我一進了上海,想不到一腳踏到的是文壇,又一腳踏到的是「報壇」;從三十年代到五十年代那三十年中,我一直在教書,一直在研究歷史;可是,終於成爲寫稿子的文人,還進入戰地,成爲隨軍記者,好似文曲星替我敲定了命運,非和文士們往來不可。〔註81〕

1921 年,曹聚仁開始爲邵力子主編的《民國日報》副刊《覺悟》寫稿,並成爲它的長期撰稿人,據《五四時代期刊介紹》所刊篇目統計,大致寫了一百萬字以上。而這段經歷,雖然沒有任何經濟上的回報,曹聚仁卻憑藉《民國日報》副刊《覺悟》的影響力,「居然成爲『作家』了」〔註82〕。到 1933 年之前,曹聚仁不僅創辦了《濤聲周刊》(1931 年 8 月創刊),而且在《申報》副刊《自由談》以及《社會日報》等處,發表了大量的雜文及社論,擁有非常豐富的報刊寫作經驗,尤其擅長於雜文和小品散文寫作。其文脫胎於桐城派歸有光體,加上史家立場,結合時事,借古諷今,深得讀者喜愛。《新聞報》的副刊無論是獨鶴的「談話」,還是「小記者」嚴諤聲的雜文,都以風格平易、言之有物而爲市民讀者推重。作爲自由派知識分子,曹聚仁的文字不像很多新文學作家那樣鋒芒畢露,常借史家筆法,借古諷今,短小精悍,平易之中見奇崛,既有學術性,又不失趣味性,讀者讀後既可以增長學識,又不難看出作者的立場與識見,難免愛不釋手。事實證明,作爲副刊編輯,嚴諤聲的確獨具隻眼,不僅培養了周天籟、陳亮這樣的市民文學作家,也同樣可以選擇到既符合副刊風格和定位、又深受讀者喜愛的新文學作家。難怪曹聚仁會對他惺惺相惜,青睞有加,不吝稱他爲新文學報紙副刊「好手」。

《喞啾雜筆》在《茶話》上連載之後,儘管寫得非常生動,但到了 10 月 26 日第二十八篇《洋鬼子》發表之後,即告結束。事實上沒有寫完。實際上,曹聚仁的本意,是想藉此寫一本革命史,因爲在《預言詩》也就是第二十七

〔註81〕曹聚仁:《我與我的世界》,北京:人民文學出版社,1983 年 3 月版,第 197 頁。
〔註82〕曹聚仁:《我與我的世界》,北京:人民文學出版社,1983 年 3 月版,第 201 頁。

篇的文末，有「上篇　現代中國政局演進史談終」的字樣，並且，《懺悔錄》和《預言詩》，分別承上啓下，皆爲階段性的總結文字。可見，《洋鬼子》一文，應該是「下篇」的第一篇，但令人遺憾的是再無來者。將之完全歸因於曹聚仁忙於「大眾語」運動並不確然，因爲「大眾語」運動至 1934 年 6 月間才開始。問題出在哪裏呢？

　　原因在於，1933 年 11 月 25 日，《濤聲周刊》由於鮮明的進步傾向，被查禁停刊。〔註 83〕既然叫得「不好聽」的烏鴉不能「叫」了，那麼，叫得貌似好聽的「喝啾」必然也不能發聲了，無論這種限制是出於國民黨當局的政治意圖還是出於新聞報館的生存策略。直到年底，《茶話》上再未出現曹聚仁的文字。1934 年 1 月 6 日，曹聚仁再度在《茶話》上露面，但沒有連載，全年只發表了六篇文字，且幾乎全爲時事雜談〔註 84〕。之所以數量如此少，可能有兩方面原因：一方面，無論是報館還是曹聚仁本人，可能都出於愼重起見，投石問路，試探一下當局的態度，未敢貿然行動；另一方面，1934 年 6 月曹聚仁積極投入到了大眾語運動中，之後可能無暇顧及。於是，直到 1935 年開始連載《東山隨筆》。

　　《東山隨筆》開始於 1935 年 2 月 10 日，連載至 1936 年 10 月 29 日止，前後共三十五篇，見表 2。

表 2　《東山隨筆》篇目

篇　　名	日　期　、　版　次
（一）海外異聞錄	1935 年 2 月 10 日十九版
（二）鞭子	1935 年 2 月 11 日十五版
（三）舊了的木塞	1935 年 2 月 14 日十六版
（四）子在川上	1935 年 2 月 27 日十六版
（五）崔鶯鶯與張生之間	1935 年 3 月 2 日十九版
（六）古書今譯	1935 年 3 月 28 日十五版
（七）創作前期的情緒	1935 年 4 月 2 日十六版
（八）阮玲玉死後	1935 年 4 月 12 日十九版

〔註 83〕　李偉：《曹聚仁傳》，鄭州：河南人民出版社，2004 年版，第 361 頁。

〔註 84〕　這六篇文字分別爲《癡人說夢》（1934 年 1 月 6 日）、《新生活三解》（1934 年 4 月 11 日）、《「禮義」舊解》（1934 年 4 月 22 日）、《從讀經說到讀左傳》（1934 年 6 月 29 日）、《愛莎多娜鄧肯》（1934 年 7 月 27 日）、《梅蘭芳赴俄》（1934 年 10 月 21 日）。

（九）羊頭村	1935 年 4 月 17 日十五版
（十）「西廂」話	1935 年 6 月 6 日十二版
（十一）張子房	1935 年 6 月 9 日十六版
（十二）貢院	1935 年 7 月 2 日十五版
（十三）殿試	1935 年 8 月 2 日十九版
（十四）狀元及第	1935 年 8 月 7 日十六版
（十五）百壽圖	1935 年 8 月 18 日十五版
（十六）崔家疾	1935 年 9 月 3 日十六版
（十七）藝術上的「眞」	1935 年 9 月 15 日十九版
（十八）小說中的詩話（上）	1935 年 9 月 22 日十九版
（十九）小說中的詩話（下）	1935 年 9 月 23 日十五版
（二十）奴變	1935 年 10 月 24 日十五版
（二十一）秋感	1935 年 11 月 3 日十六版
（二十二）竹窗隨筆	1935 年 11 月 21 日十五版
（二十三）民族詩人	1935 年 12 月 19 日十二版
（二十四）民族詩人	1935 年 12 月 21 日十六版
（二十五）「通」	1935 年 12 月 23 日十六版
（二十六）賣身投靠	1936 年 1 月 20 日十八版
（二十七）刦後桃花	1936 年 2 月 28 日十五版
（二十八）故事新編	1936 年 3 月 28 日十六版
（二十九）陽剛與陰柔	1936 年 4 月 24 日十五版
（三十）小說中之模特兒	1936 年 5 月 28 日十四版
（三十一）章氏之學	1936 年 6 月 27 日十八版
（三十二）神韻	1936 年 7 月 21 日十五版
（三十三）魯迅的性格	1936 年 10 月 29 日十五版

《東山隨筆》中的大部分文字都被收錄到上海北新書局 1937 年 8 月初版的《文思》中，其餘的文字，大多也已被後來的《書林新話》、《曹聚仁雜文集》等書陸續收錄。與《啁啾雜筆》部分文字收入《史話》做了大量修改不同，《東山隨筆》中被收錄的文字未作任何修改，由此可見其行文的成熟與穩健。與《啁啾雜筆》目的爲寫史，文字全爲歷史小品不同，《東山隨筆》的寫作根本沒有系統的線索，遇到什麼就講什麼，想到什麼就講什麼，奉行「有說便文」

的寫作策略〔註85〕。

之所以稱爲《東山隨筆》，源自曹聚仁的家鄉。1967 年，曹聚仁在香港大坑道寓中曾給妻子王春翠寫了一首五言詩：

> 四十年前事，歷歷在心頭。梯邊上下影，老友來相投。無言只相看，共識小溪劉。東山柏已深，默默付長愁。世變縱如斯，蕭蕭修竹修。〔註86〕

其中就提到了「東山」。「東山」是曹聚仁家鄉浙江金華蔣畈村附近的一座山，金華人稱其爲「北山」，蔣畈一帶人稱其爲「牛背山」，因它像水牛背而得名。曹聚仁深深眷戀自己成長的故鄉，而「東山」，代表的就是故鄉。在《蔣畈六十年》一書中，曹聚仁曾無限深情地回憶故鄉，回憶「東山」：

> 金華山，對我們是一個永遠的迷戀，山的北邊，正是我們的故鄉，蔣畈。（金華山，俗稱水牛背；金華人稱爲北山，以雙龍、冰壺、朝眞三洞著稱。）
>
> ⋯⋯
>
> 在我的記憶上，綜合時、地、人的總樞紐，還在掛鏡尖那一小阜；尖臨梅溪北岸，俯瞰竹葉潭，通州橋橫臥其下；南望金華山，東接轉輪崖，人世勝景，像這樣的也就差不多了。掛鐘尖距我們的家，不過半公里，開門見尖，自從我們有了知識，便有了它的影子。幼年時，離鄉遠行，漸行漸遠，回頭看不見了山尖，便悵然自失，知道要和家鄉分開了。每回回鄉，一看見掛鐘尖，如見故人，有說不出的欣慰。南行往金華，我們總坐在太陽嶺的背上，貪看最後的一眼；從金華回鄉，一爬上嶺背，就伸著頸找尋。它將是我的永遠的戀人！年來每作還鄉之夢，它是夢中最鮮明的影子！〔註87〕

所以，《東山隨筆》沒有《啁啾雜筆》那樣明確的近乎左傾的態度和目的，有的，是「有說便文」的隨性，彷彿故鄉給予他的感受──親切、自然、自由，時而書話（如《海外異聞錄》、《古書今譯》、《羊頭村》、《竹窗隨筆》等），時而論事（如《鞭子》、「通」、《阮玲玉死後》、《賣身投靠》、《魯迅的性格》

〔註85〕吳雨蒼：《關於版畫給鄭振鐸先生的一封公開信》，《新聞報》副刊《茶話》，1936 年 2 月 6 日十五版。

〔註86〕李勇：《曹聚仁研究》，貴州：貴州人民出版社，1991 年版，第 20 頁。

〔註87〕曹聚仁：《掛鐘尖下》，見《中國近百年史話　蔣畈六十年》，北京：生活·讀書·新知三聯書店，2010 年 9 月版，第 91～92 頁。

等），時而寫史（如《貢院》、《奴變》、《民族詩人》），時而談文（如《崔鶯鶯與張生之間》、《小說中的詩話》、《小說中之模特兒》），時而談創作（《創作前期的情緒》），時而談表演（《藝術上的「真」》），時而述理（《子在川上》），時而抒情（《秋感》），等等。雖僅有三十五篇，但涉及範圍之廣、內容之豐富、文筆之隨性，遠非《唧啾雜筆》所能及，曹聚仁在讀者中的影響力也與日俱增。有的讀者投稿，明明是關於鄭振鐸公開發表版畫的討論，卻稱是要「依照曹聚仁先生的《東山隨筆》，有說便文，給你一個參考」〔註88〕，而有的讀者則直接著文與曹聚仁就《東山隨筆》中的觀點商榷〔註89〕，再次形成了一種對話之態，恰似《快活林》之《啼笑因緣》、《荒江女俠續集》，《新園林》之《太平花》等。

　　事實證明，曹聚仁對嚴諤聲「副刊好手」的評價，所言不虛。在《唧啾雜筆》遭遇挫折之後，嚴諤聲仍然堅持連載曹聚仁的雜文，終於在讀者中產生反響，使曹聚仁的雜文受到讀者的喜愛，其中所蘊含的直面高壓的勇氣，有黎烈文、邵力子之長，然黎烈文、邵力子等人卻無嚴諤聲如此明確的市場預見力、判斷力以及在市民大眾讀者中的號召力。從這個意義上來說，嚴諤聲對曹聚仁的選擇與堅持，恰恰證明了他對於副刊、文學、政治以及市場（讀者）之間種種微妙而複雜的博弈，深諳處理之道。在處理這些關係的過程中，再一次展現了嚴諤聲令人欽佩的勇氣、敏銳的洞察力、成熟的編輯理念和長遠的眼光。而憑藉著《茶話》上的《唧啾雜筆》和《東山隨筆》，曹聚仁也從象牙塔奔向了「街頭」，體嘗到了「人生的苦味」，實現了「為人群而做報告」並在「人群」中實實在在地產生影響的目的。這是又一次真正意義上的雙贏。

〔註88〕吳雨蒼：《關於版畫給鄭振鐸先生的一封公開信》，《新聞報》副刊《茶話》，1936 年 2 月 6 日十五版。

〔註89〕陳祖泳：《與曹聚仁先生論張居正》，《新聞報》副刊《茶話》，1935 年 6 月 27 日十五版。文中對曹聚仁日前在《東山隨筆》中將張居正與曾國藩等並列為宗黃老，稱張居正使用黃老權術的看法表示反對，並以詳盡的史料說明張居正所用權術為申韓之權術，非黃老之權術。

第四章　從商業電影到左翼電影

第一節　文本之外：《火燒紅蓮寺》轟動的外部原因 分析

　　1928 年，明星公司攝製的《火燒紅蓮寺》於 5 月 13 日在上海中央大戲院首映，一出世便點燃了市民對中國本土電影異常洶湧的熱情，一把「火」燒了四年，連續拍攝了 18 集，並引發武俠神怪片的泛濫。對於觀眾的空前熱情，評論界褒貶不一。新文學界由於武俠神怪片的不良影響，對《火》多持否定態度：茅盾稱《火》是「神怪的封建的『超人主義』的」，「主要材料是封建思想」，「主要作用是傳播封建思想」〔註1〕，曹聚仁則稱「片中角色除了沒有血色的臉，聳著的肩膀，搖搖擺擺的方步，十足病夫腔以外，只多一股流氓腔。……我們只能當作拳匪大師兄大師妹的寫真片來看」〔註2〕，即便是茅盾在《封建的小市民文藝》中批評的陶希聖，在《中國文化與〈火燒紅蓮寺〉》一文中，也稱《火燒紅蓮寺》是「游民階級的生活，豪俠武士，獨行盜式的結構，加上裸體跳舞」〔註3〕，等等。而通俗文學界及影評界卻多難抑興奮之情，青蘋稱其為「發揚武俠電影真精神之傑作」〔註4〕，蕙陶

〔註1〕 沈雁冰：《封建的小市民文藝》，《東方雜誌》第 30 卷第 3 號，1933 年 2 月，
　　　　第 17～18 頁。

〔註2〕 曹聚仁：《江湖奇俠傳》，《通俗文化半月刊》，第二卷第三號，1935 年，第 18 頁。

〔註3〕 陶希聖：《中國文化與火燒紅蓮寺》，見中學生社編：《史話與史眼》，上海：
　　　　開明書店，1935 年 6 月版，第 23 頁。

〔註4〕 青蘋：《從武俠電影說到〈火燒紅蓮寺〉和〈水滸〉》，載《影戲生活》，1931

認爲《火》是「很值得稱爲譽滿東方人人歡迎的國產武俠片」〔註 5〕。之所以有如此大的差異，是因爲評論各方出發點存在差異。否定意見主要來自對題材、內容的不認同，而肯定意見則主要基於在外國影片重重圍剿大背景下的國產影片終於衝出重圍的喜悅，如嚴獨鶴在《火》推出前不久就曾指出，「商戰勝利，這纔是實行打倒帝國主義」〔註 6〕。無論肯定還是否定，客觀事實是，影片一放映即萬人空巷；憑藉《火燒紅蓮寺》一部影片，明星公司即扭虧爲盈〔註 7〕。

在「中國電影業日漸衰退」〔註 8〕的時候，明星影片公司是如何做到的？關於這一問題，早在 1929 年，「蕙陶」在《〈火燒紅蓮寺〉人人歡迎的幾種原由》一文中就明確指出有劇本、演員、武俠、攝影、布景、服飾六方面原因〔註 9〕。2005 年，陳墨先生在《中國武俠電影史》一書的《〈火燒紅蓮寺〉系列》一章中，在「蕙陶」提出的六方面原因基礎上，更進一步指出，《火燒紅蓮寺》轟動的理由還有如下幾方面：一是導演張石川對電影敘事策略的創造性突破。他在電影結尾放走了「住持知圓、知客僧、常德慶三位主惡元兇」，「只有這樣，在影片受到熱烈歡迎之際，才有『理由』和可能乘勝追擊，拍攝續集。」與長篇連載小說「欲知後事如何，且聽下回分解」的敘事手段

年 1 卷第 3 期。

〔註 5〕 蕙陶：《〈火燒紅蓮寺〉人人歡迎的幾種原由》，見《新銀星》，1929 年第 11 期，第 30～31，39 頁。

〔註 6〕 獨鶴：《中國電影界的覺悟》，《新聞報》副刊《快活林》，1928 年 2 月 2 日第五張第一版。

〔註 7〕 截至 1927 年 3 月，明星公司虧損 19028.42 元，到了 1928 年 8 月，就盈利 47393.58 元，1929 年盈利 25505.78 元，1930 年盈利 25505.93 元。見《明星股東會報告冊》，轉引自鄭君里：《現代中國電影史略》，載《近代中國藝術發展史》，上海：良友圖書印刷公司，1936 年版。

〔註 8〕 獨鶴：《中國電影界的覺悟》，《新聞報》副刊《快活林》，1928 年 2 月 2 日第五張第一版。嚴獨鶴之所以稱那時「中國電影業日漸衰退」，是因爲彼時電影粗製濫造者居多，行業不良風氣盛行。

〔註 9〕 「（一）劇本　《火燒紅蓮寺》是從膾炙人口的《江湖奇俠傳》下採編來的。」「（二）演員」，「《火燒紅蓮寺》各集裏的演員，都是久享盛名的男女明星。」「（三）武俠」，「影片各集裏都由導演張石川君加入較原來所寫的武俠事迹更動人的武俠表演，並且演員中很多武俠明星。」「（四）攝影　他能借那萬能攝影機，把……各種令人不可思議的東西，都一一實現到屏幕上去。」「（五）布景」，「有張聿光、董天涯兩君」合作，「偉大壯觀」。「（六）服飾　《火燒紅蓮寺》男女演員所穿的服飾，都很講究。」見蕙陶：《〈火燒紅蓮寺〉人人歡迎的幾種原由》，《新銀星》，1929 年第 11 期，第 30～31 頁、39 頁。

相類似；二是在第一集中「使用了欲抑先揚的方法技巧」「層層深入」，後面的幾集中也始終保持著「新鮮的神秘感或神秘的新鮮感」；三是在打鬥的方式上，「大大擴展了武功打鬥的空間」，「利用了環境變化……使得打鬥變得更加艱難兇險，新花樣也因此而層出不窮」以及「在武打場景之外，努力製造神秘兇險的環境氣氛」三方面，極大地刺激了觀眾的視覺感受；四是在造型和製作方面捨得加大投入，追求精益求精；五是在攝影特技方面董克毅的個人貢獻。〔註10〕

　　這些分析，從影片本身來看，已經非常豐富了。然而，當我們將《火燒紅蓮寺》置於中國電影史的大脈絡中，把它作為一個歷史事件和一種現象，思考它在商業電影中的位置和貢獻時，這些分析就顯得略有不足。在這條歷史的大脈絡中，我們可以發現，在這些歷史事件出現的接榫處，常常會有一些意外的解釋。而這些發現，往往會連接起過去和未來，它能夠將這一歷史事件出現的偶然，歸因於必然，給予它之所以成為歷史事件的相對合理且客觀的理由和根據。因此，對於如何看待《火燒紅蓮寺》，如何評價它的價值和意義，也應該本著這樣一種態度和立場。事實是，《火燒紅蓮寺》熱映之後以及由此而引發的「火燒」熱，使得以明星公司為代表的中國本土電影公司終於突破了外來電影的重重包圍，國產電影終於走上了良性循環的軌道。這一點，從彼時各類報刊電影廣告所在的位置和所佔的篇幅即可一目了然。那麼，對於中國本土電影而言，《火燒紅蓮寺》特定的歷史意義和貢獻究竟是什麼？為什麼在 1928 年《火燒紅蓮寺》就可以橫空出世，這是歷史的偶然還是必然？《火燒紅蓮寺》及其所引領的 20 世紀二三十年代的武俠神怪片潮流，在當時乃至身後的若干年，一直備受指責，但它們卻與電影史上備受讚譽的左翼電影僅時隔兩年之久，且無論是《火燒紅蓮寺》還是《狂流》，均由明星公司出品，這中間難道全無干係？

　　如果我們承認電影公司的企業屬性，如果我們承認電影屬於文化生產這一鏈條上的一個重要環節，那麼我們就不能否認電影與生俱來的商業屬性。早在 20 世紀 30 年代鄭君里先生就曾指出：

　　　　電影的企業基礎產生於近代的機械文明。電影的商品性質是文化價值。電影的藝術形象是通過了各個民族的特殊的文化生活的傳

〔註10〕陳墨：《中國武俠電影史》，北京：中國電影出版社，2005 年 10 月版，第 43
　　～49 頁。此處引用刪去了陳墨原文中與蕙陶意見中的相同之處。

統，其思維價值又爲一定的社會的發展形態所權衡。因此，電影從開始便具有與一般商品不同的性質。

電影的商品形態也和一般商品不同，它通過電影院與觀眾發生關係，因而電影便在市場上帶來一種新的商業的機構。〔註11〕既然電影兼具文化載體與商業產品的雙重屬性，如果關注到文化載體在商業生產這一鏈條上的特殊性，並有效加以利用，對於一部電影的成功必定會有極大的幫助。現代社會，每一種商品被生產出來的意義都在於被消費。而電影與一般商品的不同之處在於，人們消費的是無形的精神產品，即它的文化價值。它的商業價值的實現直接作用於人們的精神層面。因此，這類商品從生產到消費的過程中，會對人們的精神世界產生直接或間接的影響。然而，必須在市場中求生存的屬性，又使它必須去關注和滿足人們的精神需求，於是，這種精神需求不僅包括那些「接受過智力培養，有相當高的美學造詣，因而有能力作出個人的文學評判，並有足夠的閒暇時間從事閱讀」的「文人墨客」，更包括那些只「具備一種從直覺出發的文學趣味，缺乏闡釋性的和理性的評判」，「工作條件和生存條件不利於他們閱讀」的「職員、體力勞動者和農業工人」。〔註12〕只有將電影的商品屬性和文化價值恰到好處地整合到一起，才能創造出專屬於這個既包括「文人墨客」也包括「職員、體力勞動者和農業工人」的觀影「共同體」的優秀的成功的文化產品。因此，明星公司推出的《火燒紅蓮寺》之所以能夠取得如此優異的成績，除去製作過程中的各個環節如劇本、演員、服裝、道具、場景、技術等方面精益求精、略勝一籌之外，上海電影業的大環境以及明星公司已有的條件、導演張石川本人對電影的功能和商品屬性的認識及實踐、明星公司的推廣策略，作爲《火燒紅蓮寺》的成功因素，都不可偏廢。《火燒紅蓮寺》之所以能夠取得成功並能夠在電影界刮起一股武俠神怪片風，除去製片過程中的種種細節之外，恰恰在如上幾方面，占盡了天時、地利與人和。

一、1928：明星公司蓄勢待發

無論是電影評論還是電影攝製，已有資料無不證實，《火燒紅蓮寺》是

〔註11〕鄭君里：《現代中國電影史略》，見《近代中國藝術發展史》，上海：良友圖書印刷公司，1936年版，第3頁。

〔註12〕〔法〕羅貝爾·埃斯卡皮著，于沛選編：《文學社會學》，杭州：浙江人民出版社，1987年8月版，第53～54頁。

在電影市場「日漸衰退」，粗製濫造影片大量生產的情況下橫空出世的。但
是，也恰恰是這些粗製濫造影片的大量出產，才給予了《火燒紅蓮寺》「橫
空出世」的機會和可能。如果我們承認電影的商業屬性，那麼，大量影片的
粗製濫造，恰恰說明彼時的電影市場完全是賣方市場，觀眾蓬勃的需求給予
了中國電影實現資本原始積累的最好機遇。1928 年應該被稱為中國本土電影
蓄勢待發之年。此時，中國電影界從人才、資金、技術都達到了一個前所未
有的高度，等待的，就是一部好作品。假如不是《火燒紅蓮寺》，那麼，也
必將會有其他優秀影片取而代之。但是，只有《火燒紅蓮寺》才能最大程度
地利用和展示出 1928 年中國電影所具有的實力和規模。《火燒紅蓮寺》的出
現，對於明星公司而言，看似偶然，實則必然。

明星影片公司成立於 1922 年，經過六年摸爬滾打，1928 年的明星公司
已經具備了相當規模。據何秀君女士回憶，經過張石川和鄭正秋的通力合
作，《孤兒救祖記》之後，僅 1924 年到 1928 年間，明星公司就拍了《玉梨
魂》、《苦兒弱女》、《好哥哥》、《盲孤女》、《最後之良心》等近 60 部影片。待
《火燒紅蓮寺》拍攝之時，張石川、鄭正秋二人已經具備了非常豐富的編導
及攝製經驗，同時也非常熟悉市場。明星公司此時的產品在國內外市場上都
創出了品牌，遠銷到香港、南洋，「部部能賣好價錢」〔註 13〕。企業規模迅
速擴大。至 1926 年，「由四萬擴充至十萬，建築玻璃攝影場，添置新式機械
及影燈，年出四片者，一躍而為月出一片，前後五年，循序而進，信用大著。
職員辦事之精神，與演員藝術之進步，皆可於電影界負發揚光大之責任。」
〔註 14〕是年，明星公司提出開始分區經營影戲院租片放映業務，設立了華
北、華中、華南三大經理處。至 1928 年明星公司公開擴股 20 萬元時，人們
紛紛投資，很快即招足，遠非昔日東貸西借慘淡光景可比。資金的實力以及
品牌的影響力給予了明星公司非常充分的物質保障，具備了相對強大的抵禦
一定風險的能力，也給予了明星公司極大的信心。

在人事管理方面，明星公司內部負責人都有了明確分工：「石川擔任總經
理，兼作導演，負責拍片事宜；鄭正秋擔任協理，負責編劇，兼作導演；周

〔註13〕何秀君口述，蕭鳳記：《張石川和明星影片公司》，載中國人民政治協商會議
全國委員會文史資料研究委員會《文史資料選輯》編輯部編：《文史資料選輯
第 24 卷　第 69 輯》，北京：中國文史出版社，1992 年 1 月版，第 191 頁。
〔註14〕明星影片公司：《宣言》，見《申報》，1926 年 10 月 9 日《明星電影片股份有
限公司擴充範圍添招新股廣告》。

－185－

劍雲作了經理，總管對外交際、簽訂合同等等。」〔註 15〕企業管理已經步入正軌。1925 年，洪深加入「明星」，1926 年，又聘請了卜萬蒼，儘管 1926 年之後，鄭鷓鴣病逝、任矜蘋離去，但通俗文學作家包天笑、程小青、嚴獨鶴、周瘦鵑、姚蘇鳳等人的先後加入，參與文本創作與改編，使得 1928 年的明星公司已經擁有了一批優秀的編劇及導演隊伍。演員方面，至 1928 年，又有楊耐梅、宣景琳、夏佩珍、阮玲玉、張織雲、胡蝶等大牌明星先後加入，可以說，無論從導演、編劇還是演員，明星公司的陣容在電影界裏都鮮有公司能與其媲美。

　　1928 年的電影市場又是怎樣一種景況呢？「那時拍片子是很有油水的生意。一部母片不過幾千元成本，印一部子片才五六百元。一家公司只消出上六七部片子，扣去成本至少可賺一半利錢。」投資電影幾乎成為邊際效益最高的商業行為。「各家公司只要預算決算沒有牴觸，就可以大出特出，坐收厚利。」在這種情況下，商人趨利的本性決定了資本必將源源不斷地湧入電影市場。而當時的電影業尚不規範，根本沒有相對成熟的法律法規對行業內的不道德行為予以約束。在利益的驅動下，資本薄弱的小公司且不去說，甚至有一些「招搖撞騙的『皮包公司』」，「連起碼的面子問題也不顧及。只要能雇到幾個男女演員，到旅館去開個房間，把化好裝的演員一車拉去，既不要布景，也不要租傢具，旅館房間現成的陳設就是小姐的香閨，一拍幾千尺，所費不過幾元房租而已。外景的戲更加便當，選個風景區，添上些臨時演員，然後叫男女主角溪邊花下，情意綿綿地表演一番。就這樣，內景外景全都有了。不出十天半月一部電影就問世了」。〔註 16〕這是明星公司遇到的現實困境，卻也從另一側面展現了電影市場的機遇之多，生機之盎然。面對這種混亂，很多電影公司、影評人積極出擊，極力予以批評。嚴獨鶴就為文指出，目前影業「粗製濫造，出片欠佳」〔註 17〕的現狀會直接導致兩大惡果：「一方面便失卻了觀眾的興趣，一方面又減少了買片商的信仰」，這種情況直接關係

〔註 15〕何秀君口述，蕭鳳記：《張石川和明星影片公司》，載中國人民政治協商會議全國委員會文史資料研究委員會《文史資料選輯》編輯部編：《文史資料選輯　第 24 卷　第 69 輯》，北京：中國文史出版社，1992 年 1 月版，第 190 頁。

〔註 16〕何秀君口述，蕭鳳記：《張石川和明星影片公司》，載中國人民政治協商會議全國委員會文史資料研究委員會《文史資料選輯》編輯部編：《文史資料選輯　第 24 卷　第 69 輯》，北京：中國文史出版社，1992 年 1 月版，第 197～198 頁。

〔註 17〕獨鶴：《中國電影界的覺悟》，《新聞報》副刊《快活林》，1928 年 2 月 2 日第五張第一版。

到被外國電影重重包圍的國產電影能否突出重圍。〔註18〕對於電影公司而言，最直接的影響就是利益。在此背景下，明星公司主動出擊，一方面由周劍雲在《明星特刊》上寫文章大聲疾呼，一方面著力尋求題材上的突破。同年，又和「『大中華百合』、『新民』、『上海』、『華劇』、『友聯』幾家影片公司組織了一個『六合影片營業公司』，在上海仁記路設了事務所，主持影片發行的聯合業務。」〔註19〕儘管後來由於權力鬥爭而導致了「六合影片營業公司」不歡而散，但此舉畢竟從一定程度上對小公司以及「皮包公司」的「粗製濫造」形成了一種制約，短期內便實現了電影資本市場的重新分配，從1926年到1927年的「四五十家之多」銳減爲「二十多家」，直接維護了以明星公司爲首的幾家大公司的經濟利益，使明星公司成爲電影界「數一數二的大企業」〔註20〕。

具備了以上這些條件，當張石川選擇拍攝《火燒紅蓮寺》時，才具備了從劇本、演員、武俠題材、攝影、布景、服飾六方面精益求精的可能，才能使「攝製上千變萬化」，將《江湖奇俠傳》中的「或則騰雲駕霧，憑虛御風；或則隱遁無形，稍縱即逝；或則虹光貫日，大顯神通；或則劍氣凌雲，小施身手」〔註21〕，從讀者的閱讀想像中置於觀眾眼前，「尤繁複」地一一展現出來，從而創造出持續四年的票房神話。

二、張石川：「處處惟興趣是尚」的背後

《火燒紅蓮寺》抓住了一個恰到好處的商業時機，那就是《江湖奇俠傳》連載剛剛結束之時。此時的讀者對於《江湖奇俠傳》充滿了無數閱讀想像，抓住這一時機將閱讀想像轉化成視覺圖象，就抓到了恰到好處的商業機會。

談到抓住商業機會，就不得不提及張石川。過去的電影史一提到張石川，幾乎就是他「處處惟興趣是尚」〔註22〕的電影觀，喜歡以此與鄭正秋的

〔註18〕獨鶴：《中國電影界的覺悟》，《新聞報》副刊《快活林》，1928年2月2日第五張第一版。

〔註19〕何秀君口述，蕭鳳記：《張石川和明星影片公司》，載中國人民政治協商會議全國委員會文史資料研究委員會《文史資料選輯》編輯部編：《文史資料選輯　第24卷　第69輯》，北京：中國文史出版社，1992年1月版，第190頁。

〔註20〕同上，第191頁。

〔註21〕青蘋：《從武俠電影說到〈火燒紅蓮寺〉和〈水滸〉》，見《影戲生活》，1931年第1卷第3期。

〔註22〕張石川：《敬告讀者》，《晨星》創刊號，1922年。

「正劇觀」相對照，凸顯他的逐利而加以否定，尤其是《火燒紅蓮寺》的存在，使張石川「逐利」的惡名蓋棺定論，連妻子何秀君在回憶錄中都爲此而批評他。時隔 70 年後的 2000 年，劉思平先生的《張石川從影史》一書出版，終爲其正名。「逐利」惡名的壓力如此之大，以致張石川本人都難以原諒自己，在 1935 年《自我導演以來》一文中論述自己從事電影事業的經歷時，竟隻字不提《火燒紅蓮寺》。但是，《火燒紅蓮寺》創造的連續四年的轟動以及由此而得到的鋪天蓋地的讚揚與批評，在張石川個人的從影經歷中，無法抹煞，他怎會眞的不在意？1933 年，「火燒」餘溫尚在，在《傳聲筒裏》一文中，他說：

> 《空谷蘭》時代，我不會忘記。《紅蓮寺》時代，我也不會忘記（在過去，這些影片確曾給予觀衆以不少的注意，這是無可諱言的事）。《啼笑因緣》時代，我更不會忘記──它們曾經給我以勞忙與痛苦，但我不諱言，我是曾經無意識地努力過的。〔註23〕

其中提到的「痛苦」究竟指什麼？時隔多年後，何秀君這樣解釋這段文字：

> 《空谷蘭》時代我不會忘記（這就是說賺過好錢），《紅蓮寺》時代我不會忘記（這是說賺過好錢也挨過好罵），《啼笑因緣》時代我更不會忘記（這是說弄巧成拙，幾乎斷送了明星公司）〔註24〕

末了，何君秀稱，「說老實話，他倒也是眞心想改變作風，走一條正路的。」這段歷史回憶於 1965 年，何秀君的解釋當然難以祛除時代的印記，她所謂的「正路」，是以否定張石川「逐利」的電影觀爲前提的。雖然她的解釋並不能代表張石川本人的眞實想法，但這三部影片在張石川心中的位置以及它們給予張石川的成就感與挫敗感遠非其他影片可及，卻是不爭的事實。那麼，我們該如何看待張石川？又該如何看待他的「處處惟興趣是尚」？

從某種意義上說，張石川在電影史上眞正的定位，應該是一位敬業而「精明」的文化商人。他對電影的商品屬性和自己的定位是非常明確的：「就我的地位而言，應該是一個 Producer。在紛繁的公司的事業上，我整天的時間，除了爲整個的事業的進展籌劃以外，還要來做導演，實在是一件辛勞的事。」

〔註23〕張石川：《傳聲筒裏》，《明星》，1933 年第 1 卷第 1 期，1933 年 5 月 1 日。

〔註24〕何秀君口述，蕭鳳記：《張石川和明星影片公司》，載中國人民政治協商會議全國委員會文史資料研究委員會《文史資料選輯》編輯部編：《文史資料選輯　第24 卷　第 69 輯》，北京：中國文史出版社，1992 年 1 月版，第 207 頁。

〔註25〕他的敬業和「精明」體現在方方面面，甚至在家庭的生活中。夫人何秀君女士曾這樣評價和介紹生活中的張石川：

> 他不愛人情來往（但爲了挖掘人才，天涯海角也去），他受不了悠閒（他嫌慢慢地品茗、飲酒浪費時光），他反對消遣，不會休息（他像一架日夜不停的機器，除了出毛病總是轟轟亂轉），他的時間整個商品化了。因此，他的生活過得極其單調，除了拍戲，還是拍戲。回到家裏，不是床上一躺，就是馬桶上一坐，幹什麼！看鴛鴦蝴蝶派的小說，想法子編劇本！……總之，他心裏總共只有一件事情：拍電影。除此以外，什麼也吸引不了他。〔註26〕

「他的時間整個商品化了」，對張石川的評價可謂精準。張石川是把「拍電影」當成終身的事業來做的。與那些粗製濫造的製片商相比，張石川「逐利」的目的是夯實電影事業的基礎，從而有能力拍更好的電影。他的全部樂趣，就在於抓到一個「好」劇本，但他的劇本的「好」與鄭正秋的「好」是完全不同的兩個概念。他的「處處惟興趣是尚」，更追求娛樂價值和商業價值，他時刻考慮的是找到一部可以獲得最大利潤的電影，把公司的事業做大做強，而鄭正秋則多考慮電影的社會功能，堅持「長篇正劇」，強調電影的社會責任。這種差異產生的根本原因就在於張石川對自己「Producer」的定位——他是一個製片人，而鄭正秋更多的角色是導演。優先考慮電影的商業屬性，決定了張石川對電影市場的瞭解，尤其是對普通市民階層觀影心理的諳熟。張石川非常瞭解目標消費者對影片的要求：

> 不讓太太小姐們流點眼淚，她們會不過癮，說電影沒味道；但劇情太慘了，結尾落個生離死別、家破人亡，又叫她們過於傷心，不愛看了。〔註27〕

針對這些目標消費者的觀影心理，他專門總結出一套實用的影片製作策略：

> 必須做到使她們哭嘛哭得暢快，笑嘛笑得開心。這樣，新片子

〔註25〕張石川：《傳聲筒裏》，《明星》，1933 年第 1 卷第 1 期，1933 年 5 月 1 日。

〔註26〕何秀君口述，蕭鳳記：《張石川和明星影片公司》，載中國人民政治協商會議全國委員會文史資料研究委員會《文史資料選輯》編輯部編：《文史資料選輯　第24 卷　第 69 輯》，北京：中國文史出版社，1992 年 1 月版，第 193～194 頁。

〔註27〕何秀君口述，蕭鳳記：《張石川和明星影片公司》，載中國人民政治協商會議全國委員會文史資料研究委員會《文史資料選輯》編輯部編：《文史資料選輯　第24 卷　第 69 輯》，北京：中國文史出版社，1992 年 1 月版，第 189 頁。

一出，保管她們就要迫不及待地來買票子了。〔註28〕
因此，「他拍的片子不管多麼庸俗、低劣，也受太太小姐們的歡迎，有一定的
票房價值」〔註29〕。他導演的電影，一般開始的時候都是「苦得來」，「能惹
心軟的婦女觀眾哭濕幾條手帕，到後面來一個急轉彎，忽然柳暗花明，皆大
歡喜。」〔註30〕轉換成電影敘事語言就是強調曲折的情節、突出的矛盾以及
滿足中國人特有文化心理的「大團圓」結局。因此，當市民瘋狂閱讀《江湖
奇俠傳》時，張石川能夠迅速從這種狂熱中發現需求，從而在古裝片此起彼
伏的吆喝聲中，獨闢武俠片蹊徑。而曲折的情節、突出的矛盾以及「大團圓
結局」的製片策略，運用到《火燒紅蓮寺》中，就變成了連拍十八集卻長盛
不衰的重要「法寶」。

　　至於《火燒紅蓮寺》第二集開始拋開劇本，「完全憑著自己的胡思亂想，
留下前集裏的幾個主角，隨心所欲地搞下去」〔註31〕的行爲，則要一分爲
二地看。拋開原著而天馬行空，無章可循，對於大投入的電影製作而言，的
確非常冒險，也非常態。但是，《火燒紅蓮寺》拍攝之時畢竟就只選了《江
湖奇俠傳》的一段予以改編，如果要繼續拍下去，按原著的情節脈絡，由於
缺少之前的內容，自然很難吻合。這樣看來，拋開原著的製片思路是客觀的，
也是必要的。正如張石川自己說，「我要是知道《火燒紅蓮寺》這樣的得觀
眾歡迎，在《火燒紅蓮寺》的紅蓮寺，我便不使它在第二集裏便燒完了，最
低限度也要叫他延長到若干集以後再燒了。」〔註32〕張石川拍戲很少寫劇
本，拍片主要是臨場發揮，「劇情怎樣發展？人物關係怎樣？只有他自己心
裏有數，別人都是水銀燈下見。」「在拍攝過程中，一切全是他說了算。演
員們隨著他的大喉嚨吆喝，在攝影機前團團轉。天知道這中間他改變過多少

〔註28〕何秀君口述，蕭鳳記：《張石川和明星影片公司》，載中國人民政治協商會議全
　　　　國委員會文史資料研究委員會《文史資料選輯》編輯部編：《文史資料選輯　第
　　　　24卷　第69輯》，北京：中國文史出版社，1992年1月版，第189頁。
〔註29〕何秀君口述，蕭鳳記：《張石川和明星影片公司》，載中國人民政治協商會議全
　　　　國委員會文史資料研究委員會《文史資料選輯》編輯部編：《文史資料選輯　第
　　　　24卷　第69輯》，北京：中國文史出版社，1992年1月版，第189頁。
〔註30〕同上。
〔註31〕何秀君口述，蕭鳳記：《張石川和明星影片公司》，載中國人民政治協商會議全
　　　　國委員會文史資料研究委員會《文史資料選輯》編輯部編：《文史資料選輯　第
　　　　24卷　第69輯》，北京：中國文史出版社，1992年1月版，第199頁。
〔註32〕姜白谷：《中國影業過去、現在與將來》，見《伶星》二週年號，1933年。

回主意。」〔註33〕這樣看來，《火燒紅蓮寺》從第二集開始，由於鄭正秋離開了劇組，拍攝過程主要由張石川負責，遵循他個人的拍攝習慣也是一種無奈之舉。這雖然會使電影的拍攝顯得不那麼規範，但現場安排考慮的主要是故事的發展和情節的安排，無意間竟遵循了商業電影的製作要求——在有限的時間內，講述一個完整的、情節緊湊的、矛盾突出的、出人意料的故事，手法有點像連續劇或連載小說。因此，《火燒紅蓮寺》一集一集拍下來，始終保持著故事的發展脈絡，並緊緊抓住了觀眾。這種結果，恰與《啼笑因緣》形成對照。拍攝《啼笑因緣》時，嚴獨鶴提出了「全劇的結構和一切連貫的線索，都須依據原書，不能衹圖演劇上的利便，而多所變動」；在編劇的過程中，「全部劇本，足足費了一個多月的時間」，「中間又經過許多人參加意見」，「共同研討，一共修改過三次，方始全體決定」。〔註34〕結果影片公映後卻遭到影評人「太拉長了，容易使全片減色」〔註35〕的評價。明星公司儘管也想盡辦法革新，如有聲片、彩色片、實地取景等，但並未因此而取得理想的成績，當然這裡還有版權官司等其他原因，但不得不承認，過於依循原著，卻忽視了文本與電影兩種不同的敘事要求，應該是《啼笑因緣》無法取得理想成績的主要原因之一。

張石川或許不是一位非常優秀的導演，但他卻足可以稱得上是一位優秀的製片人，在中國電影成長與發展歷程中，功不可沒。電影公司首先是企業。企業生存的首要條件就是「逐利」，這一目的直接決定了張石川必須將「處處惟興趣是尚」的電影觀置於首位，但這並非像字面所呈現出來的緊緊迎合「小市民」的趣味那樣簡單，它還包括由此而生發出的無數個電影敘事策略以及對電影這一特殊的文化商品特有的經營運作要求。所以，從這個意義而言，張石川「惟興趣是尚」並無可厚非，關鍵在於對度的把握。後來在試圖轉型之時，他也由於沉溺於舊有的敘事策略不能自拔而遭遇諸多失敗和打擊。「逐利」是每一個商人的最終目的，文化商人同樣如此。問題是「逐利」最終將電影導向何方？是每況愈下還是銳意進取，張石川顯然屬於後者。以市場為

〔註33〕何秀君口述，蕭鳳記：《張石川和明星影片公司》，載中國人民政治協商會議全國委員會文史資料研究委員會《文史資料選輯》編輯部編：《文史資料選輯　第24卷　第69輯》，北京：中國文史出版社，1992年1月版，第194頁。

〔註34〕獨鶴：《談〈啼笑因緣〉影片》，《新聞報》副刊《新園林》，1932年6月19日十七版。

〔註35〕愛蓮：《〈啼笑姻緣〉總評》，見《申報·電影專刊》，1932年12月26日。

導向不僅創造了《火燒紅蓮寺》之類武俠神怪片的濫觴，往後延伸，同樣又創造了左翼電影《狂流》，並再一次引領了時代潮流，這是明星公司又一次危機中求生存的成功案例，與《火燒紅蓮寺》誕生的背景以及結果都何其相似，所不同者，只在題材。這一切，難道都是歷史的巧合？當批評家批評張石川「處處惟興趣是尙」時，也應該看到，「惟興趣是尙」恰恰可以最大程度地滿足市場需求，這種需求投射到電影中，可能會導向「小市民」的「白日夢」，也同樣會導向時代的主旋律。拍攝何種題材，對明星公司而言或許是一種偶然，但關注電影的商品性，並利用這一特性因時順勢謀得中國電影的生存和出路並取得成功，則是明星公司的必然。

三、宣傳推廣：充分而有準備

推廣之於電影的意義，今天已無需多論，但在《火燒紅蓮寺》誕生之時，很多電影公司對此並沒有非常明確的認識。1927 年，已有論者看到了宣傳推廣對於電影的重要性：「製片與推銷，就名義上言之，似秦越之漠不關心；然論其實際，固相爲表裏者也。」〔註36〕但是，由於彼時中國電影根基不深，與國外電影公司實力相去甚遠，翻閱當時的報紙可以一目了然。在電影廣告副刊上，彼時國產電影廣告所佔版面比例非常小。1928 年《火燒紅蓮寺》開映期間，《新聞報》電影廣告版面上幾乎全爲外國電影，在各類文藝副刊上所談論者，也多爲外國明星。《火燒紅蓮寺》熱映之後，中國本土電影無論從影片數量還是影片廣告所佔版面都顯著增加。至 20 世紀 30 年代左翼電影時期，電影廣告幾乎全爲商業報紙的第一版整版。從這個角度而言，電影廣告幾乎完全可以作爲衡量一時期電影發展水平的晴雨錶。《火燒紅蓮寺》之所以能夠取得轟動，深入人心，充分而有準備的宣傳推廣策略也是非常重要的因素之一。

其實，《江湖奇俠傳》的發行，就非常成功地使用了以商業廣告和單行本出版爲主體的推廣策略，爲《火燒紅蓮寺》做好了充分的預熱。1923 年，《江湖奇俠傳》在《紅》雜誌連載之初，世界書局就在《申報》上做廣告稱平江不肖生就是「身懷絕技的劍俠」，書中的「劍仙俠客，都是他的師友」，書中「神怪的事實，都是他親身經歷的」，並稱這部書是「實情實事」。把虛構的故事稱爲現實生活中眞實存在的奇人奇事，讀者難免帶著一種獵奇的心理去

〔註36〕盧楚寶：《製片與推銷》，《銀星》，1927 年第 7 期。

讀小說，更會將書中的紅姑、柳遲、呂宣良、楊天池、笑道人，以及反面人物甘瘤子、智遠、常德慶等人的經歷當成平江不肖生的傳記去看。辮子兵器、身輕似燕頃刻走萬里之遠的離奇武功以及死人復活、肉身幾十年不腐、魚解人言這樣的奇異之事，加之書中極力推崇的除強懲惡、扶危濟困的俠義行為，都充分滿足了市民的好奇心，也暗合了市民階層對於除危濟困的「俠客」的心理期待。《江湖奇俠傳》的廣告在「奇」上做足了功夫，一個又一個看上去似乎有些鬆散但故事情節卻一環扣一環的離奇故事，在《紅》雜誌和《紅玫瑰》一期又一期連載，弔足了讀者的閱讀期待和閱讀想像，加之世界書局出版的那些沒有故事結局的單行本，組成了連環組合拳，使《江湖奇俠傳》一時間洛陽紙貴。這樣的前期工作，形成了非常有效的推廣效應。到明星公司改拍成《火燒紅蓮寺》之時，運用的，仍然是這種策略。「其所以能使人歡迎者，無非因為片中所描寫的東西，不是日常生活中所得遇見的，而乃是見聞以外的新奇的刺激。」〔註37〕

　　在《火燒紅蓮寺》拍攝及放映期間，明星公司對於影片的宣傳及推介技巧，已經非常成熟。1931 年，當《火燒紅蓮寺》第十八集上映時，明星公司在開映當天的廣告上稱：

> 以一己之意，或一事一物之優劣，告於眾者曰廣告。今之商業，恃廣告之力者獨多，尤以遊藝與電影二端最為需要。蓋電影日新月異，層出不窮，且一片有一片之特色，不以告眾，眾無以知也。

〔註38〕

因此，明星公司對廣告的投放非常重視。自《火燒紅蓮寺》誕生之日起，明星公司就有意識地利用各種途徑將其「廣而告之」，尤其是上海發行量最大的《申報》和《新聞報》，同一廣告的發行還關注到了報紙的讀者定位。圖 1、圖 2 分別是《申報》和《新聞報》上《火燒紅蓮寺》第一集的廣告。

〔註37〕妙音：《電影的趣味》，《新聞報》副刊《快活林》，1930 年 9 月 5 日十八版。
〔註38〕《紅蓮寺廣告解》，1931 年 6 月 2 日《新聞報》二十版。

圖1　《申報》1928南5月13日第一版《火燒紅蓮寺》廣告

圖 2　《新聞報》1928 年 5 月 13 日《火燒紅蓮寺》廣告

　　明星公司 1928 年 5 月 13 日在《申報》第一版用一整版來為《火燒紅蓮寺》做廣告，同時在一個廣告中插入了三幅電影插圖，這在當時國產影片的推廣中，非常罕見。如前所述，彼時電影廣告版的絕大部分版面都被外國電影所佔領，國產影片是非常少見的，即便有，也是擠在一個不起眼的角落，第一版在此之前從未見國產影片廣告。《新聞報》上的《火燒紅蓮寺》廣告儘

管不是第一版，插圖也僅有一幅，與《申報》相比要小得多，而且僅占該版面的三分之一，但是，與當時普通國產影片在《本埠附刊》上所佔版面比較，《火燒紅蓮寺》也已遠遠超出了它們的規模。同時，廣告同一版面中同時刊登當時在社會上引起巨大轟動的馬振華投江事件為題材的，由鄭正秋導演，胡蝶主演的《馬振華女士投江記》，既節省了廣告費，又奪人眼球，一舉兩得。兩部電影均輔以大量文字說明，這在當時已經非常少見了。更為特別的是，《火燒紅蓮寺》在《申報》和《新聞報》上的廣告文字完全不同，這恰恰是明星公司細心地關注到了不同報紙的讀者定位而制定的具有針對性的發行策略。而當時多數公司的同一部電影廣告，如果同時刊登在幾份報紙上，常常都是同一內容。以下是《火燒紅蓮寺》在《申報》和《新聞報》上的文字說明：

●唯一無二之中國武術片

▲有小俠有大俠有女俠有怪俠有劍俠

▲最偉大最熱烈最精警最奇特最巧妙

▲滿台大火景，大足以動人之《火燒紅蓮寺》，是湖南北與川中最流行之舞台劇，然而遠不如不肖生所著《江湖奇俠傳》裏火燒紅蓮寺之活龍活現，令人拍案叫絕。

▲不肖生一支妙筆，寫出許多生龍活虎，張石川運其靈心妙想，及其偉大之魄力，導演成《火燒紅蓮寺》影片，將書中之生龍活虎，一一搬上銀幕，於是格外大快人心。

▲論人物，俠客之多，以此劇為最；論打法，完全中國式，不帶外國化；論拍法，亦新亦奇亦巧妙；論選景，天然與人工混合；確已深入化境。

▲尤其難能者，全劇演員，無一不佳，非但主角，即小小一童子，亦必慎重選擇，明星基本演員，人才獨多，故而有此成績。

▲外侮方亟，國恥未雪，提倡國技，實為當務之急，敢請癖影諸君，毋錯過此純粹中國武術之新影片。

——《申報》1928 年 5 月 13 日

《火燒紅蓮寺》為摭拾《留東外史》著者不肖生所著《江湖奇俠傳》中之一段。描寫豪俠之性習，慷慨激昂，令人起敬；描寫豪俠之技術出神入鬼，風雲變色。凡江湖上可聞而不可見之奇事，此書皆描寫無遺。故此書較任何武俠書為可觀。今復編為電影，且由鮑經世

情最有電影經驗之名導演張石川導演。劇中演員，皆一時之選。是以此片之容內，此片之價值，亦較任何武俠電影為可觀。當此強鄰以暴行加我之際，亟宜鍛鍊身體，研究武術及軍事學識，以圖雪恥。凡我國民，皆宜速來一看此提倡武術，破除迷信之自製電影。

——《新聞報》1928 年 5 月 13 日

通過比較不難發現，雖然這兩份說明文字內容相似，但《火燒紅蓮寺》明顯關注到了兩份報紙讀者對象的差異（《申報》在士紳階層中很有市場，《新聞報》的讀者定位於工商業者），並根據這種差異在各自報紙上有針對性地撰寫了說明文字。主要體現在如下三方面：1. 語言上，《申報》上使用了諸如「外侮方亟」「癖影諸君」「童子」之類文言雅詞，在《新聞報》上是看不到的；2. 形式上，《申報》上的廣告更注重形式美，從內容分類到語言，如「論人物」「論打法」「論拍法」「論取景」之類的排比句式，而《新聞報》無論從語言還是從形式上都講究流暢自然，樸實無華；3. 內容上，《申報》上的說明文字顯然關注到士紳階層的閱讀水平，特別點評了《江湖奇俠傳》中「火燒紅蓮寺」一段描寫的精彩，而在《新聞報》上，則加入了對不肖生身份的介紹——「《留東外史》著者」。這些差異，都是專門針對兩份報紙不同的讀者定位而採取的差異化敘事策略。《火燒紅蓮寺》影片之周到、細緻與用心，遠非之前同類國產影片所可企及，從廣告上即可窺見一斑。

在電影廣告的投放策略上，明星公司也有比較清晰的思路。圖 3、圖 4 分別是《新聞報》上《火燒紅蓮寺》第四集和第十八集的廣告。

圖 3　《火燒紅蓮寺》第四集廣告

圖 4 《火燒紅蓮寺》第十八集廣告

經前後對比不難看出，《四集火燒紅蓮寺》中，說明文字在版面上所佔比例非常大，而到了《十八集火燒紅蓮寺》，版面突出的則是標題和明星胡蝶等人。在《火燒紅蓮寺》第十八集廣告上，明星公司刊出了《紅蓮寺廣告解》，對這一變化進行了解釋：

> 《紅蓮寺》廣告，已由複雜而臻簡括，蓋初起時觀眾不知此片之內容，不得不詳舉以告。今此「紅蓮寺」之名，已佈全國而溢海外，是新攝製之《紅蓮寺》，祗須冠以集數開映地點及開映之時間足矣。因群眾腦筋中已有紅蓮寺之印象，且爲極美滿之印象。故《紅蓮寺》廣告，爲有信用之廣告，即不事藻飾，已具空巷之吸引力矣。《紅蓮寺》之出人頭地在是，《紅蓮寺》之「紅」亦在是。〔註39〕

其中，所謂的「由複雜而臻簡括」，含蘊的內容非常豐富。其實，從第一集到第十八集，《火燒紅蓮寺》每集廣告上都有大量的說明性廣告語，所言無非是突出本集《火燒紅蓮寺》如何精彩。但如圖3、圖4所展示的那樣，這十八集廣告，標題、演出人員所佔的版面比例越來越大，而說明性文字內容所佔版面比例越來越小。同樣是說明性的文字，內容也發生了變化。第二

〔註39〕《紅蓮寺廣告解》，《新聞報》副刊《本埠附刊》，1931 年 6 月 2 日二十版。

集開始加入了詳細的劇情介紹，尤其突出「奇」在何處：王獻齋扮演的的術士，「能把五省的綠林健將，袋入袖管裏」、白鬚大俠的二隻神鷹，能大能小，「並能體會主人的意思，將十惡不赦的術士的飛空妖劍打倒，救出一個清官，大快人心」，等等。〔註40〕到第四集開始加入充分肯定甚至溢美的評論性文字——「有實至名貴的電影然後有好輿論」〔註41〕。第八集則開始使用精練的短句概括本集奪人眼球之處，如第八集爲「飛劍追人」「飛劍鬥飛劍」「尼姑庵中窺浴」，第十集爲「韓雲珍騷媚入骨——大肆勾引手段，鄭小秋坐懷不亂，被逼假做新郎」，第十四集爲「人面猴出世」等等。不僅如此，前面幾集在出品時，同一集會多次做廣告，而且同一集廣告中的說明性文字每次內容都不相同。圖 5、圖 6 分別爲《四集火燒紅蓮寺》於 1929 年 5 月21 日和 5 月 26 日廣告中的說明文字。

圖 5　5 月 21 日《四集火燒紅蓮寺》廣告語

〔註40〕　《後集火燒紅蓮寺》廣告，《新聞報》1928 年 12 月 30 日第一版。
〔註41〕　《四集火燒紅蓮寺》廣告，《新聞報》1929 年 5 月 21 日第一版。

圖6　5月26日《四集火燒紅蓮寺》廣告語

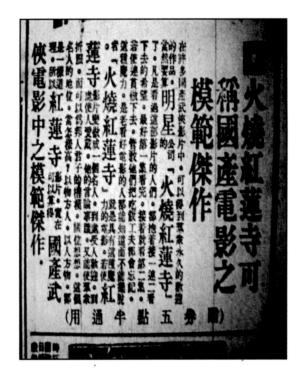

　　第八集之後，這種情況便發生了變化。除了版式略有變化外，文字幾無變化。到了十五集左右，每集出品時，則只做一次廣告，同一集廣告不再出現第二次。其中原因，誠如《紅蓮寺廣告解》所言，「《紅蓮寺》之名，已佈全國而溢海外」，「新攝製之《紅蓮寺》，祇須冠以集數開映地點及開映之時間足矣」。《火燒紅蓮寺》在觀眾中的口碑就是最好的廣告，新的劇集拍攝出來，只要「廣而告之」，就會產生一呼百應的號召力，再在報紙上花費大筆廣告費既畫蛇添足，又不經濟。

　　在電影的放映模式上，《火燒紅蓮寺》也採用了一系列非常靈活的放映策略。攝製第三集時，由於觀眾觀影需求非常迫切，中央大戲院採用了頭二集《火燒紅蓮寺》同時放映，但票價卻不增加的辦法。之後又多次重複這一放映策略，如第九集拍攝期間，就將頭二集、三四集、五六集、七八集一起放映，拍攝十一集期間，九十集一同放映，到十三集開映之時，又採用了十一集、十二集與十三集一同放映卻不加收票價的辦法。值得注意的是，這種放映模式本身就是一種廣告行爲。它在新片推出的空檔期，不僅保持了觀眾對這部影片的持續關注，同時也刺激著他們觀看新片的欲望，同時又利用已有

資源再次贏利，可謂一舉多得。此外，明星公司在新的劇集放映之前，在幾乎所有與電影相關的紙質媒體如報紙、期刊上發佈廣告、本事、拍攝情況的介紹，輔以大量插圖，不失時機地推出《〈火燒紅蓮寺〉特刊》，而且還會印製上有明星照片的年曆、畫片等禮品，在影片放映之時饋贈。

「轟動」是一時的，帶有偶然性，更多與影片自身有關，但是，「一把火」能夠持續「燒」四年，絕非偶然所能解釋，明星公司在宣傳與推廣方面所做的努力不可忽視。好的影片加上恰到好處的宣傳與推廣，才能相得益彰，它也同時證明了中國本土商業電影彼時在影片品質與推廣方面之關係的諳熟：「欲求公司長立足，首重推銷其製品。欲事推銷，先宜攝製有價值之影片。佳片為推銷之靈魂，而推銷又為佳片之命脈。換言之，無佳片不足以推銷，無推銷不足以知佳片。」〔註42〕二者對於一部影片的意義，同等重要。在分析《火燒紅蓮寺》緣何如此之熱時，除去製片方面如表演、技術、故事、敘事等等方面，明星公司四年中一以貫之的宣傳與推廣策略也應該予以關注，其中為人忽視的細節與成熟的手段，時至今日，無論文學作品還是電影作品，都值得借鑒。

今天看來，當年「挨過好罵」的《火燒紅蓮寺》，恰恰就是今天商業電影和類型電影的前身。它以市場為旨歸的製片思想，獨創的武俠動作特技，以及大明星、大製作、大投入、全方位宣傳等運作方式，時至今日，仍在商業電影中被不斷翻用、借鑒、推演。電影拓展了藝術的表現空間，也是表現各種意識形態的最直觀的載體，但是，失去了商品屬性的藝術影片和意識形態影片，就彷彿失去了可讀性的文學作品，根本不能以文化產品的方式存在。「皮之不存，毛將焉附？」關於這一點，1927年便有人指出：

> 凡屬經營電影事業者，對於資本方面，不能不求充分的資金。
> 要知任何一項的事業上，尤其是經商的途徑，更須借助於資金的運用，方始可擺佈他們的事業。現在的電影事業，可謂在最近商業方面，最有希望的事業之一種。但是許多公司所製的片子，都有因陋就簡的毛病。我敢武斷說，都是為著資本不足的緣故。〔註43〕

《火燒紅蓮寺》為明星公司帶來了豐厚的利潤，為其積累了擴大再生產的資本，從而突破了國產電影現代化的瓶頸。這份豐厚的回報是建立在精益

〔註42〕盧楚寶：《製片與推銷》，《銀星》，1927年第7期。
〔註43〕陳憲謨：《我之電影商學觀》，中華第一公司《花園大總統》特刊，1927年。

求精的商業電影製片理念的基礎上，贏利並無可厚非。神怪武俠片濫觴於《火燒紅蓮寺》，但不能將它與那些粗製濫造的神怪片等而視之，它的意義在於開創了中國本土電影衝破重重包圍和阻力而求得生存的可能性，是立足本土的中國電影走向現代的探索與嘗試。僅就使市民走進電影院，從相信「影戲不復是『戲』，而是眞實」〔註44〕到懂得享受現代的「白日夢」，主動接受現代文明薰陶這一點上，它就功德無量。自它開始，中國商業電影開始步入現代化的快車道，《火燒紅蓮寺》在其中的奠基與開創之功，不該被湮沒。

第二節 《啼笑因緣》電影、戲劇改編權及公演權
糾紛：非止於明星與大華之間

《火燒紅蓮寺》是明星公司險地求生的一個成功案例，之後，無論是影評人還是明星公司，都將再度輝煌的希望寄託於喧囂一時並且剛剛連載結束的《啼笑因緣》，然而，同樣是一部轟動的通俗文學作品，甚至比《江湖奇俠傳》更有鏡頭感，更適合改編成電影，《啼笑因緣》卻讓明星公司慘遭滑鐵盧。明星公司不僅爲此片投入了大量的人力——嚴獨鶴、周瘦鵑以及張恨水的親自參與，還投入了大量的物力——從有聲影片到彩色故事片再到北平取景，但在影片公映之後，不僅沒有取得理想的成績，反而爲此由 1931 年的贏利轉爲 1932 年的鉅額虧損，除去明星公司爲攝製有聲片而投入了大量的設備、擴建廠房以外，《啼笑因緣》未能取得理想成績的一個主要原因，就是眾所周知的《啼笑因緣》雙包案，即明星與大華之間的攝製權官司之爭。照理，一場即將問世的電影的版權官司在報紙上刊登出來，本身就是最好的廣告，但是，由於官司的複雜性和明星公司在其中所處的被動地位，加上放映之時「九一八」的大背景，《啼笑因緣》並未占到如《火燒紅蓮寺》般的天時、地利與人和。而《啼笑因緣》官司本身，就是中國電影現代化過程中一個經典的版權官司案例，有必要釐清。而要想理清這一問題，必須對《啼笑因緣》電影攝製權糾紛的全過程進行細緻梳理。

在《啼笑因緣》涉及的所有版權糾紛中，這一次糾紛歷時最長、牽涉方最多，在社會上產生的反響也最大。一提到《啼笑因緣》電影改編權及公映

〔註44〕沈雁冰：《封建的小市民文藝》，《東方雜誌》第 30 卷第 3 號，1933 年 2 月，
　　　　第 17～18 頁。

權糾紛，已有資料中多數都將其概括為「明星、大華之間的雙包案」，讓人誤以為這場糾紛從開始即在明星電影公司與大華電影社之間展開。事實是，這場沸沸揚揚的版權官司最初是在榮記廣東大戲院與明星電影公司之間展開的，而大華電影社只是中途殺出的「程咬金」，只不過這個「程咬金」不似榮記廣東大戲院那樣容易善罷甘休，才將這場版權官司攪得路人皆知，大有「取主角而代之」的氣勢。

一

　　1930 年 12 月 1 日，即《啼笑因緣》在《新聞報》副刊《快活林》連載結束的第二天，嚴獨鶴在《關於〈啼笑因緣〉的報告（一）》一文中告知讀者，「啼笑因緣刊載後，明星影片公司已決定攝製影片」。12 月間，張恨水赴上海，其間明星影片公司與他見面商談小說版權轉讓事，獲張恨水同意。1931年 1 月 11 日，在三友書社為《啼笑因緣》單行本當天出版所做的廣告上又稱「卷首有銅圖數頁，用上係由明星公司攝製《啼笑因緣》影片時所特攝圖片。圖中由鄭小秋飾樊家樹，夏佩珍飾關秀姑，胡蝶分飾沈鳳喜與何麗娜，無不栩栩欲活。」〔註45〕明確告知讀者明星影片公司已經開始攝製《啼笑因緣》影片。不料 9 月間，明星影片公司發現榮記廣東大戲院登出了《啼笑因緣》戲劇廣告。9 月 14 日，律師詹紀鳳代表明星影片公司在《新聞報》發表聲明，明星影片公司已經「向發行該書之三友書社出價購取《啼笑因緣》之電影攝製權」，在「所訂契約載明在敝公司用《啼笑因緣》名義公映影劇以前，該書之著作權所有者不得以一切戲劇編排權及游藝表演權讓予他人。敝公司自經取得此項權利後，即用鉅資從事攝製。故在敝公司攝製完竣，公映以前，任何戲院或遊藝場所均無用《啼笑因緣》名義編排戲劇或攝製電影公開演映之權」。〔註46〕表明一開始明星即決定通過法律途徑交涉此事。與此相呼應，就在當天的同一版上，三友書社同時約請吳之屏、嚴蔭武律師、張恨水本人共同發表了《啼笑因緣》電影攝製、戲劇編排權讓予明星電影公司啟事。三友書社在啟事中為明星公司維權，證明由於電影攝製權已讓予明星公司。而張恨水證明以下三點：首先，戲劇編排權及遊藝表演權是明星電影

〔註45〕《〈啼笑因緣〉今日出版》，《新聞報》，1931 年 1 月 11 日十三版。
〔註46〕《律師詹紀鳳代表上海明星影片有限公司為〈啼笑因緣〉緊要啟事》，《新聞報》1931 年 9 月 14 日四版。

公司與三友書社簽訂電影攝製權協議之時附在其中的條件，簽訂之時徵得張恨水本人同意。其次，至 1931 年 9 月 9 日止，張恨水本人並沒有向任何公司讓渡戲劇表演權。再次，沒有任何人曾向張恨水商讓戲劇編排權之事。言下之意，榮記廣東大戲院對《啼笑因緣》的改編並不合法，三友書社和張恨水都站在明星影片公司這一面。

　　非常諷刺的是，儘管明星影片公司、三友書社甚至張恨水本人都同時發表聲明，但就在同一天同一份報紙的十九版上，榮記廣東大戲院在《新聞報》上刊出了大幅《啼笑因緣》戲劇廣告：「本院特犖重金禮聘平津名角繪製電光綵景開幕，改演平劇，並請編劇大家新編說部名劇《啼笑因緣》。院內佈置，劇中特色容再詳佈。先此預告，務希注意。」〔註 47〕榮記廣東大戲院不僅無視明星公司的嚴正公告，反而大肆宣傳，還要「詳佈」，說明它並不在意對《啼笑因緣》的侵權行爲。9 月 17 日，榮記廣東大戲院委託王吉士律師在《新聞報》發表啓事，稱明星公司與三友書社及張恨水本人交涉的是著作權，改編《啼笑因緣》與著作權無關，同時以《長板坡》、《風波亭》、《彭公案》、《施公案》、《西遊記》、《空谷蘭》、《戰地鴛花錄》等戲劇改編爲例，指出這些改編著作者都沒有過問，證明編劇與著書是完全不同的兩回事，根本不需要經過三友書社與張恨水本人的同意。明星公司是攝製電影，與編排戲劇也是兩回事，權利侵害根本無從談起。榮記廣東大戲院堅持只要劇院開幕，就會上演《啼笑因緣》新劇，不去理睬明星公司的交涉。〔註 48〕並於 9 月 19 日、9 月 20 日繼續加大宣傳力度，告知觀眾除約請文學大家外，還特別邀請了劉筱衡〔註 49〕擔任劇務主任改編劇本，從詞句服裝到彩頭機關處處別出心裁。此外，還專門對即將揭幕的榮記廣東大戲院從屋宇、座位、交通、藝員、背景、機關、戲劇等十個方面予以宣傳：

　　　　（1）屋宇　建築宏敞　富麗喬皇
　　　　（2）座位　皮墊藤背　舒暢寬適

〔註 47〕《榮記廣東大戲院　永利公司》（廣告），《新聞報》1931 年 9 月 14 日十九版。
〔註 48〕《律師王吉士代表榮記廣東大戲院爲〈啼笑因緣〉啓事》，《新聞報》1931 年 9 月 17 日三版。
〔註 49〕劉筱衡（1901～1969），旦角演員。別名竹軒，號國祥。出身梨園世家，南方四大名旦之一。嗓音高亮，舞蹈華美，尤其擅長京劇中的「鑽圈」（以帶舞成一圓圈，身體在內鑽過，手不離帶）、「散雲」（以帶舞成雲態，盤繞周身），代表劇目爲《武加坡》、《玉堂春》、《貴妃醉酒》、三本《狸貓換太子》等。

（3）交通　電車汽車　直達院前

（4）藝員　平津名角　蒐羅殆盡

（5）背景　鈎心鬥角　傲眞精製

（6）機關　神出鬼沒　幻化無窮

（7）戲劇　警惕社會　調劑苦悶

（8）服裝　傲古特製　簇嶄全新

（9）座價　廳座樓廂　定價從廉

（10）招待　案目茶役　侍候週到〔註50〕

　　見此情景，明星公司立即對榮記廣東大戲院向法院提起訴訟。不久，法院接到榮記代表律師王吉士來函，告知榮記廣東大戲院已經邀請黃金榮從中調解。調解的結果是榮記廣東大戲院將《啼笑因緣》劇名改成《成笑因緣》，該劇主角的姓氏等全部改變，以示與明星公司攝製的《啼笑因緣》影片有所區別。10 月 3 日，明星影片公司委託律師詹紀鳳在《新聞報》再次聲明《啼笑因緣》電影攝製權、戲劇改編權以及公映權歸明星公司所有，同時將調解過程及結果公之於眾。10 月 6 日，榮記廣東大戲院在《新聞報》十二版刊登《成笑因緣》廣告，稱「費時半載　耗資萬金　溫馨趣膩　轟動藝海　著名說部　偉大新劇《成笑因緣》排演純熟　擇吉開演」，並發佈宣言，稱「戲劇本屬社會教育之一」，可「轉移浮薄之風氣」，因此戲劇改編者深負「導師」之責。榮記廣東大戲院將《成笑因緣》改編的行爲拔擢至「倡提高藝術之先聲」的高度，以贏得人心。情節方面，「有俠義可風之麗姝，有飛揚跋扈之軍閥，有溫雅風流之公子，有失足虛榮之弱女，有剷除強暴之劍客，有浪漫多情之小姐，有卑鄙污濁之蠹賊……」除了戲劇名稱改成極爲相似的《成笑因緣》外，即便裏面主角改變了姓氏，情節與原著幾乎沒有任何改變。此外，榮記廣東大戲院還附加了「滑稽的歌曲、豔麗的跳舞，並佐以特別機關、彩景，改良全新服裝」，卻稱「這不過還是綠葉牡丹」，在這部《成笑因緣》裏，「熱鬧、都麗、哀艷、奇幻、慷慨、激昂、浪漫無不應有盡有」，自稱爲「近代戲劇界之一顆燦爛的星光」。〔註51〕一方面，榮記廣東大戲院拼命標榜自己的改編是肩負了「轉移浮薄之風氣」之使命，另一方面卻用大量篇幅宣揚《成

〔註50〕　《特煩劇務主任劉君筱衡新編轟動藝海，婦孺咸知，悲哀豔情，曲折離奇，唯一俠義說部名劇〈啼笑因緣〉》，《新聞報》1931 年 9 月 20 日二十一版。

〔註51〕　《〈成笑因緣〉排演純熟　擇吉開演》，《新聞報》1931 年 10 月 6 日十二版。

笑因緣》如何艷麗動人，並在 10 月 9 日、10 月 13 日兩天連續刊出廣告，為即將公演的《成笑因緣》再度造勢。10 月 9 日的廣告公佈了劇目的特色：

> 巍峨的崇樓峻閣是貴族專有的，但這其中不僅有暗無天日的殘酷史，還有殺人送命的險機關。偏偏有一種不怕死的俠客，他敢冒險窺探秘密，達除暴安良的目的。我代表說一句……都麗啊……皇堂啊……驚魂啊……危險啊……奧妙啊……喔唷唷這纔大快人心呢。誰說我們是東亞病夫，這不是東方民族的俠義精神嗎？〔註52〕

本來是一部社會小說，結果榮記廣東大戲院將其改編成融「武俠、黑幕」於一爐的「窺私」劇，最終又給其戴上了「東方民族的俠義精神」這一「高帽」。10 月 13 日的廣告更是大大渲染這一目的，稱《成笑因緣》是「費時半載　耗資鉅萬　神秘機關　偉大採景　淒馨哀艷　拔萃傑作」，又加入了「言情」的元素。詳細羅列劇目摘要，仍稱「特點繁多不及備載」：

> 先農壇百戲雜陳
>
> 將軍府機關密佈
>
> 俠女郎雨夜投柬
>
> 探鳳熙父女陷阱
>
> 滿台上風雨雷電
>
> 老俠客走壁（壁）如飛
>
> 西山寺俠女鋤奸
>
> 匪窟中變幻莫測
>
> 聯彈唱新穎動聽
>
> 大禮堂頓變曠野〔註53〕

　　無論是先農壇、將軍府還是西山寺，無論是老俠客、俠女郎還是探「鳳熙」，均不出原著情節以及人物身份，細節的略微差異只不過自欺欺人、掩人耳目罷了。無論如何標榜，榮記廣東大戲院的目的其實非常明確——炒作《成笑因緣》，想盡辦法弔足觀眾的胃口，至於是否尊重原著和作者原意並不在他們考慮的範疇之內。赤裸裸的廣告效應，爭取利益的最大化才是他們的最終

〔註52〕《費時半載　耗資萬金　溫馨趣膩　轟動藝海　希世名劇〈成笑因緣〉》，《新聞報》1931 年 10 月 9 日二十六版。

〔註53〕《費時半載　耗資鉅萬　神秘機關　偉大採景　淒馨哀艷　拔萃傑作準於本月十六夜初次開演〈成笑因緣〉》，《新聞報》1931 年 10 月 13 日二十六版。

追求。此時，明星公司儘管在「理」上占得優勢，公映權卻實實在在地被榮記廣東大戲院侵犯。因為就在黃金榮調解之後，榮記廣東大戲院仍使用《啼笑因緣》及未改名的書中人物及劇情在戲院門前做廣告，引得明星公司再次抗議。迫於明星公司的壓力，10 月 14 日，榮記廣東大戲院在《新聞報》刊登《道歉啓事》，稱「本院事前失於檢點，無任歉仄。茲已遵照和解條件，以後無論廣告、市招、傳單、戲報，概不再用《啼笑因緣》名義以示劇名情節」，「各（個）別除用書面保證外，特再登報，謹向明星公司道歉」。〔註54〕看到這條道歉啓事，加之 16 日即將公演，似乎明星影片公司與榮記廣東大戲院的恩怨可以就此了結。然而，就在發佈道歉啓事的第三天也即 10 月 15 日，榮記突然反悔，並於公演當天在《新聞報》上再登啓事，徹底翻案，讓人錯愕：

> 本院以全副精神化費鉅大資本排演《啼笑因緣》一劇本，擬早日公演，旋因上海明星影片公司忽而出面干涉，本院為尊重調人之意，改名為《成笑因緣》，定於十月十六日開演，其中損失已屬不少，不料該公司又復派人用種種方法前來恫嚇，本院不堪其擾。現決將《啼笑因緣》一劇停止開演，因此而受之鉅大損失依法應由該公司負責賠償。至於該公司是否有權禁止本院開演《啼笑因緣》戲劇，亦應依法解決。特此通告諸維　公鑒　十月十五日〔註55〕

啓事中不僅將前些天廣告中所稱「《成笑因緣》」重新改成「《啼笑因緣》」，還將明星公司的維權行為稱為「干涉」，又改稱《成笑因緣》改名並非因為理虧，而是為了「尊重調人之意」。對於明星公司的「干涉」「不堪其擾」，於是決定停演《啼笑因緣》，而且要求明星公司賠償「鉅大損失」。對於明星公司禁演之事決定與其對簿公堂，「依法解決」。同時，在同一天《新聞報》二十四版，榮記廣東大戲院大字刊出停演廣告：

> 本劇原定十月十六日夜公演，茲因上海明星影片公司用種種非法手段恫嚇干涉，敝院決暫停演，俟依法解決後再行登報通告各界。此佈。〔註56〕

將停演的責任完全推到明星公司身上，使明星公司立即陷入被動。前期下了

〔註54〕《榮記廣東大戲院對明星影片公司道歉啓事》，《新聞報》1931 年 10 月 14 日五版。

〔註55〕《榮記廣東大戲院為〈啼笑因緣〉緊要啓事》，《新聞報》1931 年 10 月 16 日七版。

〔註56〕《成笑因緣》廣告，《新聞報》1931 年 10 月 16 日二十四版。

如此大的力氣予以宣傳，從排演到廣告宣傳，投入了大量人力物力，在眾目翹首企盼公演的當天，難道僅僅是因爲對明星公司「不堪其擾」，就突然放棄到手的錢不賺？是什麼讓榮記廣東大戲院突然來了個一百八十度的大轉彎？

二

這是因爲，10 月 14 日之後，榮記廣東大戲院突然得知，明星影片公司尚未取得內政部的註冊執照。而這一消息，便是由後來眾所周知的「雙包案」中的另一主角大華電影社顧無爲透露出來的。

10 月 18 日，大華電影社經理顧無爲在《新聞報》發佈了兩條消息：《大華影片公司公告》和《大華電影社顧無爲爲〈啼笑因緣〉電影劇本著作攝製及專有公映權公告》。前者是爲剛剛成立的大華影片公司做宣傳，後者則是直接指出，只有大華電影社改編的《啼笑因緣》劇本「依法」向國民政府內政部呈請了註冊，且已經獲得執照，受法律保護，同時宣稱「他家不得再以該書之情節及同樣劇名仿製電影或以其他方法侵害利益」〔註 57〕，言下之意，在明星影片公司與榮記廣東大戲院關於公映權及劇本改編權的糾紛之中，明星公司所有的維權行爲並不「合法」，因爲明星公司並沒有取得內政部的註冊執照。一夜間，明星公司被從「合法維權」的原告席推到了「非法侵權」及「非法壟斷」的被告席上。大華電影社顧無爲以其人之道還治其人之身——沒有取得內政部註冊執照的明星公司以同名改編電影及公映也是侵權。孰爲李逵？孰爲李鬼？社會一時嘩然。與榮記廣東大戲院的官司尚未明瞭，中途又殺出一個大華電影社，腹背受敵的明星公司該如何應對？

就在同一天，明星公司委託詹紀鳳律師在《新聞報》大華電影社的兩條「公告」旁上也刊出「緊要通告」：

> 茲據上海明星影片公司聲稱，張恨水先生所著《啼笑因緣》說部，本公司早經張君及此書發行者三友書社之許可，取得電影攝製及公映權，久已登報公告，並向內政部呈請註冊。近聞有人意圖取巧，矇請領照，本公司現正依據《著作權法施行細則》第十二條向內政部聲請查閱此項文件，倘果有人違反《著作權法》第三十六條前半段之規定，本公司自當依法訴究等情，前來合代

<hr>

〔註57〕《大華電影社顧無爲爲〈啼笑因緣〉電影劇本著作攝製及專有公映權公告》，《新聞報》1931 年 10 月 18 日六版。

登報聲明。〔註58〕

「向內政部呈請註冊」說明此時明星公司確未拿到執照。明星公司再次重申經張恨水及三友書社許可，意在表明，大華電影社跳過了這兩個環節直接改編了《啼笑因緣》，並用改編後的劇本直接提交內政部取得註冊執照，其行為是「意圖取巧，朦請領照」，言詞相對客觀。比起榮記廣東大戲院的「非法侵權」，大華電影社則披上了「合法維權」的外衣與明星公司糾纏，相較之下，手段更為陰險。既然大華電影社稱「受法律保護」，明星公司提出將依據《著作權法施行細則》第十二條和《著作權法》第三十六條前半段與之交涉，而1932年執行的《著作權法施行細則》是由國民政府1928年7月14日公佈並施行的，其中，第十二條規定：「本細則第七條第一項之註冊簿，不問何人，均得請求准其查讀或抄錄之。」〔註59〕《著作權法》第三十六條規定：「註冊時呈報不實者，處二百元以下、二十元以上之罰金，並得註銷其註冊。」〔註60〕也就是說，明星公司此時決定將申請對大華電影社的註冊執照予以審查，如果大華電影社註冊中間有欺詐行為，明星影片公司可根據三十六條前半段規定對大華電影社提起訴訟。按《著作權法》三十六條規定，如果大華電影社有欺詐行為，不僅要處以罰金，同時其註冊執照要一併撤銷。但明星公司明確指出「三十六條前半段」，說明此時尚存「婦人之仁」，並不想激化矛盾。

誰知顧無為毫不領情。10月19日，顧無為代表大華電影社在《新聞報》刊登了《顧無為警告明星影片公司並駁斥詹紀鳳律師代表之緊要啓事》，對前日詹紀鳳律師的聲明一一反駁。顧無為指出，首先，根據《著作權法》「第一條第二項〔註61〕之規定，張恨水及三友書社，在法律上已根本未嘗賦予專有

〔註58〕 《詹紀鳳律師代表明星影片公司為〈啼笑因緣〉緊要啓事》，《新聞報》1931年10月18日六版。

〔註59〕 《著作權法施行細則》第七條規定：「著作物之註冊，由內政部將應登記之各事項，登記著作物註冊簿上為之。」劉哲民：《近現代出版新聞法規彙編》，上海：學林出版社，1992年12月版，第162～163頁。

〔註60〕 劉哲民：《近現代出版新聞法規彙編》，上海：學林出版社，1992年12月版，第161頁。

〔註61〕 《著作權法》第一條規定：「就下列著作物，依本法註冊，專有重制之利益者，為有著作權：一、書籍、論著及說部；二、樂譜、劇本；三、圖畫、字帖；四、照片、雕刻、模型；五、其他關於文藝學術或美術之著作物。就樂譜、劇本有著作權者，並得專有公開演奏或排演之權。」劉哲民：《近現代出版新聞法規彙編》，上海：學林出版社，1992年12月版，第157頁。

公開演奏或排演之權利」，三友書社註冊的是書籍、論著及說部一項，至於公開演奏或排演之權利張恨水及三友書社均未註冊，明星公司當然無權阻止。其次，明星影片公司儘管登報公告，但由於沒有得到註冊執照，所以它的公告無效，如果阻止其他公司排演及公映，就屬於虛詐。再次，大華電影社註冊的是劇本，三友書社註冊的是說部，這是兩碼事。明星公司將二者故意混為一談。顧無為對明星公司所云「意圖取巧，矇請領照」尤其不滿：

> 本社依據《著作權法》第一條第二項及同法第十九條〔註62〕之規定，呈稱註冊，蒙內政部著作權註冊審查委員會精密審查，認為合法，給予執照，本社之以該書改編劇本，剪裁斟酌，闡發新理，煞費苦心，何云取巧？又以法律條文之周密，審查委員審核之精詳，豈容有率爾矇蔽請領之事？該項啟事所云，不特破壞本社之信譽，且有跡近毀謗內政部之嫌，似此情形，殊屬故違法令，蔑視政府，淆惑觀聽，侵害利益。除駁斥外，並依法提出警告。該公司不得攝製《啼笑因緣》電影，更不得妄行登報，淆惑聽聞，以致侵害本社法益，否則依法訴究。再該項啟事所引《著作權法》第三十六條前半段之規定，無為雖未嫻法律，惟細查《著作權法》第三十六條，文義明簡，絕無前後段之區分。顯見該公司未能明瞭法律，妄行援引，以致荒謬至此，合併聲明。〔註63〕

直接指責明星公司「蔑視政府」，有「毀謗內政部之嫌」，意圖引發內政部對明星公司的不滿而使明星公司註冊執照審批之事受阻，蓄意挑起事端，同時禁止明星公司繼續攝製電影，也不能隨便登廣告。最有意味的是對於明星公司善意的「三十六條前半段」的好意，竟然稱明星公司為不明法律，「妄行援引」，時時處處似乎都在為榮記廣東大戲院報仇，目的在激化矛盾，咄咄逼人，不讓分毫。

也就在同一天，榮記廣東大戲院也約請伍澄宇、江一平、王吉士三位律師同時在《新聞報》第三版發佈《緊要通告》，火上澆油，稱榮記廣東大戲院10月14日發佈的道歉啟事是受到明星公司脅迫，而且又被非法勒令賠償大洋

〔註62〕《著作權法》第十九條：「就他人之著作闡發新理，或以與原著作物不同之技術製成美術品者，得視為著作人，享有著作權。」劉哲民：《近現代出版新聞法規彙編》，上海：學林出版社，1992年12月版，第159頁。

〔註63〕《顧無為警告明星影片公司並駁斥詹紀鳳律師代表之緊要啟事》，《新聞報》1931年10月20日二版。

三百元。明確告知社會各界明星公司並未取得執照，因此也根本沒有禁止榮記廣東大戲院排演的權利，同時重申顧無為的「說部與戲劇改編權不相干」之觀點，稱根據《著作權法》第十九條，明星公司既無著作權，其攝製成的作品當然不受保護，而大華電影社的確是領得了內政部註冊執照的，因此明星公司既無權禁止別人改編，自己攝製電影也自然非法。

腹背受敵的明星影片公司整理思路，首先駁斥榮記大戲院，將之前與榮記廣東大戲院和解的條件公之於眾：

（一）將《啼笑因緣》停名改為《成笑因緣》，以後不得再用《啼笑因緣》名稱。（二）將劇中重要人物姓名改換，不得與書中人名相同。（三）因此次交涉所生各項費用計洋五百元。〔註64〕

協議達成之後，榮記在戲院的廣告、戲牌均未改正，而且罰款亦未交給明星廣告公司。在明星公司再次抗議之後，經調解人調解，重新商定了四項和解辦法：

（一）登報道歉；（二）撤除《啼笑因緣》戲牌，以後不得再用；（三）前次允許貼還之用費五百元減為三百元；（四）用書面保證切實履行。〔註65〕

對於第二次調解，榮記廣東大戲院登報的道歉聲明是經雙方當事人同意，而榮記此時仍未繳納三百元罰款，原因在於在道歉的第二天就從顧無為處得知明星公司尚未從內政部領得執照，馬上推翻和解條件，顛倒事實，意圖誣陷。明星公司將事實真相公之於眾的同時告知社會各界明星公司是否向內政部申領執照，事實自會證明。

同一天，對顧無為的挑釁，明星公司也有答覆，申明已向內政部註冊，沒有講明執照是否已經拿到，只告知顧無為「少安勿燥、靜待法律解決」。10月22日，顧無為登報強調大華電影社已經取得電影攝製及公映權。10月23日，顧無為再次申明，要以法律為準繩，也就是說，明星公司向三友書社及張恨水本人處購得的轉讓權無效，只有通過內政部註冊許可方才有效。大華電影社儘管未通過三友書社及張恨水本人，卻是通過內政部註冊承認的。明星公司最先並多次登報聲明並不代表它就有資格不允許別人對原著擁有改編

〔註64〕《律師詹紀鳳代表明星影片公司駁覆榮記廣東大戲院通告啟事》，《新聞報》1931年10月21日五版。

〔註65〕同上。

權及公映權，並稱明星公司的維權行爲是一種非法的商業壟斷。同時，顧無爲還將卡爾登戲院、南京大世界以及榮記廣東大戲院重名及改編行爲均遭明星公司阻止之事一併提出，稱他們的合法權益均遭到了明星公司的侵害，稱明星公司「咄咄逼人，橫行無忌。目無法紀，干犯刑章。此劇界之公敵，而法律之罪人也」〔註66〕。之後，陳述之所以在榮記與明星交涉關鍵之時站出來是看不過明星公司的「假借招搖，虛聲恫嚇，以致廣東大戲院無地自容」，稱大華電影社與明星公司交涉的目的是爲榮記「仗義執言」。後又用「狡詐之言詞，恫嚇之慣技」「矛盾其詞，徒增笑柄」之類的語言攻擊明星，抓住它未在內政部註冊之事不放，再次申明《啼笑因緣》電影攝製權及公映權爲大華電影社獨家所有。

既然顧無爲是「仗義執言」，爲何一再爲電影攝製權爲誰所有一再糾纏？既然大華電影社早屬意此片，爲何偏偏在榮記廣東大戲院與明星公司即將了結之時參與其中？既然合法，爲何從不提及是否經作者本人同意？這些漏洞加上顧無爲的肆意誹謗及挑唆，使得明星公司拍案而起。而此時榮記廣東大戲院見眞相已被明星公司戳穿，再拖下去只能使自己越來越被動，錯失公演良機，於是，11 月 4 日，榮記在《新聞報》刊出《成笑因緣》即將上演的廣告，撤出戰場。事已至此，雙方各讓一步，明星公司迅速結束與榮記的「戰鬥」，得以全力以赴回應顧無爲。11 月 8 日，明星電影公司約請三友書社、張恨水在《新聞報》第一版整版刊登了《吳之屛、吳經熊、嚴蔭武代表三友書社，秦聯奎、鄭毓秀、詹紀鳳代表明星影片有限公司，吳正燮、吳經熊、鳳昔醉代表張恨水君爲〈啼笑因緣〉電影攝製及專有公演權聯合宣言警告各界人士並駁斥顧無爲啓事》，按法律條文，入情入理，一一批駁顧無爲之前種種狡辯之詞：

（一）顧無爲屢稱張恨水君所著《啼笑因緣》係屬說部，而彼之請求註冊者則爲劇本，故可不必取得著作者及發行者之同意，自然獲有著作權及公開演奏權。在彼之爲斯言，似乎自鳴得意，實則顧無爲之破壞著作人及發行人之權利，而擅以其所編《啼笑因緣》劇本朦請註冊，不獨按諸事實，直等於一種掠奪行爲。即徵諸法律，亦全不可通。查《著作權法》第一條第二項，凡屬劇本，自可請求

〔註66〕《顧無爲爲〈啼笑因緣〉事敬告各界人士》，《新聞報》1931 年 10 月 23 日二版。

註冊。但試問劇本之所根據者究爲何物？當然須先注重「本事」，必先有「本事」而後可以產生劇本。換言之，即劇本之所以能成爲一種著作物，當以「本事」爲骨幹，若拋開「本事」，劇本便不能成立。故依據《著作權法》第一條第二項請求註冊之劇本，可以推定，除非其所根據之「本事」由編劇者本人創作，或取材於並無著作權之書籍，當然毫無問題。若依據他人所撰之説部，則無論如何，必須取得原著作人或發行人之同意。若顧無爲之悍然不顧著作人及發行人權益，而貿然編製《啼笑因緣》劇本，又貿然呈請註冊，直是剽竊他人所有物，而改裝頭面，據爲己有。天下寧有是理？且按《民法總則》第一條：「法律所未規定者依習慣。」依電影公司習慣，凡以劇本材料製成本事，供給公司者，均須給以相當之報酬，不能剝奪其應有之利益。顧亦曾廁身電影界者，豈有不知之理？明知故犯，非掠奪行爲而何？

（二）顧無爲亦自知援引《著作權法》第一條第二項請求註冊，理由不能充分，因又兼引同法第十九條。但按諸法理，尤爲刺謬。查《著作權法》第十九條規定：「就他人之著作，闡發新理，或以與原著作物不同之技術，製成美術品者，得視爲著作人，享有著作權。」所謂闡發新理，必就原著有所發明，有所推闡，至少亦須有所補充。今顧無爲所編《啼笑因緣》劇本，乃就《啼笑因緣》小説，節刪割裂而成，菁華全失，掩沒真理則有之，何得謂爲闡發新理？至同條後段所規定者，亦僅限於以不同之技術製成之美術品。劇本與小説，同爲文字著作物，有何不同之技術可言？更何得指爲美術品？足見其請求註冊之理由根本不能成立。乃反自以爲法理充足，甯不可笑？

（三）顧無爲屢稱明星公司既已將《啼笑因緣》攝製電影，何不早日請求註冊？指爲「放棄」，此言尤爲可異。查明星公司對於《啼笑因緣》，既已依正當手續取得權利，並已攝製影片，當然十分鄭重，豈有自甘放棄之理？祇以全片尚未告成，爲尊重法令起見，必愼重將事。俟一切手續完備，方依正當步驟，正式請求註冊。今顧無爲行同掠奪，自矜捷足，反指明星公司之依正當途軌者爲放棄。誠如顧言，則是法令之設，非所以保障善良，轉爲取巧豪奪者，開一番

弄花樣之途徑矣。

（四）顧無爲之廣告中，對于詹紀鳳律師代表明星公司之啓事，指爲有「跡近毀謗內政部之嫌」云云，尤令人駭怪。查詹律師之代表啓事，僅就事實立言，指斥顧之呈請註冊爲不合法理，意存朦蔽，何嘗有毀謗內政部之語？至明星公司依據法令，向內政部呈請註冊，實係正當行爲。現已領得執照，保護在案，而顧則抹煞眞相，呈報不實，專以欺飾爲事。相形之下，孰爲尊重內政部威信？孰爲干瀆內（政）部尊嚴？不辨自明。國家政令，自當有公正之裁判，與嚴明之處置。架詞誣陷，淆惑聽聞，亦復何益？

（五）顧無爲廣告中除毀壞明星公司信譽外，又多方挑撥他人，意在使各界對於明星公司無形中發生誤會，或引起惡感。其用心尤爲險惡，其措辭之尤荒謬者，至稱「明星公司爲劇界之公敵、法律之罪人」。明星公司從事於國產電影事業十有餘年，出品已達百餘部，職工演員都三百人，篳路藍縷，以至今日，其間效力黨國，贊助善舉，亦嘗竭盡綿薄。縱不敢謂爲對於國家社會有若何之貢獻，至少亦爲一種正當營業。既未粗製濫造，又未巧取豪奪，有何開罪劇界及違反法律之處？今有人焉，奔走於漢京滬，時而新劇界，時而電影界，時而平劇界，專以投機取巧、損人利己爲能事，果孰爲劇界之公敵、法律之罪人，社會自有見聞，藝術界自有公評。若含血噴人，肆意誣衊，適足見譏於正人耳。總之，顧無爲既以狡獪手段，朦領執照，又以狂妄之詞，誣陷他人信譽，損害他人法益，實屬於法於情，俱難容恕。當事人等除依法訴請內政部撤消其朦領之執照，並對於顧無爲侵害權利，毀壞名譽，當依法起訴外，爲辨別是非，彰明公道，維護以後清苦文人權利，及正當商人血本起見，斷不容顧無爲開此類惡例，以貽後患。對於顧無爲之非法損害，不得不爲正當之抗爭。此外文藝界同人、藝術界全人，及社會上公正人士之主持正義熱心援助者、當事人等皆感謝之不暇。誠恐簧鼓之言，又復顛倒是非，調撥惡感，合併聲明，敬希公鑒。〔註67〕

〔註67〕《吳之屏、吳經熊、嚴慤武代表三友書社，秦聯奎、鄭毓秀、詹紀鳳代表明星影片有限公司，吳正穫、吳經熊、鳳昔醉代表張恨水君爲〈啼笑因緣〉電影攝製及專有公演權聯合宣言警告各界人士並駁斥顧無爲啓事》，《新聞報》，

文末不僅附上明星影片電影劇本《啼笑因緣》內政部批示和註冊執照，還附上了明星影片公司工商部註冊執照、三友書社《啼笑因緣》說部內政部註冊執照、明星影片公司向張恨水君購買《啼笑因緣》電影攝製權之契約、明星影片公司向三友書社購買《啼笑因緣》電影攝製權之契約，一舉擊潰了顧無為之前所有所謂「尊重法律起見」的言論，並揭露其用心之險惡。及至此時，孰為李逵，孰為李鬼，面目已經基本清楚。誰知顧無為仍不死心，11月9日，《新聞報》二版用半版刊登了《顧無為為〈啼笑因緣〉駁斥明星影片公司啟事》，學著明星公司的方式逐條反駁詹紀鳳律師的聲明：

（一）駁斥明星公司啟事第一節：其視為最主要之點，為「必須取得原著作人或發行人之同意」，無為遍查《著作權法》，並無此項規定。是無為之呈請註冊享有專有公演權，乃法律所賦予。

（二）駁斥明星公司啟事第二節：該公司既知無為依據《著作權法》第一條第二項及第十九條之規定註冊，享有專有公演權，是足以證明無為乃合法行為，至該公司指無為所編劇本「節刪割裂而成，菁華全失」等語，查無為之劇本既不公開，影片尚未公演，該公司何由得知？如此武斷，足見其存心破壞。

（三）駁斥明星公司啟事第三節：察其意義，是欲掩飾其以前蔑視法律之行為，如自己未經註冊而非法干涉他人，如四月間周劍雲為爭《啼笑因緣》，經江寧地方法院傳訊判決不受理，最後張石川涉榮記廣東大戲院，排演《啼笑因緣》，致被廣東大戲院依法責其賠償，直至無為依法領得註冊執照以後，該公司始顧及法律，豈即為尊重法律之正當步驟耶？

（四）駁斥明星公司啟事第四節：無為依法呈請註冊，內政部依法准予註冊，發給執照，該公司竟指為朦領，豈非負有「跡近毀謗內政部之嫌」而何？

（五）駁斥明星公司啟事第五節：該公司自己未經註冊而非法干涉他人，阻止文化發展，豈非劇界之公敵、法律之罪人乎？〔註68〕

此次反駁，對詹紀鳳律師言之鑿鑿的證據和法理，顧無為除了反覆強調

1931年11月8日一版。

〔註68〕《顧無為為〈啼笑因緣〉駁斥明星影片公司啟事》，《新聞報》1931年11月9日二版。

自己註冊、尊重法律或者咬文嚼字地對明星公司雞蛋裏面挑骨頭外，再無法提出更有說服力的證據和新的觀點，卻稱「依法律之精義，作最簡明之駁斥如上，至于該公司啓事中有效村嫗謾罵之舉，有公然侮辱、意圖毀謗者，不再駁斥」，決定最終與明星公司對簿公堂。

在明星公司與大華電影社爲《啼笑因緣》在報紙上爲誰是誰非爭論不休之時，顧無爲私下裏又向明星公司高薪挖角兒，比如飾演劉將軍的譚志遠、飾關秀姑的夏佩珍以及飾沈大娘的朱秀英等人，都接受了顧的定洋，只有胡蝶不爲所動。顧無爲懷恨在心，「九一八」事變後不久，借胡蝶在「九一八」事變期間恰在北平取景，特在天蟾舞台排演新戲《不愛江山愛美人》，企圖污蔑她與張學良跳舞行樂，與東三省的淪陷有直接關係，迫使明星公司和胡蝶本人幾次出來闢謠。直到 1932 年 6 月 26 日，歷時一年半之久，明星公司拍攝的有聲彩色故事片《啼笑因緣》方才與觀眾見面。然而《啼笑因緣》上映當天，顧無爲便帶著法警到南京大戲院要求查封影片。明星公司措手不及，臨時請律師向法院繳納了三萬元，影片於下午五時才得以開映。顧無爲之所以敢這樣肆無忌憚，與黃金榮這個後台有直接關係。儘管明星公司此時已經請出杜月笙擔任董事長，孰料《啼笑因緣》開映之後，一直與杜月笙「暗鬥」的黃金榮竟然從後台走向前台，揚言《啼笑因緣》是他要拍的片子，同時讓顧無爲到內政部活動，明令明星公司暫時不得放映《啼笑因緣》。萬般無奈之下，明星公司只得再請杜月笙出面調停，並按照杜的指示，請出章士釗做法律顧問。章士釗於第二天登報代表明星公司爲《啼笑因緣》發佈啓事，不僅申明明星公司關於編排攝製《啼笑因緣》經過〔註69〕，且再次重申 1931 年 11 月 8 日明星公司對顧無爲的五條批駁理由。7 月 2 日，顧無爲再次登報聲明，並未正面回應章士釗的申訴，而是反覆強調明星公司公映《啼笑因緣》非法，〔註 70〕同時警告片商及本、外埠各影院，不得私下與明星公司

〔註69〕「民國十九年九月九日與張恨水君訂約購得《啼笑因緣》小說之電影攝製權：（二）是年九月十四日再向發行此書之三友書社購得電影攝製權；（三）是年九月十八日曾登《新》《申》各報公告開攝《啼笑因緣》影片；（四）民國二十年十月二十八日由內政部發給明星公司執照；（五）十一月九日由鄭毓秀、吳經熊、秦聯奎、詹紀鳳諸律師代表明星公司、三友書社及張恨水君再行聲明《啼笑因緣》之攝製權爲明星公司所專有，顧無爲不得掠奪。」《章士釗律師代表明星影片公司爲〈啼笑因緣〉緊要啓事》，《新聞報》1932 年 7 月 1 日六版。
〔註70〕「關於《啼笑因緣》影片一案所根據法律及命令分別摘錄如左：（甲）根據司法院最高法院統一解釋法令會議議決案（【院】字第七七五號），明星影片公

接洽或仿製，否則將予以追究。7 月 3 日，顧無爲再次登報強調前一天的內容，並申明《啼笑因緣》電影攝製權以及放映權均歸大華電影社所有，同時大華電影社無須得到著作權人及說部著作權者，也就是張恨水本人和三友書社的同意。

　　明星公司與榮記廣東大戲院、大華電影社在《新聞報》上你來我往，直到電影《啼笑因緣》上映前一年多的時間裏，身爲明星公司《啼笑因緣》的編劇和《快活林》／《新園林》的主編和三友書社老板，對於這場版權糾紛，出於各種考慮，嚴獨鶴始終未在「談話」欄中發聲。然而明星公司衝破重重阻力，將耗盡眾人心血又歷經劫難的《啼笑因緣》6 月 26 日在南京大戲院公映之後，顧無爲依舊不依不饒，一而再、再而三在《新聞報》上顛倒是非，忍無可忍的嚴獨鶴 7 月 3 日在《新園林》發表《是何世界》一文，一改往日的冷靜與客觀，對於顧無爲等人的顛倒黑白，表達了自己的出離憤怒和對所謂「法律公平」的失望：

　　　　什麼叫作「法律」，什麼叫作「政治」，什麼叫作「道德」，什麼叫作「情感」，什麼叫作「體面」，一古腦兒，都以金錢和勢力爲背景。

　　　　「法律」「政治」「道德」「情感」「體面」，乃至一切的一切，都是呆的，都是假的，惟有金錢和黑暗勢力，乃是活的，乃是眞的。有了金錢的作用、勢力的操縱，呆路就變成了活路，「做把戲」就可以顯出眞顏色來。惟其如此，令人幾乎要想到法律等等，一概是騙人的東西，而實際上也許眞個一概是騙人的東西。

　　　　有人說，屈服於金錢和勢力之下的，祇是個弱者。如果是有勇氣、有力量的，應該從黑暗世界中，努力奮鬥衝開一條光明的途徑、公平的大道來。但是這句話恐怕也只是唱高調罷了。政治是黑暗的政治，社會是黑暗的社會，假使令你也隨着大眾，在黑暗中糊裏糊塗兜圈子，或者還可以混得過去。假令要向光明和公平的路上走去，

司無攝製開映《啼笑因緣》影片之權；（乙）內政部【警】字第一六二號批令，明星影片公司之《啼笑因緣》影片應行勒令停止映演；（丙）上海第二特區地方法院裁定（〔假〕字第一四二號），令明星影片公司停演《啼笑因緣》影片。所有法令要點已如上錄至，關於本案一切損害賠償及明星公司屢次登報，以文字公然侮辱之所爲，靜候法律解決。」《大華電影社顧無爲緊要聲明》，《新聞報》1932 年 7 月 2 日，七版。

包你會有意外的失敗、意外的打擊、意外的煩惱。〔註71〕

一年多來，明星公司想盡辦法，無論是從法律、道德還是輿論層面都竭力爭取，最終卻都不敵顧無爲的小人伎倆和黃金榮在上海灘的勢力。對公平和光明的追求和信仰，終會在現實面前一蹶不振。這種認識，與其說是嚴獨鶴個人的，毋寧說是明星公司乃至與《啼笑因緣》有關各方的。儘管7月4日明星公司全體演職員在《新聞報》上敬告各界，表示願團結一致支持公司討回公道，然而爲了《啼笑因緣》的公映，明星公司最終還是請出杜月笙與黃金榮、吳鐵城、虞洽卿、聞蘭亭、袁履登等共同出面「調解」，最終以賠償大華電影社顧無爲十萬銀元的鉅款，大華電影社將電影攝製權和公映權轉給明星公司而告結束。9月26日，律師章士釗代表明星影片公司在《新聞報》上發佈《重演〈啼笑因緣〉通告》，影片終於得以在南京大戲院正式上映。而此時，已距顧無爲等人在齊天大戲院公演的《啼笑因緣》劇目間隔九個月之久。彼時《啼笑因緣》舞台劇已遍佈各遊戲場，伶界也紛紛排演《啼笑因緣》，茶僚書場中表演著評彈《啼笑因緣》，無線電中播放著評書《啼笑因緣》〔註72〕。明星公司精耕細作、嘔心瀝血，卻最終錯失上映良機，致使利益嚴重受損。

三

因了版權官司，明星公司開始認識到把握商業時機以及保守商業秘密的重要性。速度與利益之間日益密切的關係，無疑是現代商業社會的重要特徵。這一特徵不僅滲透到與商業息息相關的各行各業，也深深影響了現代商業社會的文化形態，這種文化形態，不是以「十年磨一劍」的藝術品爲標誌，而是以對時機、分寸把握得恰到好處的滿足大眾文化需求的文化生產爲代表。從這個意義上講，這場版權官司，在利益爭奪的表象之下，更是明星公司學習在現代社會中的生存法則的一堂課，更是彼時《著作權法》對著作人權益保護疏漏之顯現。應該說，《啼笑因緣》影片之所以有空子讓榮記廣東大戲院以及大華電影社等鑽，明星公司負有一定的責任。在作品剛剛出版單行本的時候，明星公司就高調發出聲明。這樣做的好處顯而易見，聲明《啼笑因緣》

〔註71〕獨鶴：《是何世界》，《新聞報》副刊《新園林》，1932年7月3日十七版。
〔註72〕梅郎：《片聲喧之〈啼笑因緣〉潮》，《新聞報》副刊《新園林》，1932年9月27日十三版。

版權歸屬，但不利在於在未見到作品之時，有太多的不確定因素，這反而提醒了其他影片公司盯住這部作品動腦筋。此時的明星公司，本應對此有所警覺，抓住時機盡快將影片推出，但明星公司和編劇嚴獨鶴都抱著生產精品的態度，「中間又經過許多人參加意見，共同研討，一共修改過三次，方始全體決定」〔註73〕，整整改編了一個多月的時間，並不急於獲得許可。再來看顧無為，聽說明星公司並未向國民黨內政部領到電影攝製許可證時，只用了一個晚上便完成了電影劇本稿。第二天到國民黨內政部呈請簽發上演舞台劇和攝製電影《啼笑因緣》許可證時，連劇本稿的墨跡都未乾。〔註74〕劇本改編完成，明星公司趕赴北平攝製外景，投入了巨大的人力物力，同時又得到張恨水的諸多指導，這又經歷了一個多月。我們無意批評明星公司的精品態度，問題在於，製作精品需要時間保證，應該首先建立版權意識來保護自己。假若明星公司早一步到內政部完成註冊手續，顧無為即便想動腦筋，也無計可施。利用媒體為影片造勢是必要的，但這種信息的發佈應該在萬無一失的情況下才能公開，否則，便泄露了商業機密。因此，吸取《啼笑因緣》改編過程中的教訓，明星公司後來出品的一系列根據張恨水作品改編的電影改變運作策略，再不像之前那樣急於在媒體上聲稱電影改編權和公映權歸其所有或早早就放出風聲，而是大大縮短出品時間，並且在電影拍攝竣工即將開映之前，才在報紙上每天刊出大幅廣告和本事予以宣傳，同時增加廣告刊登頻率。張恨水1930年與世界書局簽約由世界書局獨家出版的單行本小說《滿江紅》，1933年6月16日才第一次在《新聞報》刊登單行本廣告，8月4日即刊出了明星公司出品的《〈滿江紅〉本事》，9月1日試映，9月11日在《新聞報》刊出電影廣告，9月14日開映。從單行本出版到電影上映僅僅兩個多月的時間，出品速度令人驚訝，觀眾難免多有批評〔註75〕。至此時，如何在兼顧速度與效益的前提下保證劇本的質量，成為明星公司亟待解決的突出問題。

通過一系列版權糾紛，文人在作品跨媒體的改編、改版以及改寫過程中享有權益的合法性和合理性，終於引起社會關注。由於電影在中國本土起步

〔註73〕獨鶴：《談〈啼笑因緣〉影片》，《新聞報》副刊《新園林》，1932年6月19日十七版。
〔註74〕傅艾以：《中國電影史上的一樁版權官司》，劉滬生編：《世紀大案》，上海：漢語大詞典出版社，2001年4月版，第114頁。
〔註75〕雪蓮：《〈滿江紅〉評》，《新聞報》1933年9月15日《本埠附刊》第五版《藝海》；雪華《〈滿江紅〉我評》，《新聞報》1933年9月16日《本埠附刊》第十四版《藝海》。

時間較晚，在包括電影、戲劇、評彈以及其他文藝形式在內的現代文化市場中，文人創作的作品改編成電影或其他文藝形式，到底應該享有哪些權益，到底該受到怎樣的保護，在 1928 年頒佈的《著作權法》及《著作權法施行細則》中，並無非常明確的說明。然而，經過《啼笑因緣》三次版權糾紛，通過各大律師以及社會人士對法律條文的詳細解讀，作者在作品跨媒體改編中該享有權益這一點，得到了明確。1931 年署名「東方」的作者發表了《某法學博士談〈著作權法〉》一文，就《啼笑因緣》電影攝製及改編事，對於《著作權法》第一條第二項以及第十九條，有詳細的解讀：

> 劇本取材本事，不外三種：（一）編劇者本人創作；（二）采自無著作權之古書；（三）根據其他著作物而得原著作人之同意者。今顧無爲所編劇本，與上述均屬不符。又《著作權法》第十九條規定：「就他人之著作，闡發新理，或與原著作物不同之技術，製成美術品者，得視爲著作人享著作權。」今就說部改編劇本，何所謂闡發？至同條後段所規定者，亦僅限於以不同之技術，製成之美術品。劇本與小說同爲文字著作物，有何不同之技術可言？更何得指爲美術品，依《著作權法》第二十四條「接受或承繼他人之著作權者，不得將原著作物篡改割裂」云云，此指已得著作物之承繼權者而言，猶且明定限制。今顧無爲所編劇本，完全未得原著作人之同意，將原著作任意刪割，而號稱改製耳。且《啼笑因緣》小說樣書上，已刊有明星公司攝製影片銅版圖畫，及律師代表三友書社聲明，非經該社同意，不得攝製電影之啓事。今顧未取得原著作人及發行人之許可，擅自編製電影劇本，且朦向內政部註冊領照，應知《民法總則》第一百四十八條，載明「權利之行使，不得以損害他人爲主要目的」也。〔註76〕

「法學博士」從本事的歸屬、著作人的權益以及民法的角度充分說明，顧無爲所編劇本既不是他自己創作的，也不是沒有著作權的古書，更未經原著作人同意，將擅自刪割的原著視爲自己的創作，是明顯的侵權行爲。尤爲重要的是，顧無爲的行爲直接違背了《民法總則》，因而，於情於理，無論他如何狡辯，在《啼笑因緣》劇本改編問題上，顧無爲都不該得到人們的同情，因爲他直接損害了張恨水本人及三友書社的利益。在書局和電影公司巨大的利

〔註76〕東方：《某法學博士談〈著作權法〉》，《晶報》1931 年 11 月 9 日第三版。

潤面前，文人的收入一直微乎其微。1925 年有人曾撰文指出，當時出版物印刷成本占三成，發行費占兩成，出版商得五成，而像商務印書館和中華書局這樣的大書局，才給作家一成五的稿酬，其他的書局就更少。〔註 77〕這是在出版單行本方面。那麼改編成電影，作者被剝削得更爲驚人。顧明道《荒江女俠》出版後，被拍成電影，電影公司每部只給他 100 元著作費，而與《荒江女俠》熱映的豐厚利潤比起來，簡直少得可憐。時至 1946 年，顧明道的後人還要靠生前好友接濟，恰逢此時大舞台重新排演《荒江女俠》，范煙橋悲從中來，有感而發，呼籲大舞台在利潤中抽出一部分接濟其正處於困境中的子嗣。〔註 78〕可見，文人在文本改編中的重要地位在得到明確的十幾年後，權益仍未得到具體的落實和保障。

　　作爲一種文化工業，電影產業在 20 世紀 30 年代已經在中國的上海紮根並形成規模，但其中涉及的一系列問題的解決，需要經歷一段漫長的歷程。《啼笑因緣》只是一個觸媒，它刺激了利益各方在這次事件中的種種表現。就算不是榮記廣東大戲院和大華電影社，在時機成熟時，也會有其他電影公司或演出團體與之糾纏。原因並不難理解，任何一個商業實體面對巨大的市場利潤都不會像古代的君子那樣彬彬有禮，謙讓有加。把握速度與效率，企業最大程度獲利，使自己變得更強大，才是現代企業在現代社會中的生存法則。對於明星公司如此，對於任何一個以商業利益爲生存基礎的報館、書局、影片公司，也都是如此。《啼笑因緣》從連載版權到單行本版權再到電影戲劇改編權的三次糾紛，將文人創作在跨媒體改編中的權益引入公共視野，推動了現代版權意識的形成和現代版權制度的完善，它應與魯迅 1929 年的版稅官司一道，被視爲現代文化市場走向成熟的一次標誌性事件。

第三節　商業還是政治：左翼電影如何成爲摩登　　　　　　──以《狂流》爲中心

　　談到左翼電影，無論是 30 年代的影評人還是後來的研究者，都將關注的重點投諸它飛揚的意識形態層面，即「左翼」的一面，卻常常忽視了它安穩的「底子」，即作爲「電影」──文化工業──的一面。回顧 20 世紀 30 年代

〔註77〕霆聲：《怎樣去清理出版界》，《洪水》半月刊，1925 年第一卷第五期。
〔註78〕煙橋：《〈荒江女俠〉與顧明道》，《新聞報》1946 年 10 月 6 日十六版。

的左翼電影，我們不免產生這樣的疑惑：作爲一種意識形態意味如此濃烈的文化商品，在充斥了香檳、香水、高跟鞋、跳舞場的「惡之花」的上海灘，爲何會迅速成爲時代的寵兒？除去特殊的時代原因，是否還有更爲複雜的面相沒有揭開？除去左聯迅速「佔領」的電影評論「陣地」外，是否還存在另一種方式的電影評論，在「飛揚」的激情之下，「安穩」地對觀影群體發揮著無所不在的影響？當面對這樣一些問題的時候，《藝海》便躍入我們的研究視野。《藝海》於 1933 年復刊，此時已經成爲純粹的商業電影復刊，而這樣一個以「投資」爲指向的電影副刊自復刊之日起就不得不面對一個近乎矛盾的事實——20 世紀 30 年代電影空前繁榮的序幕，是由左翼電影拉開的。左翼電影不僅肩負起了異常艱巨的政治使命，更以一種難以名狀的魅力，深刻影響了 20 世紀 30 年代上海灘的每一個角落。問題於是凸顯出來：在《新聞報》這樣一個商業味道十足的報紙上，左翼電影將如何呈現？《藝海》與左翼電影之間是以何種形式互相依存？這種呈現與依存對思考左翼電影流行的原因有著怎樣的意義？

如果我們能夠釐清左翼電影與《藝海》之間如上一些問題，或許我們就可以進一步思考如下一些問題：左翼電影爲何具有如此蓬勃的生命力？是什麼力量使左翼電影在虛構的「武俠」、「神怪」、「火燒」系列電影泛濫之後迅速佔領彼時的電影市場？「左翼」能夠進入電影，是一種政治意味上的爭奪還是一種文化意義上的投射？對於當時的市民，「左翼」究竟是一個高高在上的概念還是一種實實在在的生活方式？要釐清這些問題，就必須從左翼電影誕生的特殊語境入手。

一、合作：左聯的「要當心」與電影公司的「求助」

20 世紀 30 年代初，「明星」、「天一」、「聯華」等電影公司紛紛轉型，改拍左翼電影，掀起了左翼電影運動的浪潮。轉型的原因，在以往的文學史以及電影史論著中，都將其歸因於左翼運動的歷史功績。然而，從歷史語境中客觀看待這一問題，與其說是這些電影公司主觀進步使然，毋寧說是出於生存需要。1931 年的「九一八」事變與 1932 年的「一·二八」事變使中國電影業遭受重創——東北淪陷使中國電影喪失了面積廣大的放映市場，「一·二八」更是直接毀掉了位於上海虹口、閘北和江灣地區的影片公司，同時間接使很多中小公司陸續停業。據不完全統計，設在虹口、閘北和江灣地區的

約 30 家大小電影公司均遭日寇戰火損毀，受其影響，位於其他地區的一大批中小電影公司也被迫停業。「一・二八」之前，上海公開營業的電影院有 39 家，「一・二八」之後，直接遭到毀損的影院在虹口、閘北一帶就有 16 家，其餘影院又多數爲外國人經營，專放美國影片。〔註 79〕這樣一來，不要說小公司，即便像「明星」、「天一」、「聯華」這樣的大公司，也面臨著生存危機。明星公司的情況尤爲嚴峻。1931 年，明星公司委託洪深到美國選購大批有聲片攝製器材，投入了大量資本，幾乎與此同時，由於拍攝場地不夠應付，又購房置地，加之《啼笑因緣》糾紛所引發的損失，「九一八」與「一・二八」的雪上加霜，1932 年的明星公司發生了嚴重的經濟問題。1931 年，明星公司的營業收入爲 708,357.37 元，支出 688,370.54 元，盈餘 19,986.83 元；1932 年，明星公司營業收入銳減爲 559,313.57 元，而支出卻爲 606,634.29 元，不僅沒有盈餘，反而出現了 47,320.62 元的鉅額虧損，〔註 80〕公司經營一度陷入困境。然而，與此同時，明星公司出品的動畫片《上海之戰》卻在上海郊區的巴黎舞場和南市小影院「福安」連續上映了 12 天，廣州遠東新聞社代理發行的《淞滬隨軍日記》和慧沖公司的《上海抗日血戰史》，在廣州上映也獲得了空前轟動。〔註 81〕戰火改變了觀眾的觀影需求，同時也改變了電影公司的生存策略。應該說，左翼電影能夠在 20 世紀 30 年代的上海如魚得水，除去時代的原因，與「九一八」事變以及「一・二八」事變後電影公司腹背受敵的生存困境是密不可分的。由於陷入多重困境，因此，在另尋出路的問題上，明星公司最爲積極。1932 年，明星公司老闆周劍雲以同鄉關係找到阿英，並通過阿英認識了夏衍等人，其中的細節，阿英在回憶中描述得非常清楚：

> 一九三二年，大約是四、五月，洪深來找我，説明星電影公司老闆周劍雲希望我，再找幾位有點名氣的作家去做他們公司的劇本顧問。洪深當時在那裡當編劇……洪深説，明星老闆感到形勢發展，如影片內容不改變，怕賺不了錢，所以才決定聘請幾位左翼作家。

〔註 79〕吳貽弓主編：《上海電影志》，上海：上海社會科學院出版社，1999 年 10 月版，第 33 頁。
〔註 80〕明星來稿：《明星公司十二年經歷史——和今後努力擴展的新計劃》，見中國教育電影協會：《中國電影年鑒》，上海：正中書局，1934 年版，第 15 頁。
〔註 81〕程季華：《中國電影發展史（第一卷）》，北京：中國電影出版社，1963 年 2 月版，第 181～182 頁。

當即我將這個情況向組織彙報了，不久秋白（他當時已受中央委託
主管文化工作）找夏衍和我去談話，決定派夏衍、鄭伯奇和我去……

為了這件事，我還找過一次秋白……〔註82〕

後來，連最保守的天一公司也吸收了沈西苓、司徒慧敏、吳印咸、湯曉丹等
左翼文化人加入創作隊伍，同樣是市場需求使然。〔註83〕電影公司紛紛求助
於左聯，其實原因很明確：特殊的時代背景使得左翼題材深受觀眾喜愛，更
促使其成為電影公司求生的制勝法寶。雖然鄭正秋說「橫在我們面前的只有
兩條路，一條是越走越光明的生路，一條是越走越狹窄的死路。走生路是向
時代前進的，走死路是背時代後退的」〔註84〕，但如果左翼題材無法為電影
公司在危難時刻力挽狂瀾，左翼電影人便不可能有機會進入電影公司，更不
會成為中堅力量。

　　然而，這樣的契機對於左聯，卻具有完全不同的意義。關於瞿秋白與夏
衍談話的內容，夏衍在《追念瞿秋白同志》一文中曾詳細說明：

　　　一・二八戰爭之後，一家電影公司約我、阿英和鄭伯奇三人去
當編劇，我把這個問題提到會議上來討論。有幾位同志不贊成，他
也遲疑了好久。他問：「就是你們三個？」我說，他們還打算請幾個
年青的話劇演員。他忽然想到另一個問題，說：「我們自己真應該有
電影，可是現在還有困難。將來一定要有。」

　　　最後他做了結論：「好吧，不妨試一試。認識一些人，做一些
工作，培養幾個幹部。不要急於求成，困難是很多的。」停頓了一
下之後，他講了一句意義深長、使我永遠不忘的話：「但是，你們要

〔註82〕阿英口述，吳泰昌記：《阿英憶左聯》，《新文學史料》，1980年第1期。按：
　　　　這部分內容在夏衍的《懶尋舊夢錄》中也有提及，但內容上有出入。由於《啼
　　　　笑因緣》官司以及「九一八」、「一・二八」事變，難以維繫的明星公司找到
　　　　洪深尋求出路，洪深提出「轉變方向」、請幾個左翼作家來當編劇顧問的建議。
　　　　周劍雲通過同鄉關係找到阿英，邀請三位文藝工作者到明星公司當「編劇顧
　　　　問」。阿英找到夏衍和鄭伯奇，經二人同意後，在夏衍家中撰寫了給「文委」
　　　　的報告。不久，瞿秋白主持了關於這一問題的討論會，參加者除瞿秋白、阿
　　　　英、夏衍外，「還有杜國庠、田漢和陽翰笙，好像丁玲也參加了。」田漢首先
　　　　表示贊成，也有人反對，反對的理由是「『電影界』風氣很壞，名聲不好，當
　　　　時所謂的國產電影又都是武俠、戀愛、倫理之類的東西」。然而，儘管細節略
　　　　有出入，但明星公司找到左聯的理由是相同的——為了擺脫經濟困境。
〔註83〕詹幼鵬：《邵逸夫全傳》，天津：天津人民出版社，2009年1月版，第43頁。
〔註84〕鄭正秋：《如何走上前進之路》，《明星月報》第1卷第1期，1933年5月1日。

當心。」

　　　　這就是說，要我們提高警惕。

　　　　……當時的所謂電影界，情況是非常複雜的，除去官僚資本已
　　經插手進去之外，還有商人、流氓以及對我們沒有社會經驗的新文
　　藝工作者說來是十分危險的腐化墮落勢力。根據他的指示，我們當
　　心謹慎地開始了奪取電影陣地的工作。〔註85〕

後來，夏衍又曾撰文，對瞿秋白這一次的講話有更為詳細的描述：

　　　　他說，在文化藝術領域中，電影是最富群眾性的藝術，將來我
　　們「取得了天下」之後，一定要大力發展電影事業，現在有這麼一
　　個機會，不妨利用資本家的設備，學一點本領；當然，現在只是試
　　一下，不要抱太大的希望，更不要幻想資本家會讓你們拍無產階級
　　的電影，況且他們只請你們三個人，你們既沒辦電影的經驗，又沒
　　有和資本家打交道的本領，所以特別要當心。〔註86〕

兩段話相隔近半個世紀，內容上有頗多出入，但是「要當心」這句話卻是相
同的。這句話對夏衍、阿英、鄭伯奇三人的影響也非常深刻——「我們三個
人琢磨了很久，大家都認為這句話涵義很深，一是要我們謹慎小心，堅持立
場，同時，由於電影界情況複雜，風氣不好，所以要我們防止沾染不良習氣。」
〔註87〕可見，瞿秋白是把夏衍、阿英和鄭伯奇加入明星公司當成一項非常嚴
肅的政治任務來對待的，目的是要「認識一些人，做一些工作，培養幾個幹
部」，最終「奪取」。這句意味深長的「你們要當心」，明顯流露出左聯準備
加入電影界之時充滿戒心，與明星公司熱情投入的姿態完全不同。所以，具
有強烈意識形態意味的左翼題材與作為文化工業的電影最初結合時，是各懷
目的、各取所需——電影公司需要左翼題材來為他們賺錢，而左聯是把電影
作為宣傳意識形態最有效的工具來予以接納的。這樣一種合作的前提，必然
決定了雙方對左翼電影的不同態度，由此便可以理解為何《漁光曲》在《晨
報》的《每日電影》和《新聞報》的《藝海》上會得到如此迥然不同的評價
——對於一件空前受市場歡迎的商品，商業性電影副刊《藝海》的主編必然

〔註85〕夏衍：《追念瞿秋白同志》，《文藝報》1955年第12期。
〔註86〕夏衍：《懶尋舊夢錄》，北京：生活・讀書・新知三聯書店，2006年8月第2
　　　　版，第153頁。
〔註87〕同上。

對該商品投入全部的讚美，而身爲左聯一分子的鄭伯奇，儘管是一位「敦厚樸質」、「待人寬厚」的「長者」〔註88〕，但在寫影評的時候，是必須要「當心」的。在這種情況下，合作雙方在日後影片製作及宣傳等方面於是具有了非常明晰的分工——電影公司負責影片的資本投入和市場推廣等工作，而進入電影公司的左聯骨幹則專門負責劇本的創作。這種分工使左翼電影呈現出一種迷人的張力：專注於意識形態的「左翼」題材，在深諳電影商業運作之道的電影公司的包裝、宣傳之下，以一種非常「上海」的摩登、流行方式，在20世紀30年代的上海灘，蓬勃地、生機盎然地紮下了根。那麼，它究竟是如何運作的？這中間，左翼內容與電影該如何結合，如何滲透？這些細節，我們應該著力關注。

二、《狂流》的製作——左聯與明星的「待人以誠」

作爲左翼電影的開山之作，《狂流》〔註89〕可謂得盡風流——不僅僅因爲它是程步高電影藝術轉型的代表作品，也不僅僅因爲它是黨的地下組織提出的「反帝反封建」的創作任務在其中得到了一次成功實踐，更不僅僅因爲夏衍進入明星公司後第一次擔任編劇，而是因爲它得到了全方位的認可——從明星公司到左聯，從影院到觀眾。《狂流》上映之後，取得了巨大的成功：明星公司稱其爲「最受羣眾讚美之唯一得意大傑作」〔註90〕，《晨報》的《每日電影》稱「在國產影片當中，能夠抓取這樣緊迫的現實題材，而以這樣准確的描寫、前進的意識來創作的，還是一個新的紀錄」，是「電影界有史以來第一張能抓取了現實的題材，以正確的描寫和前進的意識來製作的影片」〔註91〕；席耐芳（鄭伯奇）稱「這種暴露性的反封建的作品，在中國今日是很必要的。在電影的啓蒙運動中這指示出很坦直的一條大道」。即使是不屬於左翼影評人的姚蘇鳳也以《新的良好的收穫》爲題，稱《狂流》「是一部值得贊美的影片，

〔註88〕 夏衍：《懶尋舊夢錄》，北京：生活・讀書・新知三聯書店，2006年8月第2版，第153頁。

〔註89〕 《狂流》攝製於1932年，由夏衍編劇，程步高導演，胡蝶、龔稼農等當時明星公司最當紅的演員主演。影片講述了在長江大水災中，一位小學教師與當地官宦抗爭，帶領鄉民搶險的故事。被譽爲左翼電影的「第一聲」。於1933年3月5日在中央大戲院和上海大戲院同時首映。

〔註90〕 《狂流》廣告，《新聞報》，1933年3月20日《本埠附刊》第八版。

〔註91〕 蕪邨：《關於〈狂流〉》，《晨報》副刊《每日電影》，1933年2月25日、27日。

多少可以顯得它的前進的意識與圓熟的技巧」，並「希望明星公司有繼續的更健全的努力，希望整個的中國電影事業隨着這《狂流》衝向光明去」，〔註92〕《時事新報》副刊《電影》稱其「在一九三三年的國產電影界中夠得上說是一個大的波濤」，《時報》副刊《電影時報》稱其「充分地揭出了土豪劣紳的罪惡！——目前中國的確需要這樣的力量」〔註93〕，等等。這是《狂流》首映以後的歷史現場，對它的肯定和褒獎涵蓋了多個層面，包括技術，包括藝術，包括題材，當然，也包括意識形態。然而，以往《狂流》在電影史上之所以備受關注，卻是由於它意識形態價值的極力凸顯——「從階級壓迫和反壓迫的最本質方面，從根本上揭露了封建制度的罪惡，具有更深刻的反封建意義」，「不僅剖析了地主階級的不可改變的剝削和壓迫的本性，更寫出了農民的反抗的戰鬥的意志，一掃資產階級改良主義、調和主義的反動影響」，「以它的鮮明的主題、尖銳的衝突，開闢了我國電影藝術創作的革命現實主義道路和電影配合革命政治鬥爭的光榮傳統，它是黨在電影陣地上揭起的第一面旗幟，是黨的地下組織領導電影藝術創作的最初勝利」〔註94〕，卻將其他因素諸如技術、題材，尤其是藝術表現形式和市場策略等方面內容置於次要地位甚至忽略不計，這就是值得質疑的，連夏衍本人都認為《中國電影發展史》對《狂流》等左翼電影劇本的進步性評價過於溢美〔註95〕。一部電影之所以能夠青史留名，依靠的並不是僅僅它意識形態層面的教化作用，而更應該依靠它本身（包括所有構成因素）對電影史的貢獻。所以，如何客觀評價左翼電影的歷史地位，就需要還原它從醞釀到製作、誕生的整個歷史現場，也就可以解答我們提出的如上一些問題。

在進入明星公司之前，夏衍等人來到洪深家中，瞭解到明星公司對他們開出的三個條件：

〔註92〕均見 1933 年 3 月 7 日《晨報》《每日電影》之「《狂流》特輯」。
〔註93〕《狂流》廣告，《新聞報》1933 年 3 月 8 日《本埠附刊》第七版。
〔註94〕程季華：《中國電影發展史（第一卷）》，北京：中國電影出版社，1963 年 2 月版，第 206～207 頁。
〔註95〕夏衍稱：「至於創作進步電影劇本問題，解放後的很多記述和回憶這一時期的文章和史料中（如《中國電影發展史》），我認為對這方面的工作，有不少過譽或溢美之詞。以明星公司出品的《狂流》為例，把它說成我的『創作』，作了過高的評價，我認為是欠妥當的。」夏衍：《懶尋舊夢錄》，北京：生活·讀書·新知三聯書店，2006 年 8 月第 2 版，第 156 頁。

　　一、編劇顧問的任務是每月開編劇會議一兩次，討論公司打算
開拍的劇本，更希望提出電影劇本或故事素材；二、對公司內外可
不用真名，公司擔保不暴露我們的政治面貌；三、每一顧問每月致
車馬費五十元，寫劇本另致稿酬。〔註96〕

之後又通過與明星公司張石川、周劍雲、鄭正秋的見面，看到了明星公
司的誠意。在不暴露自己政治身份的前提下，夏衍、錢杏邨（阿英）、鄭伯
奇制定了「待人以誠」的應對策略，決定要和老闆、導演們「搞好關係」，
認真地幫他們拍出幾部好影片，站穩腳跟後，再談發展。堅持這樣一種信念，
夏衍等人一進入明星公司就發現了問題：在拍戲時候，明星公司只有「幕
表」，根本沒有正式的電影劇本。他們拍戲的步驟是先由導演向劇組講一遍
故事，「『幕表』祇不過是『相逢』、『定情』、『離別』……之類的簡單說明，
開拍之前，導演對演員提出簡單的表演要求，就可以開燈、動機器，而且很
少 N.G.」〔註97〕。面對這一情況，夏衍等人根據劇本已有的故事情節提出
了一些意見，並寫出一個成文的提綱乃至分場的梗概也就是劇本。《狂流》
就是這樣合作下來的：夏衍先聽程步高講預定的故事並記錄下來，之後三人
（有時洪深也來）在盡可能保留原有情節和結構的基礎上，給程步高寫出一
個有分場、有表演說明和字幕（當時還是無聲電影）的「電影文學劇本」，
導演過目後再聽取他們的意見，然後進一步加工，最後在編劇會議上討論通
過或重新修改。在回憶這段歷史的時候，程步高說：

　　後來，我把自己所看到的，告訴了夏衍。夏衍就根據我提供
的材料，編寫出《狂流》電影劇本。這部影片原來由張石川導演，
後來因為我到過災區，也拍下不少紀錄鏡頭，可以利用，於是就由
我導演。影片公映後輿論也不錯。可是主要是夏衍的劇本寫得好。
〔註98〕

《狂流》的基礎是程步高在 1931 年武漢水災之時冒著生命危險拍攝的紀
錄片，將紀錄片運用到電影中，尤其是水災的真實場景運用到電影中，這在

〔註96〕夏衍：《懶尋舊夢錄》，北京：生活‧讀書‧新知三聯書店，2006 年 8 月第 2
　　　　版，第 153 頁。
〔註97〕夏衍：《懶尋舊夢錄》，北京：生活‧讀書‧新知三聯書店，2006 年 8 月第 2
　　　　版，第 157 頁。
〔註98〕沈寂：《聽程步高談影壇舊事》，載《話說電影》，上海：上海三聯書店，2008
　　　　年 7 月版，第 159 頁。

當時前所未有，而夏衍等人的加入使得左翼題材第一次進入電影，使電影的面目為之一新，加之胡蝶、龔稼農、夏佩珍、譚志遠等人的出色表演，以及明星公司在各大報紙上的影評和廣告的大力宣傳，在開映之前影片就吸引了觀眾的眼球。明星公司的宣傳策略，在電影整個生產過程中，也是《狂流》取得成功非常重要的環節。

三、《狂流》的市場推廣：從「白熱的羅曼絲」到「世紀的進行曲」

　　1933 年 2 月 24 日，就在《狂流》開映前半個月，明星公司就在《新聞報》副刊《藝海》上刊出了劇情的詳細介紹。開篇比較低調，僅稱「為本年度明星影片公司新出品之一，雖為默片，但攝製竟費半載，始克厥成」〔註99〕，同其他電影的「唯一巨製」、「前所未有」等誇大的宣傳相去甚遠。然而，到了 2 月 26 日，明星公司推出的《狂流》廣告則極盡渲染之能事，不僅將廣告刊登在《新聞報》第一版，而且是整版巨幅廣告（見圖 1），版面中間用超大號黑體字重重打出「狂流」兩個字，廣告中稱：《狂流》是「1933年影界的大波濤！1933 年藝壇的大收穫！」「明星電影公司本年偉大名貴出品！程步高先生導演轉變後初次力作！」除了大力讚揚的文字之外，明星公司還在廣告中用文字自右向左橫排的方式大大渲染了作品奪人眼球之處（見圖 2）：「是曠世未有的奇觀！（長堤潰決，怒浪如吼，人隨波去，萬眾漂流。絕盡古今銀幕奇跡，狂風匝地，暴雨連天。）是千古未聞的慘況！（賣妻救父，掙扎求生，啼飢號寒，呼號無門。災民大眾的流離漂泊，屋頂為家，四顧茫茫。）是亙古未有的災情！（漢口街上，洪水淹流，樓頭接水，馬路行舟。長江流域的水災真景：黃鶴樓頭，煙波浩淼。）」而最引人注目的是，對於以表達災情和階級意識為核心的作品，在第一次廣告中，明星公司卻將它稱之為「白熱的羅曼斯，民眾的臺集力，藝術的大眾化，世紀的進行曲」，是「水的狂流，人的狂流，愛的狂流，力的狂流」，兩次提到愛情主題，藉以渲染影片的趣味性。

〔註99〕達生：《狂流》，《新聞報》副刊《藝海》，1933 年 2 月 24 日《本埠附刊》第五版。

圖 1　1933 年 2 月 26 日《新聞報》第一版《狂流》廣告

圖 2　1933 年 2 月 26 日《狂流》在《新聞報》第一版廣告中的宣傳文字

　　《藝海》主編吳承達看過 3 月 2 日電影試映片後，3 月 3 日，在電影公映之前對影片予以評價。如《漁光曲》一樣，意識形態並不是他所關注的重點，對影片奪人眼球之處予以大力推介才是他寫影評的重心所在：「一幕雨景既逼眞偉大，又含有深邃的詩意，光線的調和和美感，加倍地生色，鏡頭也很活動，脈脈含情的胡蝶，和英俊氣概的龔稼農。前飾富家女，後

飾鄉村教員，在大雨傾盆的午夜，互述私情，先給予我們一個極深刻的印象。」—— 一部表達階級鬥爭主題的左翼電影在吳承達筆下成為一部以言情為核心的故事片。接下來的故事梗概依舊圍繞著愛情予以展開：「劉鐵生（龔稼農飾）因公不能偕傅秀娟（胡蝶飾）私遁，這是足以為今日一般無聊的愛情片作一個當頭棒。傅柏仁假公濟私，吞沒賑款，是合乎現代的事實。同時，也含有警惕的意思。」「全片以水災為背景，其結局實出人意料之外，決不是簡單地如同『惡有惡報，善有善報』的那麼俗氣。」〔註100〕這似乎就是吳承達關於《狂流》階級觀念的全部表達了。然而「蕪邨」在《晨報》副刊《每日電影》上所發表的《關於〈狂流〉》，儘管同樣充分肯定《狂流》，卻將肯定的視角投諸《狂流》題材的現實性和進步性：「電影界有史以來第一張能抓取了現實的題材，以正確的描寫和前進的意識來製作的影片。」「在國產影片當中，能夠抓取這樣緊迫的現實題材，而以這樣准確的描寫、前進的意識來創作的，還是一個新的紀錄！」這裡面的「正確」和「前進」所含有的濃烈的「指導」和「定性」意味，不能不讓我們敏感。他認為戀愛恰恰是《狂流》的一種「失策」——「雖然《狂流》劇本的故事線索也是戀愛，這在嚴格的說來，許是一種失計；但幸而這戀愛故事的安置非常聰明恰當，因此整個劇本的空氣並沒有被破壞。」談到攝製技巧，他僅提了一句「證明了『內容決定形式』的論斷的確鑿」，至於技巧的優與劣，他不予任何評價：技巧上的好壞批判，「開映後留待批評家和觀眾們來評論賞鑒去吧。」〔註101〕對充滿商業意味的渲染和宣傳表現出明顯的拒絕，與《新聞報》的《藝海》中對影片技巧的極力推介恰成對比。《晨報》副刊《每日電影》的主編姚蘇鳳不是左聯中人，但自從1932年7月《每日電影》連載了夏衍的《電影導演論》和鄭伯奇的《電影劇本論》之後，《晨報》銷路增加得很快。自此之後，姚蘇鳳對左聯的影評文章大開綠燈。1933年6月18日，洪深、王塵無、夏衍等人聯合發表了《我們的陳訴和今後的批判》一文之後，《每日電影》正式成為左聯發表影評的陣地，直到1934年12月副刊「改組」才告一段落。爭奪大報電影副刊是「影評人小組」〔註102〕當時最為重要的一項任務，因

〔註100〕承達：《狂流述評》，《新聞報》副刊《藝海》，1933年3月3日《本埠附刊》第五版。

〔註101〕蕪邨：《關於〈狂流〉》，《晨報》副刊《每日電影》，1933年2月25日、27日。

〔註102〕「影評人小組」是在1932年《文藝新聞》停刊後，於是年7月在「劇聯」領導下成立的左翼影評人群眾組織，它通過茶話會、座談會等形式歡迎影評工

此，《申報》的《電影特刊》、《晨報》的《每日電影》、《時事新報》的《電影時報》、《民報》的《電影與戲劇》、《中華日報》的《電影新地》都為這個小組所掌握，成為左翼影評的重要陣地。所以，在這些電影副刊上刊登的影評文字，明顯呈現出「當心」態度。但是，回望這段歷史，我們不該僅僅看到它們對峙的一面，其實對於當時的左翼電影，這兩類副刊恰恰呈現出互補的一面，恰恰是它們各有側重的評價，在讀者的眼中，《狂流》既呈現出了不落俗套的「白熱的羅曼斯」，又昭示出「革命勢力的偉大光明」；既呈現了「亘古未有的災情」，又「孕育着朝氣蓬勃的新生命」。在趣味、藝術、技術以及意識形態的共同感召下，觀眾才會絡繹不絕地走進電影院，在享受電影的同時，接受夏衍等左翼影人在意識形態上「滲入」的一點新意，才會切實感受到休戚與共的切膚之痛。著名的彈詞作家倪高風在看了《狂流》之後，寫出了自己的所見所感：

> 雖然貧者已將到家破人亡的時候，而富的還是恣情作樂，一錢如命，不想自己也有連帶的危害，而且趁火打劫，橫撈賑款，結果堤破水進，一片汪洋，同與波臣為伍，悔已不及。其間一幕幕引起我淒慘、悲觀、痛快……莫大的反響。

> 此片極少布景，大都是從前次漢口水災實地拍來，狂狂洪水，怒浪如吼，啼飢號寒，哀鴻遍野。空前未有的漢口浩劫，盡映入我們的眼簾，竟使坐在我身旁的一個老嫗，揩著眼淚喊起來，說道「我的三兒也淹沒在這裏」。

> 狗本來是不會登屋的，但是在這部影片裏可以看到兩幕狗的登屋，這是默寫水大，最耐人尋思。此片像這類暗示的默寫很多。

> 導演程步高君，轉變作風，確有很大的進步。雖然藝術沒有窮盡，但是《狂流》不可說不是他的成功之作。

> 演員支配得極勻整，胡蝶的傅秀娟，幽默靜淑；龔稼農的劉鐵生，急公好義；夏佩珍的素貞，有情有義；譚志遠的傅柏仁，勢利好財；他如王獻齋的陰險、朱孤雁的忠實，在在恰如人意。

> 夏佩珍飾的孤女素貞，打扮得土頭土腦，確是一個鄉下姑娘。

作者自由參加，是公開的、合法的團體，參加者很多，接觸面廣，主要成員有王塵無、石凌鶴、魯思、毛羽、舒湮、李之華等。

　　不過她的燙髮尚曲曲的鉤捲著，未免是小小的疏忽。〔註103〕

　　這是倪高風個人的所見所感，但完全可以代表多數觀眾觀影的心理感受。從中可以看出，觀眾對於電影的認同是全方位的，從水災慘象到演員表演，從導演風格轉變到貧富階級的反差，無一不是電影備受歡迎的構成要素。直到此時，左聯基於意識形態及理論層面的種種理想，才有可能在民眾的精神層面產生影響，最終將自上而下的大眾化目標落到現實的土壤裏生根、發芽。意識形態與商業電影的結合，在這裡再次呈現出一種雙贏——左聯實現了他們想要得到的大眾對於意識形態的認同，而明星公司則得到了他們期待已久的市場。這一切成功，有一個最重要的前提，那就是雙方在其中是以對話、體諒的態度坦誠以待：「我們尊重他們的原作，不強加於人，目的是為了提高電影的質量，在意識形態上我們也可以『滲入』一點新意，他們不僅不覺得可怕，而且還認為拍這樣的片子可以得到觀眾和影評人的贊許……這樣，經過幾部片子的合作，一方面，他們就很自然地成了我們的朋友，同時，我們這些外行人在合作中也逐漸學會了一些寫電影劇本的技術。」〔註104〕

　　如果說左翼電影運動確實在20世紀30年代一逞風流，與左聯積極呼應時代召喚，抓住時代契機迅速有效地將其觀念借助各種媒介向民眾滲透有著密不可分的關係之外，不應忽視的是，在這次左翼電影運動浪潮中，各大電影公司的商業運作在其中扮演了非常重要的角色，儘管他們在主觀上或許並不能稱之為與左聯志同道合，但卻殊途同歸，將左翼電影主題潛移默化地植於市民的意識中，以「摩登」的方式，使之成為20世紀30年代上海市民生活非常重要的組成部分。從這個意義上來說，就算不是志同道合，但左翼電影人與電影公司卻至少可以稱之為同路人，在風起雲湧的時代大潮中，發揮各自所長，相互扶持，相互補充，從而能夠在市民中產生影響，實現初衷，與30年代文壇上呈現出的大量紛爭形成鮮明的對照。這種對照昭示了一個不爭的事實：在文藝領域中，鬥爭與搶奪並不是實現目的的唯一手段，強勢的話語以及戰鬥的姿態並不一定能夠獲得強勢的結果和所謂的最終「勝利」，相反，強勢的話語姿態以及極端的方式恰恰會扼殺文化形態的豐富性與多樣

〔註103〕倪高風：《〈狂流〉給予我的印象》，《新聞報》副刊《新園林》，1933年3月8日十四版。

〔註104〕夏衍：《懶尋舊夢錄》，北京：生活・讀書・新知三聯書店，2006年8月第2版，第157頁。

性，壓縮話語空間，而在堅持各自特色基礎上的你中有我、我中有你的對話、理解與合作，才是實現「雙贏」的理性態度，才能保護文化生態的多樣性和豐富性。

結　語

　　早在一個世紀以前，梁啓超先生就曾經指出：「報館者，現代之《史記》也。」報紙的功能在於「救一時明一義」，在報紙上發表的文字，可以「互相倚，互相糾，互相折衷」，從而「眞理必出焉」。〔註1〕而這種「眞理」，如果沒有它賴以生存的市場形態和其固有的商品形式，是無法實現「現代之《史記》」的功能的。在由讀者決定其去留的文化消費市場中，「讀者對報紙的認可程度，恰恰與報紙輿論的公共性、以及由此而對於公衆的覆蓋率和認同率，構成正比。」〔註2〕一份報紙能夠穿越半個多世紀，在風雨飄搖、命運多舛的20世紀上半葉中國，如果沒有這樣一種以文化消費作爲保障的中立的立場，必定很難成行。然而，恰恰是由於《新聞報》長久的生命力，使得它的副刊相較於《覺悟》、《學燈》、《晨報副刊》和《京報副刊》，向人們展示出了異常豐富的市民文學的原生態圖景，展現了商業運作之於市民文學的重要性——在價值選擇、思想傾向、道德標準複雜且多樣的市民社會中，副刊中的商業運作行爲表面上爲報紙贏得了市場，從更深層面上看，它保證了副刊應該持有的寬容態度，從而呈現出了轉型期現代市民的多元評判和價值選擇，確可以擔起「現代之《史記》」的重任。

　　20世紀30年代上海文壇的宏大氣象，常常令研究者沉迷於其中的名角而無暇旁顧，對此，王德威先生在《文學的上海——一九三一》中曾不無憂慮地提醒到：「當我們專注主流作家表現時，容易忽略上海這塊地方還有不少能

〔註1〕　梁啓超：《敬告我同業諸君》，見《飲冰室文集》（一冊），上海：大道書局，1936年1月版，第139～140頁。
〔註2〕　徐蛙民：《上海市民社會史論》，上海：文匯出版社，2007年1月版，第316頁。

人掌握市場脈動，與讀者互通聲息。他們的存在，哪裡止於俚俗保守、或誨淫誨盜而已？他們或許更能反映一座城市的悸動與渴望呢。」〔註3〕恰恰就是這些能夠占得時代風流的「能人」們，卻最容易被文學史所遺忘、所忽略。實際上，中國早期的報人，不獨《新聞報》的嚴獨鶴、嚴諤聲，幾乎所有通俗文學作家兼報人，如包天笑、陳景韓、周瘦鵑等，都深諳報紙必須面向社會大眾的重要性，也非常明瞭讀者之於報紙的地位，陳景韓就曾對胡適說過「日報不當做先鋒，當依多數看報人的趨向做去」〔註4〕。這些「能人」一方面了解自己所屬報刊的讀者需求，一方面掌握著適應這些讀者需求的作者；一方面培養著大眾新的閱讀和欣賞習慣，一方面又通過大眾的反饋來影響或引導作家的創作。這種文學／文化生產／消費模式的雙向性，藉由出版商／主編／主筆的反饋，不僅左右了作家的創作，也左右了讀者的閱讀，更左右了報刊的整體風貌和作品的走向，最終在報紙上呈現出錯綜複雜、令人目眩神迷的現代性都市文化景觀。

　　《新聞報》的幾個副刊，從作者到讀者再到媒體間的合作，各負其責，又因其所持有的「不事攻訐」態度，使得幾個副刊之間圍繞著市場各有側重。就在這些同一性與差異性之間，我們得窺商業行爲在作者、讀者以及跨媒體合作中的隱性力量，並進而思考其與文學史的價值和意義——幾乎沒有任何一份報紙能有《快活林》／《新園林》這樣長久的壽命，也幾乎沒有一份副刊能夠像《茶話》這樣跳脫「新」與「舊」的藩籬（《現代》只是在純文學領域中持中立態度，卻在「新」與「舊」的問題上立場非常鮮明），指向市場的經營策略決定了它的生命力和特殊形態——在市民文學中，報紙副刊的商業運作行爲是常態。特別需要強調的是，商業運作行爲其實不獨出現在通俗文學中，在 20 世紀 30 年代的純文學中也比比皆是，現代書局創辦《現代》，「動機完全是起於商業觀點」，「但望有一個能持久的刊物，每月出版，使門市維持熱鬧，連帶地可以多銷些其他出版物」。而且，如果施蟄存想把它變成同人刊物，他們就會「把我辭退，另外請人主編」。〔註5〕《大公報》雖然

〔註3〕 王德威：《文學的上海——一九三一》，見《如何現代，怎樣文學？：十九、二十世紀中文小說新論》，臺北：麥田出版城邦文化事業股份有限公司，2008年 2 月版，第 269～278 頁。

〔註4〕 杜春和，丘權政，黃沫選編：《〈胡適的日記〉選》，《新文學史料》第五輯，1979 年 11 月，第 285 頁。

〔註5〕 施蟄存：《〈現代〉雜憶》，見陳子善，徐如麒編選：《施蟄存七十年文選》，上

在 1935 年 7 月 4 日起，《小公園》經由蕭乾改造成爲純文學副刊，但其「營業與事業並行」的報紙經營理念，始終不曾更易；《新青年》之所以可以辦成一份單純追求文化理想、「謀義不謀利」〔註6〕的同人刊物，如果沒有群益書社強大的財政支持和「國立北京大學」龐大的作者群體爲依託，那麼，《新青年》的出版行爲或許也只能成爲一群文化人的烏托邦。此外，純文學作家參與廣告撰寫的例子更是不勝枚舉，再次凸顯了商業行爲在文學出版中的重要地位。可以說，以市場爲目標的文學的商業運作行爲，貫穿了現代文學整個歷程，而對商業行爲的不同態度，才使得純文學與通俗文學的商業運作內容呈現出完全不同的形態。以廣告爲例，通俗文學作品的廣告常常配有誇張的渲染、生動的圖片，商業運作行爲可謂費盡心機，而純文學的廣告則相對嚴肅，常無插圖，廣告語也常常是對內容的梗概陳述。魯迅爲高爾基的《俄羅斯的童話》譯本所寫的廣告竟然稱其爲「簡直自己的頂門上給紮了一大針」，是一本「惡辣的書」，但是「要全癒的病人不辭熱痛的針灸，要上進的讀者也決不怕惡辣的書」。〔註7〕高長虹對未名社出版物的廣告「普通的批評看去象廣告，這裡的廣告卻象是批評」〔註8〕的評價，非常恰切地道出了純文學與通俗文學面對商業運作行爲態度上的分野。然而，無論疏離也罷，迎合也罷，現代文學必須依賴媒介生存，必須依靠商業行爲來走進民眾，則是不爭的事實。沈從文犀利地批評上海的商業社會，批評文學與金錢掛鈎，但是，他之所以能夠登上文壇，如果沒有上海的現代文化消費環境，恐怕很難成行。因此，對於商業運作行爲，通俗文學作家的積極態度和多數新文學作家的疏離態度，不該影響我們對文學商業運作行爲本身的客觀判斷。應該說，正是由於 20 世紀 30 年代上海所具有的獨一無二的商業運作條件——由市民崛起而形成的龐大讀者群體、印刷資本多年培育而成的成熟的大眾媒體、職業作家隊伍的日益壯大，才使得副刊上的商業運作行爲得到了如此淋漓盡致的展現，而這一點恰恰昭示了上海文化市場機制此時發育的成熟與完

海：上海文藝出版社，1996 年 4 月版，第 224 頁。

〔註6〕 陳平原：《現代文學的生產機制及傳播方式——以 1890 年代至 1930 年代的報章爲中心》，《書城》2004 年第 2 期，第 44～49 頁。

〔註7〕 魯迅：《俄羅斯的童話》，見《魯迅全集：8》，北京：人民文學出版社，2005 年 11 月版，第 515 頁。

〔註8〕 高長虹：《高長虹文集》（中卷），北京：中國社會科學出版社，1989 年版，第 117 頁。

備。在這樣的市場機制的保障下，文壇中的不同意見才得以彼此共存——錢杏邨即便寫出了《上海事變與鴛鴦蝴蝶派文藝》這樣充滿極端情緒的文學評論，也絲毫不會影響通俗文學作品在市場上的暢銷。這種市場機制爲各種類型的文學形態提供了充分的自由和保障——各種類型的文學之間誰也無法把誰消滅，眞正的決定權掌握在讀者手裏。從這個角度而言，左聯發起的「大衆化運動」恰恰是新文學界對讀者的一種爭奪，但由於他們對於商業的疏離，我們不能稱大衆化運動的目的是爭奪市場。但是，在現代文化市場消費環境中，讀者就意味著市場，看不到這一點，新文學就只能對著龐大的讀者群望洋興歎。相比而言，《現代》雜誌自一開始便對此有清醒的認識，不僅拒絕辦成同人雜誌，連張靜廬找到施蟄存都是緣於施「對無論那一方面都沒有仇隙，也不曾在文壇上對某一位作家發生過摩擦」〔註9〕。之所以要這樣選擇，就是因爲「自從十六七年以後，新書事業，已經是十分淒慘，每一家新書店都在艱苦掙扎之下苟延殘喘，《現代》也不能例外」〔註10〕，重整河山的張靜廬第一反應是「要從招募股款入手——有了錢，才有辦法。」〔註11〕《現代》的大受歡迎客觀上實現了對純文學的拯救，然而就是由於它積極的商業運作行爲，遭受了來自各方的指責，這種不被理解、不被體諒的痛苦，或許只有張靜廬和施蟄存等努力實踐其中的求索者才能深切體會。

應該說，通俗文學在 20 世紀 30 年代的空前繁榮，與它全面的有意識的商業化及商業運作行爲密不可分，而當流淌於中國人血脈中的以靈魂爲核心的文學一旦遭遇以逐利爲核心的商業，卻以空前的繁榮呈現在人們面前，這種悖論，即成爲其被激烈詬病的癥結所在。應該承認，商業運作行爲的直接結果，呈現了現代讀者、作家與編輯在文學活動中各自的功能和作用，使文學活動過程動態呈現。而這種三方的互動，恰恰因了商業運作行爲的干預，具有了眞正意義上的現代意味。有研究者稱「商業運作正是當時出版業的一種現代，一種時尚，一種解放」〔註12〕，其實對於文學本身，又何嘗不是一種現代，一種時尚，一種解放？若不是遭遇「七七」事變，文學史究竟何等樣貌，還未爲可知。正如木心先生在《上海賦》中不無感慨地緬懷：「東方一

〔註9〕 張靜廬：《在出版界二十年》，上海：上海雜誌公司，1938 年版，第 150 頁。
〔註10〕 同上，第 144～145 頁。
〔註11〕 同上，第 147 頁。
〔註12〕 楊迎平：《施蟄存在〈現代〉的商業運作與現代品格》，《社會科學》，2010 年第 5 期，第 172～177、192 頁。

枝直徑十里的惡之華，招展三十年也還是歷史的曇花。」〔註13〕

　　自秦商鞅變法開始，商人就成為四民之末。及至上海通商，士商身份因經濟地位的變化而迅速發生了逆轉，但是，人們觀念的現代化進程卻仍然顯得沉重、遲緩，舉步維艱。當士人心中的陽春白雪被「四民之末」的商人所左右時，其中所顯示出來的矛盾與張力，就成為文學現代化過程中一道內涵異常豐富的景觀。在文學的審美與商業行為的坐標軸之間，有一個永恒的無限趨近的最佳結合點。而當這一點傾向於文學純審美的精神層面卻遠離商業行為時，文學就容易成為廟堂之上的神龕，高高在上，卻遠離了它得以完全實現的土壤——讀者。而當這一點傾向於商業行為卻遠離文學審美時，文學就容易走向庸俗。只有將二者的優勢結合在一起各施所長，使之在「陽春白雪」與「下里巴人」之間選擇、取捨、整合，文學活動三個維度——作家、編輯、讀者——才能更充分地對話、互動，它們各自的功能也才能得到更充分的發揮，也只有在這個意義上，一個完整的文學活動，才能稱之為完成，並以鮮活的生命力，跨越歷史的時空。

　　行文至此，似乎已接近尾聲，然而，關於商業運作行為之於現代文學意義及價值的思考遠未結束。討論《新聞報》副刊通俗文學的商業運作只是筆者介入這一問題的開始，因為相對於雜誌和圖書而言，報紙上的商業運作行為展現得最直接，也最豐富和細貳。而相對於純文學而言，通俗文學的商業運作行為又最坦率且鮮明，這為我們進入這一問題的討論提供了一種便利。但是，必須明確的是，報紙副刊上的商業運作行為只不過是 20 世紀 30 年代文學生產中的一個組成部分，並非全部。其他如圖書、期刊、電影等各種媒體形態，都有專屬於這種媒體的特有的商業運作行為，內容更為豐富而龐雜，比如書局、電影公司在報紙上投放的各類廣告在不同的介質上如何呈現？新文學廣告與通俗文學廣告有何差異？出版商之於作家乃至最後的產品——作品——的究竟影響到何種程度？在利與弊之間，作者又如何取捨？關於這一類問題，國外早已有學者開展了相關研究，比如羅貝爾‧埃斯卡皮就在他的《文學社會學》一書中指出，拜倫作品中的「拜倫主義」就是出版商約翰‧默里要求拜倫在寫作《恰爾德‧哈羅德遊記》時要迎合富於幻想的讀者們的需要的產物，結果，這種「拜倫主義」成為拜倫後來寫作的一種魔障——與

〔註13〕木心：《上海賦》，見陳子善編：《夜上海》，北京：經濟日報出版社，2003 年
　　　　3 月版，第 10 頁。

讀者習慣的「拜倫主義」相拂逆的拜倫作品會遭到默里的百般阻撓而無法出版，於是讀者視野中的拜倫便成爲了默里希望的那個樣子。而這一類研究，在中國現代文學研究中，尚嫌薄弱。竊以爲，這類問題，看似屬於文學的外部研究範疇，實際上，它直接牽涉了中國現代文學的發生、文學史面貌的呈現以及價值評判標準如何取捨等問題。此外，由於本課題資料量非常龐大（《新聞報》爲日報，每天最多可達三十幾版），沒有影印本，資料獲取困難，因此只能截取 1928～1937 這段時間，關於《新聞報》副刊尤其是《快活林》／《新園林》、《本埠附刊》、《茶話》的研究，限於篇幅、時間以及研究重心等原因，開展得仍不夠充實與豐富，比如嚴獨鶴「談話」的流變，比如嚴諤聲的文學實踐以及文學理念，《快活林》／《新園林》以及《本埠附刊》、《茶話》上作爲圖像文本的漫畫與電影廣告，舊體雜文、散文、詩詞，長篇連載小說文本以及新舊文學之間對話、糾纏、對峙的種種問題，縱向研究展開得不足。也是由於這一原因，將大量精力投入到《新聞報》幾個副刊的聯繫與區別上，對於《新聞報》副刊與其他報紙副刊如《申報》副刊《自由談》、《春秋》以及小報《金剛鑽報》、《晶報》，期刊如《紅玫瑰》之間的聯繫與區別難以進一步細緻展開，尤其商業運作的重要一維──書局──的商業運作行爲幾乎沒有涉獵。這一切問題，都有待日後的研究中一一深入。

主要參考文獻

報刊資料

【報紙】

1. 《新聞報》1914 年 8 月 1 日～1942 年 9 月 1 日，1945 年 12 月 1 日～1949 年 5 月 31 日，上海圖書館藏。

2. 《晶報》1924 年 3 月 24 日～1926 年 3 月 3 日，1929 年 2 月 3 日～1933 年 3 月 20 日，上海圖書館藏。

3. 《金剛鑽報》1926 年 4 月 1 日～1926 年 7 月 26 日，上海圖書館藏。

4. 《申報》（影印本）1930 年 1 月 1 日～1933 年 12 月 31 日，蘇州大學圖書館藏。

5. 《世界日報》1930 年 9 月 23 日～1930 年 12 月 31 日，北京大學圖書館藏。

6. 《社會日報》1932 年 12 月 1 日～1934 年 12 月 7 日，上海圖書館藏。

7. 《東方日報》1939 年 1 月 1 日～1941 年 12 月 31 日，上海圖書館藏。

8. 《今報》1946 年 6 月 15 日～1946 年 11 月 30 日，上海圖書館藏。

【期刊】

1. 《紅雜誌》（影印本），嚴獨鶴主編，1922 年 8 月～1924 年 7 月，蘇州大學圖書館藏。

2. 《文學周報》（初名《文學旬刊》）（影印本），鄭振鐸、謝六逸、沈雁冰等編，1922 年 5 月 10 日～1929 年 12 月 23 日。

3. 《紅玫瑰》（影印本），趙苕狂、嚴獨鶴主編，1924 年 7 月～1932 年 1 月，蘇州大學圖書館藏。

4. 《語絲》，孫伏園主編，1924 年 11 月 17 日～1930 年 3 月 10 日，上海圖書館藏。

5. 《眞美善》，曾樸、曾虛白主編，1927 年 11 月～1931 年 1 月，上海圖書館藏。

6. 《北斗》，丁玲主編，1931 年 9 月 20 日～1932 年 7 月 20 日，上海圖書館藏。

7. 《現代》，施蟄存主編，1932 年 5 月～1935 年 5 月，蘇州大學圖書館藏。

8. 《明星月報》，明星影片公司出版部編輯，1933 年 5 月～1937 年 7 月，上海圖書館藏。

9. 《作家》，孟十還主編，1936 年 4 月～1936 年 11 月，上海圖書館藏。

10. 《萬象》，陳蝶衣、柯靈主編，1941 年 7 月 1 日～1945 年 6 月，蘇州大學圖書館藏。

11. 《報學雜誌》，馬星野主編，1948 年 8 月～1949 年 1 月，上海圖書館藏。

回憶錄

1. 包天笑：《釧影樓回憶錄》，香港：大華出版社，1971 年。

2. 包天笑：《釧影樓回憶錄續編》，香港：大華出版社，1973 年。

3. 包天笑：《衣食住行的百年變遷》（内部資料），1973 年。

4. 曹聚仁：《萬里行記》，福州：福建人民出版社，1983 年。

5. 曹聚仁：《我與我的世界》，北京：人民文學出版社，1983 年。

6. 范橋、張明高、章眞選編：《名人自述》，貴陽：貴州人民出版社，1994 年。

7. 丁玲：《丁玲自傳》，南京：江蘇文藝出版社，1996 年版。

8. 沈寂：《風雲人生》，上海：上海書店出版社，1998 年。

9. 胡山源：《文壇管窺——和我有過往來的文人》，上海：上海古籍出版社，2000 年。

10. 嚴諤聲口述，王昌範整理：《我與商界聯合會》，《檔案與史學》2002 年第 2 期。

11. 張伍：《我的父親張恨水》，瀋陽：春風文藝出版社，2002 年。

12. 曹聚仁：《浮過了生命海》，上海：上海辭書出版社，2002 年。

13. 陶菊隱：《記者生活三十年——親歷民國重大事件》，北京：中華書局，2005 年。

14. 夏衍：《懶尋舊夢錄》，北京：生活・讀書・新知三聯書店，2006 年第 2 版。

15. 曹聚仁：《文壇五十年》，上海：東方出版中心，2006 年第 2 版。

16. 葉淺予：《葉淺予自傳：細敘滄桑記流年》，北京：中國社會科學出版社，2006 年。

17. 曹聚仁：《上海春秋》，北京：生活・讀書・新知三聯書店，2007 年。

18. 曹聚仁：《採訪三記　採訪新記》，北京：生活・讀書・新知三聯書店，2007 年。

19. 屈萬里等著：《少年十五二十時》，臺北：聯合報社，1979 年。

文學史・資料

1. 解弢：《小說話》，上海：中華書局，1919 年。

2. 嚴獨鶴：《獨鶴小說集》，上海：世界書局，1929 年。

3. 張恨水：《啼笑因緣》，上海：三友書社，1931 年。

4. 新聞報館：《新聞報概況》，1931 年 9 月，卷號：Y8-1-20-3，上海檔案館藏。

5. 穆時英：《公墓》，上海：現代書局，1933 年。

6. 中學生社編：《史話與史眼》，上海：開明書店，1935 年。

7. 梁啓超：《飲冰室文集》（一冊），上海：大道書局，1936 年。

8. 〔明〕羅道本編集；余象鬥評點：《京本增補校正全像忠義水滸志傳評林》（影印本），北京：文學古籍刊行社，1956 年。

9. 洪深：《洪深文集（四）》，北京：中國戲劇出版社，1959 年。

10. 袁良駿編：《丁玲研究資料》，天津：天津人民出版社，1982 年。

11. 范煙橋：《中國小說史》，臺北：漢京文化事業有限公司，1983 年。

12. 魏紹昌編：《鴛鴦蝴蝶派研究資料》，上海：上海文藝出版社，1984 年。

13. 芮和師、范伯群、鄭學弢、徐斯年、袁滄洲編：《鴛鴦蝴蝶派文學資料》，福州：福建人民出版社，1984 年。

14. 黃修己：《中國現代文學簡史》，北京：中國青年出版社，1984 年。

15. 張占國、魏守忠編：《張恨水研究資料》，天津：天津人民出版社，1986 年。

16. 文振庭編：《文藝大眾化問題討論資料》，上海：上海文藝出版社，1987 年。

17. 鄭逸梅：《掌故小劄》，成都：巴蜀書社，1988 年。

18. 嚴家炎：《中國現代小說流派史》，北京：人民文學出版社，1989 年。

19. 陳平原：《二十世紀中國小說史　第一卷（1897 年～1916 年）》，北京：北京大學出版社，1989 年。

20. 北京大學中文系古代文學教研室選編：《中國文學史參考資料簡編　下冊》，北京：北京大學出版社，1989 年。

21. 高長虹：《高長虹文集》，北京：中國社會科學出版社，1989 年。

22. 魏紹昌：《我看鴛鴦蝴蝶派》，香港：中華書局（香港）有限公司，1990年。

23. 〔清〕顧炎武著，〔清〕黃汝成集釋，欒保群、呂宗力校點：《日知錄集釋》，石家莊：花山文藝出版社，1990 年。

24. 鄭逸梅：《鄭逸梅選集》（第一卷—第六卷），哈爾濱：黑龍江人民出版社，1991 年。

25. 張贛生：《民國通俗小說論稿》，重慶：重慶出版社，1991 年。

26. 俞達：《青樓夢》，南昌：百花洲文藝出版社，1991 年版。

27. 李勇：《曹聚仁研究》，貴州：貴州人民出版社，1991 年。

28. 金宏達、于青編：《張愛玲文集（1～4 卷）》，合肥：安徽文藝出版社，1992 年。

29. 陳伯海、袁進主編：《上海近代文學史》，上海：上海人民出版社，1993 年。

30. 徐斯年：《俠的蹤迹——中國武俠小說史論》，北京：人民文學出版社，1995 年。

31. 吳福輝：《都市漩流中的海派小說》，長沙：湖南教育出版社，1995 年。

32. 陳子善、徐如麒編選：《施蟄存七十年文選》，上海：上海文藝出版社，1996 年。

33. 劉桂生、張步洲編：《陳寅恪學術文化隨筆》，北京：中國青年出版社，1996 年。

34. 汪仲賢：《歌場冶史》，瀋陽：春風文藝出版社，1997 年。

35. 嚴獨鶴：《人海夢》，瀋陽：春風文藝出版社，1997 年。

36. 陳平原、夏曉虹編：《二十世紀中國小說理論資料　第一卷（1897～1916）》，北京：北京大學出版社，1997 年。

37. 嚴家炎編：《二十世紀中國小說理論資料　第二卷（1917～1927）》，北京：北京大學出版社，1997 年。

38. 吳福輝編：《二十世紀中國小說理論資料　第三卷（1928～1937）》，北京：北京大學出版社，1997 年。

39. 楊義：《中國現代小說史》，北京：人民文學出版社，1998 年。

40. 陳美林、馮保善、李忠明：《章回小說史》，杭州：浙江古籍出版社，1998 年。

41. 錢理群、溫儒敏、吳福輝：《中國現代文學三十年》，北京：北京大學出

版社，1998 年。

42. 魯迅等著，王彬編：《中國現代小說、散文、詩歌名家名作原版庫》，北京：中國文聯出版公司，1998 年。

43. 湯哲聲：《中國現代通俗小說流變史》，重慶：重慶出版社，1999 年。

44. 曹聚仁：《書林又話》，上海：上海書店出版社，1999 年。

45. 曹聚仁：《天一閣人物譚》，上海：上海人民出版社，2000 年。

46. 周天籟：《亭子間嫂嫂（續集）》，合肥：安徽文藝出版社，2000 年。

47. 徐德明：《中國現代小說雅俗流變與整合》，北京：社會科學文獻出版社，2000 年。

48. 張菊香、張鐵榮：《周作人年譜：1885～1967》，天津：天津人民出版社，2000 年。

49. 袁進：《近代文學的突圍》，上海：上海人民出版社，2001 年。

50. 夏志清原著，劉紹銘等譯：《中國現代小說史》，香港：香港中文大學出版社，2001 年。

51. 陳平原：《中國小說敘事模式的轉變》，北京：北京大學出版社，2003 年。

52. 陳子善編：《夜上海》，北京：經濟日報出版社，2003 年。

53. 湯哲聲：《流行百年：中國流行小說經典》，北京：文化藝術出版社，2004 年。

54. 李偉：《曹聚仁傳》，鄭州：河南人民出版社，2004 年。

55. 魯迅：《中國小說史略（插圖本）》，上海：上海古籍出版社，2004 年。

56. 〔美〕韓南著，徐俠譯：《中國近代小說的興起》，上海：上海教育出版社，2004 年。

57. 〔美〕王德威著，宋偉傑譯：《被壓抑的現代性——晚清小說新論》，北京：北京大學出版社，2005 年。

58. 魯迅：《魯迅全集》（第一卷—第十八卷），北京：人民文學出版社，2005 年。

59. 王增如、李向東編：《丁玲年譜長編》，天津：天津人民出版社，2006 年。

60. 袁進：《中國文學的近代變革》，桂林：廣西師範大學出版社，2006 年。

61. 顧明道：《奈何天》，上海：上海文化出版社，2006 年。

62. 蔣述卓主編：《暨南文叢：卷二》，廣州：暨南大學出版社，2006 年。

63. 范伯群：《中國現代通俗文學史（插圖本）》，北京：北京大學出版社，2007 年。

64. 周天籟：《逍遙逍遙集》，上海：文匯出版社，2008 年。

65. 周天籟：《愜意愜意集》，上海：文匯出版社，2008 年。

66. 周天籟：《浪漫浪漫集》，上海：文匯出版社，2008 年。

67. 王德威：《如何現代，怎樣文學？：十九、二十世紀中文小說新論》，臺北：麥田出版城邦文化事業股份有限公司，2008 年。

68. 嚴獨鶴：《嚴獨鶴雜感錄》，上海：上海遠東出版社，2009 年。

69. 曹聚仁：《中國近百年史話　蔣畈六十年》，北京：生活・讀書・新知三聯書店，2010 年。

70. 范伯群主編：《中國近現代通俗文學史（上、下卷）》（新版），南京：江蘇教育出版社，2010 年。

71. 楊浪主編：《破譯老照片密碼》，北京：生活・讀書・新知三聯書店，2010 年。

專題研究

1. E. Perry Link,Jr.: *Mandarin Ducks and Butterflies:Popular Fiction in Early Twentieth-Century Chinese Cities*. London: University of California Press, Ltd., 1981.

2. 欒梅健：《二十世紀中國文學發生論》，臺北：業強出版社，1992 年。

3. 范伯群主編：《中國近現代通俗作家評傳叢書》（一～十二），南京：南京出版社，1994 年。

4. 魯湘元：《稿酬怎樣攪動文壇──市場經濟與中國近現代文學》，北京：紅旗出版社，1998 年。

5. 曠新年：《1928：革命文學》，濟南：山東教育出版社，1998 年。

6. 〔美〕王德威：《想像中國的方法：歷史・小說・敘事》，北京：生活・讀書・新知三聯書店，1998 年。

7. 許道明：《海派文學論》，上海：復旦大學出版社，1999 年。

8. 李今：《海派小說與現代都市文化》，合肥：安徽教育出版社，2000 年。

9. 〔美〕李歐梵：《現代性的追求：李歐梵文化評論精選集》，北京：生活・讀書・新知三聯書店，2000 年。

10. 陳明遠：《文化人與錢》，天津：百花文藝出版社，2001 年。

11. 〔美〕李歐梵著，毛尖譯：《上海摩登──一種新都市文化在中國　1930～1945》，北京：北京大學出版社，2001 年。

12. 雷世文：《現代報紙文藝副刊的原生態文學史圖景》，《中國現代文學研究叢刊》2003 年第 1 期。

13. 趙孝萱：《「鴛鴦蝴蝶派」新論》，蘭州：蘭州大學出版社，2003 年。

14. 陳平原、〔日〕山口守編：《大眾傳媒與現代文學》，北京：新世界出版社，2003 年。

15. 李頻：《大眾期刊運作》，北京：中國大百科全書出版社，2003 年。

16. 楊義：《京派海派綜論（圖志本）》，北京：中國社會科學出版社，2003 年。

17. 邵燕君：《傾斜的文學場：當代文學生產機制的市場化轉型》，南京：江蘇人民出版社，2003 年。

18. 李濟生編著：《巴金與文化生活出版社》，上海：上海文藝出版社，2003 年。

19. 陳平原：《現代文學的生產機制及傳播方式——以 1890 年代至 1930 年代的報章爲中心》，《書城》2004 年第 2 期。

20. 劉淑玲：《〈大公報〉與中國現代文學》，石家莊：河北教育出版社，2004 年。

21. 方維保：《紅色意義的生成——20 世紀中國左翼文學研究》，合肥：安徽教育出版社，2004 年。

22. 陳明遠：《文化人的經濟生活》，上海：文匯出版社，2005 年。

23. 孟兆臣：《中國近代小報史》，北京：社會科學文獻出版社，2005 年。

24. 徐斯年：《王度廬評傳》，蘇州：蘇州大學出版社，2005 年。

25. 程光煒主編：《大眾媒介與中國現當代文學》，北京：人民文學出版社，2005 年。

26. 程光煒主編：《都市文化與中國現當代文學》，北京：人民文學出版社，2005 年。

27. 程光煒主編：《文人集團與中國現當代文學》，北京：人民文學出版社，2005 年。

28. 李楠：《晚清民國時期上海小報（插圖本）》，北京：人民文學出版社，2006 年。

29. 杜素娟：《沈從文與〈大公報〉》，濟南：山東畫報出版社，2006 年。

30. 梅家玲：《文化啓蒙與知識生產：跨領域的視野》，臺北：麥田出版城邦文化事業股份有限公司，2006 年。

31. 陳子善、羅崗主編：《麗娃河畔論文學》，上海：華東師範大學出版社，2006 年。

32. 劉少文：《大眾媒體打造的神話：論張恨水的報人生活與報紙化文本》，北京：中國社會科學出版社，2006 年。

33. 郭國昌：《20 世紀中國文學的大眾化之爭》，南昌：百花洲文藝出版社，2006 年。

34. 張濤甫：《報紙副刊與中國知識分子的現代轉型——以〈晨報副刊〉爲例》，桂林：廣西師範大學出版社，2007 年。

35. 張英進著，秦立彥譯：《中國現代文學與電影中的城市：空間、時間與性別構形》，南京：江蘇人民出版社，2007 年。

36. 洪煜：《近代上海小報與市民文化研究（1897～1937)》，上海：上海書店出版社，2007 年。

37. 秦豔華：《現代出版與二十世紀三十年代文學》，濟南：山東人民出版社，2008 年。

38. 孔慶東：《超越雅俗──抗戰時期的通俗小説》，重慶：重慶出版社，2008 年。

39. 周海波：《現代傳媒視野中的中國現代文學》，北京：中華書局，2008 年。

40. 劉永文：《晚清小説目錄》，上海：上海古籍出版社，2008 年。

41. 劉勇：《中國現代文學研究的視域與形態》，北京：北京師範大學出版社，2008 年。

42. 李金銓主編：《文人論政：知識分子與報刊》，桂林：廣西師範大學出版社，2008 年。

43. 李音：《文學傳媒研究的新視野及方法》，《上海文化》2008 年第 6 期。

44. 范伯群：《多元共生的中國文學的現代化歷程》，上海：復旦大學出版社，2009 年。

45. 陳建華：《從革命到共和：清末至民國時期文學、電影與文化的轉型》，桂林：廣西師範大學出版社，2009 年。

46. 傅湘龍：《晚明、晚清商業運作與小説刊印形態之變遷──以晚明建陽書坊和晚清上海書局爲中心》，《中國文學研究》2009 年第 4 期。

新聞史、電影史論著

1. 《新聞報館三十週年紀念增刊冊　一八九三～一九二三》，上海：新聞報館，1923 年。

2. 戈公振：《中國報學史》，上海：商務印書館，1927 年。

3. 張靜廬：《中國的新聞紙》，上海：光華書局，1928 年。

4. 中國教育電影協會編：《中國電影年鑒：1934》，上海：正中書局，1934 年。

5. 胡道靜：《上海新聞事業之史的發展》，上海：上海通志館，1935 年。

6. 胡道靜：《上海的日報》，上海：上海通志館，1935 年。

7. 劉覺民：《報業管理概論》，上海：商務印書館，1936 年。

8. 楊邨人，鄭君里：《近代中國藝術發展史》，上海：良友圖書印刷公司，1936 年。

9. 趙君豪：《中國近代之報業》，上海：申報館，1938 年。

10. 張靜廬：《在出版界二十年》，上海：上海雜誌公司，1938 年。

11. 胡道靜：《新聞史上的新時代》，上海：世界書局，1946 年。

12. 胡道靜：《報壇逸話》，上海：世界書局，1946 年。

13. 胡道靜：《新聞報四十年史（一八九三～一九三三）》，《報學雜誌》1948 年第 1 卷第 2 期。

14. 嚴獨鶴：《編輯副刊的體會與感想》，《報學雜誌》1948 年第 1 卷第 6 期。

15. 阿英：《晚清文藝報刊述略》，上海：古典文學出版社，1958 年。

16. 嚴獨鶴：《福開森與〈新聞報〉》，《文史資料選輯（第四輯)》，北京：中華書局，1960 年。

17. 程季華：《中國電影發展史（第一卷)》，北京：中國電影出版社，1963 年。

18. 朱傳譽：《報人‧報史‧報學》，臺北：臺灣商務印書館股份有限公司，1967 年。

19. 陳石安：《報學概論》，臺北：壬寅出版社，1968 年。

20. 徐鑄成：《報海舊聞》，上海：上海人民出版社，1981 年。

21. 方漢奇：《中國近代報刊史》，太原：山西人民出版社，1981 年。

22. 陶菊隱：《我所瞭解的〈新聞報〉》，中國社會科學院新聞研究所《新聞研究資料》編輯室編：《新聞研究資料：第 6 輯》，北京：新華出版社，1981 年。

23. 陳靈犀：《社會日報雜憶》，中國社會科學院新聞研究所《新聞研究資料》編輯室編輯：《新聞研究資料 叢刊 一九八一年第 4 輯（總第 9 輯)》，北京：新華出版社，1981 年。

24. 汪仲韋（徐恥痕整理)：《我與〈新聞報〉的關係》，中國社會科學院新聞研究所《新聞研究資料》編輯部編：《新聞研究資料 叢刊：總 12 輯》，北京：展望出版社，1982 年。

25. 張友鸞等著：《世界日報興衰史》，重慶：重慶出版社，1982 年。

26. 〔日〕岩崎昶著，陳篤忱譯：《電影的理論》，北京：中國電影出版社，1984 年。

27. 汪仲韋：《新聞報發展過程拾零》，中國社會科學院新聞研究所《新聞研究資料》編輯部編：《新聞研究資料（總二十三輯)》，北京：中國社會科學出版社，1984 年。

28. 楊光輝、熊尚厚、呂良海、李仲明編：《中國近代報刊發展概況》，北京：新華出版社，1986 年。

29. 尚丁：《四十年編餘憶往》，重慶：重慶出版社，1986 年。

30. 顧執中：《報人生涯》，南京：江蘇古籍出版社，1987 年。

31. 徐載平、徐瑞芳：《清末四十年申報史料》，北京：新華出版社，1988 年。

32. 〔日〕岩崎昶著，張加貝譯：《現代電影藝術》，北京：中國電影出版社，1989 年。

33. 周雨編：《大公報人憶舊》，北京：中國文史出版社，1991 年。

34. 羅賢梁：《報紙副刊學》，南昌：百花洲文藝出版社，1991 年。

35. 方漢奇：《中國新聞事業通史》（第一卷），北京：中國人民大學出版社，1992 年。

36. 劉哲民：《近現代出版新聞法規彙編》，上海：學林出版社，1992 年。

37. 何秀君口述，蕭鳳記：《張石川和明星影片公司》，載中國人民政治協商會議全國委員會文史資料研究委員會《文史資料選輯》編輯部編：《文史資料選輯　第 24 卷　第 69 輯》，北京：中國文史出版社，1992 年。

38. 秦紹德：《上海近代報刊史論》，上海：復旦大學出版社，1993 年。

39. 陳播主編：《三十年代中國電影評論文選》，北京：中國電影出版社，1993 年。

40. 陳念雲：《新聞工作散論》，上海：學林出版社，1994 年。

41. 劉家林編著：《中國新聞通史（上、下冊）》，武漢：武漢大學出版社，1995 年。

42. 方漢奇：《中國新聞事業通史》（第二卷），北京：中國人民大學出版社，1996 年。

43. 馬光仁：《上海新聞史（1850～1949）》，上海：復旦大學出版社，1996 年。

44. 蕭東發：《中國編輯出版史》，瀋陽：遼寧教育出版社，1996 年。

45. 郭汾陽、丁東：《報館舊蹤》，南昌：江西教育出版社，1999 年。

46. 徐鑄成：《報人六十年》，上海：學林出版社，1999 年。

47. 陳昌鳳：《蜂飛蝶舞——舊中國著名報紙副刊》，福州：福建人民出版社，1999 年。

48. 陳彤旭：《出奇制勝——舊中國的民間報業經營》，福州：福建人民出版社，1999 年。

49. 吳貽弓主編：《上海電影志》，上海：上海社會科學院出版社，1999 年。

50. 馮並：《中國文藝副刊史》，北京：華文出版社，2001 年。

51. 陳墨：《中國武俠電影史》，北京：中國電影出版社，2005 年。

52. 李少白：《中國電影史》，北京：高等教育出版社，2006 年。

53. 姚福申、管志華：《中國報紙副刊學》，上海：上海人民出版社，2007 年。

54. 魏劍美：《報紙副刊學》，長沙：湖南師範大學出版社，2007年。

55. 林語堂著，劉小磊譯：《中國新聞輿論史》，上海：上海人民出版社，2008年。

56. 吳廷俊主編：《中國新聞史新修》，上海：復旦大學出版社，2008年。

57. 沈寂：《話說電影》，上海：上海三聯書店，2008年。

58. 詹幼鵬：《邵逸夫全傳》，天津：天津人民出版社，2009年。

59. 孫紹誼：《想像的城市──文學、電影和視覺上海（1927～1937）》，上海：復旦大學出版社，2009年。

社會史、文化史論著

1. 姚公鶴：《上海閒話》，上海：商務印書館，1917年。

2. 徐國禎：《上海生活》，上海：世界書局，1929年。

3. 鄭逸梅、徐卓呆編著：《上海舊話》，上海：上海文化出版社，1986年。

4. 〔美〕托·英奇編，董樂山等譯：《美國通俗文化簡史》，桂林：灕江出版社，1988年。

5. 王韜：《瀛壖雜誌》，上海：上海古籍出版社，1989年。

6. 唐振常主編：《上海史》，上海：上海人民出版社，1989年。

7. 羅蘇文：《石庫門》，上海：上海人民出版社，1991年。

8. 楊浩、葉覽主編：《舊上海風雲人物 二集》，上海：上海人民出版社，1992年。

9. 〔美〕費正清編，楊品泉、張言、孫開遠等譯：《劍橋中華民國史（1912～1949年）》（上、下卷），北京：中國社會科學出版社，1994年。

10. 高天如：《中國現代語言計劃的理論和實踐》，上海：復旦大學出版社，1993年。

11. 〔法〕白吉爾著，張富強、許世芬譯：《中國資產階級的黃金時代（1911～1937年）》，上海：上海人民出版社，1994年。

12. 熊月之主編：《上海通史》，上海：上海人民出版社，1999年。

13. 張瑾：《20世紀二三十年代「上海模式」對重慶城市的衝擊》，《史學月刊》2000年第3期。

14. 薛君度、劉志琴主編：《近代中國社會生活與觀念變遷》，北京：中國社會科學出版社，2001年。

15. 劉滬生編：《世紀大案》，上海：漢語大詞典出版社，2001年。

16. 李長莉：《晚清上海社會的變遷──生活與倫理的近代化》，天津：天津人民出版社，2002年。

17. 李浩然：《上海人的市民精神》，北京：中國電影出版社，2006 年。

18. 羅蘇文：《近代上海都市社會與生活》，北京：中華書局，2006 年。

19. 李孝悌：《中國的城市生活》，北京：新星出版社，2006 年。

20. 王儒年：《欲望的想像：1920～1930 年代《申報》廣告的文化史研究》，上海：上海人民出版社，2007 年。

21. 王曉漁：《知識分子的「内戰」——現代上海的文化場域（1927～1930）》，上海：上海人民出版社，2007 年。

22. 熊月之、周武主編：《上海：一座現代化都市的編年史》，上海：上海書店出版社，2007 年。

23. 羅志田：《昨天的與世界的：從文化到人物》，北京：北京大學出版社，2007 年。

24. 徐蛙民：《上海市民社會史論》，上海：文匯出版社，2007 年。

25. 〔美〕米爾頓·弗里德曼、安娜·雅各布森·施瓦茨著；雨珂譯：《大衰退（1929～1933）》，北京：中信出版股份有限公司，2008 年。

26. 張仲禮主編：《近代上海城市研究（1840～1949 年）》，上海：上海文藝出版社，2008 年。

27. 熊月之：《都市空間、社群與市民生活》，上海：上海社會科學院出版社，2008 年。

28. 熊月之：《異質文化交織下的上海都市生活》，上海：上海辭書出版社，2008 年。

29. 《檔案春秋》雜誌社編：《當年那些人》，北京：華文出版社，2009 年。

30. 羅志田：《變動時代的文化履迹》，上海：復旦大學出版社，2010 年。

31. 楊迎平：《施蟄存在〈現代〉的商業運作與現代品格》，《社會科學》2010 年第 5 期。

文學理論與方法論

1. 〔法〕羅貝爾·埃斯卡皮著，于沛選編：《文學社會學》，杭州：浙江人民出版社，1987 年。

2. 〔聯邦德國〕H·R·姚斯、〔美〕R·C·霍拉勃著，周寧、金元浦譯：《接受美學與接受理論》，瀋陽：遼寧人民出版社，1987 年。

3. 小赫伯特·S.貝利著，周旭洲、劉衛國等譯：《圖書出版的科學與藝術》，武漢：武漢大學出版社，1987 年。

4. 葉維廉：《中國詩學》，北京：生活·讀書·新知三聯書店，1992 年。

5. 〔德〕哈貝馬斯著，曹衛東、王曉珏、劉北城、宋偉傑譯：《公共領域的結構轉型》，上海：學林出版社，1999 年。

6. 陸揚、王毅：《大眾文化與傳媒》，上海：上海三聯書店，2000 年。

7. 〔德〕西美爾著，劉小楓編，顧仁明譯：《金錢、性別、現代生活風格》，上海：學林出版社，2000 年。

8. 〔英〕邁克·費瑟斯通著，劉精明譯：《消費文化與後現代主義》，南京：譯林出版社，2000 年。

9. 金元浦：《接受反應文論》，濟南：山東教育出版社，2001 年。

10. 〔美〕戴安娜·克蘭著，趙國新譯：《文化生產：媒體與都市藝術》，南京：譯林出版社，2001 年。

11. 〔英〕多米尼克·斯特里納蒂著，閻嘉譯：《通俗文化理論導論》，北京：商務印書館，2001 年。

12. 〔英〕安吉拉·默克羅比著，田曉菲譯：《後現代主義與大眾文化》，北京：中央編譯出版社，2001 年。

13. 〔美〕馬泰·卡林內斯庫著，顧愛彬、李瑞華譯：《現代性的五副面孔：現代主義、先鋒派、頹廢、媚俗藝術、後現代主義》，北京：商務印書館，2002 年。

14. 包亞明主編：《現代性與空間的生產》，上海：上海教育出版社，2003 年。

15. 羅崗、顧錚主編：《視覺文化讀本》，桂林：廣西師範大學出版社，2003 年。

16. 〔美〕本尼迪克特·安德森著，吳叡人譯：《想像的共同體：民族主義的起源與散布》，上海：上海人民出版社，2003 年。

17. 李勇：《通俗文學理論》，北京：知識出版社，2004 年。

18. 〔美〕羅伯特·達恩頓著，葉桐、顧杭譯：《啟蒙運動的生意——〈百科全書〉出版史（1775～1800）》，北京：生活·讀書·新知三聯書店，2005 年。

19. 〔美〕勒內·韋勒克、〔美〕奧斯汀·沃倫著，劉象愚、邢培明、陳聖生、李哲明譯：《文學理論》，南京：江蘇教育出版社，2005 年。

20. 滕守堯：《文化的邊緣》，南京：南京出版社，2006 年。

21. 〔美〕約翰·費斯克（Fiske,J.）著，王曉珏、宋偉傑譯：《理解大眾文化》，北京：中央編譯出版社，2006 年第 2 版。

22. 朱偉珏：《布迪厄「文化資本論」研究》，北京：經濟日報出版社，2007 年。

23. 〔德〕本雅明（Benjamin,W.）著，張旭東、魏文生譯：《發達資本主義時代的抒情詩人：論波德萊爾》，北京：生活·讀書·新知三聯書店，2007 年 2 版。

24. 〔英〕雷蒙德·威廉斯著，王爾勃、周莉譯：《馬克思主義與文學》，開封：河南大學出版社，2008 年。

工具書

1. 全國圖書聯合目錄編輯組編：《1833～1949 全國中文期刊聯合目錄》，北京：書目文獻出版社，1981 年。

2. 上海圖書館編：《中國近代期刊篇目彙錄（第一卷）》，上海：上海人民出版社，1965 年。

3. 周錦編：《中國現代文學作家本名筆名索引》，臺北：成文出版社有限公司，1980 年。

4. 上海圖書館編：《上海圖書館館藏中文報紙目錄（1862～1949)》（內部發行），1982 年。

5. 苗士心編：《中國現代作家筆名索引》，濟南：山東大學出版社，1986 年。

6. 唐沅、韓之友、封世輝等編：《中國現代文學期刊目錄彙編》，天津：天津人民出版社，1988 年。

7. 徐迺翔、欽鴻編：《中國現代文學作者筆名錄》，長沙：湖南文藝出版社，1988 年。

8. 朱寶梁主編：《20 世紀中文著作者筆名錄》（上、下），桂林：廣西師範大學出版社，2002 年。

9. 賈植芳、俞元桂主編：《中國現代文學總書目》，福州：福建教育出版社，1993 年。

10. 伍傑主編：《中文期刊大詞典》，北京：北京大學出版社，2000 年。

11. 祝均宙主編：《上海圖書館館藏近現代中文期刊總目》，上海：上海科學技術文獻出版社，2004 年。

12. 陳玉堂：《中國近現代人物名號大詞典》（全編增訂本），杭州：浙江古籍出版社，2005 年。

13. 吳俊、李今、劉曉麗等編：《中國現代文學期刊目錄新編》，上海：上海人民出版社，2010 年。

博士論文

1. 李國平：《上海市民的精神「大世界」——民國小報巨擘〈晶報〉研究》，蘇州：蘇州大學，2008 年。

2. 葉雅玲：《流行文化與文學傳播——〈皇冠〉研究》，臺中：東海大學，2009 年。

3. 楊朕宇：《〈新聞報〉廣告與近代上海休閒生活的建構（1927～1937)》，上海：復旦大學，2009 年。

附　錄

附錄 1：《新園林》發刊詞

新園林與新生命——園丁的幾句話

獨　鶴

今天是《新園林》開闢的第一天，也可以說是《新園林》中開始新生命的第一天。我有幾句話，想和諸位讀者和諸位文壇同志一談。

本報所以添闢《新園林》，是不是為讀者諸君茶餘酒後，增加一種文字上消遣的場所，我敢說絕對的不是。本報之有《新園林》，其目的是想借文字的力量，對社會各界，有一點兒小貢獻。

在此國難聲中，國人所受的壓迫，是很重了，所感的苦痛，是很深了。若要袪除種種壓迫和苦痛，當然要舉國一致，為長期的抵抗。所謂長期的抵抗，不僅是在事實上講，須要全國同胞，時時刻刻激勵志氣，奮發精神，培養德性。纔可以從努力奮鬥之中，殺開一條血路來。

講到激勵志氣，奮發精神，培養德性，當然從各種文字和各種讀物方面，可以直接間接收到相當的效果。《新園林》的範圍很小，《新園林》中所刊的文字也很少。當然不敢說能負什麼責任，更不敢說有什麼成效。不過我們的

志願，很想從這條路上走，簡單的說一句，就是要戒除種種頹廢的無聊的文字，而多采取多刊載有意義有價值的文字。

我不過是《新園林》中一個園丁，學識既極簡陋，經驗又很缺乏，能否整理出一個很好的園林來，實在不敢自信。但希望文藝界諸同志，誠意合作，以大家的心血來培溉園林中的生物，因此對於外界投稿，極端歡迎，性質體裁，一概不拘（撰述的文字和譯述的文字均所歡迎），祇求能合於「有意義，有價值」這六個字，便當儘量刊載。但有一層要聲明的，是因為篇幅有限，而又想多容納些稿件，所以來稿文字務求簡短，過於冗長者，祇好暫時不錄。

最後還有一層說明，就是《太平花》小說，在去年初刊載的時候，有一部份讀者以為著者是抱著「非戰主義」，不合於目前的時勢，和多數人的心理。其實這是一種誤會。著者撰作這篇小說的意旨，並非反對尚武精神，祇圖粉飾太平。實在是希望中華民族，能消弭內戰，而合作對外。這層意思，恨水先生去年自己已有過一篇文字（載《快活林》鄭重聲明），想讀者諸君都已諒解，而且就書中描寫的情節，也已經把他的本意，明白表現出來。如今因為有許多人寫信來要求續刊，所以我這個園丁，也就決定主見，將這株「太平花」，從《快活林》移植到《新園林》中來，但願吾國人合力驅除外侮，恢復河山，使中華民國，能實現太平。

——《新聞報》副刊《新園林》，1932 年 4 月 1 日七版

附錄 2：《茶話》發刊詞

開　場　白

小記者

▲願探求社會之真相

▲供改造社會的參考

從前舊小說中，凡是清官廉吏的訪查案件，一定向茶館酒肆中去探問。正因爲茶館酒肆，是社會上各色各樣的人集合地處。他們談的是社會問題，聽的是社會問題。近有橋頭三阿爹，來判斷一切社會問題。所以要調查一個地方的社會狀況，只要到那地方的茶館裏，一定可以魑魅畢現，毫無隱遁。

茶館裏所談的，當然是茶話。這種茶話，是社會眞實的寫眞，不是有閒階級的消遣品。這個社會是福利的，是安樂的，當然茶館裏所聽見的，談到的，都是樂觀的話。反之，社會充滿了病態，表現的是貧乏、衰頹，那末，茶館裏所聽見的，談到的，自然免不了悲觀。他是一面鏡子，他又是一個照相機。如果拿他做一個謎面，來射《四書》兩句，謎底就是「象憂亦憂，象喜亦喜」。

社會需要改造，不錯，這是一個公認的事實。但，我們一刻離不了社會，我們處身社會之中，要來改造社會，自然要比住在一所房子裏，要來改造這所房子，尤其困難。因爲社會裏有各色各樣的病者，患的是各色各樣的病，要治療，決不是一張簡單的藥方，一服簡單的藥劑，所能濟事。而第一個先決問題，必須明瞭各種病者所患的病的眞相，本欄的目的，就在這一點。本人當在這一點上加以努力。

譬如一個茶館，編者只是茶館裏的館役，能力是有限的。不但沒有力量來醫病，就是要明瞭社會眞實病態，也談何容易？但是本人願努力做搜求探討的工作，切盼社會人士，予以協助，更盼社會先進，和研究社會學的專家，賜以指導。這是本人的希望，也是本欄的希望，也是本報的希望。

——《新聞報》副刊《茶話》，1932 年 10 月 1 日二十版

附錄 3：《藝海》發刊詞

發 刊 詞

獨　鶴

　　唱戲有引子，說書有開場白，電影有說明書。今日爲《藝海》發刊之第一日，編者於此，不能不有一言，以申述其主旨，亦猶夫唱戲之引子、說書之開場白、電影之說明書而已。本報所以增開《藝海》一欄，其主旨有三：（一）爲藝術界介紹作品。比來中國各藝術，突飛孟晉，氣象至爲蓬勃。同時關於批評藝術或指導藝術之作品，亦應時而起，日見其多，但往往散見於報章雜誌，東鱗西爪，猶病闕漏。本欄擬彙集各專家作品，按日刊載，俾使閱者，其所論列，或本諸經驗，或根於學理，要皆足爲藝術界之先驅，供藝術家之參考。（二）爲藝術界傳播消息。藝術界之事業愈進步，則藝術界之消息，自愈見其多，而社會人士對於藝術消息之注重，亦愈見其切。邇來《快活林》中亦嘗設「遊藝消息」一欄，記載各方面之事實。顧限於篇幅，不無掛漏，每引以爲歉。自今以始，當可藉「藝海」一欄，使各種遊藝消息，得以儘量發表，供各界之快覩。（三）引起民眾對於藝術之興趣。藝術界不能不與社會民眾發生關係，使民眾對於藝術，興趣淡薄，則縱令藝術界本身努力振作，欲求藝術前途之發展，終不免事倍功半。本報於此時，願爲藝術界竭其鼓吹之責，使社會人士，對於藝術，咸具有欣賞之精神，與研究之意味。總之藝術之爲用，自其大者言之，實具有培養國民德性與宣揚國家文化之力，使各種藝術，能昌明至於極點，其收效或且視教育爲尤普。此則本報對於藝術家之希望。竊願盡其輔助之責者也。惟是編者對於藝術，堂奧未窺，自知固陋，是在藝術界諸同好，有以匡扶而指導之矣。

　　　　　　　——《新聞報》副刊《藝海》，1925 年 5 月 16 日第五張第二版

附錄 4：丁玲女士演講之文藝大眾化問題
——〈啼笑姻緣〉何以能握着大眾的信心？

未　卜

文藝這東西，就同戲劇一般，根本就是大眾的。過去之所以成爲特殊階級獨占，完全是人爲的。我們現在應該從他們手中奪過來交還給大眾。

文學之藝術的價值，並不在出版專集，或投登雜誌報章，隨時隨地一張傳單、一首土謠，只要合於藝術條件，同時更是「大眾化」了的，都是極好的藝術產品。

中國出版事業的購買力，本來就很薄弱，尤其是新文學的書籍，購買者都是屬於研究文學的，或者預備作家，或者批評家，他們爲要成功一個手中所托着的書本的作者，或者要進一步了解他批評的對象，他們都成了唯一的主顧。因此有一些集子，在初版時「紙貴洛陽」，再版時便「無人問津」了。中國的所謂新文藝，就靠了這班人，在這小的圓圈中，互爲生產者，互爲消費者般的撐持着。他們幾乎忘却在這世界裏還有大眾，這是過去的文藝未能大眾化地一個顯着（著）的徵象。

現在的作家們，有一種共同的趨向，就是愛把文句加上一番修飾，以示深奧。一般人讀起來覺得生澀得很。如像愛用倒裝、愛堆砌浮詞成功一種長句，例如沈從文的句子，美是很美，然而大眾是看不懂的。這種風尚的推衍，使得大眾與文藝之隔離，愈趨愈遠。

禮拜六派的努力，現在猶然方興未艾。一般的大學生，依然愛看《啼笑姻緣》、《江湖奇俠傳》這類的東西。只有一部份研究文學的，纔肯去看那些譯作和新文學的創作。

我們也不必菲薄《啼笑姻緣》這類作品（我並且也看過它），我們要研究它所以能夠握住大眾的信心的是些什麼條件。

我們很知道任何新文藝作品的銷數，都沒有《啼笑姻緣》大，足見他是得大多數的愛好和擁戴的。

　　現在我們要做到文藝大眾化，第一須接近大眾，其次要改變我們的格調。我們要借用《啼笑姻緣》、《江湖奇俠傳》之類作品底乃至俚俗的歌謠的形式，放入我們所要描寫的東西。記得有一位朋友，曾借用《毛毛雨》的調門，編了一首鼓勵農工起來抵抗暴日侵略的歌，什麼「毛毛雨，洒滿了全上海；微微風，吹起了罷工潮……」，大概是這樣的，我記不清了。這在編製方面，當然是錯的，因為「毛毛雨」、「微微風」的描寫，是缺乏壯烈悲愴的意識的，然而方法是好的。因為「毛毛雨」的調子普遍化，這首歌在街頭吟唱的時候，纔有人聚攏來聽，若是我們捨去這方面而用一首白話詩在街頭吟誦，恐怕誰也引不起注意的。

　　現在的文藝作家，很少肯去接近大眾（這是中國文壇上一個特異的現象），他們中間之富有者，過着沙發香檳舞場的生活，貧者過着亭子間的生活，離開大眾不知幾千萬里哩。

　　現在一班打着文藝大眾化口號的，他們也似乎只有徒託空言。實際上做不到那一步，其癥結就在他們不肯去接近大眾。

　　我們知道，農工們所說的話，在趣味上、在方式上是與我們兩樣的，充其量會彼此不能懂得，所以不接近他們而想寫出來的作品得到他們的歡心，簡直是夢想。我有一個朋友，曾經用了大眾化的標準寫了一篇小說，然而他寄給我看時，我覺得那沒有什麼好，沒有給他在《北斗》上發表，便寄到另一個朋友那兒去。朋友抱了試驗底態度登了出來，誰知地方的農工們看了說是好極了，並且要我轉請他多寫些出來。可見我們的欣賞，在趣味上，與農工們完全是兩樣的。

　　我們常常看見無論是燒飯司務，或包車夫，他們在繁重的工作之餘，也需要文藝的調劑，然而握在他們手中孜孜不倦的唱讀的，除了《平妖傳》、「幾劍幾俠」之類極有限的、極無價值的七字語說部外，幾乎沒有人注意為他們打算的。他們在血汗的報酬中，提出十幾個銅板，在「出租小說」的地方租得幾本翻爛了的薄薄的幾本，反復吟唱，於此我們知道文藝是如何急須大眾化呵。

　　我以為要想文藝大眾化，應從各方面入手，或者出一種純白話的小報，用大眾的話來寫大眾的文藝，賤價推銷，並收納鄉村或工場中識字不多者的投稿。連環圖畫的辦法，也是我們可以採用的。

　　我常在馬路旁看見一種「行吟」式賣唱的小孩，多半是一男一女，女孩

在頭上打一個舊式的丫角，男孩在面上抹上一些白粉，好像京戲中的小丑（我因爲不大懂上海話，聽不出他們唱的些什麼）。他們能吸引很多的觀眾，從他們表演的變化上可以知道他們的材料是異常貧乏的，差不多唱來唱去就是那幾句。他們戲劇文字的世界似乎太小了。爲什麼沒有人替他們設計哩？還有遊戲場裏的說書、大鼓，其取材亦不出於貞女守節、公子落難一類的東西，新一點也無非打情罵趣……以上所說各方面，都是最接近大眾的。我們要提倡大眾化的文藝，就要從這許多方面入手。

於暨南大學五、一六

——《新聞報》1932 年 5 月 20 日、21 日《本埠附刊》

附錄 5：《啼笑因緣》電影攝製權版權官司啓事

律師詹紀鳳代表上海明星影片有限公司爲《啼笑因緣》緊要啓事

據當事人上海明星影片有限公司經理聲稱，張恨水先生著作之《啼笑因緣》說部，敝公司因欲採取該書材料攝製影劇，經向發行該書之三友書社出價購取《啼笑因緣》之電影攝製權，所訂契約載明在敝公司用《啼笑因緣》名義公映影劇以前，該書之著作權所有者不得以一切戲劇編排權及遊藝表演權讓予他人。敝公司自經取得此項權利後，即用鉅資從事攝製。故在敝公司攝製完竣，公映以前，任何戲院或遊藝場所均無用《啼笑因緣》名義編排戲劇或攝製電影公開演映之權。茲見廣東大戲院所登編排《啼笑因緣》說部之廣告，顯係侵害敝公司之權利，除向該院依法交涉外，應請貴律師代表登報公告聲明敝公司對於《啼笑因緣》說部之權利，以免取巧者繼續侵權致蹈法網等情，委託本律師代表公告前來，合亟登報如上。

——《新聞報》1931 年 9 月 14 日四版

吳之屏、嚴蔭武律師代表三友書社爲《啼笑因緣》啓事

茲據當事人三友書社經理聲稱，本社出版《啼笑因緣》小說，其電影攝製權前已讓與明星影片有限公司，並依照契約在此項電影未攝完公映以前，本社迄未允許他人編排戲劇或表演遊藝，委託本律師代表聲明前來，合爲登報聲明。

事務所　西藏路平樂里　四川路四十二號　二樓

——《新聞報》1931 年 9 月 14 日四版

張恨水爲《啼笑因緣》電影攝製、戲劇編排權啓事

拙著《啼笑因緣》說部前經逐日登載《新聞報・快活林》，並由三友書社購得著作權發行（全部三冊），單行本因明星影片公司欲採取該書材料攝製影劇，經向三友書社出價購取《啼笑因緣》之電影攝製權，所訂契約內附

有條件，即在《啼笑因緣》影劇攝完公映以前，該書之著作權所有者不得以一切戲劇編排權及遊藝表演權讓予他人，此項條件曾於事前徵得鄙人同意。鄙人爲尊重契約起見，並無允許他人以戲劇表演權之事。至今日（二十年九月九日）爲止，亦從未有人以書面或口頭前來商讓戲劇編排權之事，特此聲明。

——《新聞報》1931 年 9 月 14 日四版

律師王吉士代表榮記廣東大戲院爲《啼笑因緣》啓事

據當事人榮記廣東大戲院經理胡爐青聲稱，連日報載詹紀鳳律師，代表上海明星影片公司，吳之屛、嚴蔭武律師，代表三友書社暨張恨水君爲《啼笑因緣》啓事，閱之不勝詫異。查敝院編排《啼笑因緣》新劇，與《啼笑因緣》說部之著作權，完全無關，蓋著作權之效用，在禁止他人翻印與轉載，敝院編排斯劇，僅不過與《啼笑因緣》說部同名，既非轉載該書文字，又非另行翻印成書，有何侵害權利之可言？故編劇者無徵著作者同意之必要，著作者無對編劇者干涉之權能。且說部之編爲戲劇者，古今不乏其例，如《長板坡》一戲，出自《三國演義》，然未聞《三國演義》之著作者禁止其排演也。《風波亭》一戲，出自《岳傳》，亦未聞《岳傳》之著作權者禁止其排演也。最近如《彭公案》、《施公案》、《西遊記》、《空谷蘭》、《戰地鴛花錄》等劇，陸續排演於上海、漢口各處，又絕未聞《施公案》、《彭公案》、《西遊記》、《空谷蘭》、《戰地鴛花錄》等書之著作者有異言也。由是可知編劇與著書，截然兩事，各不相妨。敝院編排《啼笑因緣》，自有權衡，實無待於張恨水君與三友書社之允許，至明星公司之攝製《啼笑因緣》影片，與敝院之編排《啼笑因緣》新劇，所謂各營各業，尤屬風馬無關，不生侵害權利之問題。敝院一經開幕，仍當排演《啼笑因緣》新劇，以資社會人士之鑒賞，決不因外界無理之干涉，而中止進行等語，委託本律師代表公告前來，合亟登報，公告如上。

事務所九江路十九號　電話　一三五五六號

——《新聞報》1931 年 9 月 17 日三版

律師詹紀鳳代表上海明星有限公司爲《啼笑因緣》緊要啓事

據上海明星影片有限公司經理聲稱，敝公司近用鉅資將《啼笑因緣》說部攝成影片，其攝製權係向原著作者及發行該書之三友書社購得，無論任何戲院及遊藝場所均無用此《啼笑因緣》名稱排演戲劇之權，該書註冊有案，當受法律之保障。嗣因榮記廣東大戲院登載廣告，亦用《啼笑因緣》名稱編製戲劇，敝公司以侵害權利遂向法院提起訴訟，並請求宣示假處分在案，正在依法進行間。敝公司法律顧問接王吉士律師代表榮記廣東大戲院函稱，業蒙黃金榮先生調解，已將《啼笑因緣》新劇之名稱及該劇主角之姓氏等等改變，俾與貴公司攝製之《啼笑因緣》影片有所區別等情准此。查榮記廣東大戲院即將擬演之新劇與敝公司行將開映之《啼笑因緣》名稱及內容改變，則自屬認爲滿意，合將敝公司合法取得攝製《啼笑因緣》影片之權利並此次主張權利之經過情形鄭重聲明等情，委託本律師登報前來，合代聲明如上，敬希公鑒，此啓。

——《新聞報》1931 年 10 月 3 日三版

費時半載 耗資萬金 溫馨趣膩 轟動藝海 著名說部 偉大新劇 《成笑因緣》排演純熟　擇吉開演

宣　言

戲劇本屬社會教育之一，舞台上之表演一舉一動皆足以印入觀眾之腦海轉移浮薄之風氣。責任既如是之重。關係既如是之深，吾人負導師之仔肩者，豈可忽乎？《成笑因緣》一劇即本台抱改良戲劇之表示，倡提高藝術之先聲，其內容之豐富有，非筆墨所可喻也。茲就（情節）論，有俠義可風之麗姝，有飛揚跋扈之軍閥，有溫雅風流之公子，有失足虛榮之弱女，有剗除強暴之劍客，有浪漫多情之小姐，有卑鄙污濁之蠹賊，復穿插以滑稽的歌曲、艷麗的跳舞，並佐以特別機關、彩景，改良全新服裝，這不過還是綠葉牡丹。是什麼呢？恕本台爲營業計，則不得部賣個關子。總之這本《成笑因緣》，舉凡熱鬧、都麗、哀豔、奇幻、慷慨、激昂、浪漫，無不應有盡有，雖不敢說是空前絕後，也可說是近代戲劇界之一顆燦爛的星光。

——《新聞報》1931 年 10 月 6 日十二版

費時半載 耗資萬金 溫馨趣膩 轟動藝海 希世名劇
《成笑因緣》

《成笑因緣》特色

戲劇之優劣全在劇情之如何，我們這本說部名劇《成笑因緣》，其中情節已經婦孺咸知也，用不着我們做廣告的再來饒舌不置了。大貢獻？機關美術化的佈景　戲法人人會變……各有巧妙不同

巍峨的崇樓峻閣是貴族的專有的，但這其中不僅有暗無天日的殘酷史，還有殺人送命的險機關。偏偏有一種不怕死的俠客，他敢冒險窺探秘密，達除暴安良的目的。我代表說一句……都麗啊……皇堂啊……驚魂啊……危險啊……奧妙啊……喔唷唷這纔大快人心呢。誰說我們是東亞病夫，這不是東方民族的俠義精神嗎？（注意下期特色）

——《新聞報》1931 年 10 月 9 日二十六版

榮記廣東大戲院對明星影片公司道歉啓事

敬啓者，本院編排之新劇因與張恨水君所著明星影片公司攝製之影片《啼笑因緣》同名，以致發生糾葛，涉訟在案。本院自知錯誤，特懇黃金榮先生出任調人，曾蒙明星影片公司當局顧全友誼，予以諒解，本院已改名《成笑因緣》，並將劇中重要角色、姓名改換，避免雷同，以謀補救。不幸日前王吉士律師代表本院所登啓事措詞不愼，又未將戲院門前舊招貼撤去，重復引起明星公司當局之不滿。本院事前失於檢點，無任歉仄。茲已遵照和解條件，以後無論廣告、市招、傳單、戲報，概不再用《啼笑因緣》名義以示劇名情節，顯然各別除用書面保證外，特再登報，謹向明星公司道歉。

——《新聞報》1931 年 10 月 14 日五版

榮記廣東大戲院爲《啼笑因緣》緊要啓事

本院以全副精神化費鉅大資本排演《啼笑因緣》一劇本，擬早日公演，旋因上海明星影片公司忽而出面干涉，本院爲尊重調人之意，改名爲《成笑因緣》，定於十月十六日開演，其中損失已屬不少，不料該公司又復派人用種

種方法前來恫嚇，本院不堪其擾。現決將《啼笑因緣》一劇停止開演，因此而受之鉅大損失依法應由該公司負責賠償。至於該公司是否有權禁止本院開演《啼笑因緣》戲劇，亦應依法解決。特此通告，諸維公鑒　十月十五日

──《新聞報》1931 年 10 月 16 日七版

大華電影社顧無爲爲《啼笑因緣》電影劇本著作攝製及專有公映權公告

關於張恨水原著《啼笑因緣》說部，經本社改編電影劇本，依法向國民政府內政部呈請註冊，業經發給執照保護在案，他家不得再以該書之情節及同樣劇名仿製電影，或以其他方法侵害利益。特此公告。十月十八日

──《新聞報》1931 年 10 月 18 日六版

詹紀鳳律師代表明星影片公司爲《啼笑因緣》緊要啓事

茲據上海明星影片公司聲稱，張恨水先生所著《啼笑因緣》說部，本公司早經張君及此書發行者三友書社之許可，取得電影攝製及公映權，久已登報公告，並向內政部呈請註冊。近聞有人意圖取巧，朦請領照，本公司現正依據《著作權法施行細則》第十二條向內政部聲請查閱此項文件，倘果有人違反《著作權法》第三十六條前半段之規定，本公司自當依法訴究等情，前來合代登報聲明。

──《新聞報》1931 年 10 月 18 日六版

顧無爲警告明星影片公司並駁斥詹紀鳳律師代表之緊要啓事

本社依法取得《啼笑因緣》之攝製電影及公映專有權。業已登報公告。乃閱十月十九日詹紀鳳律師代表明星影片公司之緊要啓事，內容措辭荒謬，蔑視政府，故遠法令，侵害利益。合行警告駁斥。查該項啓事有稱「張恨水所著《啼笑因緣》說部，早經明星公司經張恨水及此書發行者三友書社之許可取得電影攝製及公映權，久已登報公告」云云。該公司既明知張恨水所著

《啼笑因緣》，係屬說部，則依照《著作權法》第一條第二項之規定，張恨水及三友書社，在法律上已根本未嘗賦予專有公開演奏或排演之權利，明星公司更從何取得？其云久已登報公告，純屬虛詐行為。該公司既未取得專有權利，其不合法之公告，豈可以抹煞法律？措辭更屬荒謬。又有稱「並向內政部呈請註冊」云云。查三友書社註冊者，為《啼笑因緣》說部，而本社註冊者，為劇本，法律規定，截然不同。該公司何得以含糊之詞，淆惑觀聽。其又稱「近聞有人意圖取巧，朦請領照」云云，本社公告業於十八日正式登報，而十九日（前昨日）之該啟事，猶復稱「近聞有人」字樣，殊屬措詞輕薄。至於本社依據《著作權法》第一條第二項及同法第十九條之規定，呈稱註冊，蒙內政部著作權註冊審查委員會精密審查，認為合法，給予執照，本社之以該書改編劇本，剪裁斟酌，闡發新理，煞費苦心，何云取巧？又以法律條文之周密，審查委員審核之精詳，豈容有率爾朦蔽請領之事？該項啟事所云，不特破壞本社之信譽，且有跡近毀謗內政部之嫌，似此情形，殊屬故違法令，蔑視政府，淆惑觀聽，侵害利益。除駁斥外，並依法提出警告。該公司不得攝製《啼笑因緣》電影，更不得妄行登報，淆惑聽聞，以致侵害本社法益，否則依法訴究。再該項啟事所引《著作權法》第三十六條前半段之規定，無為雖未嫻法律，惟細查《著作權法》第三十六條，文義明簡，絕無前後段之區分。顯見該公司未能明瞭法律，妄行援引，以致荒謬至此，合併聲明。

——《新聞報》1931 年 10 月 20 日二版

伍澄宇、江一平、王吉士律師代表榮記廣東大戲院為《啼笑因緣》緊要通告

茲據榮記廣東大戲院經理胡爐青聲稱，敝院排演《啼笑因緣》新劇費資鉅萬，耗時半載，正擬於開幕之日公演，不料迭受明星影片公司非法干涉，禁止排演。敝院為息事寧人並尊重調停人之意思，不獨更改戲名，並將劇中角色人名予以變更，以示讓步。乃該公司近又以非法手段勒令敝院賠償損失洋三百元，脅迫本人簽字，於該公司代擬報稿向該公司道歉。其中措詞且有侮辱王律師之處，現經敝院確實查明該公司攝製《啼笑因緣》影片並未呈准主管官廳發給執照，是該公司絕無禁止敝院排演之權，特請貴律師等依法保障並登報通告各界，以明真相等情。前來據此查明星公司禁止榮記廣東大戲

院排演《啼笑因緣》之理由，據稱該公司早經《啼笑因緣》說部著作者張恨水君及圖書發行者三友書社之許可取得電影攝製及公映權，並向內政部呈請註冊在案。不知張恨水君暨三友書社依《著作權法》第一條僅有《啼笑因緣》之說部之著作權並無允許他人排演戲劇攝製影片或禁止排演攝製之權。該公司之權利縱即張恨水君與三友書社所讓與，其至多限度亦僅取得《啼笑因緣》說部之著作權而已，絕無禁止他人排演戲劇之權能。且據《著作權法》第十九條載明，以與原著作物不同之技術製成美術品者，得視爲著作權人享有著作權云云。試問該公司有上閱已註冊之著作權否乎？該公司迭次登報啓事，尚斤斤以法律爲辯，實屬錯誤已極，又據確實調查用《啼笑因緣》說部改編電影劇本，業經大華電影社顧無爲君呈請內政部註冊奉發許可執照，禁止他家再以該書之情節及同樣劇名仿製電影在案，該公司謂已呈請內政部註冊云云，尤屬狡詐欺人，本律師等除依照當事人委託意旨依法辦理外，合再登報通告，以明眞相，諸維公鑒。

──《新聞報》1931 年 10 月 20 日三版

律師詹紀鳳代表明星影片公司駁復榮記廣東大戲院通告啓事

據上海明星影片公司聲稱，頃見報載江一平、伍澄宇、王吉士律師代表榮記廣東大戲院緊要通告一則，略謂本公司非法干涉禁止該戲院排演《啼笑因緣》戲劇並勒令賠償損失脅迫簽字等語，閱之不勝詫異。該戲院經理不惜危詞聳聽，公然誹謗，不知置法律信用於何地。茲將本公司與該戲院之交涉經過情形簡單披露於後，以明眞相。查本公司自向《啼笑因緣》著作人張恨水君及發行此書之三友書社取得電影戲劇攝製權及映演權後，即於去年九月間登報公告並從事開始攝製，非僅各報新聞所常有記載，即三友書社發行之《啼笑因緣》說部亦將本公司所攝劇照刊入。事實俱在，盡人皆知。月前榮記廣東大戲院忽欲擅將《啼笑因緣》排演舞臺劇，本公司以權利有關，不得不提出抗議。該戲院自知理屈，挽人和解，本公司因尊重調人之意見，與該戲院經理議定和解辦法三項：（一）將《啼笑因緣》停名改爲《成笑因緣》，以後不得再用《啼笑因緣》名稱。（二）將劇中重要人物姓名改換，不得與書中人名相同。（三）因此次交涉所生各項費用計洋五百元，凡此種種，既有代表顧問之律師可證，又有熱心調劇之居間人可問。事後該戲院所登改名《成

笑因緣》之廣告仍將《啼笑因緣》四字特用木刻標題，而戲院門首所懸之《啼笑因緣》戲牌仍不撤去。承認貼還之損失費亦未交來。本公司以該院經理言而無信不得不提出抗議。當請調人代表同至該院證明屬實，該院經理自知理虧，重行商定和解辦法四項：（一）登報導歉；（二）撤除《啼笑因緣》戲牌，以後不得再用；（三）前次允許貼還之用費五百元減爲三百元；（四）用書面保證切實履行。本公司爲息事寧人並尊重調人代表意旨，概予承認。餘款三百元由該院送交調人代表轉付而所謂書面保證仍未履行。至於道歉廣告，係在律師處擬稿，曾經雙方同意。孰意該戲院忽聞大華電影社有向內政部領得攝製《啼笑因緣》電影劇執照之傳說，遽而推翻和解條件，顛倒事實，意圖誣陷，如此居心，實堪浩歎。至於本公司否有權干涉該院排演《啼笑因緣》以及曾否向內政部註冊，請靜待事實證明，法律解決，不必浪費筆墨，淆惑視聽也。據此合代聲明如右。

——《新聞報》1931 年 10 月 21 日五版

律師詹紀鳳代表明星影片公司警告顧無爲啓事

據上海明星公司聲稱，本公司攝製《啼笑因緣》影劇，不特取得發行此書及著作者之許可，且已呈請內政部註冊。近見報載大華電影社顧無爲登報公告，竟向本公司妄肆抨擊，其實是非曲直自有公論，非片面之詞所能顛倒，應請貴律師警告顧無爲少安勿燥、靜待法律解決等情，前來合代警告如上。

——《新聞報》1931 年 10 月 21 日五版

顧無爲爲《啼笑因緣》事敬告各界人士

張恨水先生原著《啼笑因緣》說部，情文並茂，海內風行，不特爲近年小說中傑出之書，且是戲劇上最佳資料，如能排成劇本，不論舞銀錢幕，生相活色，皆足以闡揚原著之精神。惟法律規定，凡排演戲劇，非經以製成劇本，呈請註冊認可，不得專有公演權。在未註冊之先，其有自行創作劇本，或以他人說部改編者，皆無專有公演權利。即無論何人，得以同樣劇名，同樣情節，同時公演。彼此無干涉之可能，必俟註冊認可以後，取得專有權利，

方可對抗第三人。此法律明文規定，確不可移者也。至如以他人說部，改編戲劇，並未經合法註冊，而竟登報公告，自稱將攝製電影，或編排戲劇者，在法律上絕對不受保護，亦即絕對不能干涉他人之同樣進行。或有人誤解，以為登報公告，即可視為專利，則國家定立之註冊法令，豈非虛設。此理易明，不容狡辯。乃有明星公司者，以《啼笑因緣》之說部，乘機利用，壟斷獨登，並未曾以改編之劇本，依法註冊，輒復登報通告，視為專利。上海卡爾登戲院於本年一月間，曾以外國影片，譯名《啼笑因緣》，（即現在改名之《歡喜冤家》），該公司既令其改名於前。南京大世界於本年夏間，排演《啼笑因緣》新劇，該公司又干涉於後。最近上海榮記廣東大戲院，排演《啼笑因緣》京劇。該公司變本加厲，一再違法干涉，禁止開演，在廣東大戲院，未明真相，被其朦蔽，委曲求全。停演不足，繼以道歉。道歉不足，繼以勒償。咄咄逼人，橫行無忌。目無法紀，干犯刑章。此劇界之公敵，而法律之罪人也。無為對於內政部發給之《啼笑因緣》劇本註冊執照，早日已經奉到，立即開始工作。積極進行。本擬俟全片攝成，始行公布。乃翻閱報章，具悉明星公司，假借招搖，虛聲恫嚇，以致廣東大戲院無地自容。因此仗義執言，登報證明。使各界人士，咸知《啼笑因緣》之公演專有權，實已屬於本社。而明星公司，絕對無此權利。本社必須經過註冊，然後登報公告，完全為合法之商業競爭，毫無傷於道德。在該明星公司方面，既屬有心攝製，久已通告，而對於此依法註冊之重要手續，何竟懵然迄未舉行，顯係自行放棄。夫復何言？否則徒恃其片面主張，於法律毫無依據之登報通告，而欲干涉他人，虛聲恫嚇，適足以暴露其強橫之面目，而構成犯法之行為。日前本社依法警告，乃該公司不知斂跡，猶復以狡詐之言詞，恫嚇之慣技，妄行登報。淆惑聽聞，矛盾其詞，徒增笑柄。是誠法律所不許，情理所不容。無為再難含忍，業已委託律師，提起訴訟。請求法院，依法制止該明星公司，不得私圖取巧，以《啼笑因緣》之劇名，或剽竊該書之情節，攝製電影，並不得再行登報，淆惑觀聽，以致侵害本社利益。至於《啼笑因緣》一書，萬眾歡迎，藝林珍賞，其公演權雖為本社專有，而無為甚願公諸同好，除電影仍由本社獨家攝製專映，亟望各舞台戲劇同志，同起而排演斯劇，公開演奏，以為原著之盡力闡揚。環顧海上名角如林，倘得有周信芳、汪優游二君飾劇中之樊家樹，趙君玉、王芸芳二君飾沈鳳喜及何麗娜，趙如泉、林樹森二君飾關壽峰，劉

筱衡、小楊月樓二君飾關秀姑。工力不凡。銖兩悉稱，不特無爲顧附驥以觀其成，想亦邦人士所期望。至於本社攝製此片，竭數十人之心力，備數十萬之資財，刻意求精，材皆上選，以爲電影界吐氣，其進行事宜，未及相當時期，恕不公布。謹此奉聞，伏維公鑒。

——《新聞報》1931 年 10 月 23 日二版

吳之屛、吳經熊、嚴蔭武代表三友書社
秦聯奎、鄭毓秀、詹紀鳳代表明星影片有限公司
吳正矱、吳經熊、鳳昔醉代表張恨水君
爲《啼笑因緣》電影攝製及專有公演權聯合宣言警告各界人士並駁斥顧無爲啓事

　　茲據當事人明星影片公司、三友書社及張恨水君等聲稱，張恨水原著《啼笑因緣》說部，其著作權移讓於三友書社，並由三友書社將電影攝製公映權移讓於明星影片公司。當時曾在各報及《啼笑因緣》說部附頁中鄭重聲明。明星公司購得電影攝製公映權後，即請嚴獨鶴君，依照原書改編電影劇本，並選派角色，從事攝製。所有北平外景，皆係實地攝取，種種事實，大小各報，疊有記載。各界人士，無不深悉。詎料全片將次完成時，突有大華電影社顧無爲者，亦以《啼笑因緣》劇本，向內政部朦請註冊領照，並在各報疊登廣告，毀壞明星公司信譽。閱悉之下，不勝駭異，因委託本律師等加以駁斥，並將此中眞相，公告各界等情前來。茲將顧無爲所登廣告中誣妄之談，根據法理及當事人意思，分別駁斥如下。

　　（一）顧無爲屢稱張恨水君所著《啼笑因緣》係屬說部，而彼之請求註冊者則爲劇本，故可不必取得著作者及發行者之同意，自然獲有著作權及公開演奏權。在彼之爲斯言，似乎自鳴得意，實則顧無爲之破壞著作人及發行人之權利，而擅以其所編《啼笑因緣》劇本朦請註冊，不獨按諸事實，直等於一種掠奪行爲。即徵諸法律，亦全不可通。查《著作權法》第一條第二項，凡屬劇本，自可請求註冊。但試問劇本之所根據者究爲何物？當然須先注重「本事」，必先有「本事」而後可以產生劇本。換言之，即劇本之所以能成爲一種著作物，當以「本事」爲骨幹，若拋開「本事」，劇本便不能成立。故依

據《著作權法》第一條第二項請求註冊之劇本，可以推定，除非其所根據之
「本事」由編劇者本人創作，或取材於並無著作權之書籍，當然毫無問題。
若依據他人所撰之說部，則無論如何，必須取得原著作人或發行人之同意。
若顧無爲之悍然不顧著作人及發行人權益，而貿然編製《啼笑因緣》劇本，
又貿然呈請註冊，直是剽竊他人所有物，而改裝頭面，據爲己有。天下寧有
是理？且按《民法總則》第一條：「法律所未規定者依習慣。」依電影公司習
慣，凡以劇本材料製成本事，供給公司者，均須給以相當之報酬，不能剝奪
其應有之利益。顧亦曾廁身電影界者，豈有不知之理？明知故犯，非掠奪行
爲而何？

（二）顧無爲亦自知援引《著作權法》第一條第二項請求註冊，理由不
能充分，因又兼引同法第十九條。但按諸法理，尤爲刺謬。查《著作權法》
第十九條規定：「就他人之著作，闡發新理，或以與原著作物不同之技術，製
成美術品者，得視爲著作人，享有著作權。」所謂闡發新理，必就原著有所
發明，有所推闡，至少亦須有所補充。今顧無爲所編《啼笑因緣》劇本，乃
就《啼笑因緣》小說，節刪割裂而成，菁華全失，掩沒眞理則有之，何得謂
爲闡發新理？至同條後段所規定者，亦僅限於以不同之技術製成之美術品。
劇本與小說，同爲文字著作物，有何不同之技術可言？更何得指爲美術品？
足見其請求註冊之理由根本不能成立。乃反自以爲法理充足，審不可笑？

（三）顧無爲屢稱明星公司既已將《啼笑因緣》攝製電影，何不早日請
求註冊？指爲「放棄」，此言尤爲可異。查明星公司對於《啼笑因緣》，既已
依正當手續取得權利，並已攝製影片，當然十分鄭重，豈有自甘放棄之理？
祇以全片尚未告成，爲尊重法令起見，必愼重將事。俟一切手續完備，方依
正當步驟，正式請求註冊。今顧無爲行同掠奪，自矜捷足，反指明星公司之
依正當途軌者爲放棄。誠如顧言，則是法令之設，非所以保障善良，轉爲取
巧豪奪者，開一番弄花樣之途徑矣。

（四）顧無爲之廣告中，對于詹紀鳳律師代表明星公司之啓事，指爲有
「跡近毀謗內政部之嫌」云云，尤令人駭怪。查詹律師之代表啓事，僅就事
實立言，指斥顧之呈請註冊爲不合法理，意存朦蔽，何嘗有毀謗內政部之語？
至明星公司依據法令，向內政部呈請註冊，實係正當行爲。現已領得執照，
保護在案，而顧則抹煞眞相，呈報不實，專以欺飾爲事。相形之下，孰爲尊
重內政部威信？孰爲干瀆內（政）部尊嚴？不辨自明。國家政令，自當有公

正之裁判，與嚴明之處置。架詞誣陷，淆惑聽聞，亦復何益？

（五）顧無爲廣告中除毀壞明星公司信譽外，又多方挑撥他人，意在使各界對於明星公司無形中發生誤會，或引起惡感。其用心尤爲險惡，其措辭之尤荒謬者，至稱「明星公司爲劇界之公敵，法律之罪人。」明星公司從事於國產電影事業十有餘年，出品已達百餘部，職工演員都三百人，篳路藍縷，以至今日，其間效力黨國，贊助善舉，亦嘗竭盡棉薄。縱不敢謂爲對於國家社會有若何之貢獻，至少亦爲一種正當營業。既未粗製濫造，又未巧取豪奪，有何開罪劇界及違反法律之處？今有人爲，奔走於漢京滬，時而新劇界，時而電影界，時而平劇界，專以投機取巧、損人利己爲能事，果孰爲劇界之公敵、法律之罪人，社會自有見聞，藝術界自有公評。若含血噴人，肆意誣衊，適足見譏於正人耳。

總之，顧無爲既以狡獪手段，朦領執照，又以狂妄之詞，誣陷他人信譽，損害他人法益，實屬於法於情，俱難容恕。當事人等除依法訴請內政部撤消其朦領之執照，並對於顧無爲侵害權利，毀壞名譽，當依法起訴外，爲辨別是非，彰明公道，維護以後清苦文人權利，及正當商人血本起見，斷不容顧無爲開此類惡例，以貽後患。對於顧無爲之非法損害，不得不爲正當之抗爭。此外文藝界同人、藝術界全人，及社會上公正人士之主持正義熱心援助者，當事人等皆感謝之不暇。誠恐簧鼓之言，又復顛倒是非，挑撥惡感，合併聲明，敬希公鑒。

附：

明星影片公司工商部註冊執照

明星影片公司電影劇本《啼笑因緣》內政部註冊執照

明星影片公司電影劇本《啼笑因緣》內政部批示

三友書社《啼笑因緣》說部內政部註冊執照

明星影片公司向張恨水君購買《啼笑因緣》電影攝製權之契約

明星影片公司向三友書社購買《啼笑因緣》電影攝製權之契約

——《新聞報》1931 年 11 月 8 日一版

顧無為為《啼笑因緣》駁斥明星影片公司啓事

無為為編製《啼笑因緣》電影劇本攝製影片，依法呈請內政部註冊，早經審查合格，批准發給第一一零零號註冊執照，取得專有公演權在案，並經登報公告。乃閱十一月八日明星影片公司為《啼笑因緣》啓事，內容公然侮辱侵害法益，合將該明星公司所登啓事中違法之點根據法理事實分別駁斥如下：

（一）駁斥明星公司啓事第一節：其視為最主要之點，為「必須取得原著作人或發行人之同意」，無為遍查《著作權法》，並無此項規定。是無為之呈請註冊享有專有公演權，乃法律所賦予。

（二）駁斥明星公司啓事第二節：該公司既知無為依據《著作權法》第一條第二項及第十九條之規定註冊，享有專有公演權，是足以證明無為乃合法行為，至該公司指無為所編劇本「節刪割裂而成，菁華全失」等語，查無為之劇本既不公開，影片尚未公演，該公司何由得知？如此武斷，足見其存心破壞。

（三）駁斥明星公司啓事第三節：察其意義，是欲掩飾其以前蔑視法律之行為，如自己未經註冊而非法干涉他人，如四月間周劍雲為爭《啼笑因緣》，經江甯地方法院傳訊判決不受理，最後張石川干涉榮記廣東大戲院，排演《啼笑因緣》，致被廣東大戲院依法責其賠償，直至無為依法領得註冊執照以後，該公司始顧及法律，豈即為尊重法律之正當步驟耶？

（四）駁斥明星公司啓事第四節：無為依法呈請註冊，內政部依法准予註冊，發給執照，該公司竟指為矇領，豈非負有「跡近毀謗內政部之嫌」而何？

（五）駁斥明星公司啓事第五節：該公司自己未經註冊而非法干涉他人，阻止文化發展，豈非劇界之公敵、法律之罪人乎？

茲依法律之精義，作最簡明之駁斥如上，至于該公司啓事中有效村嫗謾罵之舉，有公然侮辱、意圖毀謗者，不再駁斥。惟有訴諸法律，以求公判。

總之無為之《啼笑因緣》電影劇本，早經依法註冊，領有執照，取得專有公演權在先，完全以《著作權法》為根據，早經將註冊執照登報周知。張恨水之說部，與無為之電影劇本，純為兩事，法律規定，至為明顯。該明星

公司移花接木，欲憑張恨水與三友書社之說部著作權爲影射，以圖侵害無爲註冊在先之電影劇本專有公演權利，自當依法請求撤銷該公司朦領之執照。無爲處事，純以法律爲根據，豈讕言影射所能淆惑，多見辭費耳。

　　附：此爲本社領得內政部十月十三日發給之電影劇本《啼笑因緣》之執照，此項執照並享有專有公演權，其無關本題之照片，恕不登載。

　　請各界注意，查本社領得之上項執照，注明爲（電影劇本《啼笑因緣》）字樣，而細察明星公司之執照，仍爲說部，說部不能公演，劇本則享有專有公演權，如係劇本享有專有公演權者，依法自不得再有第二者註冊。今無爲已向內政部聲請，如果有第二者註冊，依法應撤銷之。

——《新聞報》1931 年 11 月 9 二版

後　記

　　這是我的第一本書，第一次，總是很神聖，很鄭重。如同古龍寫作前必先焚香、淨手，這本書，在我心裏，也同樣莊嚴。敝帚自珍，博士畢業四年了，雖然文名尚淺，卻始終不捨得將論文輕易出版，心裏始終盤桓著孫中田先生說過的那句話：「文章一定要禁得住放，放幾年後如果覺得還可以，再發表也不遲。」所以，一直在等待一個機緣，如今機緣來了，又對文字錙銖必較，直到最後期限才遲遲交出書稿。在內心深處，一直把文章當成自己的孩子，心血凝成，珍愛有加，於是對於這本書，更由不得敷衍自己。曾想著等到空一些的時候，好好修訂成一本完美的書，驚豔亮相。可是，時間的河流終於在日常瑣事中流過，漸漸明白，完美的書，其實，該是下一本，正如馬拉多納心中的完美進球，總是下一個。一切，都是過程。留下一些遺憾給未來，或許，才能擁有更好的自己。

　　終於長舒一口氣，交稿吧。就像嫁女兒，有喜悅，也有不捨。

　　珍重如此，不僅僅是想對自己四年間為這本書的付出作一個交代，更想以此來表達我由衷而誠摯的謝意。感謝恩師湯哲聲教授和師母孫莉女士一直以來的教誨與關愛。不僅僅因了四年的師生情誼，更因了在生命中那段晦暗無光的日子裏他們為我帶來的鼓勵和祝福，那些行多於言的幫助和扶持。書稿是由我的博士畢業論文修改而成，論文從選題、醞釀、結構到成文，無不浸透了恩師的期待和心血：每有所得，恩師都不吝肯定，給了我自信和堅持下去的勇氣；每遇阻礙，無法靜氣凝神之時，恩師的從旁指點，常令我有豁然開朗之感。如今書稿即將出版，老師又欣然為我作序，所做的學理分析為本書增色不少，而老師言辭中頗多的肯定與鼓勵，卻讓我益發慚愧。希望未

來的日子，自己可以一直在路上，不忘初心，不負期待。

感謝范伯群先生、徐斯年先生和孫中田先生。他們的學識涵養、從容氣度、執著態度和他們的點撥與提攜、鼓勵與關愛，都是我一生中的珍藏。這部遠未成熟的書稿，同樣盛滿了他們沉甸甸的期待。每次到范先生家，未等進門，已經茶香四溢；學業上范先生總想著爲我創造機會「見世面」，工作上又爲我負責的刊物不遺餘力地謀劃選題、組稿；每有困惑，徐先生在長時間的電話中從來都不厭其煩，手頭有了相關資料，不待我討要，就會慷慨贈予；孫先生是我的碩士生導師，畢業後十年未見，雖遠在千里之外的長春，每次打電話問候，他都非常關心論文的進展情況，耐心地聽我的彙報，無論資料的考證還是學理層面，都給予很多中肯的建議；每有新著，無論寒暑，八十高齡的他都會以軟筆認真寫好地址，再步行到郵局寄來，給我以意外的感動和驚喜。每想偷懶之時，想到三位先生殷切的期待，就會備感慚愧與不安。翻開本書的每一章每一節，都能看到他們的身影，如今書稿出版，心中更多了一份忐忑。不敢奢求他們的滿意，只求沒有辜負他們那份熱誠的心意。

感謝劉祥安、李勇、陳霖、朱棟霖、汪衛東、陳子平諸位教授。從開題到答辯，他們那些中肯的意見，讓我受益匪淺。華東師範大學的劉曉麗教授，在我爲選題絞盡腦汁之時，給了我這部書稿最初的靈感，寫作過程中，她一以貫之的支持、鼓勵與熱心，給了我亦師亦友的感動與溫暖。此外，在書稿寫作初期，北京大學的邵燕君老師、北京師範大學的張檸老師，也都爲本書提供了非常寶貴的寫作意見，在此一併致謝。

感謝臺灣嶺東科技大學的葉雅玲女士和江蘇師範大學的邱煥星學友。與他們結識於南京大學舉辦的首屆「中國語言文學與社會文化」研究生國際學術研討會。在論文撰寫過程中，葉老師曾多次來信鼓勵，在我最艱苦的時期，還打來電話詢問與安慰。在思考方式和治學方法上，與邱同學的多次討論讓我豁然開朗，尤其是他對於史學方法的識見與體會，讓我尤感欽佩。此外，還要感謝嚴諤聲的女兒張汲女士和外孫陳曦老師。他們不僅爲我提供了很多關於嚴諤聲先生的一手資料，在博士論文即將完成之際，陳曦老師還對文中一處不翔實的考據提出了準確的修改意見。此外，還有並未謀面的導演許揚先生、劉山農的孫子劉天學先生和僅有一面之緣的日本關西大學的池田智慧小姐以及嚴獨鶴先生之孫嚴建平先生。關於《新聞報》副刊中的一些細節問題，他們都給予了非常無私的幫助，而劉天學先生更是在論文寫作之初即無

私饋贈了大量關於劉山農的一手資料，倍感珍貴。自進入蘇州大學學習，如何平衡工作與學業的關係便成了最令我頭痛的難題。這裡特別要感謝的是我的幾位同事。主編的體諒和關心，同事的鼓勵、理解和擔當，都讓我對自己所在的集體充滿了依戀和感激。更要感謝那些或遠或近的老朋友們，感謝他們對於我所謂「忙碌」的體諒，使我在這一段忙碌的生活中，額外收穫了一份至眞至誠的友誼。

感謝李國平、韓穎琦、禹玲、胡明宇等諸位同門。時至今日，仍十分懷念「湯門論壇」四年中直率而熱烈的討論，這些討論給了我莫多的快樂與靈感。李國平師兄在畢業前送給我一份完整的小報資料，以備我做比較研究，本書中關於《晶報》對《新聞報》的批評，就緣於他的無私饋贈；在論文完成之際，接到我校對的請求時，韓穎琦師姐未有任何猶豫，並提前返回了細緻的校對文稿，而我對她此時正在住院的情況竟然毫無所知；禹玲與我同期畢業，卻在埋首論文之時主動提供英文翻譯方面的幫助……一切的一切，都成爲我四年忙碌的學業生活中最溫暖的懷念。

本書的全部資料，來自上海圖書館、北京大學圖書館、上海檔案館和國家圖書館、蘇州大學圖書館，特別感謝上海圖書館的王蓉美、姜靜怡和刁青雲三位老師以及北京大學圖書館幾位負責老師，師姐尹成君博士、張蕾博士和目前已在山東大學工作的劉子凌博士。尹成君師姐在我幾次去京查閱資料時悉心爲我安排食宿，爲免我旅途勞頓，她曾於冬夜十點鐘迎著寒風趕出家門；張蕾師姐和劉子凌學友也爲了我能順利查閱資料，提供了無私而熱心的幫助。

最後，最厚重的感謝，要給予我的家人。跑資料的時間開始於 2008 年冬季的第一場雪，結束於 2009 年夏季上海那場百年不遇的大雨。由於一邊工作一邊讀書，從蘇州到上海查找資料都是當天往返。冬天出門的時候，四周一片漆黑，亮的，是天上的星星。身邊的這個人，給了我全部的支持和溫暖。晚上到家每每七點多，等待的，是婆婆和公公關切的詢問和熱騰騰的飯菜，對於我這個不稱職的兒媳，他們從未有過一句抱怨。在論文寫作最艱苦的時期，母親將父親一人留在哈爾濱，帶著滿心的惦念承擔了所有的家務。就在博士論文即將付梓之際，從小將我帶大的外婆離開了人世，未能見到她最後一面。離開家鄉幾年間，每每與她通話，她都要問：「你什麼時候回來啊？」我那些「論文完成了就去看你」的承諾，再也沒有機會兌現，外婆，成爲我

心中永遠的愧疚和遺憾。她不識字，卻賢惠、善良而識大體。若外婆在天有靈，希望這本書，可以寄送我深深的內疚和思念。

感謝臺灣花木蘭文化出版社的慷慨，給予我這個學術新人以出版機會，感謝社長高小娟女士、編輯許郁翎女士爲本書付出的心血。

感謝生命中的一些人，在那些晦暗灰色的霧霾中，給予我希望之光；更要感謝走進生命中的一些人，在那些不知未來的日子裏，默默陪我走過。「低下頭，準備走一段山路。爲某些只有自己才能感知的召喚，走在路上，無法停息。」碩士畢業時，曾寫下這段話以自勉，今天，仍銘刻於心。唯一不同的是，這一段山路，在我的心中，盛滿了無數感動的力量。正如紀伯倫在《先知》中所說：「生命的確是黑暗的，除非是有了激勵；一切的激勵都是盲目的，除非是有了知識；一切的知識都是徒然的，除非是有了工作；一切工作都是空虛的，除非是有了愛……」